I0316088

www.ingramcontent.com/pod-product-compliance
Lightning Source LLC
Chambersburg PA
CBHW042041240426
43667CB00047B/2932
* 9 7 8 1 9 9 7 5 0 3 1 5 6 *

انتشارات آسمانا

گاهشماری خورشیدی
و پایداری نوروز در هویت فرهنگی ایران

عباس امانت

نشر آسمانا، تورنتو، کانادا
۱۴۰۴/۲۰۲۵

گاهشماری خورشیدی و پایداری نوروز در هویت فرهنگی ایران
نویسنده: عباس امانت
ناشر: آسمانا، تورنتو، کانادا
طرح روی جلد: واحد طراحی نشر آسمانا براساس طرحی از فریدون حقیقی
حروف‌چینی: نشر آسمانا
صفحه‌آرا: واحد طراحی نشر آسمانا
نوبت چاپ: اول، پاییز ۱۴۰۴/۲۰۲۵
شماره آی‌اس‌بی‌ان: ۹۷۸۱۹۹۷۵۰۳۱۵۶

حق چاپ برای ناشر محفوظ است.

گاهشماری خورشیدی
و پایداری نوروز در هویت فرهنگی ایران

عباس امانت

فهرست

پیشگفتار ۹
آغاز ۱۵
فصل اول: گاهشماری خورشیدی در ایران ۳۱
فصل دوم: بازیابی گذشته و پیدایش تقویم جلالی ۶۹
فصل سوم: هزاره هجری، دیدگاه شیعه و گاهشماری‌های تازه ۱۰۹
فصل چهارم: نجوم نوین، انقلاب مشروطه و پیدایش تقویم برجی...... ۱۶۳
فصل پنجم: عصر پهلوی و رسمی شدن تقویم خورشیدی ۲۲۹
فصل ششم: از تقویم شاهنشاهی تا نوروزستیزی‌های امروز ۲۶۵
پایان سخن ۳۰۷
پیوست یکم: سال نو و بازسازی زمان ناسوتی........................ ۳۱۳
پیوست دوم: دوام سالنامه‌نگاری از دوران پهلوی تا امروز ۳۳۱
کتاب‌شناسی ۳۴۹
نمایه.. ۳٦٤

گاهشماری خورشیدی

پیشگفتار

تحول در گاهشماری خورشیدی و پیوند آن با هویت ایرانی سال‌هاست که در حاشیه ذهن من باقی ست. همزمان با آغاز سال ۱۴۰۱ خورشیدی برابر با مارس ۲۰۲۲ به دعوت برنامه Iran1400 گفتاری در باره تحول تاریخی تقویم خورشیدی و پیوند آن با حافظه جمعی ایرانیان ارائه کردم.[1] چندی بعد به دعوت سردبیر *ژورنال آزادی اندیشه*، دکتر علی بنوعزیزی، جستاری در باره همین مطلب نگاشتم، که بخشی از مطالب مندرج در کتاب حاضر را در بر می‌گیرد.[2] افزون بر این مسئله زمان چرخشی (cyclical time)، به‌ویژه در افکار رستاخیزی، همواره ذهن مرا مشغول داشته، که ثمره آن در دو کتاب من آشکار است.[3] از سویی دیگر، برگزاری یک سلسله سخنرانی‌ها در سمیناری در سال

---

[1] Iran 1400 Project, 11 March 2022:
https://www.youtube.com/live/rES8evaw31Q?feature=share.
گفت‌وگو به وسیله Zoom انجام گرفت. با تشکر از Tabby Anvari and Sydney Martin و دیگر برگزارکنندگان.

[2] *ژورنال آزادی اندیشه*، شماره ۱۲ (پاییز ۱۴۰۱)، ۱–۲۲ (DOI: https://doi.org/10.53895/ftj1201).

[3] Abbas Amanat, *Resurrection and Renewal: The Making of the Babi Movement 1844–1850* (Ithaca: Cornell University Press, 1989) and Abbas Amanat, *Apocalyptic Islam and Iranian Shi'ism* (London and New York: I B Tauris, 2009).
این کتاب‌ها در این سامانه به رایگان در دسترس است: Academia.edu (under: Abbas Amanat)

پیشگفتار

۲۰۰۰ که به مناسبت آغاز هزاره سوم پس از میلاد در دانشگاه ییل با بورس اهدایی Mellon Foundation برگزار شد، دروازه‌ای دیگر به مبحث گاهشماری بود (و ثمره آن در کتابی با ویراستاری مشترک و با مقدمه مفصلی از من عرضه شد).[4]

در هیچ‌یک از این کتاب‌ها یا در نوشته‌های دیگرم دقیقاً به مسئله زمان‌سنجی و گاهشماری نپرداخته بودم، اما به عنوان یک مورخ که همواره با زمان وقوع رخدادها درگیر است، در طول سال‌ها کم‌وبیش از روی کنجکاوی نیم‌نگاهی به آثار دیگران در این باره داشته‌ام؛ از جمله به مقالات متعدد حسن تقی‌زاده، که تخصصی در امور تقویم به‌ویژه در مورد تقویم‌های ایرانی داشت.[5]

گاهشماری در تاریخ ایران بی‌تردید امری بنیادی‌ست که در طول بیست و پنج قرن ایران شاهد حداقل پنج دگرگونی بوده است. حتی امروزه نیز پس از یکصد سال از رسمیت یافتن تقویم هجری شمسی (خورشیدی)، ایرانیان برای محاسبه سنوات تاریخی باید حداقل با سه تقویم آشنا باشند: تقویم هجری شمسی برای محاسبه صد سال گذشته تا آغاز قرن چهاردهم خورشیدی (و اخیراً برای سال‌های پیش از قرن چهاردهم نیز)، تقویم هجری قمری برای قرون اول تا سیزدهم هجری، و تقویم میلادی برای قرون پیش از هجرت.

---

[4] Abbas Amanat and Magnus Bernhardssen (eds.), *Imagining the End: Visions of Apocalypse from Ancient Near East to Modern America* (London and New York: I B Tauris, 2002).

[5] حسن تقی‌زاده، *مقالات تقی‌زاده*، زیر نظر ایرج افشار، جلد دوم: *گاهشماری* (تهران: ۱۳۵۸) و چاپ تازه، جلد سوم: *گاهشماری در ایران قدیم* (تهران: انتشارات توس، ۱۳۹۷)

در کتاب حاضر من کمتر به شیوه گاهشماری و تفاوت‌های حاصل از نگاهداشتِ دو یا چند تقویم و روش‌های محاسبه تقویمی پرداخته‌ام. در مقابل، کوشیده‌ام که پیوندِ میان گاهشماری خورشیدی را با میراث فرهنگی ایران بکاوم. به عبارت دیگر، کوشیده‌ام به این معضل تاریخی پاسخ دهم که چرا و چگونه ایرانیان در طول دوونیم هزاره با وجود دشواری‌های بسیار، زمان‌سنجی خورشیدی را محفوظ داشته‌اند. افزون بر این، به این پرسش پرداخته‌ام که چگونه حلول سال نو خورشیدی و جشن نوروز پایدار مانده، اما دیگر آیین‌های مبتنی بر گاهشماری، نظیر جشن مهرگان (که در گذشته حتی از نوروز هم مهم‌تر بوده) کم‌وبیش از خاطر محو شده است. ضمناً باید اضافه کنم که من از اصطلاح *حافظه جمعی* که معادل *collective memory* در زبان انگلیسی آمده و یا *حافظه تاریخی* که معادل *historical memory* آمده است چندان راضی نیستم و گاهی در متن بجای "*حافظه*" واژه "*یادگاه*" را آورده‌ام یعنی جایی که یادها در آن جای می‌گیرد (نظیر "*دانشگاه*" و "*دادگاه*"). پس برای *collective memory* می‌توان گفت *یادگاه همگانی* و برای *historical memory* *یادگاه تاریخی*.

شاید در اینجا برای روشن شدن مطلب باید تعریفی از یادگاه تاریخی به‌دست داد. در فرهنگ انگلیسی آکسفورد (OED) یادگاه جمعی عبارت از "آن یادها، تجربیات و دانش مشترکی‌ست که گروهی یا جمعی از مردم محفوظ داشته و اغلب آن را از نسلی به نسل بعد منتقل می‌کنند. اساساً این یادگاه همگانی نشانه‌ای از آن دسته از خاطراتی‌ست که گروهی یا جامعه‌ای از گذشته به‌یاد دارد."

افزون بر این، در این کتاب کوشیده‌ام نشان دهم چگونه این یادگاه همگانی که مبتنی بر زمان‌سنجی است، در طولانی‌مدت بخشی از

هویت ملی ایران را ساخته است و در کنار زبان و ادب فارسی و وجوه دیگر فرهنگ ایران، اعم از فرهنگ نگارشی، فرهنگ مادی یا شیوه حکومت، برقرار مانده است. این نشانه‌های تقویمی (markers)، مانند نوروز (یا روزهای سوگواری در فرهنگ شیعه)، نقشی اساسی در دوام هویت ملی داشته و دارند. در اینجا شاید لازم باشد تعریفی نیز از هویت جمعی یا هویت ملی آورد تا مطلب روشن‌تر شود. واژه هویت که معادل‌های فارسی چندی مانند نام‌ونشان، شناسه، کیستی، هستی و چیستی برای آن یافته شده است، در واقع حاصل ویژگی، مشخصات و شناختی‌ست که گروهی یا ملتی از خود دارد ونشانه‌هایی از آن را در گذشته فرهنگی، سیاسی یا اجتماعی یا حتی جغرافیایی خود می‌یابد. هویت مبتنی بر گاهشماری، این وجوه از گذشته را سامان زمانی و تاریخی می‌دهد.

افزون بر مسئله هویت، نفس تحول و تداومی که درگاهشماری ایران نمودار است، داستانی جذاب و حتی در مقایسه با دیگر سرزمین‌ها کمیاب است. بازگشت به گاهشماری ایرانی در قرون دوم تا پنجم هجری (برابر با قرون هشتم تا دوازدهم میلادی) در نهایت شاهد یک جنبش درخشان نوزایی (renessance) فرهنگی ایرانی بود که تدوین تقویم جلالی در ۴۷۱ هجری قمری برابر با ۱۰۷۸ میلادی یکی از شواهد مهم آن است. در دوره جدید نیز رسمیت یافتن تقویم خورشیدی در سال ۱۳۰۵ خورشیدی شاهد دیگری از این تحول هویتی در ایران بود. در باره گاهشماری در ایران در زبان فارسی و در زبان‌های اروپایی پژوهش‌های چندی صورت گرفته است، که فصل‌های این کتاب ارجاعاتی به آن‌ها دارد، اما تا آنجا که می‌دانم پژوهشی در باره

گاهشماری، یادگاه همگانی و هویت تاریخی در مورد تقویم خورشیدی انجام شده است. امیدوارم این کتاب این کمبود را جبران کند.

در پایان باید سپاس خود را از تنی چند که در انجام این مقصود مرا یاری رسانیده‌اند ابراز دارم. دوست دیرین، دکتر هوشنگ شهابی، با علاقه و دقت همیشگی متن را خواند و نکات چندی را متذکر شد و همچنین برخی ارجاعات در باره تقویم را در متون تاریخی گوشزد کرد و با سخاوت دو سالنامه اوایل دوره پهلوی را که متعلق به پدر بزرگوارشان بود در اختیار من گذاشت. دکتر مهدی موسوی هم متن را ویراست و هم اینجاوآنجا نکات مفیدی را متذکر شد. دکتر فرزین وجدانی، سندی از دوره ناصری را در اختیارم گذاشت. دکتر جان گرنی (John Gurney) نکاتی چند در باره عبدالحسین شیبانی را متذکر شد. دکتر علی میرانصاری با محبت همیشگی نسخه‌های عکسی از چند متن نایاب را در کتابخانه ملی و کتابخانه مجلس برایم ارسال داشت. دکتر آرش خازنی مرا از متن‌های نجومی در دوره تیپو سلطان آگاه ساخت. دکتر وحید زیاد نیز بخش مربوط به تیپو سلطان را خواند و نظر داد. دکتر علی موسوی مرا در باره گاهشماری در ایران باستان و دیگر مطالب مربوط راهنمایی‌های سودمند کرد. آقای پویا گودرزی عزیز نسخه‌های چندی از سالنامه‌های کمیاب مربوط به سال‌های اخیر را از تهران فراهم آورد. دکتر امیرحسین پورجوادی با علاقه همیشگی، متنی طنزآمیز مربوط به دوره ناصری را درباره سالنامه‌های سنتی در اختیارم گزارد. از خانم مریم تفرشی، مدیر نشر بیشه، که در مراحل ابتدایی این کتاب با نویسنده همکاری داشتند. سپاسگزارم. دکتر حسین قجاری با علاقه و دقت همیشگی متن نهایی کتاب را خواند و نکات ظریفی را گوشزد کرد.

پیشگفتار

همسرم، مریم، چون همیشه با علاقه بخش‌هایی از متن را خواند و نظر داد. از همگی اینان، و از دیگرانی که حال شاید یاری‌شان را به‌خاطر نمی‌آورم، بسیار سپاسگزارم.

عباس امانت
نورث هیون، کانتیکات
آبان ۱۴۰۴ خورشیدی/ نوامبر ۲۰۲۵ میلادی

گاهشماری خورشیدی

آغاز

سال ۱۴۰۴ شاهد فرارسیدن نخستین سده از استقرار رسمی تقویم هجری خورشیدی در ایران بود. این تقویم نمادی از تداوم زمان‌سنجی و به اعتباری، اندیشه‌ای زمان‌آگاه در فرهنگ ایران است و نموداری از پایداری یادبودهای نهادینه شده در تاریخ ایران. برگزاری جشن نوروز در آغاز هر سال خورشیدی و قرار دادن مبدأ هجری برای این تقویم نشانه‌هایی از یک تلفیق تاریخی در هویت ایرانی‌ست که از پاره‌ای جهات پدیده یگانه‌ای‌ست. این پژوهش می‌کوشد به سه پرسش پیوسته پاسخ گوید: نخست آنکه شواهد تاریخی مبتنی بر پایداری این گاهشماری خورشیدی در برابر تقویم هجری قمری و یا دیگر تقویم‌های که درگذشته رایج بوده، چیست؟ دوم آنکه چه شرایطی منجر به رسمیت یافتن این تقویم خورشیدی در ابتدای قرن چهاردهم هجری خورشیدی شد؟ و سوم آنکه این تقویم چه چالش‌ها و ستیزه‌هایی را، به‌ویژه در سده چهاردهم هجری خورشیدی، تجربه کرد و آیا می‌توان در این تجربه رمزی از پایداری هویت ملی ایران یافت؟ به بیان دیگر، چرا گاهشماری خورشیدی ایرانی در طول هزار و سیصد سال پس از سیطره اسلام بر ایران، بر خلاف دیگر سرزمین‌های اسلامی از یادگاه همگانی ایران کاملاً زدوده نشد و افزون بر این، در دوران جدید زندگی دوباره‌ای یافت؟

تقویم خورشیدی رایج در ایران تنها نمونه از گاهشماری نیست که بر پایه گردش سالانه کُره زمین بر گِرد خورشید محاسبه می‌شود (یا آنچه پیشینیان گردش خورشید بر گِرد زمین تصور می‌کردند)، اما سه مشخصه بارز دارد: اول آنکه از زمان پیدایش تقویم جلالی در قرن پنجم هجری/ یازدهم میلادی، یکی از دقیق‌ترین شیوه‌های گاهشماری در

آغاز

تاریخ جهان شناخته شده است. دوم آنکه تقویم خورشیدی ایران (و در افغانستان، البته پیش از آنکه طالبان اکنون برای بار دوم بکوشند تقویم هجری قمری را رایج سازند) از معدود تقویم‌های ملی در جهان است که بیرون از سیطره تقویم میلادی گریگوری (Gregorian) دوام کرده است. دیگر کشورهای جهان، اعم از آنکه مسیحی باشند یا نباشند، تقویم گریگوری را پذیرفته‌اند و این تقویم جهانشمول بنام "تقویم عام" (Common Era) مبدل شده است. گسترش همه‌جانبه فرهنگ و اقتصاد غربی نه‌تنها چین، هند، پاکستان و کشورهای جنوب شرق آسیا، بلکه مصر و دیگر کشورهای اسلامی غرب آسیا و شمال آفریقا را به پذیرش تقویم گریگوری ترغیب کرده است. با اینکه اعیاد مذهبی و ملی غالباً بنا بر گاهشماری‌های بومی برگزار می‌شود، مثلاً در چین یا در هند، زمان‌سنجی روزمره بنا بر تقویم میلادی است. حتی در عربستان سعودی نیز از سال ۲۰۱۶ تقویم گریگوری رواج روزمره دارد؛ هرچند، تقویم رسمی برای مقاصد مذهبی همچنان هجری قمری است.

این سه تقویم که مستقل از سالشماری گریگوری یا تقویم عام هنوز رواج دارند یکی تقویم ملی اتیوپی (حبشه) بنام "وِعِز" (We'ez) است که اساساً همان تقویم قدیم جولیانی میلادی‌ست. دوم تقویم "ویکرام سموات" (Vikram Smwat) در نپال همان تقویم کهن هندوست که امروزه در این سرزمین رایج است. و سوم تقویم ملی برمه (امروزه میانمار) بنام پیاتکاداین (Pyatkadiain) که یک تقویم ماه‌ـ خورشیدی و ویژه آن سرزمین است.

افزون بر این، تقویم خورشیدی ایرانی تنها تقویمی‌ست که هنوز به تحویل سال در ابتدای بهار و برگزاری جشن نوروز وفادار مانده است. جشن نوروز اگرچه در سرزمین‌های همسایه چون کردستان بزرگ

و آناتولی (در میان کُردان و علویان ترکیه) و در جمهوری‌های آذربایجان، تاجیکستان و ازبکستان (در میان تاجیکان) و هم در دیگر سرزمین‌های آسیای مرکزی و در خُتن نیز برگزار می‌شود، به عنوان آغاز سال جدید خورشیدی، ویژه ایران است. افغانستان در دوره اصلاحات امان‌الله‌خان از سال ۱۳۰۱ خورشیدی، همزمان با ایران تقویم خورشیدی را رسمی کرد، اما بر خلاف ایران که در ۱۳۰۵ ماه‌های قدیم زردشتی را برگزید (چنانکه بیاید)، افغانستان همچنان به نام ماه‌های بروج فلکی تا سال ۱۴۰۱ وفادار ماند.[۱]

تقویم و هویت ملی

تحول تقویم در ایران از آن جهت شایان اعتناست که پس از گذشت بیش از یک‌هزار و سیصد سال، بالاخره گاهشماری خورشیدی ایرانی رسماً با مبدأ هجرت در تقویم قمری اسلامی پیوند یافت و این نشانه‌ای از سازش بین دو رُویه فرهنگ ملی و مذهبی ایران داشت. در واقع، این تقویم پاسخی به خواست دیرینه‌ای بود که تجربه‌های ناکام چندی را در گذشته خود داشت، اما در زمانی به انجام رسید که ایران در عصر مشروطه و پسامشروطه، خواهان سازمان یافتن دولت و جامعه در قالبی نوین بود. این تحول تنها در زمانی ممکن بود که ایران، نظیر بیشتر سرزمین‌های همسایه، وجوهی از تجدد یا *نوینگانی* (که برابر با *modernity* آورده‌ام) را تجربه می‌کرد. بی‌تردید تجدد در ایران صرفاً

[۱] اما چنانکه آمد، حکومت واپسگرای طالبان در این سال، یعنی با فرارسیدن اول محرم ۱۴۴۴/ ۳۰ ژوئیه ۲۰۲۲، بار دیگر تقویم هجری قمری اسلامی را جایگزین تقویم خورشیدی کرد.

یک پدیده آموخته از غرب نبوده است و وجوهی از نوینگانی بومی، از جمله ریشه‌های مفهوم ملّیت، را می‌توان در تجربه تاریخی ایران پیشانوین برشمرد. اینکه پاره‌ای از شبه‌مورخین ایرانی، مخصوصاً در میان چپروان یا دسیسه‌پنداران به تبعیت از همتایان و هم‌مسلکان فرنگی‌شان، و به‌ویژه پس از رواج گفتمان نقد بر خاورشناسی، و کج‌فهمی‌های ناشی از آن، در دهه‌های پس از ۱۹۸۰ میلادی، در صدد انکار آگاهی ملی در میان ایرانیان (و البته ملل دیگر) برآمدند، به معنی فقدان چنین سابقه‌ای نیست بلکه نشانه‌ای از جهالت مدعیان چنین آرایی‌ست. تجربه گاهشماری در ایران به خوبی شاهدی بر این مدعاست (چنانکه بیاید). البته پیامبران روشنفکری وطنی نیز که دانشی قلیل و بیمارگونه از گذشته ایران داشته و دارند، به سهم خود بذر غرب‌ستیزی و دسیسه‌پنداری را پاشیده و کوشش‌های ایرانیان را در راه تجدد، خدمت به غرب و خیانت به "اصالت" اسلام‌زده تعبیرکردند. هنوز نیز در زمانه ما پیروان چنین مسلکی کم نیستند. بدآموزی‌های کسانی که نخست تخم‌لّق "غرب‌زدگی" را در گفتمان ایران شکستند نیز مزید بر علت شده است و راه را برای ترویج سنت‌ستایی، وکرنش در برابر فاشیزم گشوده است.[۲]

[۲] برای بحث بیشتر در باره تحولات عصر مشروطه از جمله بنگرید به:
Encyclopedia Iranica (*EIr*) esp. I. "Constitutional Revolution: Intellectual Background" (A. Amanat) and Abbas Amanat, *Iran: A Modern History* (New Haven: Yale University Press, 2017), chap. 6 (pp. 315-86) and cited sources in "Further Readings".
بیشتر منابع فارسی در باره هدف‌های عصر مشروطه چون احمد کسروی، *تاریخ مشروطه ایران* (تهران، ۱۳۱۹) و مهدی ملک‌زاده، *تاریخ انقلاب مشروطیت ایران* (تهران، ۱۳۲۵) را باید از جمله متون دست‌اول تاریخی، و نه پژوهش‌های تاریخی،

بدین ترتیب، آنچه در گفتمان ملی‌گرای امروز، به‌ویژه در جهان ناغرب، "هویت ملی" نام گرفته است، آماج آسانی برای ساختارشکنی (deconstruction) فرهنگی شده است. هم مفهوم "هویت" و هم مفهوم "ملی" از دیدگاه تنی از تاریخ‌نگاران امروز محل تامل است؛ به‌ویژه در سرزمینی چون ایران که هم جغرافیای طبیعی و سیاسی‌اش و هم تجربه درازمدت تاریخی‌اش بیشتر گرایش به تکثر هویت دارد تا یکپارچگی ملی. شاید "هویت جمعی" (collective identity) که بر پایه یک سلسله پیوندهای فرهنگی و تاریخی‌ست، کمتر از "هویت ملی" مشکل‌ساز باشد، زیرا حاکی از درک ملموس همبستگی در میان افراد چند گروه تواند بود. هویت (در برابر *identity*) مفهومی نسبتاً وسیع و مبهم است، امابرای کار ما در این مبحث به مقدار کافی روشن است، زیرا، چنان که در پیشگفتار آمد، نوعی همگنی و وفاق جمعی را در حیطه فرهنگ و اجتماع القا می‌کند.

سوای گاهشماری، وجوهی از میراث فرهنگی ایرانی چون شعر، موسیقی، پوشاک، مناسک، تفریحات، و آشپزی نیز می‌توانند سهمی در چنین هویت جمعی داشته باشند؛ هویتی که از آغاز قرن گذشته، از زمان انقلاب مشروطه، تدریجاً به یک هویت شامل ملی مبدل شد. چنین هویتی در ابعاد سیاسی یا اجتماعی در عصر پهلوی تنها هنگامی پدید آمد که ابزار لازم برای پیوندهای گسترده‌تر، و همچنین تصورات مشترک برای وابستگی‌های گسترده‌تر پدیدار شد. از جمله،

دانست. هیچیک از این منابع، تا آنجا که می‌دانیم، مطلبی در باره تبدیل تقویم نگفته‌اند. این منابع، به‌ویژه کسروی، فهم محدودی از تجدد داشتند و روایتشان خالی از پیشداوری‌ها و کج‌اندیشی‌های رایج نبود.

آغاز

وسعت یافتن دامنه دانش جغرافیایی، گسترش انتشارات و ارتباطات، و از همه مهم‌تر، برنامه دولتی برای استقرار یک ایدئولوژی ملی‌گرایی و بنیادهای آموزشی و تبلیغاتی که بر معنای پیوند و سرنوشت مشترک تاکید داشت، در این امر نقشی اساسی داشتند. رسمی شدن تقویم خورشیدی امروزی نماینده بارزی از این تحول بود.

در سرزمین کهنسالی مانند ایران که دوره‌های طولانی نابسامانی سیاسی و اجتماعی را تجربه کرده بود، حدود قلمرو آن پایمال شده بود، دولتاش به سستی گراییده یا سقوط کرده بود یا دوران درازی را زیر سیطره صحرانشینان جهان‌جوی به‌سر آورده بود، عناصری از یک مداومت فرهنگی، که بیشتر نام "هویت فرهنگی" را می‌برازد، مستقل از بقای سیاسی و حتی مستقل از جغرافیای ملی، به نحو شگفتی دوام یافت. این هویت در یادگاه همگانی در قالب افسانه و اساطیر، تخیل شعری و موسیقی، هنجارها و رفتارهای جمعی، جشن‌ها و سوگواری‌ها سالیانه، و از جمله گاهشماری که مستلزم آگاهی از گردش منظم فصل‌ها بود، کم‌وبیش پایدار ماند. این هویت فرهنگی را آشکارا می‌توان در قابلیت پذیرش و تلفیق عناصری از دیگر فرهنگ‌ها یافت که به اجبار یا اختیار در حافظه فرهنگی ایران محفوظ ماند؛ یادگاهی متحول که دائماً در افزایش و کاهش بود اما کم‌وبیش پایه‌های آن قوام و دوام داشت.

البته جای تردید نیست که تنوع زبان، زیستگاه، روابط و رفتار اجتماعی و در نتیجه یادگاه همگانی در نزد مردمان سرزمین ایران بسیار متنوع است. تفاوت مردم کرانه‌های دریای مازندران با آذربایجان، کردستان، لرستان و با مردم حاشیه کویر مرکزی ایران همان‌قدر بارز است که تفاوت میان اینان با فرهنگ‌های مردم فارس، خوزستان، کرانه‌های خلیج فارس و سرزمین‌های جنوب شرق ایران. کوچ‌نشینان ایلات

همانقدر با یکجانشینان روستایی متفاوتند که هر دو اینان با شهرنشینان. تفاوت‌های طبقاتی و جنسیتی در ایل، روستا یا در شهر، همانقدر بارز است که تنوع مذهبی، قومی و نژادی. در گذشته نه‌چندان دور، اهل دیوان، اهل شرع، مردم بازار، لشگریان و نوکران درگاه همانقدر از یکدگر متمایز بودند که ساکنان اندرون از بیرون، یا اهل ذمه از بدنه جامعه‌ای که زیر پوشش اکثریت اسلامی طیف وسیعی از باورها و شیوه‌های متفاوت یا مغایر را در خود داشت. و این همه، متمایز از غلامان و کنیزان آفریقایی‌تبار بودند که به‌تازگی از سرزمین‌های خودشان خریده یا دزدیده شده و از راه زنگبار و سواحل خلیج فارس در داخل ایران فروخته شده بودند، یا آنان که چند نسلی "خانه‌زاد" شده، یا نیمه‌آزادشدگانی که در روستاهای سواحل خلیج فارس می‌زیستند. به همین منوال، غلامان "سفید" که از ماورای قفقاز یا دیگر سرزمین‌های شمالی به ممالک اسلامی، از جمله به ایران، به عنوان غنیمت جنگی آورده، یا خریداری می‌شدند. این بردگان سیه‌فام یا سپیدفام طبعاً لهجه، اطوار و حافظه فردی یا جمعی خود را داشتند.

اما در برابر چنین تنوع گسترده‌ای بی‌تردید می‌توان از عوامل وحدت‌بخش چندی نیز سخن گفت که تجربه ایران را ساخته و پرداخته و پایه‌های یک هویت ملی را در دوران جدید ملموس و مسلم ساخته است. بیش از هر چیز، از همان آغازِ افسانه‌ای ایران، می‌توان حضور یک دولت مسلط را دید؛ بر خلاف دولتی که وحدتی مشروط را در واقعیت سیاسی ایران پدید آورده بود و حداقل از عصر ایلخانی در قرن هفتم هجری/ چهاردهم میلادی در قالب "ممالک محروسه ایران" متجلی بود و تا قرن بیستم نیز کم‌وبیش دوام یافت. همراه با حضور دولت مسلط، می‌توان از فرهنگ سیاسی‌ای سخن گفت که شیوه‌های

آغاز

دولتمداری و دیوانی ایرانی را پایدار می‌داشت و به‌رغم آمدورفت سلسله‌های حاکم، که غالباً با ایلغار و خشونت همراه بود، همچنان در قلمرو گسترده‌ای که امروزه پارسی‌سان (Persianate) نامیده می‌شود برقرار مانده بود.[3]

جوّ غالب فرهنگی امروز همچنین روی در برتری‌خواهی فرهنگی ایران، و به‌ویژه باستان‌گرایی و مدعیات توخالی در باره "عظمت" ایران باستان و جاودانگی "عنصر ایرانی" و تخیلاتی از این دست دارد. نمونه‌هایی از این قدرت‌ستایی بی‌بنیان، مانند این که ایران

---

[3] این هم از شگفتی‌های زمانه ماست که مردمان ایران و سرزمین‌های مجاور برای بازشناخت و بازیابی پیوندهای کهن گذشته فرهنگی خود که به سبب تجدد و عوارض سلطه غرب به قهقرا رفته یا کاملاً فراموش شده است، می‌بایست در انتظار مورخی توانمند و دوراندیش چون مارشال هاجسن می‌شدند که در اوایل دهه ۱۹۶۰ اصطلاح Persianate را رقم زد. حتی ترجمه یکسانی از آن، محل اتفاق مورخین نیست. من "پارسی‌سان" را نزدیک‌ترین به این مفهوم می‌دانم. مفاهیم کهن "ایران‌زمین" و "ایرانشهر" بیشتر معطوف به جغرافیای طبیعی و سیاسی ایران (و شاید سرزمین‌های مجاور با ایران) است و دامنه آنان محدودتر از دامنه "پارسی‌سان" است که ساحت‌های مشترک و مشابه فرهنگی، اعم از نوشتاری یا گفتاری، و همچنین آثار و عوارض همسان در فرهنگ مادی را در سرزمین‌های دور و نزدیک در نظر دارد. البته در سال‌های اخیر مضمون "ایرانشهر" در نزد بعضی شبه‌مورخین معاصرکه رویاهای هپروتی در باره بازسازی یک امپریالیسم فرهنگی در سر می‌پرورند، دوباره محل رجوع شده، اما پرداختن به این امر از حوصله این کتاب بیرون است.
برای بحث در باره Persianate بنگرید:
Abbas Amanat, "Remembering the Persianate," in *The Persianate World: Rethinking a Shared Sphere,* Abbas Amanat and Assef Ashraf eds. (Leiden and Boston: Brill Publishers, 2018), 15-62.

دوره هخامنشی اوج تمدن بشری بوده است، یا افزون‌طلبی‌های نابخردانه مبنی بر اینکه سرزمین‌های همسایه باید به دامان "ایرانِ مادر" بازگردند، بیشتر حاصلِ حقارت فرهنگی‌ست تا متکی به واقعیت‌های تاریخی. در واقع، این هم از آن جنبه‌های مبحث هویت است که یا از گزافه‌گویی‌های دوران پهلوی نشات گرفته یا واکنشِ قابل‌درک مردم ایران است در برابر تباهی‌های تبلیغاتی و بدآموزی‌های جمهوری اسلامی.

گاهشماری و زمان‌آگاهی ایرانی

یکی از عناصری که دوام این یادگاه همگانی را تضمین کرده و بدان یک ساختار زمان‌آگاهانه داده، شیوه زمان‌سنجی و سالشماری در ایران و به‌ویژه تکوین و تداوم تقویم خورشیدی از دوران باستان تا دوران جدید است. این نکته، به‌ویژه از دیدگاه تاریخ فرهنگی و ارتباط با مسئله هویت، ناگفته مانده است. حتی در نزد کسانی که در کار پژوهش تاریخ علوم در ایران هستند، یا پیشگامانی مانند حسن تقی‌زاده که به تاریخ گاهشماری ایران پرداخته‌اند، تمرکز بیشتر درکمی و کاستی، یا تحولات و اصلاحات تقویمی است تا پرداختن به پیوند آن با هویت فرهنگی. شاید یک دلیل نیز همان کوله‌بار سیاسی و تبلیغاتی باستانی‌گرایی است که در دوران پهلوی بر دوش مفهوم ملیت و هویت ملی گذارده شد و تا به امروز نیز بسیاری از این دغدغه که گریبانگیر فرهنگ ایران شده، رهایی ندارند.[4]

---

[4] در باره پیدایش و تحول تقویم حورشیدی از جمله بنگرید به: رضا عبداللهی، *تحقیقی در زمینهٔ گاه‌شماری هجری و مسیحی* (تهران: امیرکبیر، ۱۳۶۵) و هم او، *تاریخِ تاریخ*

آغاز

البته شرایطی که در چهار دهه گذشته جامعه ایران را گرفتار و **دل‌فگار** ساخته است، بی‌تردید در تداوم این باستان‌گرایی بی‌تاثیر نیست. تلاش برای بازیافتن یک هویت مستقل ایرانی را باید نشانه‌ای از مقاومت مردمی در برابر یورش همه‌جانبه دانست که ایرانیان با آن دست‌به‌گریبان‌اند؛ مقاومت در برابر یک روایت به‌اصطلاح انقلابی و اسلامی که بسیاری از ایرانیان را به دامان ملی‌گرایی بازگردانیده است. در این میان، شاید این پژوهش را در گاهشماری ایران و پیوند آن با هویت ملی، بتوان مفری در جهت احتراز از یکسونگری‌های شایع دانست.⁵

در *ایران* (تهران: امیر کبیر، ۱۳۶۶)؛ مرکز تقویم دانشگاه تهران، "تاریخچه تقویم ایران" (https://calendar.ut.ac.ir/fa/calhistory/CalHistory4-2-5.asp)؛ *EIr:* Calendars: "Pre-Islamic calendars" (A. Panino) and "Islamic period" (Reza Abdollahy) and *EIr:* "Noruwz: iii. In the Persian Calendar" (by S. Cristoforetti), and his other publications in Italian and in English.

پایان‌نامه دکترای دکتر رضا عبداللهی پژوهش جامع و ارزنده‌ایست که نزدیک به پنج دهه پیش انجام شده است:

"A history of Chronology and Calenars in Iran from ancient to modern times, with principles of date-conversion," University of Durham, UK, 1977.

برای پژوهش‌های حسن تقی‌زاده در باره تقویم‌های ایرانی بنگرید به *مقالات تقی‌زاده*، به کوشش ایرج افشار، جلد اول: تحقیقات و نوشته‌های تاریخی (تهران: ۱۳۴۹).

⁵ برای مباحث نظری در باره گاهشماری از جمله بنگرید:

Warren D. TenHouten, *Time and Society* (Albany: SUNY Press, 2005); J.T. Fraser et al (eds.), *The Study of Time: Proceedings of the First Conference of the International Society for the Study of Time* (Oberwolfach: W Germany, 1972) esp. chap. 1: G.J.

اما صرف‌نظر از این رابطه میراث باستانی و هویت ملی، یا به عبارت دیگر دوام درازمدت یادگاه تاریخی، مفهوم زمان در فرهنگ ایران، درگیر پیچیدگی‌های چندی است. بحث نظری و فلسفی در این باره بیرون از دامنه این پژوهش است. مفهوم "زمان حضوری" یا "وقت قُدسی" (در برابر "زمان حصولی" یا "زمان دنیوی"، که این دومی خمیرمایه گاهشماری‌ست)، سابقه‌ای طولانی در عرفان اسلامی دارد که نیاز به تحقیق جداگانه‌ای دارد. اما زمان در ساحت تاریخی، که در حیطه زمان حصولی جای می‌گیرد، چند ویژگی بارز دارد که به جوهر این کتاب مربوط است. نخست آنکه چون جلوس شاهان بر تخت و آغاز سلطنت همواره مبنای گاهشماری بوده، به این اعتبار مفهوم زمان در ایران بالقوه یک مفهوم خطّی (linear) بوده است. اما این مفهوم قدیمی مانند بسیاری تقویم‌های دیگر از همین دست، مثلاً تقویم رُم باستان، تداوم درازمدت نداشت و مانند مفهوم "زمان خطی" و "زمان پیش‌نگر" (progressive time) در دوران جدید نبود. با این حال، حتی این

Whitrow and D. Phil, “Reflections on the History of the Concept of Time;” John Hassard et al, *The Sociology of Time* (Houndmills: The Macmillan Press, 1990).

ایضاً بنگرید:

Asef Kholdi, “The Iranian Time Reckoning and the Periodization of Iranian History into the ‘Pre Islamic’ and ‘Islamic’ Periods in *Journal of Persianate Studies* 6 (2013), 235-246.

دراین تحقیق نویسنده برخی نکات شایان توجه را در باره تداوم گاهشماری ایران از دوران ساسانی به دوران اسلامی گوشزد کرده است. اما چنانکه بیاید، استدلال او در باره بی عتبار بودن تاریخ ایران دوبخشی، یعنی پیشااسلامی و اسلامی، همیشه متقاعدکننده نیست.

زمان خطی منقطع، که با جلوس هر شاهی مبدأ تقویم دوباره آغاز می‌شد، مانع از پیدایش و دوام یک یادگاه تاریخی درازمدت ایرانی بر اساس تداوم سلسله‌های حاکم نشد. این تداوم به‌خوبی در تاریخ‌نگاری ایران آشکار است (چنانکه بیاید)؛ هرچند، هیچگاه در گاهشماری سبب پیدایش یک مبدأ ثابت در گذشته دور نشد.[۶]

اما نبود این مبدأ درازمدت دلیل دیگری نیز داشت. ایران پیشینه ژرفی در اندیشه مسیحایی (messianic) و رستاخیزی دارد که به ادوار پی‌درپی آخرالزمانی (apocalyptic) باور داشت، آن‌چه که در اندیشه زردشتی "فَرشکَرد" (تازه شدن) نامیده می‌شد. این ادوار در پایان هر هزاره (یا "هزارگ" در پهلوی) با ظهور یکی از تجلیات زردشت به

[۶] برای مفاهیم زمان از جمله بنگرید به پژوهش اخیر:

Simon Goldhill, *The Christian Invention of Time: Temorality and the Literature of Late Antiquity* (Cambridge: Cambridge University Press, 2022).

نویسنده که متخصص فرهنگ رُم باستان و ریشه‌های یونانیِ گاهشماری و تاثیر آن در دوران جدید است، به این نکته پرداخته که چگونه پیدایش مسیحیت و قرار گرفتن میلاد مسیح به عنوان مبدأ تاریخ میلادی در ساخت زمان‌آگاهی غربی نوین نقش اساسی داشته است.

برای زمان قدسی در دنیای اسلام بنگرید به:

Gerhard Bowering, “The Concerpt of Time in Islam,” *Proceedings of the American Philosophical Scoeity,* 141 (1997), 55-66.

باورینگ در این مقاله کوشیده است تا یک نمای کلی از تحول مفهوم زمان در پیش از اسلام، در قران، و سپس در نزد صوفیه عرضه دارد. برای مفاهیم نمادین زمان بنگرید به پیوست یکم در پایان کتاب.

گاهشماری خورشیدی

پایان می‌آمد، اما هیچ‌گاه این تطابق ادوار هزاره‌ای امکان ورود به ساحت گاهشماری تاریخی را نیافت. به عبارت دیگر، تقویم خورشیدی هیچ‌گاه ظهور مُنجی را مبدأ قرار نداد، زیرا نه‌تنها زمان تولد و مرگ زردشت روشن نبود، بلکه در عمل اگر کسی ادعا می‌کرد که او بازگشت زردشت است، این به معنای انکار یا تضعیف قدرت سیاسی شمرده می‌شد و طبعاً مقامات دولتی آن را برنمی‌تافتند. ۷

در نزد اهل تصوف نیز زمان قدسی یک ساحت انفرادی داشت و گذشت آن تابع روزها و دقایق نبود و تجربه "حضور،" یعنی حضور در برابر "حقیقت الهی" یا "لقاءالله،" نیاز به گذشت "حصولیِ" زمان تاریخی نداشت و مبدأ و معاد تاریخ، یعنی آفرینش و رستاخیز، قابل قبض و بسط بود. بنا بر این، مفاهیم "ظهور" مهدوی و تجدید دور به عنوان نقطه‌ای در آینده تاریخی به ندرت در اندیشه عرفانی ضرورت آنی داشت. پاره‌ای از عرفای مکتب ابن‌عربی قائل به ظهور مهدوی و حتی حدوث آخرالزمان به عنوان یک چرخش ادواری بودند، اما این به پیدایش یک گاهشماری مهدوی منجر نشد. در دوران اسلامی مبدأ تقویم قمری از همان آغاز، یعنی از زمان خلفای راشدین، بر یک رویداد تاریخی، یعنی هجرت محمدی، قرار گرفت. اما این مبدأ دینی-دنیوی در سرزمین کهنسالی مانند ایران که قرن‌ها حافظه گاهشماری خورشیدی خود را بر پایه جلوس شاهانه قرار داده بود، سبب دوگانگی ژرفی شد

---

۷ در تقویم میلادی نیز مبدأ همان تقویم جولیانی رُم باستان بود که از زمان جولیوس قیصر، یعنی مقامی دولتی، وضع شده بود و سپس در قرن ششم، مبدأ این تقویم جولیانی به تاریخ خیالی میلاد مسیح برگردانده شد و تدریجاً به نام تقویم میلادی شناخته شد.

See Goldhill, *Christian Invention*, pp. 314-419.

آغاز

که کم‌وبیش تا سده بیستم میلادی دوام آورد. این دوگانگی در تقویم که از جمله در حفظ جشن نوروز و دیگر مراسم ایرانی از یک سو و اعیاد و عزاداری‌های اسلامی از سوی دیگر متجلی بود، نشانه‌ای از یک سازش هویتی در ساختار زمان‌آگاهی ایرانی بود. تنها در ابتدای قرن بیستم بود که رسمی شدن هجرت محمدی به عنوان مبدأ تقویم خورشیدی ایران کوششی برای پایان این دوگانگی تقویمی بود.

جشن نوروزی بسیاری از ویژگی‌های این تجربه بازسازی زمان را داشت؛ لحظه "تحویل" در پایان سال کهنه و آغاز سال نو صرفاً یک واقعه تقویمی نبود بلکه نمادی از یک نوسازی ضروری در زمان بود که هزاران سال دوام آورده بود. بی‌تردید موقعیت جغرافیایی ایران و سرزمین‌های مجاور در غرب آسیا که اعتدال جوی و برابری ساعات روز و شب در آغاز بهار را به همراه داشت و نیز حضور دولتی که زمام تدوین و تنفیذ گاهشماری را در دست داشت، در اهمیت وقوع نوروز اساسی بود. افزون بر این در دوران پیشامدرن نوروز همزمان با چهار عنصر بنیادی و پیوسته در آغاز چرخه تولید کشاورزی در ایران بود: ۱) تجدید معاهده سالیانه بین رعیت و مالک، ۲) تنظیم و تنفیذ نظام مالیاتیِ متکی بر چرخه تولید، ۳) تاکید نمادین بر سلسله‌مراتب قدرت پادشاهی و انتصابات دستگاه دیوانی و ضرب مسکوکات ، و ۴) تدوین نظام داد و ستد در بازار.

در عین حال نوروز در جامعه ایرانی (و سرزمین‌های مجاور) نیز نشانه‌های گوناگون از بزرگداشت نو شدن سال را به همراه داشت. سنت‌های نوروزی چون آتش‌بازی در چهارشنبه پایان سال خورشیدی (چهارشنبه‌سوری)، خانه‌تکانی و نو کردن جامه، دیدوبازدید و دادن یا گرفتن پیشکش، دیدار قبور و یادآوری رفتگان، حاجی‌فیروز چون

یادگاری شادی‌بخش از دنیای رفتگان، موسیقی و غزل‌خوانی و رقص و بازی، شیرینی‌پزی و فراهم آوردن خوردنی‌های کمیاب، سفره هفت‌سین، انداختن کوزه یا شکستنی‌های دیگر از بام به نشانه تحویل سال. نواختن نقاره و دهل و دیگر آلات موسیقی رزمی در ساعت تحویل، گردش در صحرا و وقت‌گذرانی در طبیعت همگی نشانه‌هایی از آگاهی جمعی از وقوع لحظه‌ای ویژه در چرخه سالانه بود که فرا رسیدن روزگار بهتر را نوید می‌داد.

این همه نوروز را به لحظه‌ای نمادین در آغاز چرخه زمان مبدل می‌ساخت که قراردادهای اجتماعی را زیر سوال می‌برد. رسم میر نوروزی که در دوره‌ای محدود، غالبا پنج‌روزه، به شکل نمادین رعیتی را مرتبه شاهی می‌بخشید، یکی از نشانه‌های بارز این قرارشکنی در آغاز زمان بود، رسمی که ظاهراً منشاء مشترکی با رسم پدشاه کارناوال در اروپای جنوبی و آمریکای لاتین داشت. این نماد آغاز زمان بود که به نوروز جایگاه ویژه‌ای به عنوان مبدأ گاهشماری خورشیدی داده بود؛ جایگاهی که تحویل سال نجومی را، که مبتنی بر حرکت انتقالی زمین بود، با جشن نمادین تازه شدن نظام حاکم بر جامعه پیوند می‌داد. به این اعتبار شاید بتوان گفت که نوروز و گاهشماری خورشیدی بر پایه نوروز پدیده‌ای یگانه در میان همه تقویم‌های رایج در جهان پیشامدرن (و به اعتباری در جهان مدرن) بود. این خود بی‌ارتباط با دوام نوروز، و هم گاهشماری خورشیدی، در طول بیش از بیست و پنج سده نیست؛ پدیده‌ای که نوعی تقدس ناسوتی به نوروز بخشیده است. اگرچه نوروز آن لحظه حد واسط میان زمان حصولی و زمان حضوری نیست و در مفهوم مذهبی لاهوت را در برابر ناسوت عرضه نمی‌دارد، اما یادگاری نمادین از آن لحظه آغاز را در درون خود نگاه داشته است که توانسته در

آغاز

زمانی دراز بر جریان‌های مخالف فائق آید و همچنان گوهر یک هویت ملی را بازسازد.

فصل اول
گاهشماری خورشیدی در ایران

پیدایش و تحول تقویم در ایران منوط به حضور یک دولت مقتدر بود. مانند بسیاری دیگر از عناصر کهُن تمدنی، گاهشماری ایران نیز وامدار فرهنگ‌های قدیمی‌تر دنیای باستان چون سومر، بابل و مصر است. موقعیت جغرافیای ایران همواره امکان برگرفتن گاهشماری‌های چندگانه را ممکن می‌ساخت، اما باز همین وضعیت جغرافیایی بود که ساکنان این سرزمین را به انتخاب یک تقویم خورشیدمحور رهنمون شد.

۱
تنش و سازش میان تقویم قمری و شمسی

بیشتر زمان‌سنجی‌ها در جهان باستان از سویی با حرکت روزانه خورشید در آسمان و گردش فصل‌ها بود که مبتنی بر گردش سالانه زمین و زاویه تابش خورشید محاسبه می‌شد. از سویی دیگر حرکات شبانه ماه در آسمان، در اصطلاح علم هیات "اَهلّه قمر"، و گردش دوازده ماه بود که سال قمری را می‌ساخت. آگاهی به این گردش‌های دوگانه، که با شناخت بهتر اجرام فلکی و پیدایش نظام مبتنی بر بروج دوازده‌گانه سازمان نجومی پیچیده‌ای یافت، تنشی پرهیزناپذیر پدید می‌آورد، زیرا از یک طرف حرکت انتقالی زمین بر گِرد خورشید (یا آنچه حرکت خورشید بر گِرد زمین تصور می‌شد) سال نسبتاً منظم ۳۶۵ روزه را می‌ساخت، و از طرفی اهله قمر که پس از دوازده گردش تقریباً بیست‌ونُه‌ونیم روزه به جای نخستین بازمی‌گشت، سال قمریِ تقریباً ۳۵۴ روزه را می‌ساخت. پیدایش تقویم‌های "ماه‌وخورشیدی" (lunisolar) در واقع کوششی

فصل اول: گاهشماری خورشیدی در ایران

برای یافتن مقارنه‌ای میان این دو مبنای گاهشماری بود تا اختلاف یازده‌روزه بین این دو روش گاهشماری جبران شود.¹

افزون بر این، محاسبه دقیق سال خورشیدی البته نیاز به علم نجوم پیشرفته برای تعیین دقیق ساعت، دقیقه، ثانیه و اجزای ثانیه داشت که غالباً منجمین پیشامدرن فاقد آن بودند. در نتیجه، روش‌های "کبیسه‌گیری،" یعنی جبران عقب‌افتادگی مدت زمان در هر سال، یا غالباً نارسا بود، یا مقامات دولتی در این مهم اهمال روا می‌داشتند. در نتیجه، هنگام حلول سال جدید در آغاز بهار یا به‌اصطلاح "تحویل ربیعی" غالبا

---

¹ برای تقویم مصر باستان از جمله بنگرید:
M. Clagett, *Ancient Egyptian Science: A Source Book,* vol. 2: *Calendars, Clocks, and Astronomy* (Philadelphia: American Philosophical Society, 1995).

برای تقویم بابلی بنگرید:
Richard Anthony Parker and Waldo H. Dubberstein *Babylonian Chronology 626 BC.−AD. 75.* Providence, RI: Brown University Press, 1956.

برای آرای زردشتی در باره تقویم از جمله بنگرید:
E. J. Bickerman "The 'Zoroastrian' Calendar," *Chronology of the Ancient World,* 2nd ed. (London, 1980); M. Boyce, "Iranian Festivals," in *Cambridge History of Iran ed. E. Yarshater, vol. 3/2,* 792-815; and *EIr:* "Calendars" i. Pre-Islamic Calendars (by Antonio Panaino) and cited sources.

برای آرای یونان و رم باستان در باره گاهشماری بنگرید:
Robert Hanneh, *Greek and Roamn Calendars: Construction of Time in the Classical World* (London and New York: Bloomsbury, 2005).

.

با تعویق محاسبه می‌شد و مثلاً جشن نوروز به نیمه تابستان می‌افتاد. پس از گذشت دهه‌ها و گاهی قرن‌ها، این تاخیر در حلول سال نو سازمان گاهشماری را کاملاً مخدوش می‌ساخت. تدوین تقویم جلالی در قرن یازدهم میلادی، که خود نشانه نوزایی بزرگ فرهنگ ایرانی در عصر سلجوقی بود (چنانکه بیاید)، کوشش فراگیر و پایداری در راه تصحیح همین مشکل تقویم خورشیدی ایران بود. پس از آن نیز همین میراث هزارساله تقویم جلالی بود که الگوی تقویم هجری شمسی کنونی ایران شد. اما تقویم هجری قمری به سبب کاربرد اسلامی آن همچنان موازی با تقویم جلالی پایدار ماند؛ هرچند، هیچگاه نتوانست معیار سال مالی مبتنی بر اقتصاد زراعی باشد.

حتی از زمان شاهنشاهی هخامنشی تنش میان تقویم "ماه‌وخورشیدی" و تقویم خورشیدی را می‌توان دید. چنانکه از شواهد مکتوب و هم کاوش‌های باستان‌شناسی برمی‌آید، دولت هخامنشی در آغاز تقویم ماه‌وخورشیدی رایج در بابل را به‌کار می‌بُرد، اما پس از تسخیر مصر در ۵۲۵ پیش از میلاد تقویم ۳۶۵ روزه خورشیدی را، که تقویم کشاورزی آن سرزمین بود و با طغیان سالانه رود نیل در اواخر تابستان (برابر با پانزدهم آگست) آغاز می‌شد، اساس گاهشماری ممالک تابعه قرار داد، اما همچنان نوروز را در آغاز بهار مبدأ سال می‌شمرد. بدین ترتیب، می‌توان گفت که تقویم خورشیدی ایران در واقع مدیون رود نیل و طغیان منظم سالیانه آن است که سبب پیدایش تقویم نسبتاً دقیق خورشیدی ۳۶۵ روز و اندی و همچنین رعایت کبیسه به شیوه مصر باستان شد. به عبارت دیگر، اگرچه در اقلیم ایران مرکزی تحویل سال با آغاز فصل زراعی در آغاز بهار محاسبه می‌شد، اما اخذ

تقویم مصری نظام سال خورشیدی و پایداری آن را از همان زمان تثبیت کرد.

البته این تحول سبب از میان رفتن تقویم ماه‌وخورشیدی بابلی نشد، زیرا زمان‌سنجی ماه‌وخورشیدی سابقه‌ای بسیار طولانی در بیشتر فرهنگ‌های دنیای قدیم داشت (که دامنه آن تا دوران جدید نیز دوام یافت؛ چنانکه خواهد آمد). سبب این تداوم بی‌گمان یک پدیده تمدنی بود. انسان اجتماعی همواره محتاج یافتن جایگاه خود در گذشت زمان بود؛ پدیده‌ای بنیادین که زمان‌آگاهی و زمان‌سنجی دو محوری را در همه دنیای قدیم از چین تا شبه‌جزیره هند و از سومر و بابل تا مایا و دیگر تمدن‌های "مزوآمریکا" (Mesoamerica، یعنی تمدن‌های کهن آمریکای مرکزی) به‌ویژه در جامعه‌های کشاورزی و دامپروری اجتناب‌ناپذیر می‌ساخت.

۲
ریشه‌های کهن نوروز

نوروز به عنوان مبدائی برای ترتیب و تنظیم گاهشماری خورشیدی پیشینه‌ای کهن دِر فرهنگ زمان‌سنجی ایران داشته و در ارجحیت یافتن تقویم خورشیدی که در نظارت دولت بود، نیز نقش اساسی داشته است. اگرچه در *اوستا* نامی از نوروز نیامده و تنها در متون پهلوی نخستین‌بار از آیین *نوروز* (*nog-roz*) یاد می‌شود، این پیشینه کهن شاید به زمان زردشت یا حتی پیشازردشت می‌رسد. تا آنجا که می‌دانیم، نیایش‌های پنج‌گانه زردشتی در ستایش اهورامزدا، و مظهر قابل‌رویت آن، یعنی

خورشید، از سحرگاهان آغاز می‌شد و سپس با نماز بامدادی، نیمروزی، غروب و شامگاه ادامه می‌یافت.[2]

در این میان، نماز نیمروز یا *راپیتوا* (rapithwa)، آنگاه که خورشید در اوج آسمان است، جایگاه ویژه‌ای داشت. این نیایش نیمروزی، که یادآور آیین مهرپرستی بسیار کهنی بود، تنها در ماه‌های بهار و تابستان هر سال برگزار می‌شد، زیرا چنین تصور می‌شد که در نیمه دوم هر سال، معادل آنچه امروزه از مهرماه (یا مهرگان) تا اسفندماه به طول می‌انجامد، خورشید در گردش دَوَرانی خود از روی زمین به زیر زمین فرو رفته و در آنجا تا آغاز بهار به‌کار گرم نگاه‌داشتن آب رودخانه‌ها و ریشه درختان در برابر سرمای اهریمنی می‌پردازد. بازگشت پرتوان خورشید در بهار به روی زمین و ازسرگرفتن دوباره نیایش نیمروزی، با آیینی جشن گرفته می‌شد که بعدها نوروز شناخته شد. این بازگشت بهاری خورشید، آنگاه که طبیعت جان می‌گرفت و رشد نبات و حیوان را ممکن می‌ساخت، اهمیت نمادین بارزی داشت، زیرا نشانی سالانه از آن *فرشکرد* (frsho-kereti) یا زنده شدن دوباره جهان در رستاخیز پایانی و پیروزی جاودانه اهورامزدا بر اهریمن شناخته می‌شد.

اما ایرانیان چون تقویم خورشیدی را پس از تسخیر مصر برگزیدند، در نتیجه هم فرهنگ بابل و هم مصر، که هر دو از آغاز دانش افلاکی پیشرفته‌ای داشته‌اند، در رعایت حلول سال نو در تقویم ایرانی موثر افتاده است. یعنی این جشنِ ایرانیان شاید متاثر از جشن آکی‌تو

---

[2] شاید میراثی از این نمازهای پنج‌گاهی، که هر یک با نوای ویژه‌ای ادا می‌شد، در گوشه دوگاه در بیات ترک [یا بیات زند] و دستگاه‌های سه‌گاه، چهارگاه و پنج‌گاه در ردیف موسیقی ایران به‌جای مانده است (و این هر پنج در مقام‌های سنتی عربی و ترکی نیز باقی مانده است).

(Akitu) در ماه نیسان در تقویم بابلی‌ست که مقارن با حلول سال نو خورشیدی است.

اما برگزاری نوروز و حتی نام روزها و ماه‌های ایرانی از همان آغاز ایرانی شده بود. واژه نوروز شاید از *نواسردا* (navasarda) به معنای سال نو است که قدمت‌اش به بخش‌های کهن اوستا بازمی‌گردد. اگرچه مدرک مکتوب دقیقی از نوروز در دوران هخامنشی در دست نیست، سنگ‌نگاره مشهور جدال شیر و گاو که چند بار در تخت جمشید تکرار شده، غالباً به عنوان نمادی از نوروز شناخته شده است.[۳]

[۳] اگرچه بنا بر این تعبیر، الزاماً نوروز در پایان زمستان و آغاز بهار برگزار نمی‌شده است. برج اسد (شیر) در بروج فلکی امروزی برابر با امرداد در میانه تابستان در حالی که برج ثور (گاو) برابر با اردیبهشت‌ماه است. اما بعید نیست که ترتیب ماه‌ها در بروج کهن بابلی متفاوت بوده است، یا به سبب تغییر زاویه زمین از قرن پنجم قبل از میلاد در واقع معادل یک ماه بروج عقب افتاده‌اند. اشاره حسن تقی‌زاده به این امر که نصف‌النهار فارس در ایام باستان با امروز متفاوت بوده شاید مقرون به واقعیت است؛ هرچند، نمی‌تواند اختلاف گزاف فوق را توجیه کند (*یادداشت‌های تقی‌زاده* به کوشش ایرج افشار، جلد اول). برای شرح بیشتر در باره امکان برگزاری نوروز در تخت جمشید بنگرید:

Mohammad Imanpour, “The Function of Persepolis: Was Norooz Celebrated at Persepolis during the Achaemenid Period,” *Proceedings of the 5th Conference of the Societies Iranologica Europea,* vol. 1, ed. A. Paniano and A. Parias, (Institute Italiano per Africa e-Oriente, University of Bologna), Milano, 2006, 115-121.

گاهشماری خورشیدی

تصویر ۱٫۱: نقش برجسته شیر و گاو، که چند بار در پلکان کاخِ داریوش در تخت جمشید آمده است، نمادی‌ست از پیروزی خورشید، یعنی برج اسد (شیر)، که در صُوَر فَلَکی بابلی مقارن با امرداد در اوج تابستان است، بر برج ثور (گاو) در ماه دوم بهار. ظاهراً تاکید این نقش بر آیینِ نوروز است، هرچند این تعبیر کاملاً پذیرفته نشده و امکان دارد این نقش معانی نمادین دیگری دارد که به‌درستی روشن نیست.

اما این سنگ‌نگاره را چنانکه اخیراً پیشنهاد شده، باید صرفاً نشانه‌ای از قدرت شاهنشاهی دانست و نه رمزی از گاهشماری هخامنشی.[4]

---

[4] برای تعبیر تازه‌ای از این سنگ‌نگاره شیر و گاو که آن را تنها نشانه شوکت و سیطره شاهنشاهی هخامنشی می‌داند، او جمله بنگرید به:

Peter Calmeyer, "Textual Sources for the Interpretation of Achaemenian Palace Decorations," *Iran*, published by the British Institute of Persian Studies, Vol. 18 (1980), pp. 55–63.

فصل اول: گاهشماری خورشیدی در ایران

اما صرف نظر از معنی نمادین شیر و گاو، چون هخامنشیان تقویم ۳۶۵ روزه را جایگزین تقویم ۳۶۰ روزه نمودند، در نتیجه پنج روز افزوده در پایان سال، که به‌اصطلاح "پنجه دزدیده" نام گرفت، برگزاری نوروز را در آغاز بهار تثبیت کرد. نوروز شاهی (یا آنچه بعدها نوروز سلطانی نامیده شد)، نه‌تنها آغاز سال دولتی و مالی هخامنشیان و به‌تبع آنان سلسله‌های سلوکی، اشکانی و ساسانی شناخته شد، بلکه مبدائی مهم برای آغاز فصل کشت‌وکار در استان‌های مرکزی ایران بود.

مشکل اساسی در گاهشماری ۳۶۰ روزه پیشین، که موبدان آن را گرامی می‌داشتند، به‌تاخیرافتادن سالانه نوروز بود که به علت محافظه‌کاری و مقاومت موبدان حتی پس از اصلاح تقویم هخامنشی ادامه یافت. اما ناکارآمدی سال شمسی ـ قمری که پنج روز اضافی را در پایان سال به حساب نمی‌آورد، به‌تدریج آشکارتر شد و در نهایت موقع موبدان تضعیف شد و دولت توانست سیطره خود را در تنظیم تقویم، که مشخصه بزرگ شکل‌گیری جامعه شهری بود، بر موبدان و دیگر گروه‌های شهری و روستایی به اثبات رساند؛ پدیده‌ای که در سراسر تاریخ ایران تا دوران جدید پایدار ماند.[5]

افزون بر این، دکتر علی موسوی، که در زمینه تخت جمشید صاحب‌نظر است و منبع بالا را به من شناسانید، می‌گوید که رمز این سنگ‌نگاره شیر و گاو به‌درستی معلوم نیست، اما می‌توان گفت که استقرار مکرر آن در جای‌جای تخت جمشید که برآمدن روزانه خورشید و زوال آن در عصر، هر روز بر آن سایه‌روشن می‌افکند، باید نشانه‌ای از رمز نجومی این نقش دانست.

[5] برای پژوهش مفصل در باره ریشه‌های نوروز بنگرید:

Encyclopedia Iranica (EIr) Nowruz (a: Pre-Islamic period: M. Boyce) and cited sources; Mary Boyce and Frantz Grenet, *A*

۳
بخت‌انگاری در تقویم و سالنامه

با این حال، اصلاح تقویم در دوران هخامنشی مانع از دوام باورهای نجومی و تاثیر کواکب و بروج بر سرنوشت آدمی نشد. زیرِ پوسته این کاربرد چندمحوری، یکی شمسی، دیگری قمری و سوّم قمری‑شمسی، می‌توان حضور یک سابقه باستانی بخت‌اندیش، و به تعبیری "فلک‌زده،" را یافت که گردش سال‌ها، فصل‌ها، ماه‌ها و روزها را در ساحتی فلسفی یا به تعبیری هستی‌شناسانه (existential) جای می‌داد. این اندیشه در نوع ایرانی‌اش همواره با نوعی دوسویی در مفهوم آفرینش و سرنوشت دچار بود که ردّپای آن، هم در تصور زمان و هم گاهشماری ایرانی آشکار است

از جانبی، باورهای یکتاپرستانه زردشتی و پس از آن اسلامی (و ریشه‌های توراتی این دومین) همگی حاکی از آفرینش جهان و انسان بر اساس اراده و طرحی الهی است که پیدایش و سرنوشت آدمی را تابع هدف ویژه‌ای می‌داند و زندگی این‌جهانی او را منوط به پیروی از یک سلسله اعتقادات و اعمال شرعی می‌کند که موجب رستگاری اخروی او شده و پیروی نکردن از آن‌ها به خُسران ابدی خواهد انجامید. کاملاً جدا از این طرح الهی و فرایند اخروی آن، از جانب دیگر، باوری ژرف به بازی سرنوشت یا روزگار غَدّار وجود داشته که ریشه

History of Zoroastrianism: Under the Achaemenians (Leiden: Brill, 1982).

همچنین احسان یارشاطر، نوروز، ترجمه و تدوین پیمان متین (تهران: فرهامه، ۱۳۹۸ خورشیدی) با مقالاتی از احسان یارشاطر، مری بویس، شاپور شهبازی، محمود امیدسالار، سیمونه کریستوفرتی، منوچهر کاشف، علی اکبر سعیدی سیرجانی و دیگران.

فصل اول: گاهشماری خورشیدی در ایران

در گردش چرخ یا گنبد دوّار، سپهر تیزرو، و گردش فلَکی دارد. این روزگاراندیشی فلَک‌آگاه که گاهی با مذهب دَهری (یا معادل انگلیسی آن fatalism) نیز همسان شناخته شده، حتی بیش از ادیان سازمان‌یافته (اعم از زردشتی یا ابراهیمی) آدمی را بازیچه سرنوشت محتومی می‌داند که روزگار بازیگر فراهم آورده است. برخی آرای یونانی وجوه تشابهی با این اندیشه دهری ایرانی دارد که هم در تراژدی‌های یونانی و هم در آرای پیشاسقراطی، مثلاً آنچه منسوب به فیثاغورث است، بازتاب یافته است.

در این بازی پُرنیرنگ، آدمی عمرش را در قماری (گاهی شطرنج) در برابر زمانه می‌بازد و با مرگ خود تسلیم سرنوشتی می‌شود که بر خلاف باورهای دینی، پاداش و پادافره آن‌جهانی ندارد و پایانش صرفاً نیستی است. البته باورهای آمیخته از این دو جریان دهری و اعتقادی نیز بی‌سابقه نیست. مثلاً در آرای مانوی وجه مشترکی از زمان‌آگاهی زردشتی و مسیحی را در کنار افکار گنوسی بین‌النهرین می‌یابیم که با نبذه‌ای از آرای بودایی و هندی و حتی یونانی درآمیخته است تا باورهای پیچیده‌ای در باره پیدایش و سرنوشت را رقم زند؛ سرنوشتی که بیشتر فلک‌زده و رستگاری‌ناپذیر است.

اشارات بیشمار در فرهنگ ایران به روزگار غدّار، گردش فلک، بازی چرخ، دست تقدیر، دهر دون‌پرور و تعبیرهای روزگارمدار و تقدیرزده دیگری از این دست، حاکی از دامنه وسیع این دهری‌مذهبی بود، یا آنچه گاهی فکر زروانی شناخته می‌شد؛ نحله‌ای که ظاهراً از اواخر دوران ساسانی در فرهنگ ایران نمود بیشتری داشت. این روزگاراندیشی ایرانی حضور آشکاری در ساحت شعر فارسی دارد که به‌ویژه از قرن چهارم و پنجم هجری (برابر با قرون یازدهم و دوازدهم میلادی) محسوس است. در دوران نهضت بازیابی فرهنگ ایران این

روزگاراندیشی را می‌توان در *شاهنامه* فردوسی یا در رباعیات خیام و حتی به صورتی دیگر در سروده‌های ناصرخسرو نیز یافت. در قرون بعدی این اندیشه به موازات باورهای عاقبت‌اندیش اسلامی همچنان پایدار مانده و به‌ویژه در قالب غزل جلوه کرد.[۶]

حال باید پرسید این روزگاراندیشی چه پیوندی با گاهشماری داشت؟ ساختار واژه *روزگار*، از *روز* به معنای سال و پسوند فاعلی *گار* به معنای کار و کنش، به‌روشنی اشاره به محوریت زمان در ساختار تاریخ دارد که جایگاه بارز گاهشماری خورشیدی را در یادگاه همگانی ایران آشکار می‌سازد.[۷] بی‌تردید این فکر ریشه در تنجیم، (یا نجوم قدیم، astrology) داشته و مرتبط با کاربردهای شایع و بسیار مسلط آن بود چون تدوین زایچه، طالع‌بینی، تعیین ایام سعد و نحس و پیش‌بینی انقلاب‌های جَوی، همه‌گیری‌ها، جنگ و آشوب و ظهور و سقوط دولت‌ها و یا افعال روزانه آدمی چون شستن تن، زناشویی و زایش،

[۶] نمونه‌هایی از این روزگاراندیشی را، غالباً با پیوندی نه‌چندان پایدار با عاقبت‌اندیشی اسلامی، می‌توان در غزلیات سعدی در قرن هشتم / قرن سیزدهم میلادی و حتی با صراحت بیشتر در غزلیات حافظ در قرن نهم / قرن چهاردهم میلادی یافت. تخیل فلسفی و ادبی این استعارات که همواره بر بیچاره‌گی محتوم آدمی در برابر کُنش بی‌امان روزگار نیرنگ‌باز پای می‌فشارد، تنها یک "قالب ادبی" (topos) در زبان فارسی یا یک "مَثَل اعلی"(ideal type) در فرهنگ ایران نیست. این اندیشه‌ای‌ست بر پایه گذشت زمان یعنی گردشی که بنا بر باورهای ایرانی در پنجه دیو آز است که اغلب کُنش خود را در گردش سپهر تیزرو می‌نمایاند.

[۷] برای آگاهی بیشتر بنگرید:

R. C. Zaehner, *Zurvan, a Zoroastrian Dilemma* (Oxford: Clarendon Press, 1955) and *EIr:* “Zurvanism” (by Albert de Yung) and cited sources.

فصل اول: گاهشماری خورشیدی در ایران

سفر، دیدار و نیایش. منجمین در درگاه شاهان از جایگاه بلندی برخوردار بودند و بسیاری از تصمیم‌ها و تردیدهای سیاسی و عاقبت کار لشگرکشی‌ها و عزل و نصب‌ها تنها با توجه به همین پیش‌بینی‌های نجومی قابل‌درک است. به همین سبب نیز شناسایی اجرام سماوی، ثوابت و سیارات، بروج دوازده‌گانه و حرکات فلکی تقریباً همیشه نیاز به حفظ و به‌روز کردن تقویم خورشیدی داشت.

یک نمونه رایج و محبوب از این اعتقادات نجومی را می‌توان در نگارش، و بعدها در چاپ و انتشار سالنامه‌های قدیمیِ رایج در ایران و ممالک همجوار یافت که سعد و نحس همه روزهای سال را معین می‌داشت. لزوم دانستن و عمل کردن به این توصیه‌های روزانه البته بدان مقصود بود که مانع از اثرهای سوء گردش فلک بر زندگی آدمیان شود، که خود ناشی از باورهای دهری بود. در نهایت این دوگانگی اعتقادی، یعنی اسلامی و دهری، و کاربردهای عملی آن درهم‌آمیخت و تا هم‌اکنون نیز زایچه، در دنیای ایرانی هم نظیر دنیای غرب، کم‌وبیش جایگاه خود را در باورهای عامیانه محفوظ داشته است.

بدین ترتیب، گاهنامه (گاهنامگ در پهلوی) نماینده حضور بارز اندیشه زمان‌سنجی در ایران است. واژه گاه که هم اسم‌زمان (مثلاً سحرگاه و شامگاه) و هم اسم‌مکان است (مثلاً پایگاه و دادگاه)، حاکی از گستره مفهومی این واژه است که از نوبت‌های پنج‌گانه نیایش را در طول روز تا جای قرار گرفتن انگشتان بر دسته ساز می‌رساند. این مفهوم بنیادی البته با ریشه اوستایی این واژه، یعنی گاتو، و بعضاً با کهن‌ترین بخش‌های اوستا، یعنی سرودهای گاثا (یا گاتها) مربوط است که حاکی از ادای نیایش در پنج گاهِ روزانه است. این نظم زمانی ظاهراً بی‌ارتباط با واژه گاهنامه (یا تقویم) نیز نیست که به معنای نامه (نوشته)ای‌ست

که *گاه* یعنی زمان را ثبت می‌کند. البته *گاهنامه* در زمان‌سنجی زردشتی دامنه گسترده‌تری دارد، زیرا از جانبی معرّف روزها و ماه‌های سال "ماه‌وخورشیدی" زردشتی است که گویا به‌خاطر نبود مفهوم هفته، همه روزهای هر ماه را به نام مبارکی می‌نامید (مثلاً ابان روز در ابان ماه). از جانب دیگر، *گاهنبار* به تقویم (یا گاهنامه) زردشتی ویژه‌ای گفته می‌شد که زمان جشن‌های شش‌گانه آفریدگاری را نگاه می‌داشت. روشن است که پسوند *بار* در اینجا وقوع زمان ویژه‌ای را افاده می‌کند.

در سده‌های اسلامی اما آنچه مصطلحاً *سالنامه* (معادل با alamancو گاهی yearbook در زبان‌های اروپایی) نامیده شده، دو پدیده زمان‌سنجیِ متفاوت را عرضه می‌دارد. در معنی کهنه‌تر، سالنامه بیشتر معطوف به ثبت مختصر وقایع سال یا سالیان پیشین بود و شاید ریشه در *خداینامه‌های* دوران ساسانی داشت. معنای نسبتاً جدیدتر سالنامه اگرچه هنوز وقایع‌نگاری را در نظر داشت، بیشتر توجه‌اش معطوف به حرکات اجرام سماوی و گردش بروج فلکی و تاثیر آن بر زندگی روزمره آدمیان بود. سالنامه نه‌تنها تاثیر کواکب را بر زندگی همگان منظور می‌داشت، بلکه مبنای زایچه (herescope) برای پی‌بردن به سرنوشت آدمیان نیز بود. افزون بر این، سالنامه‌ها روزشماری بر اساس چند تقویم رایج در ایران را به‌دست می‌داد، که پدیده کمیابی در تاریخ تمدن جهانی است. هر صفحه ستون‌های چندی داشت که تقویم غالب، یعنی هجری قمری را با تقویم شمسی جلالی، تقویم ترکی-چینی دوازده‌ساله، تقویم اسکندری و در سال‌های بعد تقویم میلادی و تقویم کهنِ برجی و دیگر تقویم‌ها می‌نمایاند. هر دو جنبه مذکور، یعنی هم تاثیر فلکی بر سرنوشت آدمی و هم وقوف به تنوع تقویم، در آگاهی ایرانیان در اندازه‌گیری زمان موثر افتاد.

فصل اول: گاهشماری خورشیدی در ایران

این سالنامه‌های نوع جدید که هر ساله وسیله منجم‌باشی، یا منجمی منصوب از جانب دولت، به‌روز می‌شد، نه‌تنها در ایران بلکه در عثمانی و دیگر سرزمین‌های اسلامی غالباً تنها ماخذ عموم برای حفظ سال و ماه بود. افزون بر زمان تحویل سال خورشیدی یا آغاز سال و ماه قمری و ایام محرّمه در تقویم شیعه، این سالنامه‌ها حاوی اندرزهای عملی، توصیه‌ها و هشدارهای فراوان نیز بود و اوقات "سعد" و "نحس" را از جمله برای سفر، ازدواج، نزدیکی، استحمام، تراشیدن موی سر، گرفتن ناخن، و حتی خروج از خانه مشخص می‌ساخت. به عبارت دیگر، این پیوستی به فروعات شرعی و نشانه‌ای از استیلای فقه بر جامعه بود. سیطره این جنبه پیشگویانه سالنامه‌ها، یعنی تاثیر حرکت بروج و اجرام آسمانی بر بخت و انجام آدمیان، حتی در زندگی سیاسی نیز محسوس می‌افتاد. کمتر فرمانروایی فارغ از تعیین "ساعت سعد" بر سریر سلطنت جلوس می‌کرد، یا کارزاری را آغاز می‌کرد و یا هر اقدام عمده دیگری را، حتی ورود به پایتخت یا زمان آغاز سفر را به انجام می‌آورد.[8]

گاهنامه و سالنامه کم‌وبیش با واژه عربی-فارسی تقویم یکسان شناخته شده است. تقویم معانی چندگانه حقوقی، محاسباتی و البته نجومی دارد، اما در معنای متاخر حاکی از "تعیین و بیان طول و عرض بُلدان،" "محاسبه وقت،" "حساب کواکب سال به سال" و نظایر آن است. البته آیه مشهور قرآنی "لقد خلقنا الانسان فی احسن تقویم" (سوره التین: ۴) اگرچه در اینجا به معنای صورت و ساخت آمده و خارج از حیطه گاهشماری است، در ادب ایران پیوند با زمان یافته است.

---

[8] برای سالنامه‌های دوران متاخر بنگرید به پیوست دوم در پایان کتاب.

خاقانی، شاعر مُشکل‌سُرای قرن ششم هجری، در سوگندنامه‌ای در قالب قصیده می‌گوید:

به خط احسن تقویم و آخرین تحویل
به آفتاب هویت به چهارم اسطرلاب.

تقویم، تحویل، هویت و اسطرلاب که خاقانی آنان را بر بیگناهی خویش شاهد آورده است، چهار اصطلاح نجومی‌اند که به جایگاه تقدیر در بخت آدمی اشاره دارند. البته جز این اشاره پیچیده، متون دیگر نظم و نثر فارسی نیز تقویم را غالباً به همین معنای آگاهی به عاقبت آدمی از راه شناختن تقارن ستارگان به‌کار برده‌اند. مثلاً فردوسی در آغاز داستان سیاوش در فرارسیدن سالگرد عمر خود گوید:

از آن پس که بنمود پنجاه و هشت
بسر بَر فراوان شگفتی گذشت
همی آز کمتر نگردد بسال
همی روز جویم به تقویم و فال

تا اینکه عمر شاعر به پنجاه و هشت سالگی رسیده بسیاری رویدادهای شگفت به سرش آمده است، با این حال، با گذشت سالیان دیو آز از حرص او برای زیستن نکاسته است و هنوز نیز در جست‌وجوی روز بهتری به تقویم و تفائل روی آورده است.

از طرف دیگر واژه *تاریخ* در زبان فارسی به دو معنی به‌هم‌پیوسته، یکی زمان ویژه (date) و یکی یادگاه همگانی از معلومات

فصل اول: گاه‌شماری خورشیدی در ایران

گذشته (history) آمده است. واژه *history* در زبان انگلیسی که برگرفته از *historia* در یونانی‌ست صرفاً به معنای کاوش و نگارش داده‌ها و داوری در آن‌هاست، اما واژه *date* در انگلیسی، به معنای زمان رویداد، که از واژه یونانی *datos* است و با *داده* در فارسی هم‌ریشه است، تنها به معنای زمان تقویمی است. اما در فارسی این جدایی در ظاهر وجود ندارد و واژه *تاریخ* این هر دو مفهوم، یعنی کاوش و ثبت رویدادها، را با زمان رویداد درهم‌آمیخته است. باید افزود که ریشه واژه عربی *تاریخ*، چنانکه فرانتس روزنتال محتمل دانسته، با *ارخو* در آکادی و *یرخ* در عبری، به معنای ماه قمری، هم‌ریشه است. لذا واژه *مورّخ* نیز هم به معنای کسی است که رویدادها را می‌نگارد (مانند واژه *وقایع‌نگار*، یا به زبان امروزی *تاریخ‌نگار*). در عین حال، مورخ یا مورخه به معنی ثبت رویداد تقویمی معینی نیز هست (چنانکه در آغاز نامه یا سندی می‌آید: "به تاریخ..." یا "مورخ..."). به عبارت دیگر، در زبان فارسی تاریخ هم روزگار است که در گردش سال‌ها سرنوشت آدمیان را رقم می‌زند و هم حاکی از زمان وقوع رویداد معینی‌ست.

۴
تاریخ‌نگاری و بقای یادگاه تاریخی ایران

گاه‌شماری ایرانی نیز مانند دیگر تقویم‌های دنیای پیشامدرن همواره در معرض تحولات غالباً بدخیم بود. یک مورد عدم رعایت یا خطا در محاسبه کبیسه بود که میان سال حقیقی (نجومی) و سال تقویمی فاصله می‌انداخت و فرایند آن تشتت، به‌ویژه در تعیین حلول سال نو و جشن نوروز بود که گاه حتی در میان تابستان برگزار می‌شد. نمونه دیگر، تشتت در تقویم پادشاهی دوره ساسانی بود که مبدأ گاه‌شماری را با جلوس

شاهان آغاز می‌کرد و با پایان سلطنت ایشان به آخر می‌آورد. این مبدأ تقویمی بر اساس توالی ادوار شاهی، به‌ویژه در سده‌های ششم و هفتم میلادی که دولت ساسانی شاهد تزلزل و آشوب سیاسی و سلطنت‌های ناپایدار شد، طبعاً تقویمِ خورشیدی رایج را گرفتار اختلال و ناپیوستگی چندی ساخت.

با این حال، تقویم یزدگردی، که آغاز آن از جلوس یزدگرد سوم آخرین شاهنشاه ساسانی در ۶۳۲ میلادی محاسبه می‌شد، همچنان در سده‌های پس از انقراض دولت ساسانی به عنوان مبدأ تقویم خورشیدی و به جهت محاسبه دفاتر دیوان و ضرب سکّه در عصرخلافت اموی و حتی آغاز خلافت بنی عباس، یعنی تا نیمه سده دوم هجری/ هشتم میلادی، ادامه یافت. چنانکه مشهور است جایگزینی تقویم هجری قمری به جای تقویم یزدگردی در دستگاه دیوان در سرزمین‌های شرقی خلافت عباسی با مقاومت جناحی از دبیران مواجه شد و حداقل دو بار از یزدگردی به هجری و برعکس گردانده شد. این مقاومت تا اندازه‌ای ناشی از تشتت در محاسبات دیوانی بر اساس تقویم هجری قمری بود که به‌خاطر عدم تطابق یازده‌روزه در هر سال قمری با سال خورشیدی سبب اختلال جدّی در نگاهداشت گردش فصول و سال زراعی در سرزمین‌های منطقه معتدله شمالی (و از جمله ایران زمین) می‌شد. از جانبی دیگر، وفاداری به گاهشماری قدیم ایران نشانی از بی‌اعتمادی به تقویم اسلامی و بعضاً بی‌ثباتی خلافت اسلامی جلوه می‌کرد. البته حتی پس از تثبیتِ تقویم هجری قمری در دیوان خلافت عباسی و پس از آن در سلسله‌های حاکم بر ایران، تقویم خورشیدی قدیم، غالباً با نام تقویم خراجی، پابرجای ماند.

در سده‌های نخستین اسلامی ایرانیان به نوعی همزیستی ضمنی میان دو گاهشماری قمری و شمسی دست یافتند که به اعتباری تا به امروز نیز مداومت یافته است. بی‌آنکه گرفتار تندروی‌های ملی‌گرایانه امروزی شویم، باید پذیرفت که چیره‌گی اسلام بر ایران در نزد بسیاری فرهیخته‌گان ایرانی همواره با یادی آرزومندانه (nostalgic) از پادشاهی ساسانی همراه ماند که نبودش شاید حتی امری سوگوارانه (tragic) در ضمیر آنان ثبت شده بود. یاد این گذشته آرمانی را می‌توان نه‌تنها در نهضت شعوبیه در سده سوم و چهارم هجری/ نهم و دهم میلادی بلکه در تاریخ‌نگاری به زبان عربی و پس از آن به زبان فارسی نیز دید.

مورخ بزرگ قرن سوم هجری/ قرن نهم و دهم میلادی، محمد جریر طبری، که خود در آمل در طبرستان از مادری ایرانی و پدری عرب‌تبار زاده شده بود، در عنوان کتاب بنیادی‌اش، *تاریخ الرُسل و الملوک*، بیش از هر حکومتی "ملوک سلفِ" پیش از اسلام را برابر با پادشاهان ساسانی می‌دانست. وی در بخش نخست تالیف‌اش به تفصیل احوال ایشان را آورده و میراث مُلک‌داری ایشان را ارج نهاده و آن را نمونه و معیار متعالی دولت می‌شمرد. این تالیف سرمشق بسیاری تاریخ‌ها در قرون اول اسلامی به زبان عربی و سپس به فارسی شد. با این حال، هم طبری و هم دیگر مورخین دوران اسلامی تا آغاز قرن بیستم در سنت تاریخ‌نگاری اسلامی همواره تقویم هجری قمری را رعایت می‌کردند. البته گاهی در وقایع‌نگاری‌های سلسله‌ای، به‌ویژه در ایران، ترتیب سال‌ها بر اساس سال خورشیدی و فرارسیدن نوروز بود.[۹]

۹ برای تحول تاریخ‌نگاری در سده‌های نخستین اسلامی از جمله بنگرید به:

گاهشماری خورشیدی

همزیستی گاهنامه‌ای در دوران اسلامی میان دو تقویم شمسی و قمری، یا تداوم ارتباط میان تاریخ ساسانی و تاریخ اسلامی، بیش از هر چیز در برگزاری نوروز و دیگر جشن‌های ایرانی مشهود است. با این حال، این همزیستی هزاروسیصد ساله حداقل تا دوران نوین مانع از پیدایش یک جدایی ژرف بین این دو سنت اندازه‌گیری زمان نشد. به تَبَعَ این جدایی، نگرش معطوف‌به‌زمان و تاریخی‌نگری (historicism)، که نشات گرفته از این گاهنامه‌ها بود، نیز راسخ‌تر شد. باید توجه داشت که هم ایام سالیانه جشن‌های خورشیدی و هم اعیاد و سوگواری‌های اسلامی، که نشانه‌های بارز (markers) در هر تقویمی هستند، در درازمدت نقش ژرفی بر ضمیر جمعی دوپاره جامعه ایران افکند.

از سویی، این ضمیرِ تاریخ‌اندیشانه کاملاً رویدادها و شخصیت‌های گذشته اسلام را در خاطر مومنین زنده نگاه‌می‌داشت، زیرا زادروز یا درگذشت پیامبر و ائمه شیعه محرک بزرگی برای ابراز وفاداری اعتقادی بود، و از سوی دیگر، دوام تقویم خورشیدی و

Hamilton A. R. Gibb, 'Ta'rikh (Arabic and Persian Historiography),' in *Studies on the Civlization of Islam* (Boston: Beacon Press, 1962), Chap. 7.

برای هویت جریر طبری بنگرید به:

Franz Rosenthal, *The History of al-Tabari,* vol. 1 (General Introduction and From the Creation to the Flood), Albany: SUNY Press, 1989).

در آغاز این تاریخ مفصل، طبری مکرراً به دولت ساسانی و تمدن درخشان آن می‌پردازد؛ هرچند، روزنتال از تاکید بر سبقه طبری و هویت طبرستانی او پرهیز کرده است.

فصل اول: گاهشماری خورشیدی در ایران

جشن‌های ایرانی منظور در آن به نحو شگفت‌آوری در یادگاه جمعی ایرانی دوام یافته است. شاید کمتر سرزمینی در دنیای اسلام از شبه‌جزیره ایبریا (اسپانیا) و شمال آفریقا تا مصر، سواحل شرقی دریای میانه (مدیترانه)، آسیای صغیر، بین‌النهرین (عراق) و بخش بزرگی از آسیای مرکزی و حتی آسیای جنوبی (هندوستان) توانست همانند ایران این یادگاه تاریخی پیشااسلامی را زنده نگاه‌داشته و آن‌ها را در متون ادبی و تاریخی به زبان بومی بپروراند.

به عنوان نمونه، مصر در دوران اسلامی، به‌رغم وجود یک مکتب مهم تاریخ‌نگاری در این سرزمین، و ظهور مورخین برجسته‌ای چون تقی‌الدین مقریزی و یوسف ابن تغری بردی در دوره ممالیک، تنها یاد مختصر و مغشوشی از گذشته درخشان مصر باستانی داشت؛ چه برسد به آنکه گاهشماری یا جشن‌ها و مناسک آن دوران به وجهی آگاهانه در زندگی مردم مصر حضور داشته باشد. به‌رغم بقایای محسوس و مشهود میراث مادی غنی پیش از اسلام، نظیر اهرام مصر و دیگر ویرانه‌های قابل‌رویت، کنجکاوی در باره این عصری که اسلامیون از آن به عنوان عصر "جاهلیت" یاد می‌کردند، بسیار اندک بود و آن دانشی که مورخین مصر از این میراث باستانی داشتند نیز محدود به اشارات پراکنده به فراعنه مصر در قصص قرآنی بود که خود از افسانه‌های توراتی در باره حضور قوم اسرائیل در مصر و هجرت خیالی آنان به ارض موعود گرفته شده بود. حتی تاریخ دوران بطالسه و چیره‌گی رُم بر مصر که در منابع تاریخی مسیحیان قبطی در دوران اسلامی باقی مانده بود، علاقه جدّی‌ای در نزد مورخین مسلمان مصر برنمی‌انگیخت.

افزون بر این، سوای موارد معدودی، دیدگاه مسلمانان مصر در باره آن میزان محدودی که از میراث مصر باستان دستگیرشان می‌شد،

توام با ستایش و حتی پذیرش این تمدن نبود، بلکه آن را متعلق به دوران کفر و جاهلیت می‌دانستند که با ظهور "مذهب حقه'" اسلام به قهقرای گذشته‌ای دوردست پرتاب شده بود؛ گذشته‌ای که در دیده ایشان زیبنده آن فرعونیانی بود که قرآن آنان را "طاغوتی" می‌دانست. تنها از نیمه دوم قرن هجدهم میلادی و آغاز کاوش‌های باستان‌شناسی غربی و کوشش‌های شرق‌شناسان اروپایی بود که دانش مصریان از گذشته باستانی سرزمینشان دگرگون شد و به‌دنبال آگاهی بیشتر از این میراث باستانی، پایه‌های ملی‌گرایی مصر نوین ریخته شد. امروزه آن کاوشگران غربی در معرض یورش نقّادان شرق‌شناسی‌اند و در نیمه دوم قرن بیستم، آن باستانی‌گرایی مصری نیز تدریجاً جای خود را به ملی‌گرایی عربی_اسلامی داد که هم‌اکنون نیز کم‌وبیش بر روایت تاریخی آن سرزمین مستولی است. در نتیجه، آگاهی عامّه مصریان از دوران باستان بیشتر به یک حاشیه در تاریخ مصر بدل شده است که برای جذب توریست و خوشامد بازار سیاحت به‌کار گرفته می‌شود تا آنکه یادگاه ملی و آگاهی تاریخی مصریان را متحول سازد. ۱۰

---

۱۰ همین وضع در باره دیگر سرزمین‌های عربی نیز کم‌وبیش صادق است (و در اینجا فرصت پرداختن بدان نیست). برای آگاهی مصریان در دوران اسلامی از میراث مصر باستان از جمله بنگرید به پژوهش:

Okasha El Daly, *Egyptology: The Missing Millennium: Ancient Egypt in Medieval Arabic Writings* (London: UCL, 2005).

نویسنده، عکاشه الدالی، از جمله مذکور می‌دارد که دانش مصریان مسلمان از گذشته باستان را باید بیشتر در متون غیرتاریخی و نیمه‌تاریخی نظیر کتب‌های ستاره‌شناسی و کیمیاگری جُست. نویسندگان این آثار غالباً آگاهی اجمالی‌ای در باره گذشتگان پیشااسلامی‌شان را در متون قبطی می‌یافتند.

فصل اول: گاهشماری خورشیدی در ایران

بی‌تردید ایرانیان نیز بسیاری از منابع و متون گذشته پیش از اسلام را یا کاملا فراموش کرده بودند و یا تنها از راه متون دوران اسلامی و یا از راه افسانه‌ها و سروده‌های ادبی فارسی از آن دوران آگاه بودند. با این حال، یادگاه تاریخی به مراتب در نزد ایشان دوام بیشتری داشت و بر خلاف دیگر مسلمین نه‌تنها از گذشته پیشااسلامی آگاه بودند، بلکه آن را بزرگ می‌داشتند و منبعی برای پند آموزی از شیوه کشورداری و مراعات حال رعیت می‌شمردند. مهم‌تر آنکه شاهنامه فردوسی و دیگر شاهنامه‌های عربی و فارسی، که در مفهوم امروزی حد واسطی میان افسانه و تاریخ است، از دیدگاه ایرانیان سندی اساسی برای شناخت این گذشته و بزرگداشت آن بود. در دوران جدید البته با وقوف به منابع یونانی و رُمی و پژوهش‌های نوین غربی یا وقوف به متون سنگ‌نوشته‌ها و بازخوانی متون باستانی، ایرانیان نیز نظیر مصریان، یا دیگر کشورهای همسایه، آگاهی‌های مفصل‌تر و منسجم‌تری از تاریخ پیش از اسلام خود به‌دست آوردند که بی‌تردید در شکل‌گیری هویت ملی نوین ایرانی بسیار موثر افتاد.

در سده‌های نوزدهم و حتی بیستم هویت ملی مردم ایران در واقع تلفیقی از این آگاهی‌های قدیمی ایرانی بود با آنچه غرب از گذشته ایرانیان به خودشان عرضه می‌داشت. به عنوان نمونه، هم شاهنامه فردوسی و هم ترجمه کتیبه‌های بیستون، یکی بومی و دیگری دستاورد پژوهش غربی، ایرانیان را در معرفت و تدوین و زمان‌بندی گذشته بومی خود یاری رسانید. این امر چند دهه به طول انجامید تا آنکه ایرانیان قرن بیستم توانستند افسانه را از تاریخ (به مفهوم امروزی آن) مجزا نمایند، اما جای تردید نیست که آن افسانه‌های بومی چون شاهنامه فردوسی یا متون متعدد تاریخی فارسی که از قرن سوم تا قرن سیزدهم هجری، یعنی

قریب یک‌هزار سال، تألیف شد، بیش از هر چیز در قوام ضمیر ملّی موثر افتاد. این نکته غالباً از نظر آن نویسندگانی دور مانده است که ایدئولوژی جزمی معاصر را جایگزین آگاهی تاریخی ساخته‌اند.[11]

تالیف *تاریخ بلعمی* از ابوعلی‌محمد بلعمی به زبان فارسی که تحریری از *تاریخ طبری* است، در نیمه سده چهارم هجری و تقریباً پنجاه سالی پس از طبری، یکی از چند تالیف تاریخی فارسی و عربی است که جزئیات تازه‌ای را از تاریخ باستانی ایران عرضه می‌داشت. این جنس تاریخ عمومی که به شیوه وقایع‌نگارانه غالبا از آفرینش جهان تا زمان حاضر را در بر می‌گرفت، سنتی در تاریخ‌نگاری ایرانی ـ اسلامی پایه گذارد که نزدیک به یک‌هزاره دوام آورد. از آن جمله بود *روضه‌الصفا فی سیرالانبیا و الملوک و الخلفا* اثر مفصّل محمد میرخواند که تا پایان عصر تیموری را در بر می‌گرفت (و تکمله آن به قلم رضاقلی‌خان هدایت، تا نیمه قرن سیزدهم هجری پیش می‌آمد) و *حبیب‌السیر فی تاریخ افراد بشر* از غیاث‌الدین محمد خواندمیر که تا آغاز صفویه در قرن دهم هجری ادامه می‌یافت. این هر دو اثر تحریرهایی فارسی از تواریخ عمومی به زبان عربی نظیر *الکامل فی‌التاریخ* اثر مشهور عزّالدین ابن‌اثیر بودند که آگاهی‌های تازه‌ای در باره ایران پیش از اسلام عرضه می‌کردند. اما تاریخ‌های عمومی فارسی اکثراً آغاز تاریخ را نه از آدم

[11] از دید بسیاری از این اهل انکار که از تاریخ ایران آگاهی بسیار سطحی دارند، یا از زاویه کج‌فهمی‌های باب روز فرنگی بدان می‌نگرند، یادگاه تاریخی و هویت ملی غالباً بی‌اساس دانسته شده یا زاییده تخیل شرق‌شناسان به حساب می‌آید. این روحیه انکار بی‌تردید واکنشی روشن به آرای عوامانه و خودبزرگنمای ملی‌گرایان ایرانی در قرن بیستم است که عوارض آن در باستانی‌پرستی دوره پهلوی به‌خوبی آشکار شد و دامنه آن تا امروز نیز گریبانگیر ایرانیان است.

فصل اول: گاهشماری خورشیدی در ایران

ابوالبشر در روایت توراتی و قرآنی، بلکه بنا به روایت ایرانی (از جمله در *شاهنامه* فردوسی) از زمان کیومرث و سلسله پیشدادیان می‌دانستند.

این تواریخ عمومی اگرچه در نزد زُبدگان فرهنگی شناخته بودند، در مقایسه با گسترش و نفوذ حماسه‌های اساطیری چون *شاهنامه* فردوسی دامنه کمتری داشتند. *شاهنامه*، و نظایر دیگری از شاهنامه‌های نثر و نظم که به گردآوری داستان‌های پادشاهان اساطیری یا نیمه‌تاریخی ایران و سرزمین‌های همجوار می‌پرداختند، منابعی اساسی برای حفظ و بزرگداشت یادگارهای باستانی و دوره‌بندی‌های تاریخ ایران بودند. افزون بر این، بسیاری از سروده‌های ادبی از شعرای غنایی ایران از قرن سوم هجری در مکتب خراسان و پس از آن هم در عصر ایلخانی در فارس، و همزمان با آن در هندوستان، پیوسته ارجاعات و تشبیهات فراوان به این یادگارهای ایرانی داشتند. اشاره به ویرانه‌های باستانی، نقش‌ها و سنگ‌نبشته‌های عصر ساسانی، پادشاهان افسانه‌ای و تاریخی، ظاهراً به نقل از *شاهنامه*، نشانه‌ای از این آگاهی به گذشته بود.

روشن است که نه منظومه هفت پیکر از نظامی گنجوی (که با عنوان *هفت گنبد* یا *بهرام نامه* نیز شناخته است) در باره کامروایی‌های بهرام پنجم ساسانی و نه قصیده معروف "ایوان مدائن" از خاقانی شروانی، که هر دو در سده ششم سروده شده، و نه اشاره مثلا به "ایوان فریدون" در *گلستان* سعدی در سده هفتم، یا به "خرابات مغان"، "تاج کاووس"، "کمر کیخسرو" و "جام جم" در غزلیات حافظ در سده هشتم، را نباید ناشی از آگاهیِ تاریخیِ این سرایندگان به معنای امروزی آن دانست. اما آنچه شایانِ دقت است، همانا تداوم این یادمانده‌ها از گذشته باستانی است که در قالب اسطوره و روایات تاریخ‌گونه برای مردم ایران، اعم از فرهیختگان یا کوچه‌بازاریان، نه‌تنها سرچشمه جذابی

برای پیوند با گذشته دور و دورنمایی برای عبرت از زودگذری ایام یا زوال قدرت بود، بلکه رهنمونی بود برای یافتن یک هویت جمعی در جامعه پیشانوین ایران که معادل کاملی در دیگر سرزمین‌های همجوار نداشت. تنها چین و ژاپن و سیام (تایلند امروزی) در سرزمین‌های شرق ایران و در غرب بیزانسِ سده‌های متأخر، و شاید ایتالیا از زمان رنسانس و انگلستان از دوران تئودور، بذر این آگاهی از گذشته دور را محفوظ داشته بودند.

۵
آیین نوروز و نو کردن پیمان در اساطیر ایران

آیا به‌یاد داشتن گذشته پیشااسلامی و بعضاً هویت ایرانی چگونه و تا چه اندازه با گاهشماری ایرانی پیوند داشت؟ بیش از هر چیز، چنان که گذشت، جشن نوروز در آغاز سال خورشیدی نه‌تنها یادآور این گذشته باستانی بود، بلکه تقویم مالیاتی و هم سال زراعی منوط به حفظ این تحول فصلی بود. اگرچه وقایع‌نگاری دولتی همواره بر اساس تقویم قمری تنظیم می‌شد، اغلب آغاز سال با ذکر تحویل نوروزی و بار عام در دربار شاهی می‌بود و این رسم معناً تاکیدی بر مشروعیت نهاد کهن پادشاهی و بزرگداشت قوام دولت شمرده می‌شد.

بار عام نوروزی را به‌درستی باید کهن‌ترین نماد ایرانی برای نمایش تجدید عهد ارکان دولت و زبدگان جامعه به نهاد پادشاهی دانست. اهدای سکه ضربِ سال نو و اهدای خلعت نوروزی نیز به معنای پذیرش این قرارداد نمادین بود. بر همین روال بود خواندن خطبه نوروزی در مراسم سلام عام از جانب صدراعظم (یا همسان با این مقام) و پاسخ شاه یا خوانسالار دربار. نواختن نقاره و کَرنای و دیگر

فصل اول: گاهشماری خورشیدی در ایران

ادوات موسیقی رزمی در هنگام تحویل سال، در جایگاهی که در دوران متأخر "نقاره‌خانه" نام گرفت، نیز در واقع نمادی از آگاهی یافتن عامه مردم از نو شدن همین تداوم درگاه و دیوان در گردش سالیانه بود. بدین ترتیب، شاید بتوان گفت که آیین کهن نوروزی، نه‌تنها نمادی سالیانه از نو شدن زمان بود، بلکه شیوه‌ای برای نو کردن پیمان شاهی ـ مردمی نیز می‌بود.

دوام این آیین در طی قرون، به‌رغم دگرگونی‌های فراوان در گاهنامه‌های ایران، همواره حاکی از تازه شدن پیمان، هم در مالیات و انتصابات دولتی و هم در شیوه تنظیم تولید کشاورزی بوده است (یعنی آنچه در دوران متأخر بستن "بُنِه" نامیده می‌شد). بهار در آغاز سال تجدید این پیمان‌ها را لازم می‌آورد. برگزاری جشن نوروز در آغاز بهار، که از منشا بومی و کهن‌تر از آیین زردشتی است، از همان ابتدا با این گاهشماری خورشیدی پیوند داشته و تکیه‌گاهی برای انتظام آغاز و انجام آن بوده است. اما سنگ‌نگاره‌های پلکان کاخ داریوش حاکی از اهدای پیشکش‌های اقوام زیردست به شاهنشاه هخامنشی است و این را می‌توان مُعرّف جشن مهرگان و آغاز پاییز دانست و نه نوروز در آغاز بهار.

گاهشماری خورشیدی

تصویر ۲/۱: صف ملل زیردست برای اهدای پیشکش‌های به درگاه داریوش در تخت جمشید. شاید به مناسبت جشن نوروز در آغاز بهار یا مهرگان در آغاز پاییز.

در دوران سلوکی و اشکانی نیز با اینکه تقویم مقدونی یا اسکندری کاربرد دولتی داشت، دوامی نیافت و نام ماه‌های ایرانی به‌زودی جایگزین نام ماه‌های یونانی شد. این تداوم را بیش از هر چیز باید به لزوم نگاهداشت گاهشماری بومی در جامعه متنوعی چون ایران دانست که هم به لحاظ کاربردهای عملی در اقتصاد زراعی و شهری و هم به سبب بقای یادبودهای فرهنگی‌ای چون نوروز و مهرگان، نیاز به چنین همزیستی چندملیتی داشت. حتی در دوران ساسانی نیز با وجود چیرگی شرع زردشتی، این یادبود گاهشماری باستانی کاملاً هویت بومی خود را از دست نداد؛ هرچند، با گاهنبار زردشتی و اعیاد آن کیش پیوند یافت. این تصور نادرست که نوروز جشنی زردشتی است، حتی امروزه نیز رایج است.

بنیاد ساطیری آیین نوروزی و به‌ویژه تاکید در پیوند دولت و جامعه در آغاز *شاهنامه* در داستان جمشید هویداست. جمشید فرهمند که در آغاز کارش پادشاهی و موبدی هر دو را داراست، پس از چیرگی

فصل اول: گاهشماری خورشیدی در ایران

بر آدمیان، دیوان و پریان، نخست پرستاران (آتش) یعنی موبدان را برگزیده و به کوهستان گسیل داشت. این "پرستاری" در *شاهنامه* اما غالباً همراه با دانش اخترشناسی است که بی‌تردید مرادف با محاسبه زمان و نگاهداشت تقویم است. پیدایش طبقه کاتوزیان در این افسانه موید جدایی نهایی بین موبدان و نهاد پادشاهی است و مشخصه جدائی پایدار نهاد دین از دولت، ولی همزیستی پُرتنش این دو در سراسر گذشته ایران است. در عین حال، پیدایش آیین نوروزی نشانه انحصار دولتی بر نظام گاهشماری خورشیدی است که به سبب تحول جامعه شکارپیشه و شبانی به یک جامعه کشت‌وکار و شهرنشینی در عصر آهن و توسعه مدنیت شهری‌ـ زراعی، تقسیم کار، پیدایش حرفه‌ها و وابستگی‌های اجتماعی تازه، به تقویم دقیق‌تری از گردش فصول نیاز دارد. نوروز در گاهشمار خورشیدی نشانه نمادین این تحول در جامعه اسطوره‌ای ایران است. فردوسی در چگونگی بنیاد نوروز به دست جمشید می‌گوید:

همه کردنی‌ها چو آمد بجای
ز جای مهی برتر آورد پای
به فرّکیانی یکی تخت ساخت
چه مایه بدو گوهر اندر نشاخت
که چون خواستی دیو برداشتی
ز هامون به گردون برافراشتی
چو خورشید تابان میان هوا
نشسته بر اؤ شاه فرمانروا
جهان انجمن شد بران تخت اوی
شگفتی فرو مانده از بخت اوی

گاهشماری خورشیدی

به جمشید بر گوهر افشاندند
مر آن روز را روز نو خواندند
بزرگان به شادی بیاراستند
می و جام و رامشگران خواستند
چُنین جشن فرخ از آن روزگار
به ما ماند از آن خسروان یادگار[12]

ابیات بالا حاکی از بنیاد این نظامِ نوین شهرنشینی در دولت جمشید است. چون "کردنی‌ها" برجای خود قرار می‌گیرد، آنگَه جمشید به فکر ساختن تختی می‌افتد که بر پشت دیوان او را به آسمان بَرَد. این آرزوی پرواز، که دگربار در داستان کیکاووس رو می‌نماید، شاید نمادی از جاه‌جویی فطری نهاد پادشاهی است که بر دوش دیوان، یعنی مردمان بومی ایران زمین، در صدد چیرگی تام بر جامعه است. این دیوان در آغاز افسانه ایرانی علی‌رغم برتری علمی ء فنّی و آموزانیدن نگارش، مهندسی و معماری به دولت جمشید و مردمان او، حال اسیرانی زیردست در دولت و جامعه بَرده‌دار ایران‌زمین شده‌اند. با دگرساختن بومیان، که دیو

---

[12] *شاهنامه*، به‌کوشش جلال خالقی مطلق، با مقدمه احسان یارشاطر (نیویورک، ۱۳۶۶) دفتر یکم، ص ۲۴، بیت ۴۷ تا ۵۵.

فصل اول: گاهشماری خورشیدی در ایران

نامیده شدند، در واقع افسانه جمشید پیروزی دولت ایران را بر دوش مردمان بومی آن سرزمین بزرگ می‌داشت.

تصویر ۳/۱: جمشید در پرواز بر تختی بر دوش دیوان در جشن نوروز (فردوسی، شاهنامه، داستان جمشید، مکتب شیراز، عصر تیموری (۱۴۴۰–۱۴۳۵ میلادی)
Fitzwilliam Museum, Cambridge University, MS 22-1948
https://shahnameh.fitzmuseum.cam.ac.uk/explore/objects/no-40-jamshids-throne-borne-by-divs

گاهشماری خورشیدی

تصویر ۴/۱: جشن نوروزی در بارگاه خسرو دوم اپرویز. باربد بر شاخه درخت سرو نشسته رامشگری می‌کند. شاهنامه معروف به شاه طهماسبی، منسوب به میرزا علی، نسخه شماره ۱۰۳۰، برگ ر/ ۷۳، مجموعه ناصر خلیلی در:

The Shahnama of Shah Tahmasp, The Persian Book of Kings, ed. Sheila Canby (New York: Metropolitan Museum of Art, 2014).

ساختن تخت گوهرنشان و شگفتی از بر آسمان رفتن جمشید را در این افسانه *شاهنامه* شاید بتوان یادگار دوردستی از کاخ پارسه (Persepolis) یا تخت جمشید دانست که شاهنشاه هخامنشی را

نشسته بر تخت نشان می‌دهد. شاید دیوان را نیز باید اشاره‌ای به شیران بالدار بردروازه آپادانه دانست که گویی صُفّه عظیم مجموعه تخت جمشید را در هامون مرودشت بر پشت خود بر آسمان می‌کشیدند. اگرچه باید از خطر تاریخی‌سازی (historicization) اسطوره همواره احتراز کرد، اما در این مورد ویژه گویا بازیافتن این گذشته افسانه‌ای ایران در ایوان تخت جمشید، که چنین آشکارا در دیدگاه مردم ایران حضور داشت، چندان بیراه هم نیست؛ به‌ویژه آنکه این کاخ، بنا بر نظریه شایع باستان‌شناسی، چنانکه گذشت، جایگاه برگزاری جشن نوروزی در آغاز بهار بوده است. بنابراین، "گوهر افشاندن" به جمشید در "روز نو" را (چنانکه در بیت بالا آمده است) می‌توان اشاره‌ای دانست به پیشکش هدایای نمایندگان ملل زیردست به داریوش در جشن نوروز، چنانکه در نقش مشهور پلکان کاخ داریوش آمده است. بی‌سبب نیست که فردوسی "جشن فرّخ" نوروزی را "خسروان یادگار" از آن روزگار می‌داند و برگزاری آن را با "شادی " و "می و جام و رامشگران" همراه می‌داند. (تصویر ۱/۵)

۶
تقویم خراجی و مشکل حفظ کبیسه

فرارسیدن نوروز نه‌تنها نمادی برای تازه شدن این تقویم فصلی کشاورزی بود، بلکه به‌یاد داشتن آن را در طول اعصار در یادگاه همگانی مردم ایران، باید نشانی از تداوم فرهنگی و هسته‌ای برای پیدایش هویت ایرانی دانست. به عبارت دیگر، دیرپایی نوروز صرفا منوط به آیین سلام دربار ساسانی نبود بلکه در عمل دستگاه خلافت قرون اولیه اسلامی نیز وقوع نوروز را در آغاز سال خورشیدی برپا می‌داشت. سال مالی دولتی،

که در سده‌های آغاز دورهٔ اسلامی به نام تقویم "خراجی" شناخته می‌شد (از "خراج" یعنی مالیات ارضی که در آغاز کار در سده‌های نخستین اسلامی از نامسلمین یا "اهل ذِمه" گرفته می‌شد اما بعدها شامل رعایای ایرانی مسلمان هم می شد)، همواره از آغاز سال خورشیدی محاسبه می‌شد. این شیوه بدان سبب بود که ساکنان ایران زمین کشت سالیانه را در آغاز سال خورشیدی از سر می‌گرفتند. مالیات ارضی اگرچه در آغاز پاییز، یعنی مرادف با جشن مهرگان، اخذ می‌شد اما محاسبه خراج از آغاز بهار بود. روایت افسانه‌واری از صدر اسلام در متون قرون بعدی رایج شد که این پیدایش تقویم خراجی را به عصر خلیفه دوم، عمربن الخطاب، می‌رسانید که ظاهراً به توصیه هرمزان، سردار شکست‌خورده و به‌اسارت‌درآمده ساسانی که حال در زمره مشاورین دومین از خلفای راشدین بود، از روی تقویم خورشیدی عصر ساسانی و برای سهولت در جمع‌آوری خراج رواج یافت.[13]

از همان آغاز سلطه اسلام بیش از پیش آشکار شد که تقویم هجری قمری به دلیل گردش در فصول، قابلیت تنظیم یک نظام مالیاتی را ندارد و بر اساس فرمان خلیفه متوکل و پس از او در عصر معتضد در قرن سوم هجری (برابر با قرن نهم میلادی) دولت عباسی تقویم خراجی را بر اساس سال خورشیدی برگزید و از نیمه قرن چهارم هجری (برابر با قرن دهم میلادی) این تقویم رواج عام یافت. مبدأ این تقویم سال یزدگردی بود که برابر با ۶۳۲ میلادی یعنی سال جلوس یزدگرد سوم، آخرین شاهنشاه ساسانی‌ست که برابر با ده سال پس از هجرت است (باید توجه داشت که تقویمِ یزدگردی متفاوت با "تقویمِ مجوس" است

---

[13] برای تقویم خراجی از جمله بنگرید به:
EIr: Calendar, ii. In the Islamic Period (Reza Abdullayi)

فصل اول: گاهشماری خورشیدی در ایران

که از سال مرگ یزدگرد سوم و انقراض سلسله ساسانی در ۶۵۲ میلادی آغاز می‌شود).

پذیرش تقویم خورشیدی یا خراجی و برگزاری مفصل جشن‌های نوروز و مهرگان در درگاه خلفای بنی‌عباس اما به معنای بزرگداشت رعایای ایرانیِ دستگاه خلافت نبود. چنانکه از نامش آشکار است، تقویم خراجی زمانِ معین کردن مالیات زراعی غالباً سنگین برای رعایای مقهور (حتی پس از اسلام آوردن ایشان) بود. به همان گونه جشن مهرگان موعد وصول مالیات مذکور بود که خزائن خلافت را می‌انباشت و اسباب خشم و نارضایی رعایای ایرانی می‌شد. ارجاعات مکررِ مورخینِ صدر اسلام، از جمله یعقوبی، مسعودی و جَهشیاری، حاکی از شیوه حصول مالیات وبه دنبال آن روانه شدن کاروان‌های بزرگ خراج از ولایاتی چون خراسان به دمشق و پس از آن در دوره عباسی به بغداد است.[۱۴]

اما این تقویم خراجی که بر پایه تقویم عصر ساسانی بود، از همان ابتدای کار گرفتار خطاهای چندی در محاسبه سال ۳۶۵ روزه بود که برخی بواسطه خطا در نگهداری صحیح کبیسه در گردش سال بود.

---

[۱۴] بنگرید از جمله به:

EIr: "Nowruz" ii. in the Islamic Period (by Sahpur Shahbazi) and iii. in Iranian Calendar (by Simone Christoforetti). See also Massimiliano Borroni and Simone Christoforetti, "An Index of Nayruz Occurances in Abbasid Literarry Sources" (https://www.academia.edu/25989383/An_Index_of_Nayr%C5%ABz_Occurences_in_Abbasid_Literary_Sources?email_work_card=thumbnail).

این مشکل بزرگ، یعنی عدم امکان محاسبه دقیق پنج ساعت و اندی در پایان سال، در طول قرن‌ها باعث می‌شد که جشن نوروز از ابتدای بهار تدریجاً به عقب افتد. از طرف دیگر کوشش در دوره ساسانی برای مطابقت نوروز با جشن‌های شش‌گانه زردشتی، یعنی گاهنبارها، بر این تشتت تقویمی افزوده بود به‌ویژه آنکه مبدأ تقویم از آغاز جلوس هرشاهی که بر تخت می‌نشست محاسبه می‌شد. در پایان دوره ساسانی این آشفتگی به جایی رسیده بود که حتی زمان استقرار این سلسله نیز محل تردید بود.

این آشفتگی‌ها در گاهشماری ایرانی (که از دوران هخامنشی و سلوکی تا دوره ساسانی ادامه داشت) از آغاز عهد اسلامی تا عصر سلجوقی دستکم پنج بار به تصحیح تقویم خورشیدی انجامیده بود: یکم) در عصر متوکل، خلیفه عباسی، در آغاز قرن سوم هجری (میانه قرن نهم میلادی)؛ دوم) در عصر معتضد در میانه قرن سوم هجری (پایان قرن نهم میلادی)؛ سوم) در عصر آل بویه در اواخر قرن چهارم هجری (قرن یازدهم میلادی)؛ و چهارم) و اساسی‌تر از همه، ایجاد تقویم جلالی در عصر سومین فرمانروای سلجوقی، سلطان جلال‌الدوله ملکشاه، در ۴۶۷ هجری قمری برابر با سال ۱۰۷۹ میلادی. اگرچه هیچ‌یک از این کوشش‌ها در ادوارد مختلف نتوانست به‌کلی خطاهای تقویم خورشیدی ایرانی را برطرف سازد یا در سراسر ایران زمین رواج عام یابد، با این حال، هم از نظر کوشش برای اصلاح گاهشماری و هم از جهت اهمیت نمادینِ بقای تقویم خورشیدی به مثابه یک عنصر اساسی در شکل‌گیری هویت ایرانی شایان توجه است.[۱۵]

[۱۵] برای اصلاحات اولیه در تقویم خورشیدی بنگرید به *EIr:* 'Nowruz; Islamic period (R. Abdollahy) . برای تقویم جلالی بنگرید به فصل سوم.

فصل اول: گاهشماری خورشیدی در ایران

پیوند میان دولت حاکم به عنوان نگاهدارنده رسمی آیین نوروزی و آغاز سال نو خورشیدی در مفهوم رایج "نوروز سلطانی" آشکار است. این رسم که ارجاع به آن کموبیش همزمان با پیدایش نهاد سلطنت پس از اسلام در سده‌های سوم و چهارم هجری/ نهم و دهم میلادی به‌ویژه در ایران زمین در متن‌های تاریخی، فرمان‌های همایونی و در قصاید و دیگر منظومه‌ها فارسی و عربی آمده است، صرف‌نظر از سابقه دور دست آن که به روزگار خشایار شا هخامنشی باز می‌گشت (و ذکر آن قبلاً گذشت)، به روز یا روزهایی اشاره دارد که شاه مراسم بار یا سلام نوروزی را برگزار می‌کرده است.

در دوره قاجار غالباً از روز نخست تا روز پنجم ویژه سلام درباریان و خواص دولت و لشگر و فرستادگان دول بوده است. در پنجم یا ششم نوروز در هنگام "بارِ عام" اعیان شهری و خوانین ایلات، علمای دین، تجار زبده، و روسای محلات شهر پذیرفته می‌شده‌اند. اگرچه تقدم و تأخر در منابع در باره زمان بار عام و موعد دقیق "نوروز سلطانی" فراوان است، اما مرکزیت دولت در برگزاری رسمی زمان تحویل سال همواره تاکید شده است. واژه "*سلطانی*" در واقع این آیین رسمی را از برگزاری عادی جشن نوروز مجزا می‌سازد. به اعتباری همین رسم تا آغاز عصر پهلوی نیز ادامه داشته است.[16]

ویژگی دیگر نوروز سلطانی تقدیم پیشکش رعایا به سلطان است که غالباً در مقابل با سکه‌های زر و یا سیم ضرب سال نوجبران می‌شد. این "صلّه نوروزی" که اسباب مباهات دریافت کنندگان بود، گاهی صرفاً "خلعت" یا "تن پوش مبارک" بود، اما آنچه که به‌ویژه اهمیت

---

[16] برای نوروز سلطانی بنگرید: *EIr*: "Nowruz (Islamic period) و همچنین بخش دوم در همین فصل.

داشت همراه بودن این صله با واگذاری مناصب و مقامات بود. در دوره دوم سلطنت ناصرالدین شاه قاجار آنچه که به نام فروش یا حراج حکومت‌های ولایات در ایام نوروز رواج داشت، مبتنی بر تعهد داوطلب منصب به پرداخت قیمت حکومت ولایتی و یا تمدید آن بود. که قبلاً مبلغ آن مذاکره و موافقت شده بود، اما ظاهراً به عنوان صله همایونی اعطا می‌شد؛ نوعی فساد سازمانی که از مراسم نوروز برای تامین کمبود خزانه دولتی، و البته برای تامین "صرف جیب مبارک." بهره می‌برد.

اما آنچه در منابع به نام "جود و کَرَم" سلطان به اهل دیوان و لشگر و دیگر حاشیه‌نشینان درگاه از آن یاد می‌شود، وجه دیگری از این صله است که در نوروز سلطانی ادا می‌شده است. بسیاری از اندرزنامه‌های شاهی بر ادای این کَرَم سلطانی تاکید دارند و آن را نشانه‌ای از شایستگی فرمانروا و تضمینی برای بقای سلطنت‌اش می‌شمارند. مراسم نوروز سلطانی در واقع فرصت یگانه‌ای برای شاه بود تا در دیده مردمان این وظیفه حیاتی را برای خرسند نگاه‌داشتن زیردستان به انجام آورد. امتناع از این بخشش شاهی از نقطه‌نظر بسیاری ناظران نشانه‌ای بود از اختلال در سلامت چرخه دولت یا آنچه "دایره عدالت" شناخته می‌شد و این مقدمه‌ای بر زوال و شکست و پایان کار قدرت حاکم تلقی می‌شد. تقارن این نمایش عمومی بذل و کرم شاهانه با بار عام نوروزی و آغاز سال نو مالی کارکردی سیاسی نیز داشت و به رسم کهنی در ایران باستان بازمی‌گشت که در آن، بارِ نوروزی را فرصتی برای نمایش نمادین اصل کهن داد و دادخواهی می‌دانست؛ اصلی که بنا بر آن، اطاعت فرمانبردار در گرو عدالت فرمانروا بود.

در پایان ذکر چند نکته لازم است: نخست آنکه بر خلاف همه خطاها در محاسبه، پیوند میان نوروز با آغاز بهار از عصر باستان برقرار

بوده است. دوم آنکه پیمان دولت با رعیت و همچنین با دیوانیان در تقویم خورشیدی به شیوه نمادین تاکید می‌شد. سوم آنکه ایرانیان اگرچه شاید آگاهی از آغاز بهار را در فرهنگ پیشازردشتی داشته‌اند، تجربه جهانجویی، یعنی تسخیر بابل و پس از آن تسخیر مصر، این حافظه گاهشماری ایرانی را منتظَم و بیش‌ازپیش با گردش سالیانه خورشید پیوند داده بود. و بالاخره آنکه برقراری نوروز اگرچه همواره کاربردی سیاسی و اقتصادی داشت، کم‌وبیش به عنوان بخشی از هویت ایرانی نیز گرامی شمرده می‌شد. این وجهی بود که با گذشت قرن‌ها، حتی پس از سیطره اسلام بر ایران، بروز و نمود بیشتری یافت.

فصل دوم
بازیابی گذشته و پیدایش تقویم جلالی

پس از افول دولت ساسانی و استیلای اسلام و پیدایش خلافت بنی‌امیه و سپس بنی‌عباس تقویم خورشیدی تا چند سده گرفتار چالش‌های کم‌وبیش بنیادبرانداز شد. مردم ایران همچنان جشن نوروز و دیگر آیین‌های ایرانی را برگزار می‌کردند، اما گرایش به تقویم قمری که تقویم رسمی اسلامی بود، اجتناب‌ناپذیر می‌نمود. تقویم خورشیدی ایران که تقویم یزدگردی نامیده می‌شد و مبدأ را از جلوس یزدگرد سوم در ۶۳۲ میلادی قرار می‌داد، پس از اسلام آوردن ایرانیان به‌تدریج متروک شد و تنها زردشتیان در اجرای فرائض یا در مکاتبات خود از آن بهره می‌جستند.

در نزد گروهی از مورخین و محققین ایرانی یا ایرانی‌تبار که آثارشان به زبان عربی بود. اشاره به نوروز غالباً همراه با افتخار به میراث ایرانی و غرور فرهنگی و گاهی حتی اعتقاد به برتری نژادی جلوه می‌کرد؛ امری که به‌ویژه در میان کسانی که به اصحاب شُعوبیه شناخته‌اند، دیده می‌شد. همین آگاهی ایرانی در سده‌های پنجم و ششم هجری (برابر با قرون یازدهم و دوازدهم میلادی) جلوه‌های تازه‌ای در زمینه علم و ادب یافت که به سهم خود و همزمان با آن پیدایش شاهنامه فردوسی طوسی به گسترش و توان این هویت گاهشمارانه افزود. در همین دوران دامنه فرهنگ ایرانی (یا آنچه گاهی سرزمین‌های شرقی خلافت خوانده می‌شود) از بغداد تا بخارا و از تبریز تا هرات، شاهد پیشرفت‌های درخشان در دانش‌های تجربی از جمله ریاضیات و نجوم بود؛ علومی

فصل دوم: بازیابی گذشته و پیدایش تقویم جلالی

که در جست‌وجوی گستره بزرگتری از دانش، آگاهی بیشتری از فرهنگ باستانی ایران یافت.

از زمره نمایندگان برجسته این نهضت، حمزه اصفهانی، ابوریحان بیرونی و عمر خیام نیشابوری در تحول و تدوین یک گاهشماری مستقل خورشیدی سهیم بودند، جریانی که منجر به تدوین تقویم مشهور جلالی در عصر جلال‌الدوله ملکشاه سلجوقی شد. این تقویم نه‌تنها نقطه اوجی در تدوین تقویم بود و تا قرون جدید یکی از دقیق‌ترین گاهشماری‌های خورشیدی شناخته می‌شد، بلکه نشانه درخشانی از بازیابی هویت ایرانی بود.

۱
بازیابی گاهشماری خورشیدی

اما آگاهی دقیق از گاهشماری ایرانی چندی پیش این آغاز شده بود. مورخ مشهور سده چهارم هجری، ابوعبدالله حمزه اصفهانی، که گاهی از جانب مخالفانش به تمایلات شعوبی متهم می‌شد، از پیشکسوتان این نهضت بازیابی بود. وی در سه اثر تاریخی ـ تقویمی خود ارجاعاتی در باره نوروز دارد که نشان از رویکرد ایران‌دوستانه اوست، از جمله دو رساله با نام‌های رساله *فی‌الاشعار السائرة فی‌النیروز* (رساله در باره سروده‌های رایج نوروزی) و *المهرجان و اعیادالفُرس* (مهرگان و جشن‌های ایرانیان)، که حال تنها نامی از آنان به‌جای مانده است. حسن تقی‌زاده، که از پیشروان پژوهش در گاهنامه‌های ایرانی است، نه‌تنها به اصفهانی به سبب "افراط در تعصب ملی" خُرده گرفته است بلکه خطای او را در شیوه محاسبه آغاز سال شمسی در اثر مشهور حمزه که اکنون در دست است، *تاریخ سَنی ملوک الارض و الانبیاء* (تاریخ تقویمی

شاهان روی زمین و پیامبران) نیز گوشزد کرده است. اما صرف‌نظر از این خرده‌گیری‌ها، آگاهی حمزه اصفهانی به تداوم تاریخ ایران از پیش از اسلام تا دوران اسلامی (و همچنین پرداختن به تاریخ دیگر دولت‌های هم‌عصر با اشکانیان و ساسانیان از جمله یونان و روم و یا ملوک یمن) حاکی از وقوف او به اهمیت گاهشماری برای آگاهی دقیق به تاریخ سیاسی ایران است. او میراث فرهنگ ایران را جریان پیوسته‌ای می‌دانست که اگرچه با ظهور اسلام متحول شد، از دست نرفت و تا زمان او به‌ویژه در گاهشماری محسوس بود.

با این حال، حمزه اصفهانی نخستین محقق در شناخت و تدوین این یادگاه تاریخی ایرانی نبود. پیش از او کسانی چون ابن دُرَید و ابومَعشر بلخی، که از حوزه فرهنگی شمال خراسان نشات گرفته بودند، در نگاهداری این حافظه رمانی از راه تدوین گاهنامه خورشیدی سهیم بودند. اما رویکرد حمزه به علم نجوم دیدگاه تازه‌ای در دامنه جغرافی و تاریخ گشود که از پاره‌ای جهات حتی بر آگاهی اروپاییان در آغاز دوران جدید، یعنی قرون هفدهم و هجدهم میلادی، نیز رجحان داشت.[1]

---

[1] برای احوال حمزه اصفهانی از جمله بنگرید :
حمزه اصفهانی، تاریخ پیامبران و شاهان، ترجمه جعفر شعار، بنیاد فرهنگ ایران، تهران، ۱۳۴۶ خورشیدی. به‌ویژه در مقدمه متن ترجمه از بوجن میتوخ: E. Mittwoch, *Die literarische Tätigkeit Ḥamza al-Iṣbahanis*, in *MSOS As.*, xii (1909), 109-69
و *Encyclopedia of Islam,* "Hamza al-Isfahani," (F. Rosenthal)
ومنابع مذکور در این مدخل؛ دانشنامه جهان اسلام، "حمزه اصفهانی " (ر. میرابوالقاسمی)؛ *دائرةالمعارف بزرگ اسلامی*، "حمزه اصفهانی" (ع. فاتحی نژاد) و منابع مذکور.

از جمله در *تاریخ سنی ملوک الارض و الانبیأ* حمزه جدول کاملی از زمان حلول نوروز بنا بر تقویم هجری قمری از سال نخست هجرت تا سال تالیف کتاب در ۳۵۰ هجری قمری (برابر با ۹۶۱ میلادی) ترتیب داده بود. این امر نه‌تنها حاکی از دلبستگی او به این جشن ایرانی بود، بلکه نشان از کوشش او برای انطباق این نهاد کهن ایرانی با هجرت نبوی داشت. شاید این نخستین کوشش برای آشتی میان گاهشماری کهن ایرانی از یک سو و مبدأ هجری از سوی دیگر بود، نمادی که نهایتاً در دوران معاصر منجر به پیدایش تقویم هجری شمسی کنونی شد.

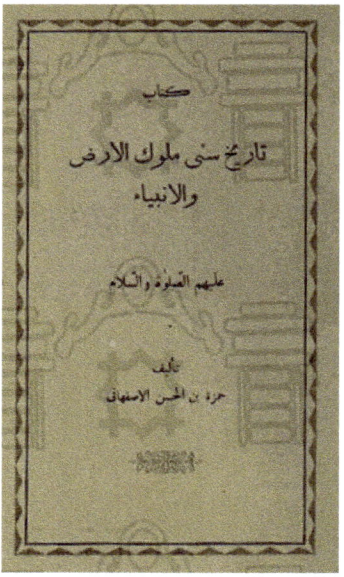

تصویر ۱/۲ ـ الف: صفحه عنوان *تاریخ سنی ملوک‌الارض و الانبیاء* اثر حمزه بن الحسن الاصفهانی (برلین: مطبعه کاویانی، ۱۹۲۳؟).

گاهشماری خورشیدی

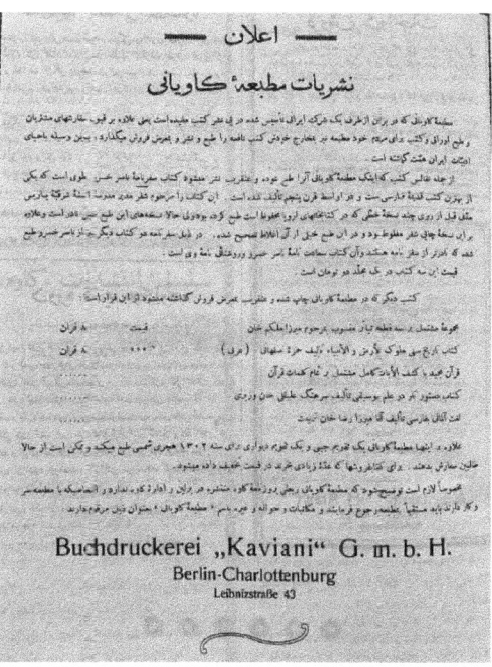

تصویر ۱/۲ ـ ب: آگهی انتشار نشریات مطبعه کاویانی، از جمله سنی *الملوک‌الارض و الانبیاء*، در نشریه *کاوه*، شماره فوق‌العاده ۱۳۴۰ ق / ۱۹۲۲ م (آخرین شماره)، ص ۵. چاپ جدید این کتاب در برلین نشانه‌ای از رویکرد حلقۀ برلین، و به‌ویژه حسن تقی‌زاده و شاید محمد قزوینی، به گاهشماری ایرانی است.

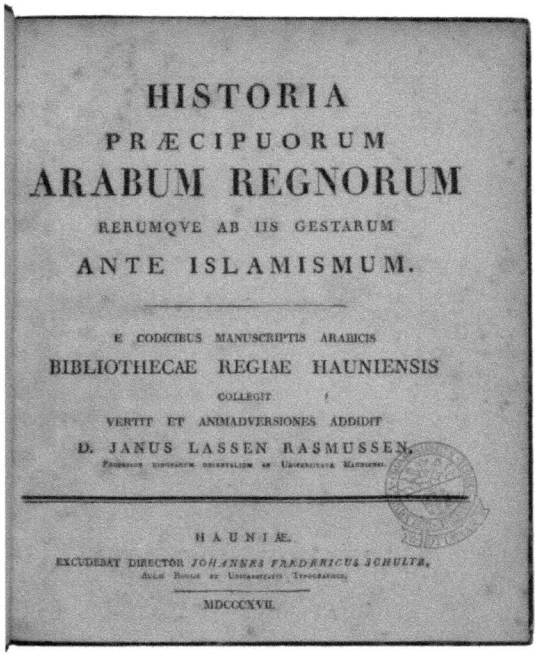

HISTORIA
PRÆCIPUORUM
ARABUM REGNORUM
RERUMQVE AB IIS GESTARUM
ANTE ISLAMISMUM.

E CODICIBUS MANUSCRIPTIS ARABICIS
BIBLIOTHECAE REGIAE HAUNIENSIS
COLLEGIT
VERTIT ET ANIMADVERSIONES ADDIDIT
D. JANUS LASSEN RASMUSSEN,

HAUNIÆ.
EXCUDEBAT DIRECTOR *JOHANNES FREDERICUS SCHULTZ*,
MDCCCXVII.

تصویر ۱/۲ ــ ج: صفحه عنوان متن عربی *سنی الملوک الارض و الانبیاء* با ترجمه لاتین و ویراستاریِ یان لارسن رسموسن (کپنهاگ، ۱۸۱۷ میلادی). این نخستین چاپ این اثر به همت شرق‌شناس دانمارکی است.

شیوه فرااعتقادی حمزه که می‌توان آن را طلایه از نوینگانی دانست (نظیر اروپای قرن هجدهم)، از جمله عمر جهان را بنا بر استنتاج تطبیقی از منابع یونانی و دیگر منابع باستانی به بیش از دوازده ملیون سال می‌رساند. حتی تا اوایل قرن نوزدهم هم اروپا قادر به تصور چنین قدمتی از عمر کیهان نبود.

اندکی پس از حمزه، آثار دانشمند و منجم یگانه قرن پنجم، ابوریحان بیرونی، نیز موید آگاهی بیشتر به آیین نوروزی و جایگاه نمادین آن به‌ویژه از دیدگاه نجومی در این عصر نوزایی فرهنگی‌ست. وی در اثر مشهورش، *آثار الباقیه عن القرون الخالیه* (نشانه‌های بازمانده از سده‌های بی‌نشان) که در ۳۹۰ هجری قمری (برابر با ۱۰۰۰ میلادی) برای امیر فرهنگ پرور جرجان، شمس‌الدین ابوالمعالی قابوس ابن وشمگیر، صاحب *قابوس نامه*، تالیف کرده، مفصلاً به وضعیت نجومی کره زمین و اهمیت آغاز اعتدال بهاری و حلول نوروز پرداخته است. اگرچه وی با تیز بینی پاره‌ای از محاسبات تقویمی حمزه اصفهانی را نادرست دانسته، اما فحوای کلام او نیز چون نگارنده *تاریخ سنی الملوک الارض* و اندکی پس از او نگارنده *نوروز نامه*، بر رجحان تقویم خورشیدی‌ست (که در نزد او برابر با تقویم یزدگردی ست). گوئیا فرض را بر آن قرار داده که اصولاً تقویم قمری به‌کار علم هیات و محاسبات نجومی نمی‌خورد و محاسبه حلول اعتدال ربیعی و خریفی و یا حرکت وضعی و انتقالی کره زمین و دیگر سیارات یا حرکت بطی خورشید در منطقه البروج را تنها می‌توان با مراجعه به تقویم خورشیدی دریافت. این دیدگاه نسبتاً علمی بیرونی که متکی بر نجوم و هیت زمان اوست باید وجه دیگری از نوزایی فرهنگی در قرون چهارم و پنجم هجری شمرد، عصری که وصول به مرزهای نوینی در دانش تجربی را خواهان بود.

در این کتاب نیز بیش از هر چیز همین روح کنجکاوی بیرونی در باره فرهنگ‌ها و مذاهب باستانی محسوس است. البته بیرونی از پیش داوری‌های دیگر محققین اسلامی در دوران پیشامدرن مبرا نیست و پاره‌ای برتری‌جویی‌های اسلامی را می‌توان در آثارش مشاهده کرد. اما

فصل دوم: بازیابی گذشته و پیدایش تقویم جلالی

بر خلاف بسیاری از هم‌عصران مسلمانش در صدد تحقیر آرا و کوچک شماری ملل دیگر بر نیامده و همانند حمزه اصفهانی بر این نکته واقف است که گستره تاریخ و ملل و نحل بسیار وسیع‌تر از آن است که قران و یا کتب مقدسه پیشین عرضه می‌دارند. همین روح کنجکاوی نیز او را واداشته است تا نه‌تنها به تاریخ و گاهشماری یهود و مسیحیت، که از نظر اسلام پذیرفته‌تر بودند، بپردازد بلکه تاریخ باستانی ایران و آیین زردشتی و تا اندازه‌ای باورها و کیش‌های دیگر ملل را نیز وصف کند. این روح حاکم در آثار او، که بی‌تردید متاثر از نوزایی فکری زمانه اوست، می‌کوشید با دست یافتن به جزئیات تاریخی و یافته‌های انسان‌شناسانه شکل مدون و دقیقی از گاهشماری را عرضه دارد. در این راه بی‌تردید بر دانش همزمان در حوزه دنیای غرب و شاید در هند و چین نیز برتری داشت.[2]

---

[2] برای ترجمه فارسی با مقدمه و پانویس‌های مفصل بنگرید به *آثار الباقیه*، ترجمه اکبر داناسرشت، چاپ اول (تهران، ۱۳۲۱). ترجمه تازه‌تری نیز از پرویز اذکایی انجام شده (تهران: میراث مکتوب، ۱۳۸۰) که در دسترس نگارنده نبود.

گاهشماری خورشیدی

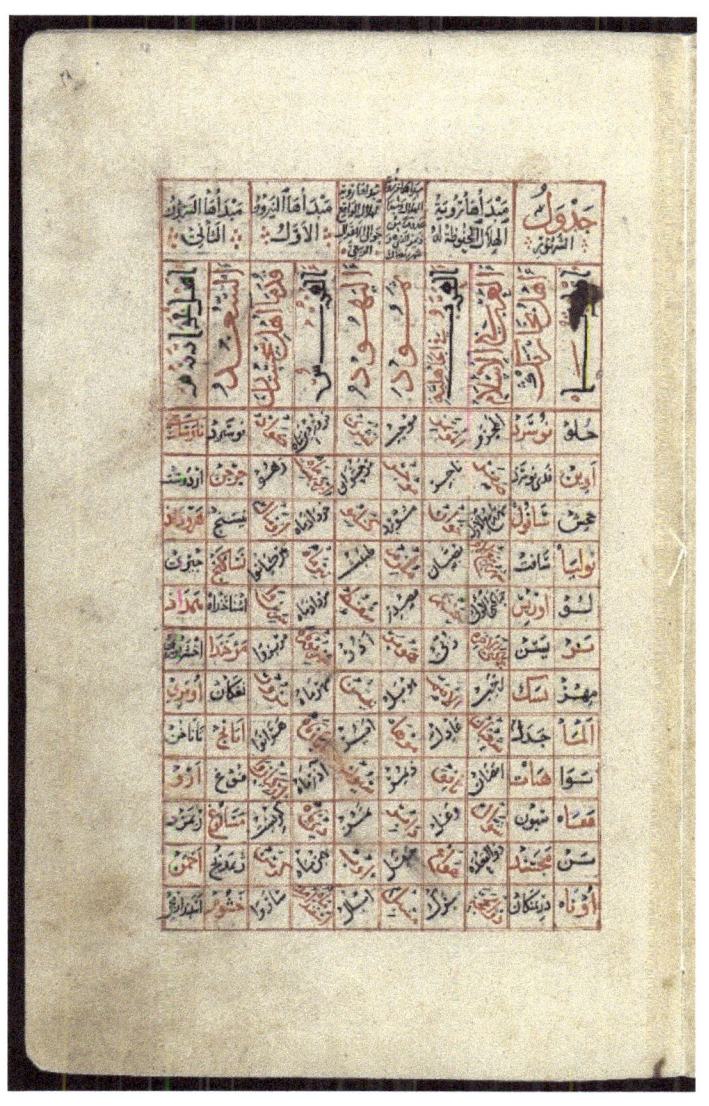

فصل دوم: بازیابی گذشته و پیدایش تقویم جلالی

تصویر ۲/۲ الف و ب: جدول تطبیق ماه‌ها در هجده تقویم شناخته در زمان ابوریحان بیرونی که در *آثارالباقیه عن قرون‌الخالیه* آمده و نشانه تسلط نویسنده به مباحث گاه‌شماری زمان اوست. این جدول (نمونه‌ای از بسیاری جدول‌ها و فهرست‌های مشابه در این کتاب) ماه‌های ایرانی (الفُرس) را در کنار تقویم بابلی، بخارایی، یهودی، ثمودی، عرب اسلامی، عرب پیش از اسلام، سجستانی قدیم، سغدی، خوارزمی، دو تقویم ترکی، سریانی، رومی، یونانی، فرنگی، قبطی، و هندو آورده و منشا محاسبه هر

یک را ذکر کرده است. نسخه خطی کتابخانه دانشگاه ادینبورگ، نگارش ۷۰۶ قمری/ ۱۳۰۷ میلادی. Or. Ms 161
https://images.is.ed.ac.uk/luna/servlet/view/search;JSESSIONID=896a413db435-41e3-bf92539cdf8353da?q=Or.Ms.161&search=SUBMIT&QuickSearchA=QuickSearchA&sort=Work_Creator_Details%2CWork_Shelfmark%2CWork_Source_Page_No%2CWork_Title&pgs=50&res=1&cic=UoEsha%7E4%7E4

سه دهه پس از نگارش *آثارالباقیه*، بیرونی دیگر بار در کتاب مشهور *التفهیم لاوائل صناعه التنجیم* (مقدمه‌ای برای دانش نجوم) که برای ریحانه بنت حسین خوارزمی، دختر فرهیخته امیر خوارزم، در سال ۴۲۰ قمری (برابر با ۱۰۲۹ میلادی) به دو زبان عربی و فارسی نگاشت، به مبحث جشن‌های ایرانی بازگشت. در باب سوم بیرونی با طبقه‌بندی دقیق‌تری به مقایسه تطبیقی نُه گاهنامه مهم حوزه شناخت‌اش: یهودی، مصر باستان، قبطی، سریانی، هندی، رومی، پارسی، خوارزمی (سغدی) و هجری قمری، و نیز به بیان جشن‌ها و سوگواری‌های هر یک پرداخت. در بخش جامعی از این فصل که به تقویم پارسیان اختصاص دارد، بیرونی بدون ابراز تعصب قومی، رجحان گاهشماری خورشیدی ایرانی را با آگاهی به گذشته باستانی آن نشان داده و در جدولی تطبیقی وجوه اشتراک و افتراق آن را با هشت تقویم دیگر نمایانده است. افزون بر این، مواردی را که تقویم پارسیان از دیگر تقویم‌ها، به‌ویژه از تقویم یهودی، شیوه محاسبه کبیسه را فراگرفته، بیان کرده و همچنین کاستی‌های چندی در تقویم پارسیان را برشمرده است. آگاهی دقیق او از نام‌گذاری و وجه تسمیه ماه‌ها و روزهای تقویم زردشتی ایرانی، که در جدولی دیگر نمایانده است، و شرح بیش از هشت جشن ایرانی (که از

فصل دوم: بازیابی گذشته و پیدایش تقویم جلالی

آنان غالباً به نام "رسم‌های پارسیان" یاد می‌کند) و همچنین شش "گهنبار" (گاهنبار) زردشتی و سبب نام‌گذاری هر یک به روشنی حاکی از دلبستگی او به گاه‌شماری ایرانی‌ست. بی‌جهت نیست که سال پارسی را "از بهر آسانی و خوبی تقدیر" برگزیده و جدول یک سالنامه تطبیقی براساس آن را ترتیب داده است. به همین منوال بیرونی نیز نظیر شاهنامه فردوسی در تصور نیمه‌اساطیری ایرانی از اقالیم هفتگانه جهانِ مسکون، مرکزیت ایران را منظور داشته است.۳

---

۳ *التفهیم لاوائل صناعه التنجیم*، متن فارسی، چاپ دوم، با تجدیدنظر و تعلیقات و مقدمه تازه بخامه جلال‌الدین همائی، سلسله انتشارات انجمن آثار ملی، شماره ۱۰۹ (تهران: ۱۳۵۲)، ۱۶۶ ـ ۲۷۲. تنها ریحانه به مباحث علمی علاقه‌مند نبود. به گفته جلال‌الدین همایی، ابن‌سینا نیز در همین سال‌ها رساله‌های برای زرین گیس دختر قابوس وشمگیر در طول و ارض جغرافیایی جرجان تدوین کرده بود. "سرگذشت ابوریحان بیرونی،" *التفهیم*، ۳۸.

نام روزهای پارسیان

عدد روز	نامهای روزها	عدد روز	نامهای روزها	عدد روز	نامهای روزها	عدد روز	نامهای پنج روز دزدیده (۳)	رسمهای پارسیان اندرسال		
ا	هرمزد	یا	خور	کا	رام	ا	آهنود	سوم	دوم	اول
ب	بهمن	یب	ماه	کب	باذ	ب	آشتود	مهرگان	تیرگان	نوروز
ج	آردیبهشت	یج	تیر	کج	دی بدین	ج	اسپنتمد			
د	شهریر (۱)	ید	گوش	کد	دین	د	وهوخشتر	ششم	پنجم	چهارم
ه	اسفندارمذ	یه	دی بمهر	که	ارد	ه	وهشتوایشت			
و	خرداذ	یو	مهر	کو	اشتاذ			بهمنجنه	برنشستن کوسه	بروردگان
ز	مرداذ	یز	سروش	کز	آسمان					
ح	دی بآذر	یح	رشن	کح	زامیاذ			نهم	هشتم	هفتم
ط	آذر	یط	فروردین	کط	مهراسفند (۲)			گهنبار	نشستن رفعه‌های کژدم	سده
ی	آبان	ك	بهرام	ل	انیران					

تصویر ۳/۲ـ الف: در جدول روزشمار تقویم خورشیدی ابوریحان نام سی روز در هر ماه ایرانی را آورده و سپس در ستون هشتم نام "پنج روز دزدیده' یا "خمسه مسترقه" را در پایان سال ذکر کرده و در ستون نهم تا دوازدهم جشن‌های نُه‌گانه ایرانی، از جمله نوروز و مهرگان، را برشمرده ست. شایان توجه است که او میان هشت جشن ایرانی و نهمین این "رسم‌ها"، یعنی گهنبار یا گاهنبار زردشتی، تفاوت قائل شده است، اما نام شش گهنبار و زمان آنان را نیاورده است. *التفهیم*، ۲۳۴.

فصل دوم: بازیابی گذشته و پیدایش تقویم جلالی

تصویر ۳/۲ـ ب: بیرونی در تعریف و تقسیم "اقالیم مسکون" چهار سنت ایرانی، توراتی، یونانی و هندو را با هم مقایسه کرده و ظاهراً روایت ایرانی را از هفت "کشور" جهان مرجح دانسته است. قرار گرفتن ایرانشهر در مرکز جهان شناخته در دیدگاه بیرونی ظاهراً به سبب قرار گرفتن ایران در منطقه معتدله شمالی‌ست که بعضاً محاسبه سال خورشیدی را دقیق‌ترین نوع گاه‌شماری کرده است. *التفهیم*، ۱۹۶.

از دیگر نکات شایان توجه آنکه بیرونی زادروز عیسی را برابر ۲۵ کانون اول (یعنی ۲۵ ماه مارس رومی) می‌داند و این بی‌دلیل نیست، زیرا بنا بر تقویم قدیم رُم (تقویم اسکندری) این زادروز مسیح شناخته می‌شد. تنها پس از قرن سوم میلادی است که ۲۵ مارس روز آگهی مریم از بارداری مسیح (Announciation) شناخته شد و روز ۲۵ دسامبر به عنوان جشن میلاد مسیح ثبت شد. بر همین منوال بیرونی به تحول روزهای مُحرّمه در تقویم هجری قمری نیز به‌خوبی واقف است. از

جمله می‌گوید که روز عاشورا در دهم ماه محرم (که از جمله ایام روزه تقویم یهودی بوده است) در سال نخست هجرت زمان روزه‌داری مسلمین شناخته شده بود، اما پس از پایان سال اول روزه‌داری، عاشورا به ماه رمضان برگردانده شده است. با این حال، یوم عاشورا در تقویم سوگواری شیعی، آنچنان که بیرونی گفته است، به علت آنکه روز کشته شدن حسین‌بن علی، امام سوم شیعیان، شناخته شده، جایگاه تازه‌ای یافت. همچنین، روز ۱۵ شعبان که بیرونی آن را "شب برات" و رستگاری از دوزخ دانسته در تقویم شیعی زادروز امام زمان شناخته شده است.[٤]

در موضوع مبدأ تقویم نیز بیرونی به همان شیوه مقایسه‌ای عمل کرده و آن را بر اساس اختیار واقعه‌ای چون جلوس شاهانه در تقویم پارسی (یزدگردی) یا هجرت نبوی در تقویم قمری دانسته است. با این حال، تا آنجا که از متن آثارالباقیه یا التفهیم می‌توان قضاوت کرد، وی صرفاً به ماهیت این دو تقویم پرداخته و کوششی در یکسان‌سازی این دو مبدأ یزدگردی و هجری نکرده است. اما پژوهش‌های تقویم‌شناسانه او را که دال بر نقایص هر دو تقویم، به‌ویژه در موضوع "کبیسه‌گیری" است، می‌توان زمینه‌ای برای تدوین تقویم جلالی دانست که پنجاه سال پس از نگارش التفهیم پدید آمد. از دیدگاه بیرونی، مهم آن بود که تقویم دقیقی عاری از کاستی‌های درازمدت در محاسبه طول مدت سال پدید آید تا مانع از خطا در محاسبه نوروز و دیگر جشن‌ها و ماتم‌ها شود. آنکه مبدأ تقویم چه باشد، امری ثانوی بود که به نظر او بیشتر تابع سنت‌های فرهنگی و نمایش قدرت سیاسی‌ست.

---

[٤] همانجا، ۲۴۷_۲۵۲.

پرداختن به جزئیات گاهشماری ایرانی در نزد بیرونی که محور دو اثر مهم اوست، صرفاً یک امر پژوهشی نبود، بلکه در زمان او مصداق کاملاً مردمی داشت. به عنوان نمونه، همزمان با بیرونی، مُفضل‌بن سعد مافروخی در کتاب *محاسن اصفهان*، که در اواخر پادشاهی ملکشاه سلجوقی به زبان عربی تالیف شده، اهمیت ملموس نوروز را متذکر شده و به‌ویژه بر بزرگداشت آغاز سال نو خورشیدی در دولت آل بویه و دوام رسوم باستان در میان عامه مردم اصفهان پرداخته است:

> ... و بازاری بود بر دروازه جور که آن را بازار جورین گفته‌اند. در فصل نوروز هر سال تمامت اهل اصفهان از صغیر و کبیر و وضیع و شریف و خاص و عام و اطفال و عورات (یعنی زنان)، هر کس بر حسب حال طبقات و درجات، به الوان اسباب ماکول و مشروب و انواع ضُروب عُدّت و آلت مطلوب و مرغوب، یک دو ماه بدانجا نقل کرده و از استیفای لذّات و استمتاع عیش و عشرت از لَهو و لَعِب و نشاط و طرب حظی اوفی و ذوقی وافر از زندگانی برداشته [و] چون روز نوروز رسیده چندین بازارها ساخته [و] طوّافان و بازاریان گوناگون نعمت‌ها در آنجا پرداخته و عوام در میان آنجا چون دریا بر دریا در تموّج، و خواص از دور و نزدیک و بالا و نشیب در تفرّج، و پیوسته آن مدت را گذرانیده به فُکاهت و خوش و عیش و افسانه و خَلیع العِذارِ دیوانه‌وار آشنا و بیگانه به کاس و پیمانه [می‌گذرانیدند].[۵]

[۵] حسین‌بن محمد آوی، *ترجمه محاسن اصفهان*، ویراستار عباس اقبال آشتیانی، (طهران: ضمیمه مجله *یادگار*، ۱۳۲۸)، ب‌ـ ز، ۱۷ و پرویز اذکائی، *نوروز: تاریخچه*

گاهشماری خورشیدی

جالب توجه است که ترجمه این اثر به فارسی از حسین‌بن محمد آوی در قرن هفتم (برابر با قرن سیزدهم میلادی) به نام غیاث‌الدین فرزند رشیدالدین فضل‌الله همدانی، وزیر شهیر عصر ایلخانی، انجام یافته است که خود نقش اساسی در بزرگداشت نوروز ایفا کرد. این بدان معنی‌ست که ذکر نوروز، و بی‌تردید حفظ رسم‌های شادمانی و خوش گذرانی نوروزی در میان عام و خاص، در طول بیش از سه قرن، یعنی از دوره آل بویه تا دوره ایلخانی (و البته پس از آن نیز) دوام یافته بود. عصر ایلخانی، و به‌ویژه پادشاهی غازان خان، نه‌تنها شاهد بزرگداشت جشن نوروز بود، بلکه شاهد رواج تقویم خورشیدی تازه‌ای به نام تقویم غازان خانی (یا تقویم خانی) در سراسر ممالک محروسه ایران نیز بود. شایسته ذکر است که در عصر غازان ظاهراً برای نخستین بار در دوران اسلامی مفهوم باستانی "ممالک محروسه ایران" دوباره زنده شده است.

و مرجع‌شناسی (تهران: مرکز مردم‌شناسی، وزارت فرهنگ و هنر، ۱۳۵۳) ۱۶ـ۱۷. متن اصلی عربی محاسن اصفهان تالیف مافروخی با ویراستاری سید جلال طهرانی در تهران در ۱۳۱۲ طبع شده است. این متن را نخستین بار ادوارد براون در ۱۹۰۱ میلادی از روی دو نسخه موجود در لندن و پاریس شناسانیده است:

E.G. Browne, "Account of a rare manuscript of history of Isfahan," Journal of the Royal Asiatic Society, vol. 33 (1901), 661-704.

این نسخه را سر جان ملکم (Sir John Malcolm) در ۱۸۲۷ به کتابخانه انجمن سلطنتی آسیایی اهدا کرده است. ظاهراً این از جمله متونی بوده است که او در ایران در ۱۸۱۰ و به قصد بهره‌وری در تالیف تاریخ ایران فراهم آورده بود. این هر دو نمونه‌هایی از کوشش‌های شرق‌شناسان در قرن نوزدهم برای شناخت تاریخ و فرهنگ ایران است. چنانکه اقبال متذکر شده، پس از بروان، شناسایی این منبع مهم وسیله محمد قزوینی در مقدمه چهار مقاله (و با تصریح به سهم بروان) بوده است.

بی‌تردید رواج تقویم خانی بی‌ارتباط به این نظام مملکتی تازه ایران نبود که ریشه در دوره ساسانی داشت.

اشاره به نواختن موسیقی در نقل‌قول بالا و خوردن و نوشیدن متنوع و گویا شنیدن افسانه‌های باستانی، نظیر شاهنامه‌خوانی، را نویسنده مرادف با رفتار "خلیع العِذارِ دیوانه‌وار" دانسته است. اصطلاح "*خلیع العذار*" را که در فرهنگ‌های فارسی به لجام‌گسیخته و سرگردان ترجمه شده است، شاید در این مورد بتوان به روح کارناوال تعبیر کرد که پایان دور قدیم و آغاز دور تازه را نوید می‌داد و رسم میر نوروزی را در ذهن تداعی می‌کند.[٦]

از دیگر فرایندهای این بازیابی ایرانی در قرون چهارم و پنجم هجری همانا نگارش رساله *نوروزنامه* بود که به احتمالی به قلم عُمر خیام در حدود سال ۴۹۵ قمری برابر ۱۱۰۲ میلادی، یعنی دو دهه پس از تدوین تقویم جلالی، به نگارش درآمد. البته اگر بپذیریم که تدوین تقویم جلالی تنها نقطه‌عطفی در پژوهش گاهشمارانه در قرن پنجم بود، چنانکه زیج سنجری در آغاز قرن ششم هجری نقطه‌عطف دیگری بود،

[٦] از دیگر نامداران عصر درخشان سامانی و آل بویه، حکیم ابوعلی سینا، نیز رساله مختصری به زبان عربی با عنوان *رساله النوروزیه* (یا *النیروزیه*) نگاشت و به عنوان هدیه نوروزی به یکی از آشنایان خود تقدیم کرد. در این رساله وی حروف مُقطعه در آغاز برخی سوره‌های قرآنی را بر اساس علم‌الحروف تعبیرکرده بود. رساله دیگری نیز در همین دوران با عنوان *محاسن النیروز و المهرجان* منسوب به جاحظ است، اما با توجه به اینکه او تمایلات روشن شعوبی‌ستیزی داشت، نگارنده واقعی آن، چنانکه حال دانسته است، همانا ابولفضل بیهقی، نگارنده مشهور *تاریخ مسعودی* است. اگرچه، گویا بخش مربوط به جشن‌های نوروزی از ایرانی دیگری از حوزه اصفهان است. اذکائی، *نوروز*، ۴۰ ـ ۴۱. برای "میر نوروزی" بنگرید به فصل ۳.

درک این نکته که چرا نوروزنامه بیست سال پس از تقویم جلالی نگاشته شده، معنی بیشتری می‌یابد. این رساله از آن جهت شایان اهمیت است که هنگامی به بزرگداشت آیین کهن نوروزی پرداخته است که ما شاهد آغاز مخالفت اهل شرع با نوروز و شاید با تقویم جلالی هستیم، و نوروزنامه را باید پاسخی ضمنی به این "جنگ فرهنگی" (culture war) دانست که از همان زمان تا به امروز ادامه یافته است.

استقرار رسمی تقویم جلالی شاید سر فصلی برای آن جنبش فرهنگی ایرانی بود که می‌کوشید تا هویت مکنون در تقویم یزدگردی، و به تَبَع آن بزرگداشت آیین نوروزی، را با پشتیبانی دولت سلجوقی زنده کند. البته ذکر آیین نوروزی را در منابع عربی در قرون پیش‌تر از نوروزنامه نیز توان یافت، اما پرداختن آن به زبان فارسی به مثابه یک آیین ایرانی، هر قدر که در نوروزنامه با شتاب به قلم آمده باشد، نشانه‌ای از این تحول است.

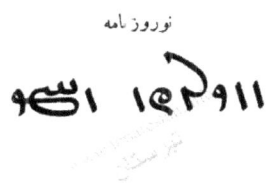

نوروزنامه

فصل دوم: بازیابی گذشته و پیدایش تقویم جلالی

تصویر ٤/٢ ـ الف ـ ج: صفحه عنوان نوروزنامه به اهتمام مجتبی مینوی به فارسی و انگلیسی. چاپخانه کاویانی در تهران ادامه کار مطبعه کاویانی در برلین را تداعی می‌کند. عنوان کتاب به پهلوی ابتکار ویراستار است. تصویر شیری که زنجیر را می‌گسلد، اثر درویش (آندره سورگین) با رقم ۱۳۱۲ خورشیدی، را می‌توان رمزی از آزاد شدن فرهنگ ایرانی از بندهای سنت اسلامی دانست.

پس از ذکر مقدمه‌ای در آرای پارسیان در سبب پیدایش نوروز و آغاز سال خورشیدی و لزوم برپا داشتن این جشن همه "مَلِکان عجم" را، نویسنده می‌افزاید که کیومرث (نخستین آدمی ـ شهریار در شاهنامه):

پس آنگاه دور بزرگ را که سیصد و شصت و پنج روز و ربعی از شبان‌روزی‌ست، سال بزرگ نام کرد و به چهار قسم کرد. چون چهار قسم ازین سال بزرگ بگذرد نوروز بزرگ و نو گشتن احوال عالم باشد و بر پادشاهان واجب است آیین و

گاهشماری خورشیدی

رسم ملوک بجای آوردن از بهر مبارکی و از بهر تاریخ را و خُرمی کردن به اول سال. هر که روز نوروز جشن کند و به خُرمی پیوندد تا نوروز دیگر در عمر در شادی و خرمی گذارد و این تجربت حکما برای پادشاهان کرده‌اند.[7]

اشاره به "نوگشتن عالم' را می‌توان معادل مفهوم "فَرشکَرد" در آیین زردشتی دانست که به معنای زنده شدن دوباره آفرینش در پایان زمان و ظهور دوباره زردشت است. جشن نوروز بدین تعبیر نمادی از این اندیشه رستاخیزی‌ست که با بازگشت بهار و زنده شدن طبیعت دور تازه‌ای را نوید می‌دهد که یادآور فرشکرد است (چنان که گذشت). افزون بر این، تاکید بر 'خُرمی" و "شادی" در متن بالا که یادآور آیین خُرمدینی است به جریاناتِ نوزردشتی، از جمله جنبش بابک خُرمدین، اطلاق می‌شد. نویسنده تاکید می‌کند که این تازه شدن جهان و زمان در نوروز می‌باید جشن گرفته شده و به خوشی و شادمانی برگزار شود. و این مفهوم در تقابل با روح سکون و سوگواری بود که اهل شرع اسلام تجویز می‌کردند (چنانکه بیاید).

در ادامه، نویسنده پس از نامیدن دوازده ماه زردشتی و معنی هر یک از ماه‌ها، پایداری جشن نوروزی را در زمان پادشاهان شاهنامه بازگفته و فترتی که در این تقویم، ابتدا در دوره ضحاک و از آن پس در

---

[7] نوروزنامه، با ویراستاری و مقدمه مجتبی مینوی (تهران: کتابخانه کاوه، ۱۳۱۲ خورشیدی/ ۱۹۳۳ میلادی)، ۵. این از نخستین ویرایش‌های مینوی بود که خود در عصر بازیابی دیگری در دوره رضاشاه به انجام آمد و به عنوان سندی برای دوام فرهنگ و هویت ایرانی هشت سال پس از رسمیت یافتن تقویم هجری شمسی عرضه شد.

فصل دوم: بازیابی گذشته و پیدایش تقویم جلالی

زمان هجوم اسکندر و چیرگی تقویم رومی پیدا شد، برشمرده است. نویسنده افزوده است که با آغاز دور ساسانیان و پادشاهی اردشیر پاپکان، آیین نوروزی دوباره زنده شده و کبیسه به درستی دگربار محاسبه شده است. نوروزنامه آنگاه می‌افزاید که نه‌تنها در عصر خسرو انوشیروان، بلکه در زمان خلفای عباسی، مامون و سپس المتوکل علی‌الله، نیز به‌رغم رصدهای تازه، محاسبه کبیسه همواره دچار تاخیر بوده است. با این حال، وزیر متوکل، محمدبن عبدالملک، بر این امر تاکید داشته که به‌خاطر تاخیر در کبیسه "افتتاح خراج در وقتی می‌باشد که مال در آن وقت از غلّه دور باشد و مردمان را رنج می‌رسد. و آیین ملوک عجم چنان بوده است که کبیسه کردند تا سال به جای خویش بازآید و مردمان را به مال گذاردن رنج کمتر رسد چون دستشان به ارتفاع رسد."[۸] شایان ذکر است که اگرچه خلیفه المتوکل بالله گفتار وزیرش را پذیرفت، اهمال در حفظ کبیسه در سال‌های بعد بار دیگر سبب تاخیر در برپا داشتن نوروز می‌شد؛ خطایی که بالاخره در عهد ملکشاه و تدوین تقویم جلالی سال را به جایگاه خویش بازآورد. با این حال، چنانکه نوروزنامه مذکور داشته، علی‌رغم کوشش حکمای خراسان "پادشاه را زمانه زمان نداد و کبیسه ناتمام کرده بماند."[۹]

دنباله متن نسبتاً مختصر نوروزنامه نظیر برخی از اندرز نامه‌های ایرانی این عهد، چون قابوس‌نامه کیکاوس بن اسکندر، به شرح ستایش آمیزی از رفتار و آیین دولت‌داری پادشاهان ساسانی پرداخته

---

[۸] همان جا، ۱۲. شرحی نظیر همین در آثارالباقیه آمده است که حاکی از آگاهی هر دو نویسنده بر جنبه کاربردی نوروز به مثابه آغاز سال زراعی است.
[۹] همان جا، ۱۲.

است. در واقع، تمامی متن را باید کوششی برای به‌یاد آوردن گذشته باستانی ایران دانست که در قرن پنجم هجری به اوج رسید و در ذهن ایرانیان آگاهی تازه‌ای از تداوم گذشته عصر ساسانی و به‌ویژه تداوم تقویم خورشیدی را پدید آورد.

۲
پیدایش تقویم جلالی

پس از گذشت بیشتر از یک سده بازیابی فرهنگی، چنانکه گذشت، پیدایش تقویم جلالی در نیمه قرن پنجم هجری را در واقع باید نقطه اوجی در تدوین و تداوم بخشیدن به گاهشماری ایرانی دانست. این تقویم، که تا دوران معاصر دقیق‌ترین ماخذ گاهشماری خورشیدی بوده است، به امر جلال‌الدوله ملکشاه (سلطنت ۴۷۱ـ۴۸۵ قمری/ ۱۰۷۹ـ۱۰۹۲ میلادی)، سومین سلطان سلسله سلجوقی، و با پشتیبانی خواجه ابوعلی نظام‌الملک طوسی، یکی از بانفوذترین رجال سیاسی سراسر تاریخ اسلام، تدوین شد. شایان ذکر است که اندیشه سیاسی نظام‌الملک، چنانکه در *سیاست‌نامه* او آمده، و رفتار سیاسی‌اش همواره معطوف به سرکوب دگراندیشان بوده است. به علاوه کوشش‌های او را در پیشبرد کلام محافظه‌کار اشعری نباید نادیده بگیریم. با این حال، باید اذعان کنیم که بدون تایید او تدوین تقویم جلالی، که ثمره بازسازی هویت ایرانی ست، ناممکن می‌بود.

نظام‌الملک نماینده بارزی از دبیران خراسان بود که از طبقه دهگان برخاسته بودند؛ طبقه‌ای که در سده‌های اولیه اسلامی در نگاهداشت و رواج دوباره نهادهای ایرانی عصر ساسانی کوشا بود. گذشته از این، او در مقام وزارت ملکشاه بی‌تردید به لزوم تدوین یک تقویم دقیق خورشیدی برای اداره دولت پهناور سلجوقی آگاه بود. در ایام صدارت او دولت سلجوقی در اوج

فصل دوم: بازیابی گذشته و پیدایش تقویم جلالی

وسعت خود بود و از آناتولی و سواحل شرق مدیترانه تا شمال شبه‌جزیره هندوستان و آسیای میانه تا مرز خُتُن را در بر می‌گرفت. چنین قلمرو پهناوری که از مرز غربی تا شرقی‌اش حداقل دوونیم نصف‌النهار جغرافیایی یا دو ساعت‌ونیم اختلاف زمان داشت، محتاج به چنین گاهشماری دقیقی بود.

از جمله اعضای هیات هفت‌نفره از ریاضیدانان و منجمینی که به امر ملکشاه به کار اصلاح تقویم یزدگردی همت گماردند، یکی ریاضیدان و منجم صاحب‌نام، ابوحاتم اسفرازی بود و دیگری ابوالعباس لوکری از پیروان مکتب فلسفه مشائی ابن‌سینا. اما دانشمند نامدار "رومی"تبار (یعنی بزنطی یا بیزانسی)، ابوالفتح منصور خازنی، ریاست هیات تدوین تقویم را به عهده داشت. وی که گویا از زمره اسرای نبرد مشهور ملازگرد در ۴۶۳ هجری/ ۱۰۷۱ میلادی بود، شاید از مزایا و همچنین خطاهای تقویم جولیانی در بیزانس آگاه بود (که مانند تقویم یزدگردی رایج در ایران آغاز سال را به دلیل خطا در محاسبه کبیسه به تعویق برگزار می‌کرد). چنانکه مشهور است، حکیم عمر خیام نیشابوری (۴۴۰-۵۳۶ قمری/ ۱۰۴۸-۱۱۳۱ میلادی)، ریاضیدان و شاعر بزرگ دوران که در این زمان جوانی ۳۱ ساله بود، نیز از زمره اعضای این هیات بوده است.

تقویم جلالی نه‌تنها خطای تعویق در محاسبه آغاز بهار را با حذف ۱۸ روز در آغاز سال اصلاح کرد، بلکه نام ماه‌های زردشتی سال یزدگردی را (که همان نام‌های سال خورشیدی کنونی‌ست) برقرار داشت که البته پیش از این بیرونی در *التفهیم* آن‌ها را مذکور داشته بود. افزون بر این، تقویم جلالی مبدأ را به شیوه تقویم ساسانی از آغاز جلوس ملکشاه سلجوقی در ۴۵۷ خورشیدی برابر با ۱۰۷۹ میلادی و ۴۷۱ هجری قمری قرار داد. این نیز

عدولی بارز از مبدأ هجری در تقویم قمری اسلامی و بازگشتی آشکار به میراث عصر ساسانی بود.[۱۰]

اهمیت تقویم جلالی در آن بود که سال "حقیقی" خورشیدی را مبنای کار قرار داد یعنی آغاز سال نو و هم آغاز هر فصل و طول سال در آن بر پایه گردش زمین به دور خورشید بود (یا آن طور که تصور می‌شد گردش خورشید به دور زمین). اما تقویم جلالی زمان این گردش را ۳۶۵ روز و شش ساعت قرار می‌داد در حالی که سال حقیقی ۳۶۵ روز و ۵ ساعت و ۴۸ دقیقه و ۴۵ ثانیه و کسری از ثانیه بود. این اختلاف را تقویم جلالی با "کبیسه‌گیری" در هر چهار سال مرتفع می‌کرد، یعنی در هر چهار سال، یک روز در "سال کبیسه" می‌افزود و آن سال را ۳۶۶ روز محاسبه می‌کرد. این شیوه گرچه بی‌سابقه نبود، اما به نحوی که در تقویم جلالی آمده بود، مشکلِ

[۱۰] در این که آیا ابولفتح خازنی در جمع تدوین‌کنندگان تقویم جلالی بوده تردید است. پاره‌ای منابع او را مدوّن زیج معتبر سنجری می‌دانند، اما به نظر می‌آید که وی در عصر ملکشاه می‌زیسته که نزدیک‌تر به تاریخ نبرد ملازگرد است. شاید زیج سنجری چون بر اساس رصد خازنی تدوین شده، سبب این تردید شده است. برای تفصیلی در باره پیدایش تقویم جلالی از جمله بنگرید به شماری از مقالات انگلیسی و فارسی تقی‌زاده، از جمله:

S.H. Taqizadeh, "Various Eras and Calendars Used in the Countries of Islam," *Bulletin of the School of Oriental Studies* (1939), 107-32.

همچنین بنگرید به:

Francois de Blois, "The Persian Calendar," *Iran* vol. 34 (1996), 39-54; Pauline Niechcial, "Calendar as an Identity Marker of the Zorosatrian Community in Iran," *Iran and the Caucasus,* 23 (2019), 35-49; *EIr:* Calendars ii. In the Islamic Period (by Reza Abdollahy). این مدخل بخش مفصلی در باره تقویم جلالی دارد.

فصل دوم: بازیابی گذشته و پیدایش تقویم جلالی

به‌تعویق افتادن نوروز را به‌خوبی جبران می‌کرد؛ شیوه‌ای که تا به امروز نیز پایدار مانده است.

تقویم جلالی اگرچه جشن نوروز را در آغاز بهار که برابر با اول فروردین ماه است، تثبیت کرد، چنانکه از قرائن برمی‌آید، نتوانسته بود کاملاً به ابهام در محاسبات نجومی برای معین داشتن نَصف‌النهار مبدأ در این تقویم پایان بخشد. به همین دلیل در زمان سلطان سنجر سلجوقی (سلطنت ۵۱۱-۵۵۲ قمری / ۱۱۱۸-۱۱۵۷ میلادی) و به امر او زیج تازه‌ای به نام زیج معتبر سنجری تدوین شد که گویا بر اساس پژوهش‌های نجومی ابوالفتح خازنی بود. زیج سنجری برای محاسبه دقیق گاهشماری خورشیدی ظاهراً نَصف‌النهار شهر اصفهان، پایتخت دولت سلجوقی، را مبدأ جغرافیایی در منطقة‌البروج قرار داد. مرکزیت یافتن نجومی اصفهان با عنوان "نَصفِ جهان،" یعنی نافِ جهانی که در تصرف دولت سلجوقی بود، نماد دیگری از این هویت بازیافته دولت ایرانی در این دوران است. با این حال، چنین به نظر می‌رسد که به‌رغم تصور رایج، تقویم جلالی هیچگاه بیرون از فضای دیوان و درگاه و نهادهای وابسته به آن‌ها رشد چندانی نیافت؛ هرچند، همواره در سالنامه‌های دولتی ستونی بدان اختصاص داده می‌شد.[11]

بر خلاف منابع ایرانی و یا پارسی‌سان (Persianate) که ذکر آن خواهد آمد، منابع دیگر سرزمین‌های اسلامی، از جمله در عثمانی، توجه

---

[11] این ویژگی نجومی و گاهنامه‌ای شهر اصفهان در سده‌های بعد ظاهراً به‌کلی فراموش شد و نَصف جهان به عنوان بی‌مسمای نِصف جهان تغییر یافت که هنوز نیز سبب تفاخر شمرده شده و گاهی برای آن سابقه تاریخی‌ای نیز تصور می‌شود. برای بحثی در این باره بنگرید:

Abbas Amanat, *Iran: A Modern History* (New Haven: Yale University Press, 2017), 83-84.

ویژه‌ای به تقویم خورشیدی (از جمله تقویم جلالی) و اهمیت نوروز و حتی وقوع هزاره هجری مشهود نیست. این امر موید این نکته اساسی است که زمان آگاهی ایرانی پرورده یک فضای ایرانی و فرایند دوام آن در یادگاه همگانی ایرانیان از گذشته پیشا اسلامی تا دوران جدید بوده است و انتقال آن حتی به فرهنگ تاریخی و تقویمی سرزمین‌های مجاور نیز سرایت نکرده است.

نمونه بارزی از این شکاف در گاهشماری را می‌توان در *تقویم‌التواریخ* مصطفی چَلَبی معروف به حاجی خلیفه یافت.[۱۲] این کتاب شناس مشهور ترک که در قرن یازدهم هجری برابر با قرن هفدهم میلادی می‌زیست، بخاطر آن که سال‌های چندی در سپاه عثمانی خدمت کرده و در لشکرکشی‌های آن دولت، ازجمله در رویارویی با سپاه صفوی در دوره شاه عباس اول، شرکت داشت و در ضمن منابع فارسی را، که بخش مهمی از گنجینه فرهنگی عثمانی بود به خوبی می‌شناخت، بالقوه می‌توانست در نگارش این اثر نه تنها توجهی به گاهشماری خورشیدی داشته باشد، بلکه شناختی از هزاره هجری نیز بدست دهد. اما در عمل *تقویم‌التواریخ* فاقد هرگونه اشاره قابل اعتنایی به فرهنگ گاهشماری ایرانی‌ست و توجه کامل نویسنده معطوف به گاهشماری هجری اسلامی ست.

چلبی که تاریخ را از پیدایش جهان تا زمان خودش در جدول‌های متعدد آورده، سالشماری پیش از هجرت را ظاهرا بر اساس سالشماری توراتی انجام داده است. با این حال از روایت ایرانی پیدایش از گیومرث تا پایان دوره ساسانی، ظاهرا بر اساس روایت *شاهنامه*، بی اطلاع نیست و به مناسبت در هر بخشی ابتدا احوال پیشدادیان و کیانیان و سپس یورش اسکندر

[۱۲] مصطفی چلبی، حاجی خلیفه، ترجمه *تقویم التواریخ*، مترجم ناشناس، به تصحیح میر هاشم محدث، تهران: نشر احیا، ۱۳۷۶.

فصل دوم: بازیابی گذشته و پیدایش تقویم جلالی

و دوران اشکانی و سپس عصر ساسانی را تا پایان و فتح ایران بدست اعراب مسلمان مذکور داشته است. اما پس از اسلام ارجاعات او به وقایع ایران کاملا در جامه تاریخ دنیای اسلام و بر اساس گاهشماری هجری‌ست. با این حال در سال ۴۶۷ هجری وی تنها یک عبارت در باره "ابتدای تاریخ جلالی" دارد ولی افزون بر این در ارجاعات متعددی که به تاریخ سلجوقی دارد، چیزی در باره گاهشماری ایرانی نمی‌گوید.

در ذکر وقایع سال ۱۰۰۰ هجری نیز چلبی به هیچ روی با اندیشه هزارتی (millennial) آشنا نیست و این سال را متفاوت با دیگر سالهای تقویم هجری نمی‌داند. به عبارت دیگر دغدغه گاهشماری بیشتر برای ایرانیان (و برای فرهنگ پارسی‌سان) از آن جهت جذابیت داشت که دروازه‌های تازه ای را بر حصول به یک پویائی زمان_محور در تقویم و به تبع آن به اندیشه تاریخی می‌گشود.

هم‌زمان با جنبش نوزائی فرهنگی ایران در قرن یازدهم و تدوین تقویم جلالی، اما مستقل از آن، شخصیت‌های دیگری در حوزه ایران فرهنگی بودند که حضور یک هویت گاهشماری ایرانی را در آثارشان می‌توان یافت. از جمله اینان ابوالمحمد عبدالجبار خَرَقی‌ست (۴۴۷_۵۵۲ ق برابر ۱۰۸۴ _ ۱۱۵۸ م) که در علم هیئت در حوزه مرو فعال بوده و در همان اوان رساله جامعی به زبان عربی در بیان هیئت بطلمیوسی نگاشته است.[۱۳] وی علی‌رغم آنکه در پایان اثرش بخشی را به مقایسه تقویم‌های زمان خود اختصاص داده، اما شگفتا که نامی از تاریخ جلالی نیاورده است. می‌توان این امر را ناشی از محدود بودن حیطه انتشار تقویم جلالی دانست اگرچه منتهی

---

[۱۳]. *منتهی الادراک فی تقاسیم الافلاک*، ویرایش متن عربی و ترجمه به فارسی از حنیف قلندری و زیر نظر حسین معصومی همدانی (تهران: میراث مکتوب، ۱۳۹۹). از دکتر حنیف قلندری که نسخه ای در اختیارم گذاردند، سپاس گزارم.

الادراک، بنا بر تحقیق دکتر قلندری، به احتمال قوی در ۵۲۱ ق/۱۱۲۷ م نگاشته شده و مولف در مرو در شمال خراسان فرصت کافی داشته است که از پیدایش تقویم جلالی در اصفهان در ۱۰۷۹ آگاه شود. اما صرف‌نظر از این امر، *منتهی الادراک* اگرچه به زبان عربی‌ست، اینجا و آنجا نشانه‌هائی از آگاهی نویسنده و هویت تقویمی ایرانی او بدست می‌دهد. در یک مورد اشاره او به تقویم رومیان (یعنی بیزانس) حاکی از این مهم است که سال رومی دقیقا ۳۶۵ روز و ربع روز بوده است و این مطابقت سال حقیقی و سال تقویمی را در کبیسه گرفتن هر چهار سال یکبار مقدور می‌ساخته است. پس می‌توان گفت که در هنگام تدوین تقویم جلالی حضور ابوالفتح خازنی، دانشمند اسیر رومی (که ذکرش گذشت)، از این دانش برای تدوین تقویم جلالی در درگاه سلجوقی بهره برده است. افزون بر این، خرقی نه تنها شرح موجزی از نوروز عرضه می‌دارد بلکه در موارد متعدد وجه تمایز تقویم ایرانی را، که بر مبدای سال یزدگردی‌ست، بر دیگر تقویم‌های زمان خود از آن سبب موجه می‌شمارد که در اندازه‌گیری حرکت انتقالی زمین از دیگر تقویم ها دقیق تر است.[۱۴] در مقایسه بین ادوار فلکی نیز "ادوار ایرانی" را بر اساس دو منبع محاسبه بر دیگر محاسبات نجومی برتر می‌شمارد. این گردش فلکی که معادل عمر عالم شمرده شده است بنا بر این محاسبه ۳۶۰ هزار سال خورشیدی ست که به مراتب از محاسبه توراتی وسیع‌تر است اگرچه در مقایسه با محاسبه حمزه اصفهانی (که ذکر آن گذشت) به مراتب کوتاه‌تر است.[۱۵] نکته مهم دیگر آن که خرقی مرزی نیز چون سلف‌اش حمزه اصفهانی و یا دیگر معاصران ایرانی‌اش چون ابوریحان بیرونی و یا خیام نیشابوری و دیگر پدید آورندگان تقویم جلالی با آنکه در دامن دو فرهنگ در هم ادغام شده اسلامی

۱۴ . همانجا، ۶۱۰

۱۵ . همانجا ، ۶۲۳ برابر ۳۱۰ متن عربی

و ایرانی پرورش یافته بودند، اما هم‌چنان خودآگاهی ایرانی را نه تنها از راه یادگاه همگانی فرهنگ و زبان بلکه از راه فرهنگ گاهشماری و به‌یاد داشتن آئین نوروز محفوظ می‌داشت. در دیگر سرزمین‌های اسلامی، شاید سوای هند، بقای چنین وجه تمایز فرهنگی کمتر فرصت بروز می‌یافت.

۳
ستیز با نوروز

کوشش برای تدوین رسمی تقویم خورشیدی و محبوبیت نوروز در شعر و ادب عرب و اندکی بعد در ادب فارسی البته خالی از مقاومت و مخالفت اهل شرع نبود. هر آنقدر که ایران‌دوستانی چون نویسنده *نوروزنامه*، مافروخی، حمزه اصفهانی و ابوریحان بیرونی به نمادهای باستانی چون نوروز و گاهنامه خورشیدی دلبستگی نشان می‌دادند، بسیاری از شریعتمداران از قرون نخست اسلامی (و تا دوران ما، چنانکه بیاید) آیین نوروزی را رسم مجوس دانسته و با کین‌توزی برپای‌داشتنِ آن را مغایر با اعتقادات اسلامی می‌دانستند. این دشمنی پایدار حتی در میان اهل‌کلام و فقهای ایرانی یا ایرانی‌تبار نیز شایع بود.

یک سبب بزرگ برای خصومت با آیین‌های ایرانی و به‌ویژه نوروز، نفوذ فراوان این مراسم در دنیای اسلام بیرون از ایران‌زمین بود، که حتی پیش از فتح ایران در نزد اعراب بزرگ داشته می‌شد. از جمله سلسله لَخمیه (بنو لَخم) در جنوب بین‌النهرین که از قرن چهارم تا هفتم میلادی دست‌نشانده ساسانیان بود، و از مراکز مهم گفت‌وگوی فرهنگی میان ایران و دنیای عرب به‌شمار می‌آمد، در رسوخ دوجانبه آیین‌های شادی و موسیقی و باده‌گساری موثر بود. در آغاز اسلام نیز همین فرهنگ ایرانی به‌ویژه در ساحت شعر و ادب عرب رشد بسیار یافت. در کمبود، یا نبودِ آیین‌های اسلامی برای تغنی،

خوشگذرانی و باده‌نوشی، این رسوم ساسانی جایگاه ویژه‌ی در میان شاعران عرب در دوران اسلامی یافت که طبعاً آگاهی به زمان‌سنجی خورشیدی و آیین نوروزی را به خاطر می‌آورد. قصاید فراوانی که در زبان عربی در وصف نوروز سروده شده و به ستایش خلفای بنی‌عباس یا پادشاهان آل بویه و دیگر بزرگان اهل دیوان می‌پردازد، حاکی از رواج جشن‌های نوروز و مهرگان است. برگزاری این اعیاد بستانی تا بدانجا اهمیت داشت که واژه مهرجان، مُعرّب مهرگان، در زبان عربی به هرگونه جشنی اطلاق می‌شد که خارج از دایره اعیاد تقویم اسلامی می‌بود (و هنوز نیز چنین است). اشارات فراوان به نوروز به‌ویژه در آثار شاعران عرب در آغاز دولت عباسیان به خوبی حاکی از آگاهی و ستایش از این آیین خسروانی‌ست.[16]

در مقابل، از جمله مخالفین سرشناس با آیین نوروز در دنیای ایرانی یکی نیز محمد غزالی، شاید بانفوذترین عالِم دین در سراسر تاریخ اسلام است. او که برخاسته از طوس و از پرورده‌گان نظام‌الملک و بالیده در نظامیه‌های بغداد و نیشابور بود، در کتاب مشهورش به زبان فارسی، کیمیای سعادت، برپای داشتن نوروز را از زمره محرمات دانسته است. از جمله در بخش "منکرات بازارها" می‌گوید:

اما آنچه برای سَده و نوروز فروشند، چون شمشیر و سپر چوبین و بوق سفالین، این در نفس خود حرام نیست و لیکن اظهار شِعارِ

---

[16] برای گزیده‌ای از این اشارات و تفصیلات از جمله بنگرید: ا.م.د. هیرش محمدامین نوروز و دلالته فی الشعر العربی القدیم و الجدید (۲۰۱۷) در (Academia.edu under Hirsh Amin و منابع ذکر شده در این پژوهش. حد قل دو یا سه پژوهش در زبان عربی در این باره انجام شده است.

> گَبران حرام است و مخالف شرع است، و هر چه برای آن کنند نشاید، بلکه افراط کردن در آراستن بازارها به سبب نوروز و قطایف بسیار کردن (ظاهراً یعنی جامه‌های نو پوشیدن و یا نان شیرینی پختن) و تکلّف‌های نو افزودن برای نوروز نشاید، بلکه نوروز و سَده باید که مُندرس شود و کسی نام آن نبرد. تا (یعنی حتی) گروهی از سلف گفته‌اند که "نوروز روزه باید داشت تا از آن طعام‌ها خورده نیاید و شب سَده چراغ فرا(راه) نباید گرفت تا اصلاً آتش نبینند." و (ولی) محققان گفته‌اند که "روزه داشتن (در) این روز هم ذِکر آن روز بُوَد و نشاید که نام این روز بَرند به‌هیچ‌وجه، بلکه با روزهای دیگر برابر باید باشد، و شب سَده هم چنین، چنانکه از وی نام و نشان نماند.[۱۷]

این گفته غزالی نه‌تنها نمونه‌ای از دشمنی او و همگنان شریعتمدار او با دوام آیین‌های باستانی ایران است، بلکه دلیل روشنی بر رواج این آیین‌ها در نزد مردمان کوچه و بازار در زمانه اوست که در جشن نوروز هم اسباب‌بازی چوبین، ظاهراً برای هدیه نوروزی به کودکان، می‌ساخته‌اند، هم جامه نو در بر می‌کردند، (یا نان شیرینی می‌پختند) و بازارها را می‌آراستند. افزون بر این، آنچه غزالی گفته است، را می‌توان بدین تعبیر کرد که این آیین‌ها را مردمان زمان او جملگی "شِعارِ گَبران" (نشانه زردشتیان) می‌دانسته‌اند و حضور آیین‌های زردشتی هنوز نمایان بوده است، والّا دلیلی نداشت که این فقیه عالیقدر به هر قیمت خواهان برانداختن و از یاد بردن این نشانه‌های هویت

[۱۷] محمد غزالی، *کیمیای سعادت*، ویراستار . ح. خدیو جم (تهران، ۱۳۸۰ خورشیدی) ۱: ۵۲۲.

ایرانی شود. نه‌تنها روزه گرفتن در روز جشن نوروز را رفتار بیهوده‌ای می‌داند، زیرا ظاهراً بیشتر یاد نوروز را تشدید می‌کند (و البته غزالی آن را به "سَلَف" نسبت می‌دهد)، بلکه لزوم عادی‌شماری، و در واقع خوارشماریِ آیین مجوس را تا بدانجا پیش می‌برد که حتی "نشاید نامی به‌هیچ‌وجه" از نوروز و جشن سَده برده شود. حتی در شبِ سَده چراغ فراراه گرفتن را نیز نشانه‌ای از این یادِ فراموشی‌ناپذیر می‌داند.

شگفتی بیشتر درِ آن است که غزالی در همان دورانی می‌زیست که تقویم جلالی به همت حامی او، خواجه ابوعلی نظام‌الملک، و به دستور ملکشاه تنظیم شد و رواج یافت و این گاهشماری بود که به روشنی از بازگشت به یک هویت تقویمی ایرانی با نشانه‌های سالانه نوروز و سَده حکایت می‌کرد.

اما غزالی در این نوروزستیزی تنها نبود. حتی تنی از پیروان شیعه اسماعیلیه که دشمنان بزرگ غزالی و نظام‌الملک و دولت سلجوق بودند نیز در این مهم با او هم داستان بودند. پیش از او نیز ناصر خسرو، متفکر و شاعر بزرگ اسماعیلی، بیتی چند در مذمت نوروز سروده بود. همزمان نیز خلافت شیعه فاطمیون مصر و مغرب و شامات نیز به‌رغم گرامیداشت رسم نوروزی در قلمروشان بالاخره مجبور به تحریم آن در ممالکشان شدند. این دوگانگی خلفای فاطمی بی‌شباهت به رفتار رقبایشان، یعنی خلفای عباسی در بغداد نبود. از سویی به‌واسطه نفوذ وزرای ایرانی‌تبار و ایران‌دوست، چون خاندان برمکی، خلفای نخستین بنی‌عباس در به‌پای داشتن آیین‌های ایرانی، و به‌ویژه نوروز، پیشقدم بودند ولی از سویی دیگر خلفای متاخر به سبب نفوذ فزاینده اهل شرع، چون متکلمین شعری، بیش از پیش خود را از رسوم مجوس مبرا می‌دانستند.

اندکی پیش از غزالی نیز در دیگر کتب حدیث و فتاوی اهل سنت موارد متعدد در مذمت نوروز و برگزاری آن می‌توان یافت. امری که صرف‌نظر

فصل دوم: بازیابی گذشته و پیدایش تقویم جلالی

از صحت یا عدم صحت این روایات، حاکی از مقاومت اهل شرع در برابر بازیابی هویت ایرانی در این دوره خطیر است. شگفتا که این امر در میان فقهای ایرانی غلبه دارد. از جمله در پایان قرن چهارم/ قرن دهم میلادی محمدبن عبدالله خطیب تبریزی در مجموعه حدیثاش با عنوان مشکوة المصابیح در باب "العیدین" آورده است: "در دوران جاهلیت مردم در روزهای نوروز و مهرجان [مهرگان] خوشگذرانی می‌کردند، رسول‌الله به ایشان فرمود که به عوض این روزها به شما ایام عیدفطر و عید قربان را عطاء فرموده‌ایم." [18] پس از او فقیه قرن پنجم هجری/ یازدهم میلادی، احمدبن حسین بیهقی در مجموعه مشهور دیگری در حدیث با عنوان سُنن الکبری، نقل‌قولی از خلیفه دوم، عُمَربن خطّاب، دارد که از قول پیامبر اسلام گفته: "روز های عید به عبادت خانه‌های مشرکین نروید زیرا که خداوند در این ایام بر ایشان غضب نازل می‌کند." وی در جای دیگر آورده است: "کسی که در وطن مشرکین زندگی اختیار می‌کند و نوروز و مهرجان را تجلیل می‌کند و به آن‌ها مشابهت می‌کند و به همین ترتیب از دنیا می‌رود، در روز قیامت با مشرکان یکجا برمیخیزد." و باز هم از علی‌بن ابی‌طالب روایت کرده است که "در روز نوروز کسی تحفه‌ای پیشکش او کرد و علی آن را منع کرد و گفت اگر کارها و عبادات اسلامی خویش را انجام بدهید، هر روزتان نوروز است." [19]

---

[18] حدیث شماره ۱۴۳۹ به نقل از ابوداود در سُنن، شماره ۱۳۳۴ و نسایی در سُنن، شماره ۱۵۵۶. ترجمه فارسی از شیخ محمد بلوچ، ۴ جلد (غزنی: انتشارات خواجه عبدالله انصاری، ۱۳۹۵).

[19] ویراستار: محمد عبدالقادر عطا (بیروت: دارالکتب علمیه، ۱۴۲۴ هجری/ ۲۰۰۳ میلادی) جلد ۱۴، ص ۱۱۳، شماره ۱۹۳۷۴ و ص۳۷۵، شماره ۱۹۳۷۵ و ص ۱۱۴، شماره ۱۹۳۷۸.

گاهشماری خورشیدی

در همین ایام حتی مقامه‌نگار بزرگ در زبان عربی در قرن چهارم هجری/ قرن دهم میلادی. بدیع‌الزمان هَمَدانی، که زادوبودش در ایران بود ولی به آرای ضدایرانی شُهره و از سردمداران شُعوبی‌ستیزی بود، در *مقامات* مشهور خود به ذمّ آیین‌های ایرانی پرداخته است. از جمله جشن‌های سده، نوروز و مهرگان را یکسره مردود دانسته و برگزاری آن را حرام شمرده است. گویی این گونه اصرار در دشمنی با آیین‌های ایرانی و انکار گذشته پیشااسلامی برای بسیاری از ایرانیان و ایرانی‌تباران چون او نشانه عرب‌ستایی ایشان بود و وسیله‌ای برای اثبات هویت اسلامی و تفاخر فرهنگی به گونه‌ای عربیت اکتسابی شمرده می‌شد.

در درون اما این خصومت را می‌توان نشانه ضعف و عدم‌اعتماد به هویت فرهنگی بومی اینان دانست که تحقیر و سرکوب ایرانی بودن را راهی برای پذیرش اسلامی می‌شمردند. جالب اینجاست که برغم غلو اینان در اظهار عربیت و اسلامیت، آن فرهنگی که در جامعه و بازار در سراسر دوران پیشانوین ارج نهاده می‌شد، همان جشن‌ها و آیین‌های ایرانی (و یا غیرایرانی اما بومی) بود که از دوران پیشااسلامی باقی مانده بود. دستکم در دنیای شرق اسلامی، یا آنچه امروزه به نام سرزمین‌های "پارسی‌سان" از آنان یاد می‌شود، این حضور و محبوبیت به خوبی از لابلای انکارها و ستیزه‌های شریعتمداران محسوس است. کتب لغت عرب واژه *مهرجان* را "هو احتفال عام یکون عادة في إطار ثقافي أو ديني" (جشنی عمومی در ساحت فرهنگی یا دینی) تعریف می‌کند، اما اشاره به ریشه این واژه در اکثر فرهنگ‌های زبان عربی مفقود است.

نمونه مشهور دیگر از این بیگانگی فرهنگی و ستیز با هویت ایرانی، محدث و مورخ بنام در زبان عربی در قرن سوم هجری/ قرن نهم میلادی، ابن قُتَیبه دینوری است. او از ایرانی‌تباران مَرو (در ماوراءالنهر) بود و چنانکه

فصل دوم: بازیابی گذشته و پیدایش تقویم جلالی

از ناماش پیداست، بیشتر ایاماش را در دینور (یا دیناور از توابع صحنه در کرمانشاهان) در منصب قضاوت بهسر آورده بود. این حنبلی متعصب اما بسیاردان به احتمال نزدیک به یقین لهجه یا لهجه‌هایی از زبان فارسی، یعنی زبان مادری‌اش، را می‌دانست، اما در آثارش از هیچ فرصتی برای تخویف عناصر ایرانی، از جمله تحقیر آیین نوروز، و بزرگداشت عنصر عرب دریغ نورزیده و در این راه رنگی از نژادپرستی عربی ارائه داده است. جای شگفتی است که بسیاری از آرای ابن‌قتیبه و همگنان او بر پایه منابع ایرانی پیشااسلامی از راه ترجمه از پهلوی به عربی، بنیاد گرفته است.

این ازخودبیگانگی فرهنگی ابن قتیبه و همگنان او را می‌توان واکنشی به تداوم و گسترش فرهنگ و هویت ایرانی در شرق دنیای اسلام، و از جمله بقای نوروز و تقویم خورشیدی، دانست که برای ابن‌قتیبه و امثال او تهدیدی انگاشته می‌شد و چنین واکنش تندی را برمی‌انگیخت. گویی احاطه ایشان به زبان عربی و خَلق آثار متعدد در این زبان تا بدانجا باعث تفاخر اینان می‌شد که می‌بایست زبان فارسی و فرهنگ و حافظه ایرانی را که متعلق به محیط و گذشته خودشان بود، نفی کنند و تنها پرداختن به دستمایه زبان عرب را که زبان قرآن و حدیث و شرع اسلامی بود، بسنده کنند.[20] در مقابل،

---

[20] برای منازعات شعوبیه، از جمله در باره ابن قتیبه، بنگرید:

Roy P. Mottahedeh, "The Shu'ubiyah Controversy and the Social History of Early Islamic Iran (*IJMES*, vol. 7, 1976), 161-82. Also reprinted in Roy P. Mottahedeh, *In the Shadow of the Prophet: Essays in Islamic History* (London: One World Acdemic, 2023), 121-148; see also Abbas Amanat, "Iranian Identity Boundaries: An Introduction," *Iran Facing Others: Identity Boundaries in Historical Perspective,* co-edited with F. Vejdani (New York: Palgrave-MacMillan, 2011), pp. 1-36 and esp. 5-6 and cited sources.

مورخ بزرگی چون محمد جریر طبری، که اصلاً از مادری طبرستانی در آمل زاده شده و بی‌تردید لهجه طبری را می‌دانسته، اگرچه در نگارش دو اثر بزرگش در تاریخ و تفسیر به زبان عربی همواره کوشا بوده است، اما چنان که گذشت از همان آغاز کار در *تاریخ الرسل و الملوک* نهاد پادشاهی ایران ساسانی را ارج نهاده و آن را نمونه و خمیرمایه فرهنگ سیاسی اسلامی دانسته است.

حتی دو قرن بعد از غزالی نیز بزرگداشت نوروز، ظاهراً در شامات، رواج داشته است زیرا فقیه خشک‌اندیشی چون ابن تِیمیه را در دمشق واداشته که درعصر مَمالیک این آیین ایرانی را مذموم شمارد. این فقیه مشهور قرن هشتم هجری/ قرن سیزدهم میلادی که نمایندهٔ تندروترین جریان در مکتب حنبلی و صاحب نفوذ فراوان در میان همه نهضت‌های سنّی سَلَفی در دوران جدید است (نظیر وَهابیه یا مُوحدون در جزیره‌العرب) در جای‌جای کتاب‌های فراوانش از دشمنی نسبت به آیین‌های ایرانی دریغ نداشته است. باید توجه داشت که این همه پیش از پیدایش دولت صفوی و رسمیت یافتن

طُرفه آن که این روزها برخی از پژوهندگان غربی فرهنگ عربی کاسه‌ی داغ‌تر از آش شده‌اند و اگر فرصتی به‌دست آورند از ابراز همان تعصبات قدیمی ضدایرانی دریغ ندارند. از جمله می‌توان به ترجمه کتابِ *فضلُ العرب و التنبیه عَلی عُلومها* از ابن‌قتیبه را با عنوان زیر اشاره کرد:

The Excellence of the Arabs, trans. by Sarah Bowen Savant and Peter Webb forwarded by Jack Weatherford (New York: NYU Press, 2019).

در سراسر این ترجمه واژه *bigots* (یعنی خر متعصبین) عمداً به‌جای *partisans* معادل "شعوبیه" در اصل عربی آمده است. گویی مترجم و ویراستارِ مجموعه نمی‌دانسته‌اند که معنی واژه شعوبیه در زبان عربی چیست یا ترجیح داده‌اند که عبارتی را در تحقیر شعوبیه به‌کار برند.

فصل دوم: بازیابی گذشته و پیدایش تقویم جلالی

شیعه اثنی‌عشری در ایران است که خصومت فراوان سنّیان را در دنیای اسلام برانگیخت و جدایی دنیای شیعه ایران و جنوب عراق را از دیگر سرزمین‌های اسلامی به نهایت رسانید. از جمله موارد بارز این ایران‌ستیزی را می‌توان در نکوهش ابن‌تیمیه از آیین نوروزی مشاهده کرد. وی پس از ذکر احادیث و روایات چندی، فتوی داده است که کسانی که آیین نوروزی را بجا می‌آورند خود را به عذاب‌الله نزدیک می‌کنند. وی در مجموع الفتاوی خود تاکید کرده است که اگر کسانی که در روزهای نوروزی چیزی ذبح کنند مرتکب عمل حرام شده‌اند (ظاهراً به سبب آنکه گوشت ذبحی در جشن و شادی طبخ و خورده می‌شده است). همچنین در آن روزها غسل کردن، مهمانی کردن، هدیه کردن اسباب‌بازی به اطفال، و خریدوفروش آنچه در نوروز رواج دارد نیز جایز نیست.[21]

نوروزستیزی ابن‌تیمیه البته بی‌ارتباط به نقش محوری او در کشمکش میان دولت ممالیک مصر و شامات با ایلخانیان ایران در عصر غازان نبود که سرانجام به توسعه‌طلبی ایرانِ ایلخانی در شامات و دستیابی به سواحل شرقی دریای میانه (مدیترانه) پایان داد. این رویداد از سوی دیگر مرادف بود با وزارت رشیدالدین فضل‌الله همدانی، یکی از شاخص‌ترین وزیران تاریخ ایران، که چنانکه آمد، دگربار به اصلاح تقویم خورشیدی دست یازید؛ تقویمی که در دوران صدارت او کوشید مشکل کبیسه تقویم جلالی را تصحیح کند. این بازگشت به میراث ایرانی، نخست در تقویم جلالی و سپس

---

[21] مجموع الفتاوی، جزء ۲۵ ص ۱۴۷. در باره مذمت ابن تیمیه از نوروز همچنین بنگرید به اثر دیگر او اقتضاء صراط‌المستقیم لمخالفه اصحاب الجحیم، ویراستاری ناصر العقل (ریاض: دارالاشبیلیا، ۱۴۱۹ هجری/ ۲۰۰۶ میلادی). ترجمه فارسی عنوان این کتاب اخیر: "لزوم (پیمودن) راه راست در مخالف با یاران آتش جهنم" به خوبی معرف دیدگاه نویسنده است.

در تقویم غازانی، از بسیاری جهات نماینده به‌یاد آوردن فرهنگ ایرانی بود که در عین حال، مقارنه میان تقویم خورشیدی و تقویم هجری قمری را در یک همزیستی گاهشمارانه جایز می‌شمرد. اما هر قدر که این میراث باستانی بیشتر نمایان می‌شد، بر دامنه مقاومت و خصومت در میان محافظان سنت اسلامی و به‌ویژه ارباب شرع از زمان شعوبیه تا دوران ابن تیمیه افزوده شد.[۲۲]

به‌رغم این ایران‌ستیزی دامنه‌دار، میراث گاهشماری ایرانی همچنان پایدار ماند. و این یکی از شگفتی‌های زمانه بود که بی‌تردید در وهله اول مدیون کاربرد این تقویم در نظام زراعی ایران و به تَبَعَ آن، در نظام مالیاتی و انتصابات دولتی بود. این کاربرد اقتصادی نیز در جای خود مدیون موقعیت جغرافیایی ایران در منطقه معتدله شمالی بود که کم‌وبیش، با اختلاف حداکثر یک ماه، آغاز چرخه تولید کشاورزی را در آغاز فصل بهار و پایان آن را در آغاز پاییز قرار می‌داد. پس اهتمام ایرانیان برای تنظیم دقیق این گاهشماری که به مقتضای گردش منظّم فصول بود، در بازبینی‌های متعدد، و در نهایت در پیدایش تقویم جلالی موثر افتاد.

[۲۲] پیش از این نیز برگزیدن عنوان *شاهنشاه* در نزد امرای آل بویه نمونه‌ای از این بازگشت به میراث ساسانی بود. نویسندگانی چون ابوالفرج اصفهانی صاحب *کتاب الاغانی* به زبان عربی در قرن سوم هجری فرهنگ و زمانه‌ای را تصویر می‌کردند که به روشنی نشان از گذشته ساسانی داشت. ابوالفرج که زاده اصفهان ولی از تبار عرب بود و بیشتر ایام‌اش را در دربار آل بویه در بغداد به‌سر آورد، در *کتاب الاغانی*، چنانکه از عنوانش برمی‌آید، به شرح مفصل الحان موسیقی و شعرخوانی و مجالس شادی و طرب و نام نوازندگان، رقاصان و رندان و مجلسیان سرزمین‌های عربی برآمد. او در اکثر موارد از ریشه‌های ایرانی این جشن‌ها و آیین‌های میگساری و مجلس‌آرایی آگاهی داشت اما جای‌جای بدون ذکر ماخذ نیز این فرهنگ شادزی را به خوانندگانش منتقل می‌کرد.

فصل سوم

هزاره هجری، دیدگاه شیعه و گاهشماری‌های تازه

با برآمدن دولت صفوی و رسمیت یافتن اجباری آیین تشیّع در ایران، نگاهداری گاهنامه خورشیدی و بزرگداشت آیین نوروزی با چالش‌های تازه‌ای روبرو شد. تهدید دائمی دو همسایه متخاصم سنّی: در غرب دولت قدرتمند عثمانی که خود را حافظ دنیای اسلام می‌دانست، و در مرزهای شرقی دولت قبیله‌ای ازبکان، صفویه را بیش از پیش بر هویت شیعه خود پایبند ساخت. اما صِرف همین تهدید مرزی و به خطر افتادن تمامیت ارضی، تا اندازه‌ای در تاکید بر هویت ایرانی صفویه نیز موثر افتاد. فرایند آن پایداری نه‌تنها پافشاری در شعائر شیعه بود، بلکه آیین‌های کهن ایران نیز تا اندازه‌ای بزرگ داشته می‌شد. برگزاری نوروز، که تدریجاً به جامه‌ای شیعی آراسته شد، در واقع پاسخ به معضلی بود که ایران صفوی با آن موجه بود.

بر خلاف جهان تسنن که ماه مُحرم را زمان شادمانی می‌دانست، از دیدگاه شیعه، محرم ماه عزاداری بود و بدین سبب هیچ بزرگداشتی در این ماه برای آغاز سال جدید قمری روا داشته نمی‌شد. ماه رمضان نیز، که در سرزمین‌های سُنّی غالباهمراه با "سحُور" یا شب نشینی ، موسیقی و شادمانی همراه بود، در ایرانِ شیعه ماه سوگواری دیگری بود که با ضربت خوردن و قتل علی ابن ابی طالب به اوج می رسید. شاید این هر دو بیش از پیش سبب تمایز نوروز در ایران به مثابه آیین جانشین آغاز سال نو هجری و یا شادمانی در ماه رمضان شد.

فصل سوم: هزاره هجری، دیدگاه شیعه و گاهشماری‌های تازه

در دوره صفوی اگرچه سال دولتی با نوروز آغاز می‌شد، تقویم دوازده‌ساله مغولی‌ـ‌ترکی در پاره‌ای فرمان‌ها و حتی محاسبات به‌کار گرفته می‌شد و در عین حال، تقویم رسمی همچنان هجری قمری باقی ماند. این تنوع تقویمی، که بازتابی از فرهنگ سیاسی صفویه بود، بر معضل گاهشماری افزود. از سوی دیگر، وقوع هزاره هجرت برابر با سال ۱۵۹۳ میلادی سبب پیدایش تقویم‌های فرااسلامی چندی شد که دامنه آن تا دوران قاجار نیز ادامه یافت. پیدایش تقویم الهی در دوره اکبر پادشاه در قلمرو گورکانیان (تیموریان) هندوستان در قرن دهم هجری/شانزدهم میلادی، یک نمونه از این ابداعات بود. تقویم بدیع بیانی سید علی‌محمد شیرازی باب در قرن سیزدهم هجری/ نوزدهم میلادی، نمونه دیگری بود.

۱

نوروز و شیعه ایرانی

شاه اسماعیل اول، بانی دولت صفویه، از هویت ایرانی خود آگاه و بدان سرافراز بود. ساختن شاهنامه‌های مصور در کارخانه‌های شاهی در زمان شاه اسماعیل و آغاز پادشاهی پسرش، شاه تهماسب، حاکی از این وابستگی بود که البته ریشه در فرهنگ و هنر درخشان پایان دوران تیموری، به‌ویژه در سلطنت شرقی تیموریان در هرات، داشت. افزون بر این، اسماعیل نه‌تنها کشورستانی‌اش را همسان پادشاهان افسانه‌ای *شاهنامه* چون فریدون و کیخسرو می‌دانست، بلکه فرزندانش را به نام‌های پهلوانان، شاهان و شاهزادگان *شاهنامه*، چون تهماسپ، سام، رستم، بهرام و فرنگیس نامیده بود. به‌رغم مساعی بی‌امان در ترویج شرع شیعه در قلمرو صفوی و برپای داشتن مذهب اثنی عشری به ضرب

شمشیر، اسماعیل مادام‌العمر به مرام دودمانی سلسله صوفیه صفوی، که ملغمه‌ای از باورهای غُلاه (یعنی اهل غُلوّ در مرتبت علی ابن ابی‌طالب) و آرای دیگر صوفیان متأخر پای بند ماند.

اما در کنار ترویج شرع رسمی و هم اعتقادات اهل غلّو، شاه اسماعیل پیرو نهاد شاهی ایرانی نیز باقی ماند و این هر دو را با پیشینه شاهنشاهی ایرانی درهم آمیخت. این جنبه شاهی ایرانی در رفتار او چون شکار و باده‌نوشی و آداب نبرد و همچنین در نگاهداری نهادهای وابسته به دربار و درگاه محسوس افتاد. دو وجه رزم و بزم، که در فرهنگ سیاسی ایران همواره مرادف با نهاد پادشاهی و کردار شاهان بود، بار دیگر در زندگی سیاسی اسماعیل و تا اندازه‌ای در آغاز پادشاهی تهماسب آشکار شد. اما از نیمه دوم قرن دهم هجری / شانزدهم میلادی هر قدر که رفتار و کردار تهماسب بیشتر به جانب شریعتمداری و وسواس‌های شریعت‌مآبانه مایل شد، چیزی از بقای این نهاد شاهی کاسته نشد و با اندک دگرگونی در دوران شاه عباس اول و جانشینان او نیز بر جای ماند.

با این حال، نه تقویم جلالی و نه تقویم غازانی (یا خانی) رواج رسمی داشت. اگرچه در سالنامه‌های این عصر غالباً ستونی به تقویم جلالی اختصاص داده می‌شد، جلوس ملکشاه سلجوقی یا غازان‌خان ایلخانی نمی‌توانست مبدأ تقویم سلسله صفویه باشد. به‌ویژه آنکه دودمان صفویه از همان آغاز در دیده پیروان سلسله صوفیه صفوی، یعنی دراویش سرسپرده به اسماعیل و تهماسب، تقدسی نیمه‌الوهی داشتند. در بیش از دو قرن و نیم، این مشروعیت قُدسی در دیده عامه مردم ایران رسوخ بیشتری یافت. حتی نزدیک به هفت دهه پس از

فصل سوم: هزاره هجری، دیدگاه شیعه و گاهشماری‌های تازه

سقوط صفویه نیز در آستانه پادشاهی قاجار این حرمت قدسی به دشواری فراموش شد.

جلوس شاه اسماعیل و برقراری سلسله صفویه در ۹۰۲ هجری قمری/ ۱۵۰۱ میلادی، که سرآغاز دوران نوینی در تاریخ ایران است و چنین ژرف ریشه در فرهنگ دینی و سیاسی ایران دوانیده است، اما مبدأ تقویم تازه‌ای نشد. به‌رغم شخصیت نافذ اسماعیل و حتی مقارنه جلوس او با آغاز قرن دهم هجری، که پیشینه روشن مهدوی داشت، نیز نتوانست محرکه‌ای برای مبدأ تقویم تازه‌ای باشد. یک دلیل اساسی بر این امر شاید نفوذ غالب مذهب شیعه و مراسم عزاداری مرتبط با آن بود که سیطره گاهشمارانه سلطنت را، هرچند فرهمند، تحت‌الشعاع قرار می‌داد. به عبارت دیگر صفویان آنقدر جذب در روایت شیعه اسلامی بودند که جایی برای یک گاهشماری ایرانی باقی نمی‌ماند. اگرچه می‌توان گفت که مقام مهدویت که اسماعیل در لفافه برای خود قائل بود (و اگر به اشعار ترکی‌اش استناد کنیم، ادعای الوهیت داشت) فرصت یگانه‌ای برای ابداع تقویم تازه‌ای بود که می‌توانست از مبدأ پیامبری- پادشاهی او آغاز شود. اما در عمل اگر هم جایی در دستگاه دیوان صفوی برای تقویم متفاوتی بود، همان تقویم دوازده‌ساله مغولی- ترکی به‌کار گرفته می‌شد.

با این حال، در دوران شاه تهماسب که اوج قدرت علمای عرب و عرب‌تبارِ برخاسته از جَبَل عامل (در سوریه امروز) بود، دربار صفویه همچنان به روال سلسله‌های پیشین مراسم بار نوروزی را بزرگ می‌داشت. البته همدستی دو عنصر بانفوذ در دستگاه صفوی، یعنی فقهای عرب‌زبان و قزلباشان ترک‌زبان، از همان ابتدای کار، و با شدت بیشتری از نیمه قرن دهم تا اوایل قرن یازدهم هجری (از اواسط قرن

شانزدهم تا ابتدای قرن هفدهم میلادی)، در ستیز با عنصر ایرانی درآمدند. ایرانیان بومی، که شاید به تخفیف "تاجیک" نامیده می‌شدند، غالباً متصدی دستگاه دیوان بودند. واژهٔ *تاجیک* که مُعرّب *تاژیک* و *تازیک* بود، سابقه درازی در فرهنگ سیاسی ایران داشت و غالباً از جانب ایرانیان به بیگانگانی اطلاق می‌شد که با *تاخت‌وتاز*، شاید بر پشت اسب، به مرزهای ایران زمین می‌تاختند. ضحاک پسر بیوراسب (صاحب ده هزار اسب) در *شاهنامه* از جمله اینان بود. خواندن اعراب فاتح به نام *تازیان* نیز در *شاهنامه* و دیگر متون همزمان ظاهراً به همین واسطه بود. اما اینکه حال در خدمت دستگاه دیوانِ صفوی ایرانیان "تاجیک" خوانده می‌شدند، حاکی از این واقعیت بود که دو عنصر قزلباش ترک‌تبار و فقهای عرب‌تبار جبل عامل (و بعدها نجف و بحرین و احساء) که دو پایه قدرت نظامی و شرعی صفویه بودند، ایرانیان را در سرزمین خودشان رقیبی برای انحصار قدرت و تقرّبِ در درگاه می‌دانستند و با آنان چون "دگری" در برابر "خود" رفتارِ می‌کردند.[1]

حتی کاهش توان و نهایتاً انهدام عنصر قزلباش، به مثابه یک نیروی منسجم نظامی، در عصر شاه‌عباس اول به معنی کاهش نفوذ فقهای عرب‌تبار نبود. اینان اگرچه تدریجاً ایرانی شده بودند، هویت شیعه عرب‌زبان و شریعتمدار خود را محفوظ می‌داشتند. سیطره روزافزون طبقه فقها و محدثین، به‌ویژه در دوران سلطنت شاه‌سلیمان و سپس شاه سلطان‌حسین در اوایل قرن دوازدهم هجری (پایان قرن هفدهم و آغاز قرن هجدهم میلادی)، اهتمامی تمام در ترویج عامه این مذهب در میان مردم ایران داشت. این شیوه شریعتمداری بیشتر مُلهِم

---

[1] برای شرح بیشتر بنگرید: Amanat, *Iran,* Part I (31-176) and cited sources in "Further Readings"

از تعلیمات علمایی چون ملا محمدباقر مجلسی و همراهان و شاگردان او در اواخر صفویه بود که به نحوی آشکار می‌کوشیدند شعائر و مناسک پُرمبالات، و کم‌وبیش ابداعی، در فروع دین را با یک تقویم شریعتمدارانه به عامه مردم ایران تحمیل کنند.

با این حال، مجلسی و پیروان او در مکتب محدثین شیعه نمی‌توانستند رواج اجتناب‌ناپذیر آیین نوروزی را در میان مردم نادیده انگارند و حتی لازم می‌دیدند که این رسم ایرانی را به مدد اخبار و روایات شیعه مشروعیت مذهبی بخشند. به عنوان نمونه، در رساله *السماء و العالم* که بازتابی از آن را می‌توان در مجلدات *بحارالانوار* نیز مشاهده کرد، این محدث نامدار در مبحث "فی‌النیروز و تحقیقه" به تفصیل به فضایل نوروز و ادعیه و اذکار نوروزی پرداخته است. نه‌تنها جشن آب‌ریزان (یا آب‌پاشان) را به مدد احادیث موجه دانسته، بلکه نوروز را مقارن با روزی دانسته که پیامبر اسلام علی‌بن ابی‌طالب را بر دوش گرفته تا بُت‌های قریش را در درون کعبه فروریزد. در حدیث دیگری از قول مجوس آورده که در نوروز ایشان به امیرالمومنین جام‌های سیمین هدیه می‌داده‌اند.

افزون بر این، مجلسی آغاز فروردین را مقارن آفرینش آدم دانسته و فرخنده‌گی این روز را برای برآوردن حاجات مومنین روا دانسته و آن را از بهترین ساعات برای دیدار شاهان، کسب دانش، زناشویی، دادوستد و مسافرت شمرده است. روایت دیگر به نقل از مجلسی به مسلمین گوشزد می‌کند که به مناسبت نوروز "خوب شست‌وشو کنند، جامه‌های پاک بپوشند، و بوی‌های خوش به‌کار برند" زیرا در آن روز پیامبر اسلام در غدیر خُم برای ولایت علی از مردمان بیعت گرفت. و

هم در این روز بوده که علی در غزوه نهروان بر مخالفین‌اش چیره شده است.

به روایت شیعه "هنگامی که نوروز فرامی‌رسد، باید منتظر پیام شادی و پیروزی از جانب خداوند بود" زیرا "آن روز به ما اختصاص دارد و پارسیان آن را برای ما نگهداری کرده‌اند، اما شما (یعنی مردم جزیره‌العرب) مقام آن را از میان برده‌اید و خوب نگهداری نکرده‌اید." این نوع کوشش برای از آن خود ساختن آیین‌های کهن ایرانی البته در شیعه، و به‌ویژه در مناسک و آداب تشییع، امر تازه این نبود و در واقع کلیدی برای بومی‌سازی و ژرف‌سازی اعتقادات عامه به‌کار می‌آمد. مجلسی در حدیث دیگری منسوب به امام هفتم شیعیان، موسی بن جعفر (موسی کاظم)، می‌افزاید: "این روز (یعنی نوروز) بسیار کهن است. در نوروز خداوند ز بندگان پیمان گرفت تا او را پرستش کنند و برای او شریک قائل نشوند و به آیین فرستادگانش درآیند... و آن نخستین روزی است که خورشید بدمید و بادهای بارآور بوزیدند و گل‌های روی زمین پدید آمدند. و هم جبرئیل بر پیامبر نازل شد..."[۲]

صرف‌نظر از صحت یا سُقم این روایات، این چنین بزرگداشت نوروزی نه‌تنها حاکی از پذیرش این جشن باستانی از جانب یکی از علمای نامدار صفوی بود بلکه می‌توان در این شرح بازتابی ناخودآگاه از آرای زردشتی در باره آفرینش و اهمیت نمادین آغاز بهار

[۲] برای این حدیث منقول از معلّی بن خنیس و دیگر روایات بنگرید به فصل نوروز در محمدباقر مجلسی، *زادالمعاد* و حاشیه آن *مفتاح‌الجنان* (بیروت: موسسه الاعلی المطبوعات، ۲۰۱۳) ۳۲۷ـ۳۲۶ و ترجمه فارسی آن از سید حسن موسوی. ایضاً بنگرید به اثر دیگر مجلسی، *حِلیه‌المُتّقین* (تهران: نشر برگزیده، ۱۳۸۸) تالیف ۱۰۸۱ قمری/ ۱۶۷۰ میلادی در آداب و اعتقادت عوامانه شیعه.

فصل سوم: هزاره هجری، دیدگاه شیعه و گاهشماری‌های تازه

را نیز جُست که در سده‌های پیشین در آثاری چون نوروزنامه بدان تاکید شده بود.

همین پایبندی به آغاز سال خورشیدی و جشن نوروزی در مشاهدات سیاحان فرنگی دوره صفویه نیز آمده است. از جمله ژان شاردن در پایان قرن هفدهم به تفصیل در باره برگزاری جشن نوروز نه‌تنها در دربار و دستگاه دولت، بلکه در میان عامه مردم سخن گفته است. وی که در ۲۱ مارس ۱۶۷۳ در اصفهان بوده، یادآور شده که حلول سال نو خورشیدی، که در ساعت و دقیقه معهود رعایت می‌شد، کاملاً از سه عید یا عزای شیعه، یعنی عید اضحی، عید فطر و عاشورای حسینی، مجزا بوده و چه از جانب دولت و چه مردم، این آیین نوروزی با شکوه تمام برگزار می‌شود.

شاردن به دوام این زمان‌آگاهی ایرانی در عصر صفویه، به‌رغم تفاوت آن با تقویم اسلامی قمری، نیز اذعان دارد. وی پس از اشاره‌ای به بزرگداشت نوروز در دوره ساسانی و سپس کوشش اعراب در صدر اسلام در برقراری تقویم قمری می‌نویسد:

با هجوم عرب و استیلای دین نوین [اسلام] عصر تازه‌ای آغاز شد که در آن ابتدای سال مرادف با تحویل بهاری نبود بلکه برابر با اولین روز سال قمری، یعنی اول ماه محرم بود. آیین کهن بزرگداشت نخستین روز سال [خورشیدی] سال به سال تضعیف شد تا آنکه راه زوال گرفت زیرا [مسلمین] در رویارویی با کفار [ایرانی] که مصمم در نگاهداری آیین آتش‌پرستی بودند، راه ستیز می‌پیمودند. اما ایرانیان همچنان آیین نوروزی را در نخستین روز سال که برابر با پرستش

خورشید می‌بود، بزرگ می‌داشتند و این مر در نزد مسلمین عین بت‌پرستی بود زیرا ایشان از هر نوع تظاهر به شادی در ملاءعام در آن روز منزجر بودند.[۳]

روایت‌های دیگر سیاحان فرنگی از جامعه عصر صفوی نیز برگزاری آیین نوروزی را در میان عامه مردم کم‌وبیش نظیر آنچه در قرون صدر اسلام بوده است، تایید می‌کنند. اینجا نیز تداوم در دیدوبازدید نوروزی و گرفتن و دادن هدیه، پوشیدن جامه نو، پختن شیرینی‌ها و خوراک‌های نوروزی مشهود است. فزون بر این، آذین بازارها و دکان‌ها، چیدن هفت‌سین، مراعات دقیق زمان تحویل سال خورشیدی، رسم آب‌پاشان در کوچه‌وبازار، تخم‌مرغ‌های رنگین، رسم میر نوروزی و شادمانی و نواختن موسیقی‌سازی و آوازی و رقص، تعطیل همه پیشه‌ها از اول تا سیزدهم نوروز و به‌در شدن از خانه و به صحرا رفتن درآن روز همگی نشانه‌هایی از بقای آیین نوروزی در سراسر ایران مرکزی و سرزمین‌های "پارسی‌سان" است.

۲

میر نوروزی و جنبش نقطوی

در دوران پادشاهی شاه عباس اول می‌توان بقای رسم باستانی "میر نوروزی" را مشاهده کرد. در باورهای مردم ایران، نوروز نه‌تنها هنگام نو شدن طبیعت و آغاز سال نوین خورشیدی بود، بلکه زمان تحویل سال

---

[۳] Jean Chardin, *En Perse, et autres lieux de L'Orient* (Amsterdam: Jean Louis de Lorme, 1711), vol. 2, part 2, p. 281. ترجمه از من است.

فصل سوم: هزاره هجری، دیدگاه شیعه و گاهشماری‌های تازه

بهانه‌ای برای پایان دادن نمادین به قدرت سیاسی، یعنی نهاد پادشاهی، نیز بود. در آغاز جشن نوروز کسی از میان مردمان فرودست به نام "میر نوروزی" برگزیده می‌شد تا برای اندک‌زمانی، شاید یک یا چند روز، به مثابه پادشاهی که ظاهری کم‌وبیش مضحک داشت، بر تخت نشیند و آیین بار عام در درگاه‌اش برگزار شود. درباریان او نیز به همین روال آداب دربار شاهی را به بازی می‌گرفتند. این رسم بی‌تردید شباهت تام با آنچه داشت که در اروپا، به‌ویژه در فرهنگ‌های لاتین‌بنیان، غالباً به نام "ماردی‌گرا" (Mardi Gras) شناخته است. مراسم میر نوروزی در واقع رمزی برای واژگونه جلوه دادن نهاد دولت و شخص شاه بود که تنها در لحظه نمادین "آشوب" (chaos) در هنگام تحویل نوروز جلوه می‌نمود؛ پیش از آنکه قدرت سیاسی دوباره برقرار شود. غزل مشهور حافظ با مطلع:

ز کوی یار می‌آید نسیم باد نوروزی
از این باد ار مدد خواهی چراغ دل برافروزی

نه‌تنها وصف وزیدن باد بهاری و برگزاری آیین نوروز جلالی در سده هشتم هجری/چهاردهم میلادی در شیراز است، بلکه بیت‌های زیرین حاکی از بقای رسم میر نوروزی نیز هست:

طریق کام‌بخشی چیست، تَرک کام خود کردن
کلاه سروری آن است کز این تَرک بردوزی
سخن در پرده می‌گویم چو گُل از پرده بیرون آی
که بیش از پنج روزی نیست حکم میر نوروزی

حافظ بقای "کلاه سروری" یعنی قدرت سیاسی را منوط به ترک امیال شخصی صاحبان قدرت می‌داند؛ هرچند، اذعان دارد که این تَرکِ قدرتِ سلطنت پنج‌روزی بیش دوام ندارد و چون فرمان‌های میر نوروزی گذراست.

سوای این تعبیر شاعرانه. سه قرن بعد از حافظ در نمایش میر نوروزی در سال ۱۰۰۱ هجری قمری/ ۱۵۹۴ ـ ۱۵۹۳ میلادی در هنگام تحویل نوروز به صورت شگفتی، شاید نیمه‌افسانه‌ای، جلوه‌گر شده است. وقوع هزاره هجرت مرادف با اوج گرفتن نهضت آخرالزمانی بود که بی‌گمان در جامعه نقطوی انتظارات وسیعی را برای دگرگونی‌های رستاخیزی و شاید پایان کار صفویه وعده می‌داد. از ایام سلطنت طهماسب شبکه قلندران نقطوی در حال گسترش بود و حتی در ایام جوانی شاه عباس نیز چنین گزارش شده که او در زمره پیروان نقطوی درآمده بود و چندی شبانه به خانقاه نقطویان قزوین گذر داشت و با یکی از سران نقطویه به گفت‌وگو می‌نشسته است. نقطویان سال ۱۰۰۰ هجری را نقطه پایان "دور عرب" وآغاز "دور عجم" و هنگام نبوت محمود پسیخانی، پیامبر نقطوی، می‌دانستند و شاید شاه عباس نیز چندی با این اندیشه همراه بوده است.

تا آنجا که می‌دانیم، نظر شاه عباس در باره نقطویان هنگامی کاملاً دگرگون شد که ملا جلال‌الدین یزدی منجم‌باشی، مورخ و مشاور مشهور او، وجود این شبکه نقطوی را در هنگام تحویل سال طالعی شوم و بدیمُن دانست و آن را مسبب بروز حوادث خطیر فَلَکی شمرد که جان شاه را تهدید می‌کرد. نمی‌دانیم آیا ارباب شریعت نیز او را در این دسیسه یاری کرده بودند تا خود را از شر نقطویان برهانند: ملحدانی که در مشروعیت این فقها تردید کرده بودند و آنان را چون قزلباشان، شایسته

پادافره می‌دانستند؟ فرایند این کنکاش درباری، توطئه‌ای برای انتصاب درویش یوسف ترکش‌دوز، یکی از نقطویان قزوین، به سمت میر نوروزیِ سال ۱۰۰۱ بود. چنانکه گزارش شده است، پس از جلوس صوری یوسف بر تخت پادشاهی چند روزی شاه و درباریان در برابر او ایستادند و به او کرنش کردند. آنگاه پس از رفع واقعه فلکی، بی‌شک زاییده دسیسه منجم‌باشی، به اشاره شاه عباس درویشِ مسکین از تخت پایین کشیده شد و در جای کشته شد.

قتل یوسف ترکش‌دوز مجوزی برای کلان‌کُشی نقطویان نه‌تنها در قزوین، بلکه در سایر شهرها و روستاهای ایران مرکزی فراهم آورد. نقطویان روستاهای اطراف کاشان که به ارتباط با ابوالفضل عَلّامی، وزیر فرهیخته اکبر شاه گورکانی، و برادرش ابوالفیض دکنی متهم بودند، به دست شخص شاه عباس از پای درآمدند. این دو برادر دکنی که به اعتقادات نقطوی شهره بودند، به‌زودی مامنی برای "ملحدان" نقطوی ایران شدند. اما تجربه نقطویه در ایران بار دیگر نشان داد که به‌رغم پذیرش آیین نوروزی، چگونه یک جنبش هزاره‌ای که مبانی ایرانی اما غیرشرعی داشت، با مخالفت دولت شیعه و حامیان شریعتمدارش مواجه شد.[۴] داستان یوسف ترکش‌دوز و سرنوشت دلخراش او در قرن نوزدهم دستمایه‌ای برای نگارش یکی از نخستین نمایشنامه‌های فارسی به قلم میرزا فتحعلی آخوندزاده، منتقد مشهورِ آذربایجانی‌نسبِ مقیم

---

[۴] برای ظهور و تحول نقطویان از جمله بنگرید:
Abbas Amanat, *Apocalyptic Islam and Iranian Shi'ism,* 3: "The Nuqtavi Movemenet of Mahmud Pasikhani and His Persian Cycle of Mystical Materialism" (London and New York: I B Tauris, 2009) and cited sources.

تفلیس، شد. درحکایت یوسف شاه که نخستین بار در ۱۳۳۰ قمری برابر با ۱۹۱۳ میلادی در تهران در مجموعه شش نمایشنامه از آخوندزاده با عنوان تمثیلات به چاپ رسید، نویسنده یوسف ترکش‌دوز را قربانی سیطره اهل شرع تصویر کرده بود.[5]

۳
هزاره اسلامی و تقویم الهی

همزمان با عصر صفوی، وقوع هزاره اسلام (مقارن با ۱۵۹۱ میلادی) سرفصل جدیدی در مبحث احیای تقویم خورشیدی گشود که در دوره سلطنت اکبر، پادشاه گورکانی در هندوستان (۹۴۹-۱۱۴؛ هجری قمری / ۱۵۴۲-۱۶۰۵)، به اوج خود رسید. این بازگشت به تقویم ایرانی وکوشش در الغای تقویم هجری قمری را می‌توان از نقطه‌نظر گاهشماری مرحله سوم از تحولی دانست که در دوران سلجوقی در قرن یازدهم با تقویم جلالی و سپس در عصر ایلخانی در قرن سیزدهم با تقویم غازان خانی شکل گرفته بود. سوای برخی جنبه‌های رستاخیزی که برگرفته از تقویم زردشتی بود، و اکثراً بصورت نهانی در گاهشماری قرون وسطی اسلامی تجی می‌کرد، تا آنجاکه می‌دانیم، ابداع تقویم تازه در جهان اسلام پیش از پایان یافتن قرن دهم هجری قمری بی‌سابقه

---

[5] تمثیلات نخستین بار در ۱۹۰۳ در باکو به چاپ رسید. ترجمه فارسی آن به قلم محمدجعفر قرجه داغی در تهران سه بار چاپ شده است.
داستان یوسف شاه در تهران جداگانه نیز به چاپ رسید. این نمایشنامه ظاهراً الهام‌بخش رمان نون والقلم از جلال آل‌احمد (تهران: امیر کبیر، ۱۳۴۰) بوده است؛ هرچند هم شیوه و هم مضمون به‌کلی دگرگون شده است.

فصل سوم: هزاره هجری، دیدگاه شیعه و گاهشماری‌های تازه

بود. در نتیجه پیش از وقوع هزاره اسلامی اصلاح یا احیای گاهشماری خورشیدی تنها از راه اصلاح تقویم دولتی، نظیر تقویم جلالی، صورت می‌گرفت. اما با نزدیک شدن پایان هزاره اسلامی، سال ۹۹۰ هجری قمری/۱۵۸۲ میلادی شاهد تحول بزرگی در دولت گورکانی بود. آنچه احیای این تقویم را در عصر اکبر و جانشینان‌اش متمایز می‌ساخت، کوششی آگاهانه برای آغاز دور تازه فرااسلامی بود که دین الهی نام گرفت. به تَبَعَ آن نیز تقویم ابداعی اکبر و همفکران‌اش که تقویم الهی نامیده شد مانند دین الهی پاره‌ای از آرای ایرانی-زردشتی رایج در هندوستان را زنده می‌کرد. هم نقطویان و اندکی بعد، پیروان آیین آذر کیوان، که هر دو ریشه در ایران داشتند، در رواج این آراکوشیدند. آزار و کشتار بسیاری از اهل اندیشه و ادب در دولت صفوی، که متهم به الحاد بودند، سبب مهاجرت بسیاری از آنان به هندوستان شد. نفوذ پاره‌ای از نقطویان مهاجر در درگاه اکبر، که طرفدار کثرت‌گرایی و "همه خدائی" (وحدت وجود) و مماشات و گفتگوی میان آیین‌ها بود، تدریجاً زمینه را برای پیدایش آیین الهی و تقویم الهی فراهم آورد.[۶]

---

[۶] برای جزئیات بیشتر در باره نقطویان ایرانی مهاجر به هندوستان بنگرید:
Abbas Amanat, "Nuqtavi Messianic Agnostics of Iran and the Shaping of the Doctrine of 'Universal Conciliation' (*sulh-i kull*) in Mughal India," in *Norm, Transgression and Identity in Islam: Diversity of Approaches and Interpretations* (Norme, transgression et identité en Islam: diversité d'approches et d'interprétationsi) ed. O. Mir-Kasimov (Leiden and Boston: Brill Publishers, 2014), 367-92

در پانزدهم صفرِ ۹۹۰ قمری/ ۱۱ مارچ ۱۵۸۲ و جشن نوروز سال ۹۶۰ خورشیدی که مقارن با بیست و هشتمین سال جلوس اکبر بود، دین الهی، و به تبع آن تقویم الهی آشکارا آگهی شد. مبدأ این تقویم به روال سنتی از آغاز سلطنت اکبر در ۹۶۳ قمری/ ۱۵۵۶ میلادی محاسبه شد. آغاز این آیین نوین در یک دوره نوزده‌روزه از آغاز جشن نوروز به‌جای آورده شد. اما اینکه چرا ۱۰ سال زودتر، یعنی سال ۹۹۰ به جای سال ۱۰۰۰ قمری برای آغاز این تقویم در نظر گرفته شد، ظاهراً مبتنی بر یک رباعی منسوب به محمود پَسیخانی بود که آغاز دور جدیدی را در ۹۹۰ پیش‌بینی کرده بود. البته ممکن است نقطویانی که در درگاه گورکنی بودند به جهت تشویق اکبر این رباعی را به نام پیامبر نقطوی جعل کرده بودند. عبدالقٰادر بَدائونی، مورخ معروف این عصر و حاضر در درگاه اکبر که بعدها دشمنی‌اش را با دین الهی آشکار ساخت، در منتخب *التواریخ* خود صراحت دارد که آغاز تقویم اسلامی از از جانب طرفداران دین الهی نه از هجرت محمدی بلکه دَه سال پیش‌تر زمان بعثت پیغمبر ِسلام محاسبه می‌شد و این سبب اصلی در تغییر تقویم در این تاریخ است:

و چون در زعم خویش مقرر ساختند که هزار سال از زمان بعثت پیغمبر علیه‌السلام، که مدت بقای این دین [یعنی دین اسلام] بود، تمام شد و هیچ مانعی برای اظهار دواعی خَفیه که در دل داشتند نماند، و بساط از مشایخ و علما که صَلابت و مَهابت داشتند ـ و ملاحظه تمام از آن‌ها بایستی نمود ـ خالی ماند، به فِراغ‌بال در صدد ابطال احکام و ارکان اسلام [برآمده] و [کار را] بر بَسط ضوابط و قواعد نو مُهمل ئ مُختل [نمودند]

فصل سوم: هزاره هجری، دیدگاه شیعه و گاه‌شماری‌های تازه

و [به] ترویجِ بازارِ افسادِ اعتقاد درآمده، اول حکمی که فرمودند این بود که در سکه تاریخ الف نویسند و تاریخ الفی از رحلت [پیغمبر] نویسانند و اختراعات دیگرِ عجیب و غریب به جهتِ مصالح و حِکَم به روی کار آمد و حُکم‌های ابداعی کردند که عقل در آن حیران بود.[7]

تصویر ۱/۳: سکه روپیه نقره ضرب عصر اکبر پادشاه گورکانی در سال ۴۶ الهی. روی سکه: "الله‌اکبر جل جلاله" و پشت سکه: "فروردین ۴۷ الهی ضرب پتنه." فروردین سال ۴۷ الهی برابر با شعبان ۱۰۰۹ هجری قمری/ مارس ۱۶۰۱ میلادی است. مبدأ تقویم الهی برابر جلوس اکبر است. پتنه (Patna) پایتخت بنگال و مرکز بزرگ بازرگانی شمال شرق هندوستان بود.

---

[7] عبدالقادر بداونی، منتخب التواریخ، به تصحیح مولوی احمدعلی صاحب با مقدمه و اضافات توفیق سبحانی (تهران: انجمن مفاخر فرهنگی، ۱۳۸۰)، جلد دوم، ۲۱۰.

سرزنش بدائونی، و نفرت او از کسانی که ملحدشان می‌نامید، در سراسر ارجاعات او را به دین الهی آشکار است. با این حال، مشاهدات او، که از معدود منابع هم‌عصر اکبر است، نه‌تنها وجوهی از این واقعه یگانه را نمایانده، بلکه دست‌اندرکاران و مشاوران اکبر را در پی‌ریزی این دین و تقویم نو کم‌وبیش شناسانده است. از جمله می‌افزاید که یکی از شاگردان ابوالفضل عَلّامی، از واضعان دین الهی و نظریه صلح کلّ، به تشویق این وزیر بانفوذ اکبر،

رسائل در باب قَدح و تمسخر عبادات [اسلامی] به دلایل نوشته و [این] مقبول افتاده [و] باعث تربیت [او] گشت. و تاریخ هجری عربی را تغییر داده ابتدای آن از سال جلوس گرفتند، که نهصد و شصت و سه بود، و ماه‌ها را برسم ملوک عجم که در کتاب نصاب [صبیان] مذکور است، اعتبار کردند و عیدها نیز موافق اعیاد زردشتیان در سالی چهارده قرار داده شد و عیدهای مسلمانان و رونق آن شکست مگر برای خاطر خطبه جمعه که پیران مفلوک ناشناس می‌رفته باشند. و آن را ماه و سال الهی نامیدند و در تَنکَه‌ها و مُهرها تاریخ الف نوشتند به این اعتبار که [مردم] مُشعر باشند از انقراض دین مبین محمدی، صلی‌الله علیه و سلم، که بیش از هزار سال نخواهد بود. و عربی خواندن و دانستن آن عیب شد و فقه و تفسیر و حدیث و خواننده آن مَطعون و مردود. و نجوم و حکمت و طب و حساب و شعر و تاریخ و افسانه رایج و مفروض [شد]. و حروف خاصه زبان عرب مثل ثا و حا و عین و صاد و ضاد و ظا از تلفظ برطرف ساختند و *عبدالله* را *ابدالله*

فصل سوم: هزاره هجری، دیدگاه شیعه و گاهشماری‌های تازه

و *احدی* را *اهدی* و امثال آن اگر می‌گفتند، خوش می‌داشتند. آن دو بیت شاهنامه را که فردوسی طوسی به طریق نقل آورده مستمسک می‌ساختند که:

ز شیر شتر خوردن و سوسمار
عرب را به جایی رسید است کار
که مُلک عجم را کنند آرزو
تفو باد بر چرخ گردون تفو! ۸

بدین ترتیب تقویم الهی نه‌تنها نظیر تقویم جلالی همان الگوی یزدگردی را بر پایه گاهشماری خورشیدی و ماه‌های زردشتی بازسازی کرده بود، بلکه از نمونه‌های پیشین به‌مراتب فراتر رفته و با تکیه بر پایان هزاره اسلام همه متعارفات و اعتقادات اسلامی را که پیوند نهادین با تقویم هجری داشت باطل می‌شمرد. الغای اعیاد اسلامی و رواج گاهنبار زردشتی، ضرب سکه با تاریخ الهی، دگرگونی رسم‌الخط عربی و الغای تدریس زبان عربی، طرد علوم متعارف اسلامی چون فقه، تفسیر و حدیث و جایگزینی آنان با نجوم، حکمت (فلسفه)، ریاضیات، شعر، تاریخ و افسانه (اساطیر) از جمله اقداماتی بود که در سراسر تاریخ اسلام تقریباً بی‌سابقه بود. اشاره به رواج افسانه، که همواره مرادف با *شاهنامه*

---

۸. همانجا، ۱۴ـ۲۱۳. مقصود از اعیاد چهارده‌گانه گاهنبارهای زردشتی‌ست. ابیات مذکور در مذمت عرب منسوب به فردوسی است و در نسخ قدیمی *شاهنامه* نیامده است. *نصاب‌الصبیان* از ابونصر فَراهی مجموعه منظوم کوچکی برای آموزش کودکان بود که تا اوایل قرن بیستم در ایران در مکاتب و مدارس تدریس می‌شد.

فردوسی شمرده می‌شد، و نقل بیتی منتسب به آن که عرب را ناچیز و دولت ایرانی ساسانی را ارج می‌نهاد، حاکی از آرای ایران‌ستایی آن دوران داشت.

شاید تنها در دولت قرمطی بحرین در قرن دهم میلادی، که نظیر دین الهی ریشه ایرانی اسلام‌زدایی داشت، می‌توان پدیده‌ای چون دوره اکبر و جانشینان او یافت. اما اصحاب دین الهی فراتر رفته و نه‌تنها احادیث و روایات اسلامی را دروغین می‌شمردند، بلکه بر اساس "عقل و حکمت" رفتار و گفتار پیامبر اسلام و صحابه او را در زندگی شخصی و سیاسی‌شان به نقد می‌کشیدند. افزون بر این، ادای نماز جماعت و خواندن اذان در پنج گاه شبانه روز در دربار ملغی شد و حتی نامیدن فرزندان به نام‌های اسلامی، چنانکه بدائونی می‌گوید، نه‌تنها "به جهت رعایت خاطر کافران بیرونی" بلکه به خاطر "دختران اهل حرم اندرونی" متروک یا دگرگون شد. این اشاره آخرین به "دختران اهل حرم اندرونی" از آن‌رو شایان توجه است که ظاهراً نشانه‌ای از پشتیبانی زنان اندرون شاهی از سیاست اسلام‌زدایی عهد اکبر است.

این گرایش به جانب فراکیشی در واقع انقلابی بود که بسیاری از ایرانیان مهاجر نقطوی یا اهل حکمت رانده‌شده از ایران با آن همراه بوده و برخی از آنان نیز در رواج آن دست داشتند. صفویان در آزار و کشتار این "ملحدان" دریغ نمی‌ورزیدند، اما چند تنی ‌از آنان که اهل قلم و حکمت و فنون بودند به هندوستان پناه برده و از حمایت دولت گورکنی و پشتیبانی مُشَوِّقینی چون ابوالفضل عَلّامی و برادر ارشد او ابوالفیض‌بن مبارک (ملک‌الشعرای دربار اکبر که غالباً با تخلص‌اش فیضی معروف است) بهره‌مند بودند.

توجه دولت گورکانی همچنین شامل حال برخی از فرزانگان هندو نیز بود که نظری انتقادی به شریعت هندو داشتند و نظیر نقطویان ایرانی خواهان خِرَد و حکمت بودند. حضور "جوکیان" (yogis) و آرا و مراقبه‌های آنان و فنون کیمیاگری و علم نجوم هندو از یک طرف و گرایش به نیایش خورشید در آیین زردشتی از طرف دیگر، در دربار اکبر گسترش یافت. چنانکه بدائونی آورده است، حکمای هندو معتقد بودند که حال "دور زُحل" پس از پایان "دور قمری"، یعنی همان دور اسلامی، رسیده است و این گردش فلکی را اسباب افزایش عمر آدمی می‌دانستند: "حکمای نازنین پیش‌بین تایید می‌آوردند که چون نقصان اعمار [یعنی عُمرها] به تقریب دور قمری بود و آن خود منقرض شد، حالا نوبت دور زحل رسیده که مُجَدد اطوار ادوار و مورث طول اعمار است، چنانکه در کتب سماوی هم مذکور است که بعضی تا هزار سال زندگی کرده‌اند."

بدائونی این آرا را مکمل اعتقاد پیروان دین الهی به تناسخ دانسته و می‌گوید که اکبر خود راهپیمای این روش بوده و بدان نام "توحید الهی" نهاده بود. نیایش خورشید و آداب و مناسک آن، که چه بسا ماخوذ از آرای پارسیان هند بود، نیز باعث "ازدحام عظیمی" از عامه مردم از هندو و مُسلم مقابل دربار اکبر می‌شد. او می‌افزاید که هندوان به‌ویژه اکبر را به‌خاطر احترام به شعائر هندو و ممانعت از کشتار گاو ارج می‌نهادند. این خود البته جزئی از سیاست "صلح کلّ" اکبر و وزیر نقطوی بانفوذ او ابوالفضل عَلّامی بود که می‌کوشید در سایه دین الهی مسالمت و مماشات را بین اتباع دولت گورکانی برقرار سازد.[9]

---

[9] همانجا، ۲۷ـ۲۲۶. برای تقویم الهی از جمله بنگرید:

گاهشماری خورشیدی

دور قمری حاکی از مدت زمان تسلط ماه در حرکت سیارات بر گِرد زمین است که در نزد منجمین اسلامی به عنوان دوره منحوسی شناخته می‌شد. دور قمری اشاره‌ای نهانی به دور اسلام نیز داشت. بیتی از حافظ موید نحوست دور قمری‌ست که سبب از دست رفتن یار او شده است:

منظورِ خردمند من آن ماه که او را
با حُسنِ ادب شیوه صاحب نظری بود
از چنگِ مَنش اختر بَد مِهر بدر برد
آری چه کنم دولت دور قمری بود

EI2: "Ilahi Era" (Athar Ali):
https://referenceworks.brillonline.com/entries/encyclopaedia-of-islam-2/ilahi-era-SIM_8692.

See also the entry in Britannica on "Ilahi Era" and related "Fasli (Seasonal) Chronology":
https://www.google.com/search?q=ilahi+calendar&oq=&aqs=chrome.0.69i59i450l8.1321088140j0j7&sourceid=chrome&ie=UTF-8.

شگفت آنکه مقاله اخیر اگرچه همه گاهشماری‌های مهم جهان را برشمرده و بخشی را بدان اختصاص داده است، ذکر مستقلی از گاهشماری خورشیدی ایران نکرده است. این قصور یا از روی نادانی و یا غرض است، اما در هر دو صورت پذیرفته نیست. ایضاً بنگرید:

Amanat, "Nuqtavi Messianic Agnostics"

فصل سوم: هزاره هجری، دیدگاه شیعه و گاهشماری‌های تازه

همین تعبیر دور قمری که در اینجا مرادف با "اختر بد مِهر" آمده، در آثار دیگر شاعران فارسی زبان نیز اسباب "فتنه" و "آفت" شمرده شده است و این نکته شاید در نزد برخی از این سرایندگان تخفیف ملیحی از نظام گاهشماری قمری بوده است. اشاره بدائونی به اینکه "حکمای هندو" پایان دور قمری را برابر با پایان سیطره اسلام می‌دانسته‌اند، کاملاً موید این دور هزار ساله است. به همین دلیل نیز چنانکه از نقل‌قول بالا برمی‌آید، دامنه نفوذ دین الهی کم‌کم به خارج از درگاه و دولت نیز سرایت کرده بود.[10]

اما این اقبال عمومی پس از نیم قرنی، کم‌وبیش بر اثر مقاومت اهل شرع نقصان گرفت. تاکید اورنگ زیب بر تقویت مبانی شریعت اسلام، که پس از جلوس او در ۱۰۶۸ هجری/۱۶۵۸ میلادی به عنصری غالب در دولت گورکانیان مبدل شد، بی‌تردید باید واکنشی در برابر دین الهی و پذیرش عامه مردمان از این آیین دانست. در واقع، پیروزی اورنگ زیب در مسابقه بر سر جانشینی بر برادر ارشد خود، شاهزاده داراشکوه (که ولیعهد شاه جهان بود)، را باید نقطه‌عطفی در این تنش بین سیاست مماشات از یک سو و سیطره دوباره شریعت اسلامی از سوی دیگر دانست. داراشکوه حامی آرای رواداری و بردباری و پیوند میان صوفیه و افکار مشابه آن در فرهنگ هندوان بود. ترجمه آثار کهن هندو از جمله *اوپانیشاد* را به زبان فارسی، که به همت او صورت

---

[10] برخی از مورخین معاصر هند که اعتقادات اسلامی دارند در تخفیف آیین الهی می‌کوشند که آن را صرفاً یک پدیده درباری رایج در میان خواص دربار جلوه دهند در حالی که اشارات بدائونی مبنی بر حضور و همراهی اجتماع بزرگی از مردم شهر در آیین‌های دین الهی خلاف این نظر است.

پذیرفت، بی تردید باید میراث دین الهی دانست. برادر پیروز او، اورنگ زیب، پس از کشته شدن داراشکوه در جنگ جانشینی، در نخستین روز جلوس بر سریر سلطنت نه‌تنها دین الهی را ملغی و شریعت محمدی را دوباره برقرار ساخت، بلکه تقویم رسمی را نیز به هجری قمری بازگردانید و حتی آغاز سال را از نوروز به غُره (اول) ماه رمضان تغییر داد. اندکی بعد نیز پسرش را به سبب آنکه نوروز را ارج می‌نهاد نکوهش کرد. با این حال، نباید از بقای آرای نقطوی و تقویم الهی درقرون هفدهم و هجدهم به‌کلّی غافل ماند. چه در فضای فکری‌ای که در آن کتاب *دبستان مذاهب* پدید آمد و چه اندکی پس از آن در جریان پیدایش *دساتیر* و دیگر آثار نو زردشتی و آذر کیوانی که در محیط فکری هندوستان پدیدار شد، می‌توان رد پای اندیشه نقطوی و دین الهی را یافت. با این حال، تقویم ابداعی اکبر و ابوالفضل تقریباً فراموش شد.

پیدایش تقویم نوظهور "مولودی" در پایان قرن هجدهم میلادی در ایالت میسور (در جنوب شبه‌قاره هند)، که در ایام سلطنت تیپُو سلطانِ مشهور و به ابتکار این فرمانروای انگلیسی‌ستیز ابداع شد، شاید نمونه‌ی از تداوم تقویم الهی بود. اگرچه، تیپو سلطان بر خلاف اکبر به قوام و دوام سلطنت اسلام پایبند بود و تعهد به اسلام را کلیدی برای بقا در بر بر تهدید و تجاوز قوای استعماری انگلستان و یا قدرت هندوان مرتهه (Marathas) می‌دانست. درعین حال، وی خواهان اعتلای دولت گورکانی بود و سلطنت خود را به نحوی احیا و تداوم گورکانیان می‌دانست. تقویم تیپو سلطان نام‌های فارسی تازه‌ای برای سال ابداعی مولودی ساخته بود؛ اگرچه، اساس آن همچنان قمری باقی ماند و مبدأ آن مانند تقویم الهی از بعثت پیامبر اسلام در ۶۰۹ میلادی آغاز می‌شد.

نوشته‌های خودِ تیپو سلطان نیز معرف آمال او برای تجدید شوکت دولت گورکانی، بیرون راندن شرکت هند شرقی و عُمّال آن از جنوب هند، و البته سرکوب "کفّار مرتهه" بود. شاید ابداع تقویم مولودی سرآغازی برای تحقق بخشیدن به این آرزوهای سیاسی بود.

منجمین درگاه تیپو سلطان سلطنت میسور را در دور مشتری می‌دانستند و این امر بَر سکه‌های ضرب سریرانگاپتام (یا شیرناگا پاتام)، پایتخت سلطنت میسور، نیز نقش شده بود. این نیز ظاهراً برگرفته از "دور زحل" در عصر اکبر و خواست او برای بقای عمر دولت گورکانیان بود. مبحثی در باره مبنای نجومی این تقویم جدید در رساله ای با عنوان *زبرجد* به قلم میرزا زین العابدین شوشتری، منشی و مشاور ایرانی‌الاصل و صاحب‌نام تیپو سلطان، در دست است که حاکی از تلاش نویسنده برای ابداع یک دستگاه فلکی جدید برای این تقویم جدید است. دریغا که در ۱۷۹۹ نه وقوع دور مشتری، که تقارن آن با سریرانگاپتام همواره تاکید می‌شد، و نه آرزوهای تیپو برای احیای شوکت گورکانیان توانست او را از رویارویی مرگبار با قوای مهاجمِ کمپانی هند شرقی نجات بخشد.[۱۱]

[۱۱] اشاره به "دور مشتری" و رساله *زبرجد* را مدیون آرش خازنی هستم که حال سرگرم رساله‌های نجومی فارسی در هندوستان در این دوران است. تیپو سلطان، دولت مستعجل میسور و جایگاه محوری آن در حوادث سرنوشت‌ساز پایان قرن هجدهم و آغاز قرن نوزدهم میلادی موضوع پژوهش دردست نگارش من است با عنوان:
Circa 1800: Europe's Expansion and Eclipse of the Persianate (forthcoming).

آگاهی به برقراری آغاز رمضان در شروع سال قمری در ابتدای سلطنت اورنگ زیب را مدیون فرزین وجدانی هستم. از ولید زیاد نیز که تمامی این بخش را خوانده و پیشنهادهائی کرده است، سپاس گزارم.

تصویر ۲/۳: سکهٔ ضرب حوالی ۱۷۹۸ میلادی در ولایت میسور. در روی سکه نام تقویم قمری ابداعی تیپو سلطان، "مولودی" است، که در کنار پرچم و فیل، نشانه‌های دولت حیدری میسور آمده است. پشت سکه رقم "ضرب بین دارالسلطنت مشتری" را دارد که نام نجومی پایتخت و، شیرناپاتام، است.

۴
مناسک شیعه و تقویم عزاداری

با ظهور سلسلهٔ قاجاریه و پشتیبانی آن دولت از دستگاه اجتهاد، به‌ویژه در عصر فتح‌علی شاه (۱۷۹۸–۱۸۳۴)، ترویج مناسک شرعی حتی بیشتر از عصر صفویه تقویت شد. تقویم شرعی دوران قاجار، ومیراث آن ت به امروز، نه‌تنها عزاداری مفصل واقعهٔ کربلا را در دههٔ اول ماه محرم ارج می‌نهاد، بلکه سراسر ماه محرم را تا اربعین حسینی (وحتی تا پایان ماه صفر) در زمرهٔ ایام عزاداری به حساب می‌آورد. به همین منوال سالگرد قتل علی‌بن ابی‌طالب در بیست‌ویکم ماه رمضان نه‌تنها

فصل سوم: هزاره هجری، دیدگاه شیعه و گاهشماری‌های تازه

با "ضربت خوردن" او از نوزدهم رمضان آغاز می‌شد، بلکه ماتم برای این واقعه بر سراسر ماه رمضان نیز سایه می‌افکند. این در تضاد کامل با جایگاه ماه محرم و ماه رمضان در تقویم اهل سنت بود که این هر دو ماه را ایام سرور و شادی، به‌ویژه در شب‌های ماه رمضان، محسوب می‌داشتند (و پس از افطار رسم برگزاری "سحور" [سحرها: یعنی شادمانی تا سحرگاهان] دوام داشت). شیعیان اما در آغاز سال قمری به "استقبال" عزاداری محرم می‌رفتند و حتی گاهی زودتر از ماه محرم جامه سیاه بر تن می‌کردند. در ایام و لیالی رمضان نیز غالباً روزه را در انتظار سوگ قتل امام اول به پایان می‌آوردند.

چشمان شیعیان نه‌تنها در این دو ماه عزاداری گریان بود، بلکه "رحلت رسول اکرم،" شهادت امام هشتم علی‌بن رضا، و مرگ ۹ تَنِ دیگر از "ائمه اطهار" زیب تقویم شیعی ایران بود. سوگواری در این ایام نه‌تنها از مستحبات به حساب می‌آمد، بلکه در بسیاری جاها به واسطه استیلای اهل شریعت و نظارت اجتماعی (social control) ایشان این شعائر از جمله واجبات به حساب می‌آمد. البته کثرت ایام سوگواری در طول سال محدود به سالگرد شهادت یا مرگ اهل بیت شیعه نبود بلکه مجالس روضه‌خوانی هفتگی در خانه‌ها یا حضور مرتب در تکایا نیز به‌تدریج در نیمه دوم قرن سیزدهم قمری به طول این ایام سوگواری می‌افزود. در واقع، کثرت عزاداری این پدیده را به یک هنجار اجتماعی در اعتلای مصیبت و مراثی در سراسر تقویم شیعه درآورد.

حتی تا چند دهه پس از زوال قاجاریه مومنان شیعه شاید نزدیک به یک‌چهارم از روزهای سال را به شکلی به سوگواری می‌گذرانیدند. افزون بر عزاداری برای وفات پیامبر اسلام و مرگ یا قتل

یازده تن از ائمه شیعه، سوگواری‌های دیگری چون دهه اول ماه محرم، هفته پایان ماه رمضان و اربعین حسینی جمعاً یک ماه از سال را به خود اختصاص می‌داد. سالنامه‌های چاپ این دوران این روزها را زیر عنوان "ماتم" می‌آوردند (و اینک نیز کم‌وبیش چنین است).

افزون بر این، مومنین شیعه شاید نزدیک به پنجاه روز را در سال صرف برگزاری مجالس روضه‌خوانی می‌کردند. زیارت قبور خویشان هر جمعه (یا دستکم هر ماه) و زیارت مدفن امامزادگان و دیگر اصدقا و ارباب نامدار شرع، یا در صورت استطاعت ادای نذورات برای برآوردن حاجات و انداختن "سفره حضرت ابوالفضل" و نظایر آن از زمره مستحبات در تقویم شیعی بود. زیارت قبور و به‌جای آوردن نماز وحشت، دعای کمیل، تلاوت یا استماع زیارتنامه و دیگر ادعیه و فرائض نیز فارغ از تضرع و ابتهال، چه باطناً و چه ظاهراً، نبود. بی‌تردید، کثرت فاجعه‌های طبیعی چون بروز مکرر همه‌گیری‌های مهلک چون وبا و طاعون، قحطی‌های بنیان‌برانداز و وقوع زلزله یا مرگ‌ومیر فراوان خردسالان و بزرگسالان، نیز فرصت‌های دیگری برای سوگواری فراهم می‌آورد.

صرف‌نظر از اینکه این سوگواری‌ها تا چه اندازه برای اجر اُخروی بود یا نوعی گریه ـ درمانی به‌شمار می‌رفت، این "محیط گریه" (به قول عارف قزوینی) نقش اساسی در روانِ جمعی ایرانیان و بعضاً در زمان‌آگاهی ایشان داشت. بی‌جهت نیست که از پایان عصر تیموری تا آغاز قرن پانزدهم قمری / قرن بیستم میلادی، تعداد کثیری کتب مصائب و مراثی و شبیه‌خوانی در سوگواری ائمه شیعه، و به‌ویژه در واقعه کربلا و حوادث جنبی آن، به قلم ارباب شرع به نگارش درآمد. این متون که در زبان محاوره با عنوان کتب "روضه" و "تعزیه" شناخته

فصل سوم: هزاره هجری، دیدگاه شیعه و گاهشماری‌های تازه

می‌شد، در اصل به روال کتب "مقاتل" در قرون اولیه اسلام بود، اما در زبان فارسی بیشتر از شیوه کتاب *روضةالشهدا* به قلم ملا حسین کاشفی متأثر بود. این کتاب که در پایان دوره تیموری (در آغاز قرن دهم هجری برابر با پایان قرن پانزدهم میلادی) در هرات پدید آمد، روایتی سوزناک و در عین حال عوام‌پسند عرضه می‌داشت که تأثیری ماندنی بر روایت سوگواری گذاشت. ملا حسین کاشفی، مشهور به واعظ، محققی جامع‌الاطراف بود که در سبزوارِ شیعه‌نشین زاده شده ولی ساکن هرات، پایتخت تیموریان شرق، بود. این نویسنده پُرکار از چهره‌های تابناک دوران نوزایی تیموریان در هرات در قرن نهم هجری/پانزدهم میلادی بود. او در ظاهر از اهل سنت و زمره صوفیه بود، اما تمایلی آشکار به مراثی شیعی داشت و آن را آهنگین بر منبر می‌سرایید. توجه او به افسانه‌پردازی (myth-making) در روایات مذهبی باب جدیدی را در تاریخ شیعی گشود.[12]

هم مجتهدان بزرگ دوران قاجار و هم واعظان میان‌رتبه در میدان مرثیه سرایی قلم فرسودند. از جمله فقهای مشهور این دوره ملا احمد نراقی صاحب *مُحرِق‌القلوب* و ملا صالح برغانی صاحب *مخزن‌البکاء* و شیخ عباس قمی صاحب *نفس‌المهموم* را می‌توان نام برد. از دسته دوم، یعنی تعزیه‌نگاران، باید از *طوفان‌البکاء* از محمد ابراهیم جوهری هروی نام برد، اما در دوران قاجار بیشترِ این‌گونه

---

[12] برای بسط بیشتر در این باره بنگرید به:

Abbas Amanat, *Apolcalyptic Islam and Iranian Shi'ism,* chap 4: "Medow of the Martyers; Kashefi's Persianization of the Shi'i Martyrdom Narrative in Late Timurid Herat," 91–110 and cited sources.

روایات تعزیه‌گردانان و دیگر دست‌اندرکارانی بود که اکثراً گمنام یا کمتر شناخته‌شده‌اند و علمای شیعه مَدرسی کمتر دستی در این کار داشتند. با این حال، هر دو دسته از این آثار زمینه را برای توسعه شبیه‌خوانی فراهم آورد و کتاب‌هایی عامیانه در این باب و مضمون حتی بیش از کتب مراثی در رواج فرهنگ سوگواری در نزد بینندگان تعزیه موثر افتاد. دستک‌های نوحه‌خوانان نیز که غالباً در میانه دسته‌های سینه‌زنی، زنجیرزنی، قمه‌زنی و دیگر مراسم ماه محرم ابیاتی به‌ویژه از شاعر مشهور ابتدای صفویه، کمال‌الدین علی محتشم کاشانی، را با لحن موزون می‌خواندند، بیشتر معطوف به گریستن شنوندگان بود تا پایبندی به واقعیت‌های تاریخی.

محبوبیت این مراسم رنج‌باره اما دلایل ژرف‌تری در حیطه روانشناسی جمعی دارد که پرداختن به آنان خارج از گفتار ما است. این امر البته منحصر به شیعه ایران نبود. در سراسر دنیای شیعه از جنوب لبنان تا ایالت اود در هندوستان و از قفقاز تا یمن، و حتی در نزد شیعیان جزایر دریای کارائیب (یا "بحر انغرایب،" چنان که در بعضی از متون جغرافیای دنیای اسلام شناخته می شد)، صورت‌های مختلف سوگواری عاشورایی برقرار بوده و هست. این آیین سوگواری و بازسازی ادواری آن در تقویم شیعه، راه رستگاری حسین و پایان تَن‌آزاری مومنین در واقعه کربلا را تنها منوط به ظهور مهدی و پایان زمان این جهانی می‌دانست. پیش از فرارسیدن آن رستاخیز آخرالزمانی، این چرخه سوگواری را هرگز پایانی نبود و گویی زمان‌آگاه‌ی شیعه هیچگاه نمی‌خواست اسطوره حسین را از بند مظلمه گذشته وارهاند و وصول او را به آسایش اُخروی ممکن سازد. گونه‌های مشابه ز همین رفتارهای خودآزاری جمعی را در مراسم احیای رنج‌های مسیح در کلیسای

فصل سوم: هزاره هجری، دیدگاه شیعه و گاهشماری‌های تازه

کاتولیک ایتالیا، اسپانیا، پرتقال، فرانسه و فیلیپین نیز توان دید و همچنین نوع انفرادی آن را در رسم کفاره‌پردازی (penitence) در نزد دیرنشینان مذهب کاتولیک مشهود است.

گسترش و دوام بی‌سابقه این اسطوره در فرهنگ سوگواری ایران از نظر تاریخی بیش از هر چیز منوط به پیمان نانوشته‌ای میان دو نهاد قدرت بود. آیین‌های سوگواری شیعه هم نهاد دولت و هم دستگاه علمای شرع را به مثابه "صاحبان عزا" در دیدگاه مردمان ارج و حرمت می‌داد و به هر دو نهاد، غالباً در برابر جریانات فراکیش یا ملحدانه، مشروعیت و محبوبیت می‌بخشید. افزودن روزهای ماتم در تقویم شیعه امکان می‌داد تا شاه و دولتیان مراتب احترام و خاکساری خود را نسبت به ائمه و اولیای دین ابراز دارند. پس از سقوط دولت صفویه، که جایگاهی نیمه‌قدسی در دل شیعیان ایران داشت، ظهور و قوام قاجاریه، که از دل هفت دهه جنگ داخلی بیرون آمده بود، تاکید بر این شعائر را لازم می‌آورد تا ایشان را از مشکل عدم مشروعیت مصون دارد. پیش از قاجاریه، داستان نادرشاه که در آغاز متهم به تسنن بود و گرایش تدریجی او به جانب شعائر و مراقد شیعه، ضرورت این مشروعیت سلطنت را بیش از پیش برای قاجاریه محسوس ساخته بود.

گسترش تعزیه در دوران قاجار از طرف دیگر این امکان را فراهم آورد که روایت شنیداری و دیداریِ جانداری از این وقایع اندوهبار بر اساس کتاب‌های مصائب و مراثی علمای دین فراهم آید و به عامه مردم به‌رایگان عرضه شود. عمارت معروف تکیه‌دولت که به امر ناصرالدین شاه در دهه‌های پایانی قرن سیزدهم هجری در پایتخت ساخته شد، مشهورترین از این نوع تکایا برای ابراز مراتب دلبستگی پادشاه، شاهزادگان و رجال قاجار به ائمه شیعه و احترام به این شعائر

دین بود. در دیگر شهرها، از جمله در شیراز، کرمانشاه، قزوین، کاشان، اصفهان، و تبریز نیز تکیه‌ها و حسینیه‌ها به همت اعیان و اشراف محلی برپا می‌شد. تاکید بر این فصل مشترک بین دین و دولت در زمانی پایه‌ریزی شد که از طرفی دولت قاجاریه نگران ازدست‌رفتن سرزمین‌های مرزی ایران، و از طرفی درگیرسرکشی‌های پی‌درپی ایلات بود.

از این‌ها گذشته، جریانات قدرتمند فراکیشی، نظیر جنبش بابیه در میٰنه قرن، هم پایگاه سلطنت و هم پایگاه اهل شرع را لرزانیده و از حیثیت دولت و دین کاسته بود.[13] دست یازیدن به آیین سوگواری می‌توانست مفرّی برای خلاصی از این مهلکه‌های سیاسی و اجتماعی باشد. افزون بر این، سوگواری‌های بزرگ، به‌ویژه در دهه نخست ماه محرم، وسیله‌ای برای خنثی ساختن خشونت‌های جمعی و غرایض عصیان‌ساز بود؛ غرایضی که اگر جایی برای فوران خودآزاری و نمایش خون‌فشانی نمی‌یافت، لاجرم ارباب قدرت و یا ارباب شرع را نشانه می‌گرفت.

دامنه وسیع این تقویم سوگواری در فرهنگ شیعه، بزرگداشت نوروز را که پیوندی اندامی با تقویم خورشیدی داشت، نقصان می‌بخشید؛ هرچند، هیچگاه آن را کاملاً از خاطره جمعی ایرانیان نمی‌زدود. گویی آن تنش نهادین میان دو شیوه گاهشماری شمسی و قمری ـ شمسی که ذکر آن گذشت، از سویی پیوند به هویت فرهنگی ایرانی داشت و از سوی دیگر می‌بایست تقویم اعتقادی مذهب شیعه را، که مبتنی بر شعائر و آدابی به‌کلی متفاوت بود، مرعی دارد. یک نمونه

---

[13] برای تفصیل بیشتر بنگرید:

Amanat, *Resurrection and Renewal,* esp. Part III.

فصل سوم: هزاره هجری، دیدگاه شیعه و گاهشماری‌های تازه

از این مراعات شئونات شیعه را می‌توان در فرمان ناصرالدین شاه در صفر ۱۲۸۸ قمری / آوریل ۱۸۷۱ یافت که در آن خطاب به علی خان، نائب‌الحکومه مازندران، از عدم انعقاد مراسم عید نوروز سلطانی به سبب تقارن آن با عزاداری ماه محرم سخن رفته است:

که چون در این سال فرخنده‌فال عید سلطانی با ماه محرم توام اتفاق افتاده، محض احترام به تعزیه‌داری جناب خامس آل عبا، علیه افضل‌التّحیه والثنا، رای جهان‌آرای همایون اقتضای آن نمود که اعطاء خلعت نوروزیِ حکّام ولایات موقوف باشد و در عوض فرمان همایون که دلیل بقا و استحکام عمل حکومت حکّام باشد صادر شود. لهذا برای انتظام امور مملکت و ظهور مرحمت در باره آن عالیجاهِ مجدت‌همراه مقرب‌الخاقان علی‌خان نائب‌الحکومه مازندران به صدور این منشور قدر ماثور اشارت فرمودند. ...[14]

---

[14] ناصرالدین شاه به حکومت مازندران، صفر ۱۲۸۸ قمری. این سند ظاهراً از زمره اسناد تاراج‌شده از منابع خصوصی است که در دوران انقلاب اسلامی "مصادره" شده و به موسسه مطالعات تاریخ معاصر ایران واگذار شده است. این موسسه که با افتخار این سند را در پایگاه اینترنتی خود منتشر کرده است، چون دیگر موارد ماخذ را ذکر نکرده است. از فرزین وجدانی که مرا به وجود این سند آگاه ساخت سپاسگزارم.

گاهشماری خورشیدی

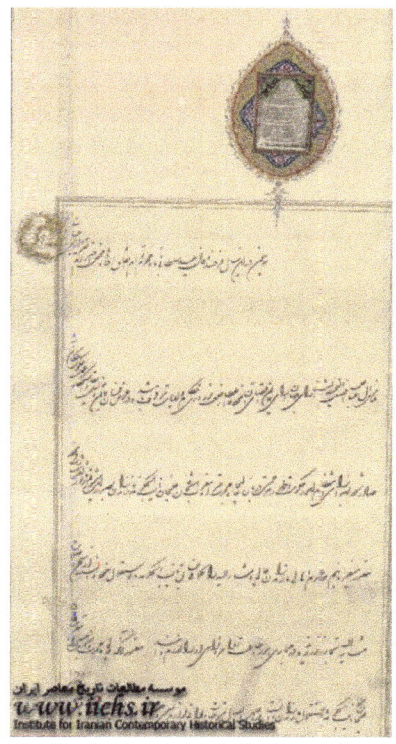

تصویر ۳/۳: فرمان ناصرالدین شاه قاجار به علی‌خان نایب‌الحکومه ولایت مازندران، صفر ۱۲۸۸ قمری/ آوریل ۱۸۷۱ مبنی بر عدم برگزاری نوروز به سبب مقارنه با ماه رمضان. موسسه مطالعات تاریخ ایران بدون ذکر ماخذ.

اگرچه این فرمان یک ماهی پس از محرم ۱۲۸۸ صادر شده است، اما توضیح در علت عدم برگزاری مراسم نوروزی را از آن جهت روشن ساخته است تا احترام به مراسم سوگواری "خامس آل عبا" را گوشزد

فصل سوم: هزاره هجری، دیدگاه شیعه و گاهشماری‌های تازه

کرده و در عین حال موجد اختلالی در کار تثبیت یا تغییر سالیانه حکام ولایات از راه فروش مناصب نشود.

این گونه رعایت عزاداری در ماه محرم تا پایان عصر قاجار (و تا اندازه‌ای تا پایان پهلوی) نه‌تنها در دولت و دربار محسوس بود، بلکه شاید در رفتارها و هنجارهای اجتماعی ایرانیان در سده‌های اخیر نیز موثر افتاد. حتی پس از رسمی شدن گاهشماری شمسی در ۱۳۰۴ خورشیدی/ ۱۹۲۵ میلادی (چنانکه بیاید) تنش بین سالشماری ایرانی و سالشماری شیعی کاملاً زدوده نشد. مومنین همچنان تکالیف شرعی را بر اساس اوقات شرعی و رویت ماه نگاه می‌داشتند از جمله اوقات پنج‌گانه نماز، آغاز و انجام ماه‌ها و آغاز سال قمری.

بسیاری از فقها نیز از روی اعتقاد و یا لجاجت از ذکر تاریخ خورشیدی در مکاتبات، فتاوی، احوال شخصیه و حتی انتشار کتاب سر باز می‌زدند و یا اقلاً هر دو تاریخ قمری و شمسی را در کنار یکدیگر می‌آوردند. ظهر رسمی، که بنا به تقویم خورشیدی در ساعت ۱۲ نیم‌روز از رادیو دولتی ادا می‌شد، مورد پذیرش مومنین و به‌ویژه علمای شرع نبود، زیرا ایشان ظهر حقیقی را بنا بر افق هر شهری ملاک قرار می‌دادند. با این حال، این همه پایبندی به مواقف شرعی به هیچ عنوان مانع از به‌کار گرفتن تقویم رسمی خورشیدی نبود. از آغاز تصویب تقویم روال کار عموم مدارس، اوقات اداری، پرداخت حقوق، اخذ مالیات و عوارض، تنظیم مدارک و اوراق رسمی، دفاتر مالیاتی، محاکم قضایی و شاید مهم‌تر از همه، ثبت احوال شخصی، همگی بر تقویم خورشیدی قرار گرفت.[15]

---

[15] در باره پیدایش ساعت رسمی در ایران بنگرید به بخش سوم در فصل چهارم.

حتی بازخوانی‌های تاریخ شهدای شیعه توسط کسانی چون علی شریعتی (و به تبع و در انتشارات مجاهدین خلق) در دهه‌های ۱۳۴۰ تا ۱۳۶۰ خورشیدی نتوانست در درازمدت چندان از شیوع این شعائر سنتی بکاهد. لشگری از مداحان و روضه‌خوانان که امروزه با پشتیبانی مالی و تبلیغاتی جمهوری اسلامی در کوشش مداوم برای برپایی و گسترش این آیین‌های سوگواری‌اند، همچنان تقویم مذهبی ایران (و تا اندازه‌ای عراق و لبنان و دیگر جامعه‌های شیعی) را به این شعائر سنتی آغشته‌اند. اختراعات و ابداعات دیگر چون دهه فاطمیه یا زنده کردن مراسمی چون زیارت چاه جمکران در نزدیک قم یا دیدار از مقبره آیت‌الله خمینی در مسیر وصول به قم، بر دامنه و ماهیت این روزهای ماتم و شیوه عزاداری امروزی افزوده است.[۱۶]

۵

رستاخیز بابی و تقویم بدیع بیانی

همزمان با گسترش تقویم شیعی، که با گذشت سده‌ها در دل هویت شیعه اِثنی عشری جای گرفته بود و کم‌وبیش در اواسط عصر قاجار به اوج خود رسید، جریان فراکیش دیگری نیز از اوایل قرن سیزدهم، نخست در مکتب شیخیه و سپس با وضوح بیشتری در اواسط قرن در جنبش بابی شکل گرفت. این جریان اگرچه وجوه مشترک چندی با فرهنگ شهادت‌خواه و "رنج‌زده" مسلط بر شیعه رسمی داشت، اما از جهات مهم دیگری از آن فاصله گرفت. این جریان آخرالزمانی در

[۱۶] برای تحولات امروزی در تقویم شیعه بنگرید به فصل پنجم.

فصل سوم: هزاره هجری، دیدگاه شیعه و گاهشماری‌های تازه

جست‌وجوی تعبیر تازه‌ای از زمان و خواهان یک گُسست رستاخیزی از روایت مستولی بر شیعه متعارف بود. می‌کوشید به آمال هزار ساله تمامیت بخشد که شیعیان را قرن‌ها در انتظار ظهور منجی‌ای فرهمند (charismatic) گذارده بود. به‌زعم بابیان تنها با ظهور مسیحایی (messianic) این مهدی موعود و صاحب‌الزمان بود که جریان "ظالمانه" تاریخ دگرگون می‌شد و آن مصیبتی که از زمان علی بن ابی طالب، و پس از آن با محنت بیشتری از زمان واقعه کربلا و قتل حسین بن علی و خاندانش، شیعه را در ماتم نشانده بود، به راه دیگری پیش می‌توانست رفت.

در اینجا هم مفهوم کلیدی "آخرالزمان" و هم مفهوم وابسته به آن، یعنی "صاحب الزمان،" حاکی از آن بود که قائم موعود که صاحب و حاکم بر زمانه است، در "روز آخرت" دور پیشین را به پایان می‌آورد و دور تازه‌ای را آغاز می‌کند. آنچه که در اندیشه شیخی و سپس در باور بابی مرکزیت داشت تعبیری تازه، و یا "تاویل" تاریخی تازه‌ای، از این مفهوم بود. شیعه رسمی آخرالزمان را مرادف با "کن فیَکون" و پایان جهان و پایان تاریخ به مفهوم صوری آن تعبیر می‌کرد، و البته کوششی نیز برای بسط و تفصیل آن جز مشتی اغراق‌های بی‌خردانه و عوام‌ترسان نداشت. در مقابل، جریان پایان‌اندیش شیخی و بابی به روال دیگر جریانات پیشین فراکیش ایران (چون اسمعیلیه قیامتی الموت و بعداً جنبش نقطوی) کوشید آخرالزمان را به شیوه "تاویلی" (hermeneutical) به معنای پایان یک دور و آغاز دور تازه تعبیر کند. این کاملا مغایر با تعبیر دستگاه شیعه مدرسه‌ای بود که از همان قرن دهم هجری کوشیده بود تا با تبعید مهدی به ناکجا آباد زمان عملاً آخرالزمان را تعلیق به محال کند و انتظارات جاری مهدوی و آخرالزمانی را، که

١٤٤

همواره مخالف با دستگاه شرع و فقهای حاکم بر آن بود، خنثی سازد. و کم‌وبیش نیز در این مصاف پیروز از کار درآمده بود.

با این حال، مفهوم "تجدید دور" در محیط ایران همچنان دوام یافت. سابقه مفهوم دور و به‌تَبَعَ آن تقویم ادواری. را باید در اندیشه هزاره‌ی و چرخش ادواری زمان (cyclical time) جُست که از پیشااسلام به یادگار مانده و در سراسر قرون اسلامی، به‌ویژه در دنیای ایرانی، تداوم یافته بود. در این اندیشه رستاخیزی یا هزارتی (millennial) هر دور تاریخی هزارساله، یا هزارگ در متون زردشتی، با تازه شدن هستی یا فرشکرد مرادف بود. هر دور (cycle) آغاز، اوج، فرود و پایانی داشت و پایان دور نیز همراه با بحرانی رستاخیزی بود.[17]

همین ویژگی در عمل مُلهم و منشا بسیاری نهضت‌های آخرالزمانی (یا مهدوی) در تاریخ ایران بوده است. توالی این ادوار گاهی کاملاً دَوَرانی تصور می‌شد، یعنی که پایان دور به همان نقطه آغاز می‌رسید و مولّد دور تازه‌ای می‌شد، اما در طی زمان این فکر متحول شده و تازه شدن دور کم‌وبیش شکل مارپیچی یافت، یعنی با گذشت هر رستاخیز زمانه حرکتی مارپیچی به سمت بالا داشت و تدریجاً راه کمال

---

[17] پژوهش های فراوان در باره زمان دورانی، تاریخ دورانی و بازگشت جاودانه گذشته در فرهنگ های مختلف انجام یافته است. از جمله برای مطالعات بنیادی در این باره بنگرید به:

Mircea Eliade, *The Myth of the Eternal Return: Cosmus and History* (Princeton: Princeton University Press, 2018). For Islamic perspective see Henry Corbin, *Cyclical Time and Ismaili Gnosis* (London: Rutledge, 2013) and Seyyed Hossein Nasr, *An Introduction to Islamic Cosmological Doctrines* (Albany: SUNY Press, 1993).

می‌گرفت. این تحول مهمی در آگاهی تاریخی بود، زیرا از مفهوم زمان چرخشی، که ریشه در دنیای باستان داشت، فاصله گرفته و به نظریه خطی زمان (liner time) که مختصّه فکر مدرن بود نزدیک می‌شد. شاید نیز رجحانی بر نظریه خطی داشت، زیرا در گذشت زمان همواره نقشی (pattern) یا الگویی (paradigm) از گذشته را می‌یافت.[۱۸]

در دوران پیش از اسلام حضور این اندیشه را نه‌تنها در آیین زردشتی می‌توان یافت، بلکه جلوه‌های چندی از آن را در جنبش‌های برخاسته از اندیشه زردشتی، مثلاً در آیین مانوی و سپس مزدکی و تا اندازه‌ای در جریان کم‌شناخته زروانی، می‌توان دید. در دوران اسلامی نیز همین فکر ادواری را در جریان‌های رستاخیزی متعدد نظیر شیعه اولیه، خُرمدینان، قرامطه و بعدها در اسماعیلیه (به‌ویژه نَزاری الموت)، در میان اصحاب *رسائل اخوان صفا*، در برخی نحله‌های غلاه صوفیه و در دوران ایلخانی و تیموری در جنبش‌هایی چون سربداران، مشعشیه، حروفیه و نقطویه و بالاخره در آغاز نهضت صفویه توان یافت. احیای جنبش نقطویه (یا به گفته مخالفانشان "ملحدان") در عصر صفوی و

[۱۸] بنگرید به:

Abbas Amanat, "Apocalyptic Anxieties and Millennial Hopes in the Salvation Religions of the Middle East" in Abbas Amanat and Magnus Bernhardsson eds., *Imagining the End: Visions of Apocalypse from the Ancient Middle East to Modern America* (London and New York: I.B. Tauris, 2002), 1-22 and cited sources. It is available on:
https://www.academia.edu/40404990/Imagining_the_End_Vision_of_the_Apocalypse_from_Ancient_Middl_East_to_Modern_America .

پس از آن نیز در قرون هجدهم و نوزدهم میلادی در نزد صوفیه نعمت‌اللهی و بالاخره در آرای شیخیه و با وضوح بیشتری در شکل رستاخیزی آن در جنبش بابی آشکار شد.¹⁹

درگیری با زمان ادواری در بیشتر این جنبش‌ها ضرورتاً نحوه محاسبهٔ پایان هزاره اسلام را مطرح می‌کرد که به‌نوبه خود ابداع تقویم نوینی را لازم می‌آورد. تقویم الهی در دوره اکبر در هندوستان، که ذکر آن گذشت، نخستین مورد و تقویم "بدیع" سید علی محمد شیرازی، واضع آیین بابی (یا بیانی)، در حوالی ۱۸۴۹ برابر با ۱۲۶۵ هجری قمری آخرین مورد از این ابداعات تقویم هزارتی بود. با وصول به این دور نوین مهدوی، سوگواری ناشی از شهادت پایان می‌یافت. بر پایه تعبیر

---

¹⁹ برای تداوم اندیشه رستاخیزی در ایران و اسلام بنگرید:
Abbas Amanat, *Apocalyptic Islam and Iranian Shi'ism* (London and New York: I.B. Tauris, 2009), 41-72 (also in: https://www.academia.edu/34993302/Apocalyptic_Islam_and_Iranian_Shiism_full_text_pdf) ;
Abbas Amanat, *Resurrection and Renewal: The Making of the Babi Movement in Iran, 1844-1850* (Ithaca: Cornell University Press, 1989)2-17,48-108 (also in https://www.academia.edu/34993431/Resurrection_and_Renewal_The_Making_of_the_Babi_Movement_in_Iran_1844_1850); and "Islam in Iran: v. Messianic Islam in Iran (by Abbas Amanat), *Encyclopaedia Iranica* (https://iranicaonline.org/articles/islam-in-iran-v-messianic-islam-in-iran) and cited sources.

فصل سوم: هزاره هجری، دیدگاه شیعه و گاهشماری‌های تازه

آخرالزمانی بابیان از روایات شیعی نه‌تنها ائمه و قدیسین دور پیشین بار دیگر همراه با ظهور مهدی رجعتی معنوی به این جهان می‌داشتند، بلکه اشقیا و "ظَلَمه،" نیز در جامه ستمگران تازه "رجعت" معنوی داشته و در محکمه مهدی کیفر معاصی گذشته خود را می‌پرداختند. در نتیجه دور تازه، حداقل در نظر، فارغ از کینه‌ها و انتقام‌های دور پیشین آغاز می‌شد.

اما آنچه معیار تقویمی پیروان شیخیه، و سپس با وضوح بیشتری معیار باب و بابیان، برای حساب پایان دور اسلام و آغاز دور تازه، یا به‌اصطلاح بابیه "دور بدیع" بود، همان محاسبه هزاره اسلام بود. بر خلاف اصحاب اکبر گورکانی که تقویم الهی را از ۹۹۰ هجری و مبدأ را از بعثت پیامبر محاسبه می‌کردند، در محاسبه باب آغاز دور جدید در پایان یک دور هزارساله پس از "غیبت صغرا"ی امام دوازدهم شیعیان اثنی عشری، محمدبن حسن عسکری، بود که ظاهراً در سال ۲۶۰ هجری قمری (برابر با ۸۷۳ میلادی) به "غیبت" رفته بود. این آفریده موهوم که خمیرمایه‌اش همان اسطوره کهن غیبت در "ادیان ابراهیمی" بود، در اصل در باورهای گنوستیک در بین‌النهرین باستان ریشه داشت. هزاره این غیبت بنا بر تقویم هجری قمری سال ۱۲۶۰ (سال ۱۸۴۴ میلادی) بود.[20] اما از همان ابتدای "اظهار امر" در شیراز در جمادی‌الاول

---

[20] البته لازم به تذکر است که هم مفهوم "غیبت صغری" و هم تعیین سال ۲۶۰ برای این پدیده اساساً جعلی است و این هر دو در سال‌ها یا سده‌های بعد از جانب پیشگویان شیعی مهدوی‌مسلک برگزیده شده تا با رقم ۱۲۶۰ که در نزد ارباب علوم غریبه عدد مبارکی بوده است، و سال هزاره رستاخیزی تصور می‌شده است، همخوان باشد. سوای تقویم اثنی عشری، سال ۱۲۶۰ میلادی نیز در تقویم آخرالزمانی مسیحی کاربرد داشته است و از جمله در محاسبات آخرالزمانی حکیم مشهور ایتالیایی در قرن دوازدهم میلادی، یواخیم فیوره (Joachim of Fiore)، ۱۲۶۰ به عنوان سال آغاز سلطنت روح‌القدسی و عصر دوستی جهانی محاسبه شده بود. سال ۱۲۶۰ میلادی

۱۲۶۰ هجری قمری (برابر با ماه مه ۱۸۴۴) باب به نخستین پیروان‌اش در لفافه می‌گفت که ظهور او اگرچه مهدوی شناخته شده، اما پس از هزار سال دور اسلام را به نهایت رسانیده است.

با گذشت زمان این فکر ادواری در اندیشه باب بیشتر شکُفت. دلبستگی او و برخی از پیروانش به علوم غریبه، یعنی جَفر جامع، حساب جَمَل، علم الاعداد و حِرز و طلسمات که سابقه طولانی در فرهنگ فراکیش شیعه داشت، لاجرم ایشان را به جانب متون آخرالزمانی، و شاید آنچه از اسماعیلیان و نقطویان باقی مانده بود، رهنمون شد. چگونگی این پیوندها دقیقاً شناخته نیست، اما بی‌شک نفوذ شیخیه در آغاز کار در شمال جزیره‌العرب در این تداوم موثر بود. شیخ احمد

برابر با ۶۵۸ هجری قمری است و بعید نیست در این ایام که مقارن با نخستین دور هجوم مغول به ایران است، به عنوان واکنشی در برابر آن فاجعه و نقطه آغازی برای رستگاری برگزیده شده باشد. برای جزئیات بیشتر در باره ۱۲۶۰ بنگرید:
Amanat, *Resurrection,* 1-17, 48-105. و منابع آنجا.
برای اوضاع منجر به "غیبت صغری" بنگرید به عباس اقبال آشتیانی، *خاندان نوبختی* (تهران، ۱۳۱۱ خورشیدی)،

Hossein Modarresi, *Crisis and Consolidation in the Formative Period of Shi'ite Islam* (Princeton: Darwin Press, 1993) and Said Arjomand, "The Consolidation of Theology: Absence of the Imam and Transition from Chiliasm to Theology," *The Journal of Religion,* Vol. 76 (1996) 548-71.

در باره آرای آخرالزمانی یواخیم فیوره بنگرید: Norman Cahn, *In Pursuit of the Millennium* (Oxford: OUP, 1970)

فصل سوم: هزاره هجری، دیدگاه شیعه و گاهشماری‌های تازه

احسایی‌زاده احساء (در حوزه بحرین بزرگ) زادگاه ابن ابی‌جمهور احسائی، متکلم شیعه در قرن هشتم هجری بود که آثارش در علوم غریبه تا قرن سیزدهم در دسترس بود. تقریباً از اواخر سال ۱۸۴۷/۱۲۶۳، باب در هنگام نگارش مهم‌ترین اثر خود، کتاب بیان فارسی که در زندان انفرادی در دژ ماکو در غرب آذربایجان آغاز شد، ظاهراً به نظریه ادوار آگاهی بیشتری داشته و این اندیشه از محورهای اصلی در این کتاب ناتمام اوست. نه‌تنها "رجعت" ائمه شیعه در این "دور جدید" معادل پیروان نخستین او شناخته شده بود، بلکه این دور تازه آیین جدیدی را با پیامبری تازه که فراتر از دور اسلام بود، محقَّق می‌ساخت.

نکته قابل‌توجه آنکه "شجره نبوت،" که در اصطلاح باب به معنی زنجیره پیامبری از آغاز تا زمان او بود (اندیشه‌ای که ریشه‌های نخستین آن را باید در آیین مانوی بازجُست)، به درختی تشبیه می‌شد که هر سال فصل‌های چهارگانه را می‌گذراند. در بهار می‌شکفد، در تابستان به ثمر می‌رسد، در پاییز خزان می‌کند و در زمستان زوال می‌یابد. اما هر بار که این چرخه پیامبری به نهایت دور خود می‌رسد و دور تازه‌ای آغاز می‌گردد، در "حقیقت" همان درخت نبوت است که قوی‌تر و بالغ‌تر شده است. این زمان‌اندیشی دَوَرانی پیشرو (یعنی تحول مارپیچی که ذکرش گذشت) کاملاً با دیدگاه متعارف حاکم بر جامعه اسلامی متفاوت بود، زیرا صدر اسلام را اوج تاریخ و "بهترین ایام" نمی‌دانست و در نتیجه، تاریخ بشری را از زمان بعثت تا آخرالزمان اسلام یک سیر زوال و تدنّی نمی‌شمرد. این اندیشه‌ای تاریخ‌آگاه و پوینده بود که می‌کوشید آرای دینی را همراه و مطابق با تحول آدمی در طول زمان تازه سازد، و بی‌تردید مهم‌ترین نوآوری آیین بابی و جوهره زمان‌آگاهی تازه

در این تجربه دینی بود. با این حال، دیدگاه بابی هیچگاه نتوانست کاملاً از سیطره جهان‌بینی شیعه و آثار و عوارض آن برهد.

نظریه ابداعی باب در باره ظهور، بخشی از طرح وسیع‌تری بود که می‌کوشید جایگاه آیین جدید را در سلسله آیین‌های کهن پیشین، از پیدایش آدم تا ظهور مهدی موعود، استوار سازد. دو مفهوم مکمل "دور" و "کُور" که گاهی در آثار باب (و سپس در آثار بهائی) بدان برمی‌خوریم، معرف تداوم زنجیره نبوت در بازه زمانی درازمدت بودند. "دور" زمانی یک‌هزار ساله بود که با "ظهور" پیامبری آغاز می‌شد و تا ظهور بعدی داوم داشت. این ادوار، چون دور موسوی یا عیسوی و یا محمدی، البته مفاهیمی انتزاعی و نمادین بودند که الزاماً با سیر وقایع تاریخی مطابقت نداشتند. بی‌تردید ریشه این اندیشه ادواری را باید در آرای زردشتی، و به‌ویژه در مفهوم "هزارگ،" بازجُست که بازگشت موعود زردشتی، سیوشانت، را در پایان رستاخیزی می‌دانست که پس از شش دور یک‌هزار ساله واقع می‌شد. این اندیشه رستاخیزی زردشتی در شکل‌گیری مفهوم مسیحایی (messianic) در یهود و از آن راه در مسیحیت موثر افتاده بود. در دنیای ایرانی نیز بقای این اندیشه، چه رستاخیز مهدوی و چه باور به پیوند زنجیره پیامبری، به شکل تکامل‌یافته‌ای در آیین مانی آشکار شده بود. در دوران اسلامی نیز از آغاز در نهضت شیعه اسمعیلی جلوه داشت. هم در جنبش قَرمطی در سده‌های دوم و سوم هجری/ هشتم و نهم میلادی و هم در رسائل "اخوان صفا" و پس از آن در نزد متکلمین اسمعیلی در عصر فاطمی و نهایتاً در دوره الموت در قرون پنجم تا هفتم هجری/ دوازدهم تا چهاردهم میلادی می‌توان نشانه‌های بارزی از آن را یافت.

بنا بر این نظریه، ادوار متوالی هزارساله پیامبری نهایتاً دور بزرگتری را تشکیل می‌دهند که اصطلاحاً "کور" نامیده می‌شد. کور، واژه‌ای مهجور در عربی (به معنای دور کردن یا دایره ساختن)، غالباً دامنه زمانی بسیار وسیعی را در بر می‌گیرد؛ مثلاً صد هزار سال یا پانصد هزار سال، که آغاز آن معین است (مثلاً کور آدم) اما پایان آن غالباً منوط به مواعید رستاخیزی است. "کور" می‌تواند موید نزدیکی زمان "ظهور" پیامبر تازه‌ای باشد، اما گاهی اوقات کوششی است برای انکار نزدیک بودن "ظهور" و مدعیات مهدوی و تعلیق به محال نمودنِ آن. بر خلاف تکیه بر پایان "هزارگ" که غالباً وقوع ظهور را انتظار می‌کشد، کور ظهور را به پایان دوری طولانی حواله می‌دهد.

اما تاملات درونی باب در انزوای محنت‌زای دژ چهریق که پس از ماکو به آنجا تبعید شده بود، یا آن حوادث تلخ زمانه که بالاخره منجر به تیرباران او در میدان سربازخانه شهر تبریز در ۱۲۶۶/۱۸۵۰ شد، وی را از خیال کامل کردن این شریعت جدید باز داشت. شاید هم دریافت که ساختن شریعت تازه امر عبثی‌ست که آیین او را به راه‌ورسم متعارف در فقه شیعه نزدیک می‌کند و از این روی، انجام این ناخواسته را به ظهور "مَن یُظهرالله،" (آن کس که خداوند او را ظاهر خواهد کرد) واگذار کرد؛ کسی که باب تصور می‌کرد پس از او ماموریت‌اش را ادامه خواهد داد، و شاید دور تازه‌ای را نیز آغاز کند. آنچه که بود، باب برعهده خود می‌دانست که این زمان‌آگاهی دوربیان را با تدوین تقویم جدیدی پیوند دهد که آن را تقویم بدیع می‌خواند.

تقویم بدیع بیانی وجوه مشترکی با میراث گاهشماری ایرانی داشت؛ هرچند، به گفته باب هم ناقض سال قمری و هم ناقض سال شمسی بود. آغاز آن با نوروز و حلول تحویل ربیعی بود، اما بر خلاف

تقویم‌های ایرانی پیشین که متشکل از دوازده ماه مبتنی بر بروج دوازده‌گانه فلکی بود، سال بدیع بابی (و بعداً بهائی) مرکب از نوزده ماه و هر ماه نوزده روز بود که جمعاً یک سال ۳۶۱ روزه را می‌ساخت. مشکل است تصور کنیم که سال ۳۶۱ روزه حاصل ناآگاهی باب از یک واقعیت مسلّم، یعنی اختلاف چهار یا پنج‌روزه تقویم او با تقویم متعارف بود. اما عدد ۱۹ در فرهنگ علم‌الحروف بابی "واحد مبارک" و کلید رمزی برای ساختارشناسی هستی به‌شمار می‌آمد. در حسب ابجد *واحد* برابر با ۱۹ بود (و= ۶ + الف = ۱ + ح = ۱۰ + د = ۴ = ۱۹). در دل این واحد، و قدرت محرکه و پویایی آن "*نقطه اولی*" بود که خود نقطه نمادین آغاز برای پیدایش هستی بود. در تایید این قابلیت کیهانی نقطه، که نماد شخص باب بود، او به نقطه در حرف ب در آیه نوزده‌حرفی "بسم‌الله الرحمن الرحیم" تکیه می‌کرد. این مفهوم نقطه، که ریشه قدیمی در علوم غریبه و حتی در نزد برخی از صوفیه داشت، همراه با هجده تن از پیروان 'ولیه باب (که به نام "حروف حیّ' شناخته می‌شدند) نخستین واحد را می‌ساختند. حیّ که برابر ابجدی آن ۱۸ است، مانند نقطه، سابقه فراکیشی کهنی داشت که به عرفان قبّاله یهودی و شاید پیش از آن نیز می‌رسید. گسترش تصاعدی واحد (۱۹ × ۱۹ برابر با ۳۶۱) معادل ابجدی *کل شیئی* را می‌ساخت (ک = ۲۰ + ل = ۳۰ + ش = ۳۰۰ + ء =۱ + ی = ۱۰ = ۳۶۱) که بخشی از آیه مشهور قرآنی '*کل شیئی هالک الّا وَجههُ*" (همه چیز نابود می‌شود مگر چهره او) (القصص: ۸۸) بود و نوعی نظریه وحدت وجودی را القا می‌کرد. در ضمن۳۶۱ برابر با دوازده ماه سی‌روزه نیز بود. پس جای شگفتی نیست که همین *واحد* هستی‌شناسانه اساس تقویم بدیع نیز قرار گیرد.[۲۱]

[۲۱] برای علم‌الحروف در آیین بابی و دامنه آن بنگرید:

فصل سوم: هزاره هجری، دیدگاه شیعه و گاهشماری‌های تازه

تصویر ۴/۳: متن باب چهاردهم از واحد ششم در بیان فارسی (تهران، بی‌تاریخ، ۲۲۸ـ۲۳۰) مبنی بر آغاز سال بدیع بیانی مطابق با تحویل سال نو خورشیدی.

Amanat, *Resurrection,* 188-207 and Denis MacEoin, *Rituals in Babism and Baha'ism* (London and New York: British Academy Press, 1994) 12-30.

در باب چهاردهم از واحد ششم بیان فارسی که مختصراً به شرح تقویم بدیع پرداخته است، بٰب تصریح می‌کند که نوروز "یوم‌الله" است، و می‌افزاید: "و آن یومی است که شمس منتقل می‌گردد از برج حُوت به حَمَل. در حین تحویل چه لیل واقع شود و چه نَهار سزاوار است که اقل از عدد واحد آلاء (برابر ۳۳ و ظاهراً مقصود آنچه هست که در سفره نوروزی گذارند) و فوق مستغاث (یعنی بیشتر از ۲۰۰۱) [نباشد]." در دیدگاه زاهدانه باب، چنانکه در بیان مشهود است، او نوروز را تنها روزی در سال می‌داند که مومنین اجزه دارند غذاهای متنوع بر سر سفره داشته باشند و هر چه می‌خواهند بخورند.[22] این بزرگداشت نوزده‌روزه در نوروز همانند نوزده روز جشن نوروزی در تقویم الهی دوران اکبر پادشاه بود.

---

[22] *بیان فارسی.*

فصل سوم: هزاره هجری، دیدگاه شیعه و گاهشماری‌های تازه

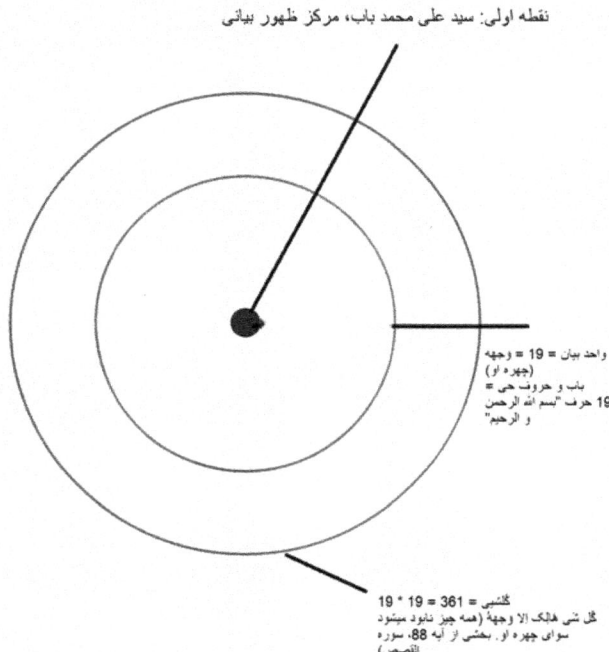

تصویر ۵/۳: دوایر متحدالمرکز پیوند میان نقطه اولی، واحد (۱۹) و کلشیی (۳۶۱) در نظام علم‌الاعداد بابی را می‌نمایاند که در عین‌حال، بنیاد تقویم بدیع بیانی است.

باب در آثار متاخرش، از جمله در کتاب *الاسماء کل شیی* (یا چهار شان) در ۱۲۶۵ قمری/ ۱۸۴۹ و سپس در رساله موسوم به پنج شان که اندکی پیش از تیربارانش در پاسخ به یکی از پیروانش نگاشت، نام ماه‌های سال بدیع و برخی جزئیات دیگر را افزود. اسامی ماه‌های سال بدیع نیز نشان از پیوند ذهنی باب با این سابقه فراکیشی شیعه داشت. نام‌های نوزده ماه سال نیز "اسماءالله" خوانده می‌شد، که آن نیز

سابقه طولانی در تصوف و دیگر جریانات فقه‌پرهیز در تاریخ اسلام داشت. نخستین ماه سال بدیع "شهر البهاء" (شهر به عربی یعنی ماه) و آخرین آن "شهرالعلاء" بود که به پایان برج حوت (اسفند) می‌رسید. افزودن پنج روز بین ماه‌های هجدهم و نوزدهم تقویم بدیع، یعنی معادل همان "پَنجه دزدیده" یا "خَمسه مُسترقه" در پایان سال در تقویم‌های قدیمی ایرانی، حال در آیین بابی "ایام‌ها" نامیده شده بود (ه معادل ابجدی 5) که سال را با 365 یا 366 روز می‌رسانید و به تقویم بیانی نظمی منطقی می‌داد. مبدأ آن نیز به تصریح باب روز پنجم جمادی (الاولی) سال 1260 هجری قمری (برابر با 23 ماه می1844 میلادی) یعنی روز "اظهار امر" باب بود. این مبدأ از آن رو اهمیت داشت که نه بر اساس هجرت محمدی و نه جلوس هیچ شاهی پی گذاشته شده بود و تا آنجا که می‌دانیم، امر یگانه‌ای در تاریخ گاهشماری ایران بود. با این حال، تقویم بدیع برای بابیان، و بعدها برای بهائیان. از حد یک تقویم مذهبی فراتر نرفت، زیرا گاهشماری‌ای که عرضه می‌داشت نمادین، و کاربرد روزمرۀ آن ناکارآمد و غیرعملی بود. افزون بر این، هیچ دولتی آن را به مثابه تقویم رایج به رسمیت نشناخته بود.

تقویم بدیع نیز مانند تقویم الهی جلوه‌ای از تحول گاهشمارانه ایرانی داشت. از طرفی می‌توان آن را بازمانده نهضت‌های فراشرعی در شیعه ایرانی و به‌ویژه در علوم غریبه دانست، و از جنبی تلاشی برای ابداع یک زمان‌سنجی تازه که معرف ظهور جدیدی می‌بود. به‌علاوه، این تقویم به صورت شگفتی تنش قدیمی میان تقویم شمسی و تقویم قمری ـ شمسی را (که ذکر آن گذشت) را به یاد می‌آورد. چنانکه پیش از این گذشت، هماهنگ کردن دشوار این دو شیوه گاهشماری، به‌ویژه

فصل سوم: هزاره هجری، دیدگاه شیعه و گاهشماری‌های تازه

در فرهنگ‌های قدیمی در ایران و سرزمین‌های مجاور، حال بار دیگر در این آیین نوین جلوه کرده بود.

این مُعضل تطبیق بین دو تقویم شمسی و قمری که در "ادوار مِتُنی" (Metonic Cycles)، یا ادوار نوزدَه (enneadecaeteris)، صورت علمی‌شده و تدوین‌یافته آن را می‌توان دید، مبتنی بر محاسبه رابطه میان دو پدیده آشنای نجومی بود: یکی آنکه اصطلاحاً "اَهله قمر" نامیده می‌شد (یعنی حرکت وضعی و حرکت انتقالی کره ماه به دور زمین) و دوم حرکت انتقالی زمین به دور خورشید (که در گذشته حرکت خورشید به دور زمین تصور می‌شد). بر اساس این محاسبه هر نوزده سال قمری یک بار، یعنی یک دور، تقارن کامل بین اهله قمر و حلول اعتدال ربیعی (در تقویم خورشیدی) واقع می‌شد و در نتیجه امکان داشت که رابطه نسبتاً دقیقی میان وقوع سال قمری و سال شمسی به‌دست آورد. اگرچه این آگاهی از قرن ششم پیش از میلاد در بابل شناخته بوده است و در تقویم قمری‐شمسی یهودی همواره ملاک تنظیم بود، در قرن پنجم پیش از میلاد بود که منجم یونانی به نام مِتُن آتنی (Meton of Athens) این ادوار نوزده‌ساله را بر اساس محاسبه نجومی مدون کرد. این محاسبه برای تعیین دقیق اعیاد و مناسک در تقویم‌های قمری‐شمسی (lunisolar)، نظیر تقویم یهودی و بعداً برای تعیین "هفته قدسی" و عید پاک در تقویم مسیحی، ضروری بود.

پرسش اساسی آن است که این تقارن در خاطره تقویمی ایران چگونه متحول شد؟ هم جشن‌های ایرانی و هم گاهنبار زردشتی بر اساس تقویم خورشیدی بود و برای نگاهداشت آن‌ها در دوران پیش از اسلام تبعاً نیازی به آشنایی با محاسبه مِتُنی نبود. البته تقویم قمری‐شمسی چون مورد نیاز یهودیان و مسیحیان ایرانی بود، که محتملاً آن را از زمان

اقامت در بابل آموخته بودند، می‌توانست مَفری برای آشنایی ایرانیان با این محاسبه متنی بوده باشد. اما پاسخ به این پرسش را که کاربرد این محاسبه چه چیز بود، شاید در سیطره تقویم هجری قمری در ایران دوران اسلامی باید جُست. این چیرگی تقویم قمری بود که ایرانیان را وامی‌داشت تا همواره زمان وقوع جشن‌ها ایرانی را در تقویم هجری قمری پیدا کنند. نمونه چنین کوششی را هزار و صد سال پیش مثلاً در *سنی ملوک و الانبیاء* حمزه اصفهانی می‌توان دید (که پیش از این ذکرش گذشت). جدولی که او از حلول نوروز بر اساس تقویم قمری از سال اول هجرت تا سال ۳۵۰ قمری (که معاصر اوست) ترتیب داده بود، کوشش روشنی برای نگهداری همین حافظه تقویمی ایران بود.[۲۳]

در طول قرن‌ها این سنت مقارنه تقویمی بیشتر از هر جا، اما به نحو پراکنده، در متن‌های علوم غریبه، نجوم و اسطرلاب و فنون وابسته چون زایچه‌نویسی و حِرز و طلسمات دوام یافت. بسیاری از دست‌اندرکاران این دانش‌های "پیشامدرن" (که امروز با سیطره علوم تجربی جدید خرافه تلقی می‌شوند) کسانی بودند که از راه پرداختن به این فنون نامتعارف در جست‌وجوی "کشف اسرار" فراشرعی، از جمله وقوف به زمان "ظهور" و "اشراط‌الساعه" یا نشانه‌های رستاخیز (آخرالزمان) بودند و دلمشغولی و غور در این مباحث آنان را بیش از پیش مجاب می‌ساخت که تا زمان ظهور مهدوی و عصر رستاخیزی

[۲۳] نمی‌دانیم محاسبه حمزه بر اساس کدام تقویم "رومی" بوده است. بنا به تصریح خودش نخستین نوروز برابر ۱۸ حزیران تقویم رومی است که برابر با سال ۳۴ پادشاهی خسرو پرویز بوده است. اما در این محاسبه، تا آنجا که می‌توان فهمید، جشن نوروز بنا بر تقویم رومی یا جولیانی (یا گریگوری) برابر با حلول اعتدال ربیعی نیست. در نتیجه می‌توان گمان برد که او از محاسبه بر اساس ادوارد متنی آگاه نبوده است.

فصل سوم: هزاره هجری، دیدگاه شیعه و گاهشماری‌های تازه

فاصله چندانی نیست. تقارن میان ماه و خورشید، که از زمره مهم‌ترین اشراط‌الساعه و مُویَد یوم‌الظهور و یوم‌الله بود، در این فکر آخرالزمانی به‌آسانی می‌توانست مرادف با تقارن میان دو تقویم شمسی و قمری دانسته شود. بالطبع، دنیای ایرانی که از چهار منبع غنی پیشگویی‌های آخرالزمانی، یعنی زردشتی، یهودی، مسیحی و اسلامی تغذیه می‌شد، در کشف این اسرار، چه از راه نجوم و علوم غریبه و چه از راه "بشارات" و "نبوات" فراوان در شیعه، بسیار فعال بود. به‌ویژه در زمانه بحرانی سده‌های نوزدهم و بیستم میلادی و مواجهه با دنیای ناآشنای غرب، یافتن چنین معادلاتی معنای بیشتری یافت. شاید وقوع "یوم‌الله" در *بیان* را که با حلول نوروز آغاز می‌شد و پس از آن تا هجده روز دیگر ادامه داشت، باید اشاره‌ای به همین تقارن نوزده (در ادوار مِتُنی) دانست که از راه مداقه در علوم غریبه و طلسمات به باب و پیروان‌اش رسیده بود.

شگفت آنکه این محاسبه ادواری نوزده‌ساله قمری ـ شمسی وجه آخرالزمانی دیگری نیز دارد، زیرا راه محاسبه برای تعیین عید پاک مسیحی (همان پِسَح در تقویم یهودی) است که روز "رستاخیز" مسیح (Resurrection) به عالم برین شمرده می‌شود. البته می‌دانیم که مسیح در روایات آخرالزمانی شیعه اولیه با مهدی موعود یکی دانسته می‌شد (اما بعداً به مرتبه نایب یا سردار مهدی تنزل داده شد). افزون بر این، شناخت باب و پیروانش از مسیح و "بازگشت دوباره" (Second Coming) او با دسترسی به ترجمه‌های چاپی جدید از اناجیل (با عنوان *پیمان تازه*) که در دهه‌های ابتدای قرن نوزدهم میلادی در ایران انتشار یافت، شاید دیدگاه رستاخیزی نوینی را در برابر باب گشود و او را در به‌کار گرفتن "واحد" مبتنی بر عدد ۱۹ نه‌تنها در تقویم بدیع راسخ‌تر کرد، بلکه این واحد نوزده را به سراسر جهان هستی تَسرّی داد. از طرف

دیگر، اندیشه زمان‌آگاه باب ورای ادوار بدیع، به همان مفهوم "کور (kowr)" یعنی یک چرخه تاریخی طولانی (که ذکرش گذشت)، اعتقاد داشت که هر ۳۶۱ سال (یعنی ۱۹ × ۱۹) تجدید می‌شد. البته نظریه "کور" نیز چون نظریه ادوار در اندیشه فراکیش اسلامی سابقه قدیمی داشت که به حروفیه و نقطویه و پیش از آن به صوفیه، از جمله ابن عَرَبی، حکیم بزرگ اندلسی قرن سیزدهم، بازمی‌گشت. اما شاید بتوان گفت که قرار گرفتن در متن بحرانی زمانه بود که به این "کور" بابی در فصل مشترک بین یک جامعه شیعه ماتم‌زده وضرورت‌های نوین بر پایه پیشرفت در زمان، معنای تازه‌ای بخشید؛ هرچند، هیچگاه محبوبیت دو تقویم رایج قمری یا شمسی را تهدید نکرد. [۲۴]

---

[۲۴] در آرای باب تفکیک میان دور و کور دقیقاً روشن نیست، اما کلاً چنین به نظر می‌رسد که او پایان کورِ آدم را ب‌ نبوت پیامبر اسلام یا "خاتم النبیین" به آخر می‌رسانید و ظهور خود را آغاز دور بیان و آغاز کوری تازه می‌دانست که پایان آن در آینده دور تصور شده بود. تازه شدن این دور جدید نیاز به "شریعت" تازه‌ای داشت، که بخش‌هایی از آن در کتاب بیان فارسی و بیان عربی و دیگر نوشته‌های او رقم خورده بود. این شُریعت را باب آگاهانه ویژه پیامبری خود می‌دانست که ممکن بود در دور بعد متروک و منقضی شود. این تحول درازمدت شریعت را باب ناشی از پیشرفت زمان می‌دانست. عبارت "کور در ترقی است،" که ظاهراً از اوست، نشانه باور او به پویایی تاریخ در سیر زمان است

فصل چهارم

نجوم نوین، انقلاب مشروطه و پیدایش تقویم برجی

در سراسر دوره قاجار و تا وقوع انقلاب مشروطه در آغاز قرن بیستم، نوروز همچنان آغاز سال مالی ایران شمرده می‌شد و دولت مرکزی نه‌تنها میزان مالیات را، اعم از نقد و جنس، در آغازِ سال خورشیدی معین می‌داشت، بلکه حاکمان ولایات و شهرها نیز در آغاز هر سال خورشیدی منصوب، معزول، یا در مقام خود ابقا می‌شدند. انجام این قرارداد ضمنی در حین مراسم نوروزی نه‌تنها حاکی از تاکیدی نمادین بر ادامه نظام دولتی حاکم بر ممالک محروسه بود، بلکه درآمد بالقوه دولت را در سال خورشیدی تازه مشخص می‌ساخت.

در نیمه دوم عصر ناصری (ربع آخر قرن سیزدهم قمری برابر با پایان قرن نوزدهم میلادی) به‌واسطه ضعف مالی دولت قاجار و ناکارآمدی در جمع‌آوری مالیات مستقیم، ناصرالدین شاه شیوه مُضرّ حراج حکومت‌های ولایات را رواج بیشتری داد. وی در ازای مبلغی که در آغاز سال بر اساس حراج معین می‌شد، حُکّام ولایات را از میان تعدادی از متقاضیان "واجد شرایط" انتخاب می‌کرد. اینان که همگی از میان شاهزادگان و رجال دیوانی و درباری نزدیک به شاه بودند، غالباً بدون درنظرگرفتن قابلیت‌ها و صرفاً برای کسب درآمد بیشتر، به حکومت ولایات برای مدت یک سال منصوب می‌شدند. البته این شیوه کاملا بی‌سابقه نبود. رسم کهن اهدای پیشکش در سلامِ نوروزی به شاه

فصل چهارم: نجوم نوین، انقلاب مشروطه و پیدایش تقویم برجی

در ازای دریافت پاداشی از او در واقع نوعی قرارداد ضمنی بود که در برابر "ابراز بندگی" و وفاداری برگزیدگان حمایت و "عطوفت همایونی" را تضمین می‌کرد.[1] این کاربرد دیوانی و مالی بر دوام آیین سلام نوروزی در سراسر دوره قاجار افزود و تا اندازه‌ای آن را در برابر فشار اهل شرع، که غالباً مخالف برقراری آیین نوروزی بودند، محفوظ داشت.

در اواخر دوره قاجار ضرورت‌های تازه‌ای را، از جمله نیاز به یک تقویم دقیق خورشیدی، اما نه میلادی، در مناسبات بین‌المللی و سازمان‌های جدید دولتی، نظیر گمرکات ایران، آشکار ساخت. آنچه در آغاز "تقویم برجی" نامیده می‌شد، با وقوع انقلاب مشروطه، تقویم مالی ایران نامیده شد و در روزهای پایانی عصر قاجار تقویم رسمی کشور ایران شناخته شد.

---

[1] برای حراج حکومت ولایات در دوره قاجار بنگرید:
S. Bakhash, *Iran: Monarchy, Bureaucracy and Reform Under the Qajars: 1858-1896* (London: Ithaca Press, 178) and A.R. Sheikholeslami, *The Structure of Central Authority in in Qajar Iran, 1871-1896* (Atlanta: Scholars Press, 1997) and "The Sale of Offices in Qajar Iran, 1858-1896, *Iranian Stuides,* 4 (1971), 104-118 ; *Encyclopedia of Islam*, 2nd ed: "Pishkish" (by AKS Lambton).

برای پژوهش تازه‌ای در باره رسم پیشکش و اعطای متقابلِ حکومت‌های ولایات بنگرید:
Assef Ashraf, *Making and Remaking of Empire in Early Qajar Iran* (Cambridge: Cambridge University Press, 2024), chap. 3.

گاهشماری خورشیدی

۱
تحول در گاهشماری در آغاز دوره قاجار

توصیف جشن سلام نوروزی سر آغاز فصل جدیدی در وقایع‌نگاری‌ها و تاریخ‌های رسمی دوره قاجار باقی ماند. دو نمونه متعارف از این دست یکی تاریخ قاجاریه از محمدتقی سپهر لسان‌الملک (که اغلب به خطا با نام اثر دیگر او، ناسخ‌التواریخ، شناخته می‌شود) و دیگری روضه‌الصفای ناصری از رضاقلی‌خان هدایت است. این دو مورخ دوران محمد شاه و اوایل ناصرالدین شاه، به تَبَعِ وقایع‌نگاران سده‌های پیشین، اگرچه حوادث را بنا به تقویم قمری می‌آوردند، سال قمری را نَه از ماه محرم، بلکه از زمان تحویل نوروز سال خورشیدی آغاز کرده به نوروز سال بعد خاتمه می‌دادند. از جمله سپهر در تاریخ قاجاریه در "ذکر واردات احوال شاهنشاه ایران ناصرالدین شاه خَلَّدالله مُلکه و سُلطانه" آورده است که "در سال یکهزار و دویست و هفتاد هجری (برابر ۱۸۵۴ـ ۱۸۵۳ میلادی) چون هفت ساعت و هفده دقیقه از شب شنبه ۲۱ جمادی‌الاخر بر گذشت آفتاب از حُوت به بیت‌الشرف شد و شاهنشاه ایران ناصرالدین شاه قاجار بساط عید بگسترد."۲ بر همین روال هدایت در روضه‌الصفا ناصری "در ذکر عید سعید نوروز فیروز سلطانی و سال خیریت مال یکهزار و یکصد و نود و چهار هجری" (۱۷۸۰میلادی) در وصف بار نوروزی در زمان آقا محمدخان آورده است که "در آغاز این بهار که فروردینِ باغِ دولت ابدمدت قاجاریه بود و آذرِ خرمنِ زندیه، مقدار شب که از روز فزون بود بَدَل شد [و در] روز

---

۲ ناسخ‌التواریخ تاریخ قاجاریه به اهتمام جمشید کیانفر (تهران: اساطیر، ۱۳۷۷) جلد سوم. ۱۲۲۵.

فصل چهارم: نجوم نوین، انقلاب مشروطه و پیدایش تقویم برجی

نوروز بزرگ خاقان تُرک که زمین و زمان تهنیت‌گوی و تقویت‌جوی بودند، به اشاره حضرت شهریاری مجلس سور و سرور در سور ساری آراسته شد."³

در این دوران با اینکه دولت قاجاریه هنوز به‌درستی پای نگرفته بود و بارگاه آقا محمدخان در ساری می‌بایست ناچیز بوده باشد، وی نوروز را به تبع آنچه در دربار زندیه آموخته بود، بزرگ می‌داشت و از این راه برای خود و خاندانش اعتبار و مشروعیت کسب می‌کرد. بیشتر مورخینِ پس از سپهر و هدایت و تا پایان عصر مظفری، که در واقع پایان عصر وقایع‌نگاری سنتی‌ست، نیز همین روال را کم‌وبیش مرعی می‌داشتند. شایان توجه است که هیچ‌یک از این وقایع‌نگاران قاجاریه چه پیش‌تر از سپهر و هدایت و چه پس از ایشان با اینکه به وصف نوروز می‌پرداختند، هیچ‌گاه ذکری از سال خورشیدی، مثلاً تقویم یزدگردی یا تقویم جلالی نمی‌کردند، اگرچه به هر دو آگاهی داشتند. گویا برای دستگاه دیوانی قاجار همان تقویم دوازده‌ساله ترکی برای محاسبه سال شمسی کافی شمرده می‌شد.

با گسترش آگاهی بیشتر در باره اروپا و دنیای فراتر از آن، و به‌ویژه به سبب پیدایش معدودی روزنامه‌ها چون *وقایع اتّفاقیه* و ادامه آن با عنوان روزنامه *دولت عَلّیه ایران* که اخبار خارجه را مرتباً درج می‌کردند، روزنامه‌نگاران علاوه بر گاهشماری قمری کوشیدند تا

---

³ *روضهالصفای ناصری* (تهران: خیام، ۱۳۳۳) ۹: ۱۳۸. "سورِ ساری" اشاره به مَقرِ نخستین آقا محمدخان قاجار در ارگ (سور) شهر ساری دارد. قابل‌ذکر است هدایت از آغاز جلد دهم که مرادف با آغاز پادشاهی ناصرالدین شاه است، از وقایع‌نگاری سنواتی سنتی به شیوه گذشته عدول کرده و فصل‌های تاریخ‌اش را صرفاً بر اساس وقایع ترتیب داده است.

گاهشماری خورشیدی

گاهشماری میلادی (یعنی تقویم گریگوری) را نیز ملحوظ دارند. یک نمونه از این دست تاریخ سه‌جلدی منتظم *ناصری* است که زیر نظر محمدحسن‌خان صنیع‌الدوله (بعداً اعتمادالسلطنه) به روال کهن تاریخ‌های عمومی ثبت وقایع را از آغاز اسلام آورده بود. اما چنانکه خود در دیباچه جلد دوم در ۱۲۹۹ قمری (برابر با ۱۸۸۱–۱۸۸۲ میلادی) گفته است، بر خلاف تاریخ‌های عمومی پیشین او همه سنوات هجری قمری را همراه با معادل میلادی آن آورده، زیرا دامنه تاریخ او نه‌تنها شامل دنیای ایران و اسلام بلکه همه جهان است.

روشن است که این کوشش در تطبیق تقویم قمری با تقویم میلادی ناشی از آن بود که در این زمان بیشتر دنیای اسلام، از هندوستان وآسیای جنوب شرقی تا عثمانی، مصر ومغرب، به درجات ناچار شدند جایگاه دولت‌های زورمند غرب وشیوه گاهشماری آنان را در نظر آرند، یا چون مستعمره هندوستان و تحت‌الحمایه مصر تقویم گریگوری را به مثابه تقویم رسمی بپذیرند. در آغاز قرن بیستم دولت‌های تازه‌پدیدآمده عربی نظیر عراق، سوریه، لبنان و اردن، پس از انقراض عثمانی در پایان جنگ اول جهانی و در دوران قیمومت انگلستان و فرانسه، به این دگرگونی در گاهشماری تن دادند. کشورهای مسلمان دیگر چون یمن و شیخ‌نشینان حاشیه خلیج فارس و تونس، الجزیره، ومراکش در آفریقای شمالی نیز خواهی‌نخواهی به تقویم غربی گریگوری روی آوردند.

ایران اما از معدود کشورهای کهن‌بنیانی بود که نه‌تنها تقویم قمری و تقویم چینی–ترکی را محفوظ داشت، بلکه در کنار این دو با حفظ نوروز سلطانی و برگزاری آن در آغاز سال مالی و زراعی ایران و نیز بازیابی تقویم جلالی در سالنامه‌های دولتی، زمینه را برای ابداع یک تقویم جدید شمسی نیز فراهم آورد. این پدیده مغایر با واکنش

فصل چهارم: نجوم نوین، انقلاب مشروطه و پیدایش تقویم برجی

همسایه‌های عرب‌زبان و ترک‌زبان دنیای اسلام بود که علی‌رغم اوج گرفتن ناسیونالیزم عربی و ناسیونالیزم ترکی در پایان قرن نوزدهم و آغاز قرن بیستم به‌تدریج با سیطره تقویم گریگوری میلادی، تن داده و تقویم قمری عملاً به حاشیه رفت. بزرگداشت نوروز سلطانی، که غالباً در پنج روز پس از تحویل سال خورشیدی برگزار می‌شد، پدیده‌ای قدیمی بود (چنانکه آمد) که دیگربار در این دوره رواج یافت.

شش پرده دیواری بزرگ که زیب تالار سلام در قصر نگارستان در شرق تهران بود، و حال اصل آنها همراه با بنای کاخ نگارستان از میان رفته است، به خوبی حاکی از اهمیت آیین سلام نوروزی در اوایل عصر قاجار است. میرزا عبدالله نقاشباشی کاشانی که این سلام نوروزی را در سال ۱۲۲۹ قمری برابر با ۱۸۱۳ میلادی به تصویر درآورده، در میانه این مجموعه افزون بر فتحعلی‌شاه که بر تخت خورشید (یا تخت طاووس) نشسته، شش تن شاهزادگان ارشد و دیوانیان برجسته را همراه با تنی چند از اعضای دربار که حامل "اثاثیه سلطنت" بودند، نمایانده بود. در چهار پرده بزرگ در دو طرف تالار نیز افزون بر جمعی دیگر از شاهزادگان میان‌رتبه و وزرا، رجال، دیوانیان عالی‌رتبه دولت قاجار، برخی فرستادگان دول خارجه و همچنین معاریف اعیان، ارباب شرع و روسای تجار را رقم زده بود. علاوه بر هیئت نمایندگی انگلستان، فرانسه وعثمانی، حضور سفرایی از وهابیون و دیگر شیوخ جزیره‌العرب و شیخ‌نشینان حاشیه خلیج فارس در صف سلام در کنار خوانین و امرای قشون ایران، که همگی جامه‌های فاخر در بر دارند، نشانه دیگری از کوشش فتحعلی‌شاه برای اعتبار بخشیدن به شاهنشاهی قاجار و تداوم نهاد ممالک محروسه ایران در این دوران خطیر دارد. غیبت فرستادگان روسیه در این پرده‌ها طبعاً به سبب اوج گرفتن مخاصمات بزرگ در

قفقاز در سال پایانی دوره اول جنگهای ایران و روس در ۱۸۱۳ میلادی بود، که مقارن باساختن این پرده‌هاست. اما امیران افغانستان وشاهزادگان گرجستان که هر دو گروه به دلیل دخالت دو قدرت بزرگ از سرزمین خود رانده شده و از زمره پناهندگان به دربار قاجار بودند، مشخصاً به تصویر در آمده‌اند.[4]

---

[4] در باره پرده‌های قصر نگارستان و مجلس سلام نوروزی بنگرید:
M. Eskandari-Qajar, "The Message of the Negarestan Mural of Fath Ali Shah and His Sons: Snapshot of Court Protocol or Determinant of Dynastic Succession," *Qajar Studies* vol.8 (2008), 17–41; *Royal Persian Paintings: The Qajar Epoch, 1785–1925*, ed. Layla Diba and Maryam Ekhtiar (London: I. B. Tauris, 1999); and Amanat, *Iran: A Modern History*, 184–87 and plate 4:2.

فصل چهارم: نجوم نوین، انقلاب مشروطه و پیدایش تقویم برجی

تصویر ۱/۴: الف ــ د: نسخه بدل‌هایی از پرده‌های تالار سلام در کاخ نگارستان در تهران (که حال نابود شده است) اثر عبدالله‌خان نقاشباشی کاشانی که برگزاری جشن نوروز و بارِ عام فتحعلی‌شاه قاجار را در رجب ۱۲۲۷ قمری برابر با مارس ۱۸۱۲ میلادی می‌نمایاند. در دو پرده میانی (۴/۱ و ۴/۲) شاه در میان گروهی از شاهزادگان ارشد (از جمله عباس میرزا و محمدعلی شاه دولتشاه) بر تخت خورشید (بعدها تخت طاووس) نشسته و گروهی از خادمان عالی‌رتبه حامل اسلحه‌های همایونی‌اند. در پرده‌های دست راست و دست چپ در صف‌های برین و زیرین گروهی از رجال، خوانین، سرداران سپاه، و سفرا و شاهزادگان افغان و گرجی (پناهنده به درگاه قاجار) ایستاده‌اند. سفرای انگلستان و میسور در برابر سفرای فرانسه و عثمانی قرار دارند. این تصاویر از روی نسخه بدل زیر است:

Gaspard Drouville, *Voyage en Perse pendant les annes 1812 et 1813*, 2 vols. (St Petersburg, 1819-210)

که در کتاب زیر آمده است:

L. Diba and M. Ekhtiar, *Royal Persian Paintings: The Qajar Epoch, 1785-1925* (New York: I B Tauris and Brooklyn Museum of Art, 1998) 175.

در شمایل دیگری اثر میرزا بابا نقاشباشی که فتح‌علی شاه را بر تخت خورشید در نوروز سال ترکی یونت ئیل مطابق شوال ۱۲۱۲ و ۲۱ مارس ۱۷۹۸ رقم زده است، اشاره نمادینی به تاجگذاری رسمی شاه در هنگام تحویل سال و آغاز نوروز سلطانی شده است. قرار دادن یک ساعت تزئینی در پیش پای شاه که صفحه‌اش به وضوح ساعت ۲:۳۰ را نشان می‌دهد، ظاهراً اشاره‌ای به ساعت جلوس شاه در هنگام حلول عتدال بهاری ۱۲۱۲ دارد. وقایع‌نگار آغاز قاجاریه، عبدالرزاق دنبلی (مفتون) صاحب *ماثر سلطانیه*، این جلوس شاهانه را به "ساعتی سعد" که رهین شاه جوان بود، تائید کرده است. در روایت پیشینی از *ماثر سلطانیه* که هارفرد جونز، یکی از سفرای انگلستان به دربار قاجار، ترجمه انگلیسی از آن را به‌دست داده است، افزوده شده: "شاه قدرقدرت با نهادن تاج جواهرنشان بر تارک خویش، بدان زینت بخشید و چون ستاره‌ای درخشان در سلسه کواکب بدرخشید. دیهیم زرین خورشید در قلب آسمان با دیدن آن از رشگ برافروخت و چنین گفت: 'کاشکی می‌شد جای آن دیهیم شاهوار بودم.' "[۵]

[۵] عبدالرزاق دنبلی، *ماثر سلطانیه* (تبریز، ۱۲۴۱ قمری) ۳۱-۳۲ و ترجمه جونز (ترجمه دوباره به فارسی از من است):

Harford Jones brydges, The Dynasty of the Kajars (London, 1833), 41-42.

برای آگاهی بیشتر بنگرید به عباس امانت، *عهد قاجار و سودای فرنگ*، فصل سوم: "تاج کیانی و عزم قاجاریه به احیای اقتدار نظام پادشاهی،' و ۱۰۷-۱۲۸ و تمثال مذکور از میرزا بابا، صفحه ۱۰۸ (شکل ۱) برگرفته از Diba and Ekhtiar, *Royal Persian Paintings*. مقاله "تاج کیانی" ترجمه ای ست از:

فصل چهارم: نجوم نوین، انقلاب مشروطه و پیدایش تقویم برجی

تصویر ۲/٤: تمثال فتحعلی‌شاه قاجار، عمل میرزا بابا شیرازی، تهران، شوال ۱۲۱۲ قمری. این پرده که هدیهٔ ارسالی فتحعلی‌شاه به پادشاه انگلستان بود، اکنون در تالار قرائت خانه مطالعات شرقی کتابخانه بریتانیاست (Oriental Reading Room, British Library).

Abbas Amanat, "The Kayanid Crown and Qajar Reclaimming of Royal Authority," *Iranian Studies,* special issue on Qajar Art and Society, ed. Layla S. Diba, vol. 34, nos. 1-4 (2001), 17-31.

هم پرده‌های تالار سلام نگارستان و هم تمثال میرزا بابا و هم چنین دیگر نقوش برجسته‌ای که در دوره فتحعلی شاه در اطراف پایتخت و دیگر جای پدید آمد، حاکی از تمایل شاه و دربار قاجار به برقراری پیوندی نمادین با شکوه ایران باستان بود. به‌ویژه تاکید به حلول سال نو و آیین نوروز بی‌ارتباط به سال‌های اقامت فتحعلی جوان (با نام بابا خان) در دربار زند، نبود. محتمل است که در این سال‌ها که وی گروگانی نوجوان در درگه کریم خان بود برخی از آثار باستانی ایران را، چون نمایش جشن نوروز (یا شاید مهرگان) بر پلکان تخت جمشید، دیده بشد و پس از رسیدن به قدرت کوشیده بود تا همانند آن را در دربار خود بر اریکه شاهی بازسازی کند. اگرچه در دهه‌های پس از فتحعلی شاه این باستان‌گرایی در نزد جانشینان او تخفیف یافت، اما بزرگداشت آیین نوروزی همچنان عنصر مهمی برای مشروعیت نهاد پادشاهی شمرده می‌شد. بزرگ شمردن آیین نوروزی و باستان‌گرایی عصر فتحعلی شاه و یا بازسازی عناصر دیگری نظیر ابداع نشان شیروخورشید، نامیدن تعدادی از پسران شاه به نام‌های برگرفته از *شاهنامه*، و یا حمایت از سرایش آثاری چون *شهنشاه‌نامه* اثر فتحعلی‌خان کاشانی ملک‌الشعرا، اما منجر به احیای تقویم خورشیدی ایرانی نشد. علت این امر شاید عدم لزوم بازسازی نظام دیرینه دولتی بود. حتی سپاه تازه‌تاسیس "نظام جدید" هم تا آنجاکه می‌دانیم همچنان برای مکاتبات فارسی تقویم رایج قمری را به‌کار می‌برد.

فصل چهارم: نجوم نوین، انقلاب مشروطه و پیدایش تقویم برجی

٢
گاهشماری و سالنامه‌های دولتی

در اواسط دوران ناصری اصلاحات دولتی و آشنایی بیشتر با نهادهای فرنگی زمینه را کم‌وبیش برای بازیابی تقویم خورشیدی آماده کرد. تدوین سالنامه دولتی وجه دیگری از بهره‌وری از گاهشماری برای مشروعیت بخشیدن به نهاد پادشاهی بود. این سنتی کهن بود که سابقه آن در ایران نیز نظیر چین یا مصر به دوران باستان می‌رسید. محتمل است که آنچه به نام "خداینامه" در دوران ساسانی تدوین می‌شد نیز فهرستی از نام‌ونشان و دوران پادشاهی و نبضه‌ای از کشورگشایی و بسط دامنه فرمانروایی شاهان بود. به این اعتبار نقش برجسته بیستون را، که شاید مهم‌ترین سنگ‌نبشته دنیای باستان است، باید خداینامه‌ای دانست که هم نسب داریوش و هم دامنه فرمانروایی او و پیروزی‌اش را بر اقوام زیردست می‌نمایاند. سنت ثبت وقایع، و به‌ویژه زمان جلوس شاهان، در دوران اسلامی به صورت وقایع‌نگاری‌های فهرست‌وار چون *تاریخ گزیده* اثر حمدالله مستوفی، جغرافی‌دان برجسته قرن هشتم هجری/ چهاردهم میلادی، در آمد.

در دوره قاجار این شیوه ثبت وقایع سالانه نخست در زمان صدارت میرزاحسین‌خان مشیرالدوله و با نظارت محمدحسن‌خان صنیع‌الدوله (بعدها اعتمادالسلطنه) از سال ۱۲۹۰ قمری برابر ۱۸۷۳ میلادی، با الهام از آلماناک‌های (almanacs) فرنگستان و عثمانی، به چاپ رسید. نظیر بسیاری دیگر از اصلاحات ناصری و پس از آن نیز ابداعات عثمانی سرمشق دولت قاجار و به‌ویژه میرزاحسین‌خان مشیرالدوله بود که سال‌های دراز سفیر کبیر ایران در عثمانی و آشنا با اصلاحات دوران تنظیمات بود. پس از او نیز در دوران وزارت

انطباعاتِ اعتمادالسلطنه، این سالنامه‌ها کم‌وبیش بی‌وقفه هر ساله به صورت ضمیمه الحاقی به متون تاریخی، جغرافیایی و دیگر انتشارات وزارت انطباعات تاسال ۱۳۲۳ قمری / ۱۹۰۶ میلادی که سر آغاز دوره مشروطه بود، انتشار می‌یافت.[۶]

از جمله سالنامه ضمیمه *تاریخ منتظم ناصری* طبع ۱۲۹۹ قمری، برابر با سال یونت‌ئیل ترکی، ظاهراً اولین از این سلسله انتشارات است. بنا به روال جاری، در این تقویم سالگرد وقایع را در زیر ماه‌های قمری (به نام "عربی") آورده و هم چنین آغاز ماه‌های میلادی را به نام "فرانسوی" نمایانده است. آنچه که تازگی داشت اما ستون "جلالیه" (ستون سوم جدول) بود که روزهای تقویم جلالی را نشان داده و نام ماه‌های جلالی را نیز در ستون پنجم آورده بود (که همان ماه‌های تقویم خورشیدی امروزه ایران است).

نام ماه‌های تقویم یزدگردی نیز به نام "قدیم" در همان ستون پنجم آمده است. در سال‌های پس از این نیز همین ترتیب رعایت شده

[۶] برای سالنامه‌های عصر ناصری بنگرید ایرج افشار، مقدمه بر چاپ جدید *المآثر والآثار* با عنوان *چهل سال تاریخ ایران*، ۳ جلد (تهران: ۱۳۸۰)؛ فرید قاسمی، *سرگذشت مطبوعات ایران: روزگار ناصرالدین شاه و محمد شاه* (تهران: سازمان چاپ و انتشارات، ۱۳۸۰)، ۱۴۵۳ـ ۱۴۶۰ به نقل از ابراهیم حافظی، "نخستین سالنامه ایران" در مرکز اسناد و مطبوعات کتابخانه آستان رضوی: https://library.razavi.ir/doc/fa/213600/. برای دیجیتال بعضی از این سالنامه‌ها بنگرید: YIHA (Yale Iran History Archive)
https://iranianstudies.macmillan.yale.edu/almanacs

است مثلاً در سالنامه ۱۳۰۴ قمری که ضمیمه *خیرات حسان* است همین ترتیب را می‌بینیم.

هو
بسمه تبارک و
تعالی
جلد
اول کتاب خیرات حسان
از مؤلفات جناب جلالتمآب
اعتماد السلطنه محمد حسن خان وزیر
انطباعات و غیره دام
اقباله العالی
سنه ۱۳۰۴
هجری تنکوزئیل
ترکی

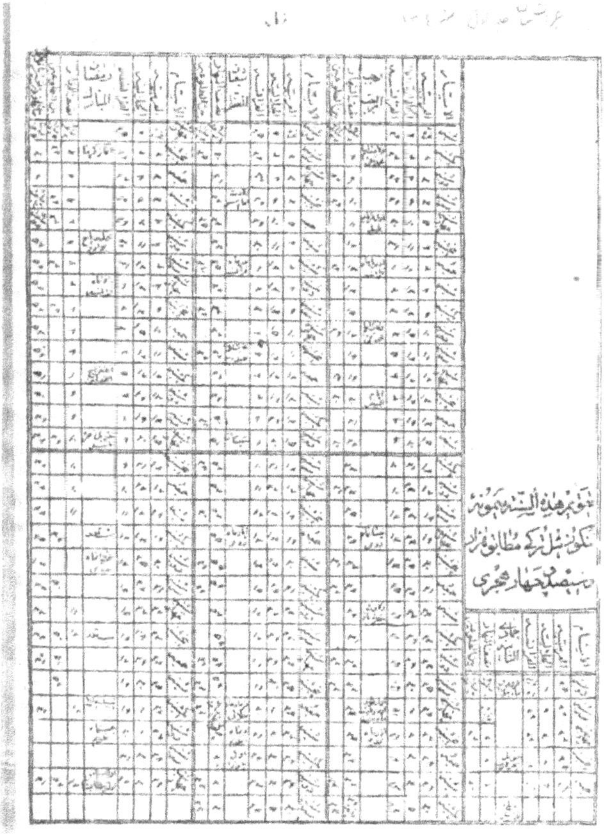

تصویرهای ۳/٤ ـ الف و ب: صفحه عنوان و آغاز سالنامه ۱۳۰۵ قمری، ضمیمه کتاب *خیرات حسان*، جلد ۱. برگرفته از:

Yale Iran History Archive: https://iranianstudies.macmillan.yale.edu/zamimeh-ye-khayratun-hesan-volume-1

خیرات حسان در سه جلد (تهران: ۱۳۰۴ ـ ۱۳۰۶ قمری) بر اساس متن ترکی عثمانی با همین عنوان از تالیفات محمدحسن‌خان اعتمادالسلطنه است که در آن به شرح مشاهیر زنان در تاریخ اسلام پرداخته است. نظیر برخی دیگر از تالیفات اعتمادالسلطنه، این عنوان نیز فرایند کوشش جمعی از اعضای وزارت انطباعات است که زیر نظر او کار ترجمه و ویراستاری انجام می‌شد.

فصل چهارم: نجوم نوین، انقلاب مشروطه و پیدایش تقویم برجی

این همه نشانه‌ای از آگاهی تدریجی مولفین سالنامه عصر ناصری به تقویم خورشیدی ایرانی است. باید توجه داشت که تدوین قدیمی‌ترین از این سلسله سالنامه‌ها به همت اعتمادالسلطنه شش سال پیش از سالنامه عبدالغفار نجم‌الملک، تالیف ۱۳۰۳ قمری (مذکور در این فصل)، به چاپ رسیده است که در آن ستونی به تقویم جلالی اختصاص داده شده بود.

اما مشهورترین سالنامه‌های وزارت انطباعات سالنامه‌ای با عنوان *المآثر و الاثار* است که در ۱۳۰۴ قمری برابر با ۱۸۸۶ میلادی به مناسبت چهلمین سال قمری جلوس ناصرالدین شاه وسیله تنی چند از محققین و ادبای دوران و با نظارت اعتمادالسلطنه به انجام رسید. این سالنامه نمونه کاملی از سبب پیدایش این سلسله انتشارات یعنی آگاهی عمومی از دستگاه و تشکیلات دولت، نهاد پادشاهی، شاهزادگان، همسران شاه و خوانین قاجار، مناصب قشونی و اداری و درباری، تقسیمات کشوری، حاکمان ولایات، نظام مالیاتی و جزئیات دیگری از این دست است. فراهم‌آورندگان *المآثر و آلاثار* شرح نسبتاً جامعی از احوال و آثار چهره‌های شاخص اعم از علما و فقها و ادبا و رجال دولتی و همچنین شمه‌ای از نوآوری‌های عصر ناصری را نیز عرضه داشتند. کوشش بر آن بود که موجودیت و مشروعیت نهاد سلطنت و دولت قاجار را به‌صورت منسجم و منطقی نشان داده و ایران عصر ناصری را در زمره "ملل متمدنه" و پایبند به ترقی جلوه دهد. ظاهراً به همین دلیل نیز سالنامه سنتی مذهبی، که شامل مستحبات و مکروهات می‌شد (و شرح آن گذشت)، در این کتاب سالنامه گنجانیده نشده بود.

پیدایش سالنامه‌های دولتی کم‌وبیش اهتمام در تدوین سالنامه نگاری سنتی را کاهش داد و از کارآمدی آن به عنوان ابزاری برای بازنمودنِ جایگاه سلطنت و دولت در مقیاس زمانی و فلکی کاست، اگرچه کاملاً این گونه سالنامه‌ها را از میان نبرد. مثلاً سالنامه دست‌نوشته‌ای که در ۱۳۰۳ قمری، که در "سی‌ونهمین سال جلوس" ناصرالدین شاه تدوین شده است، به خوبی وجوه تقویمی و نجومی این‌گونه سالنامه‌های سنتی را می‌نمایاند. تدوین‌کننده ناشناس علاوه بر تقویم قمری، تقویم‌های یزدگردی، چینی-ترکی، جلالی (بنام ملکشاهی)، تقویم میلادی و حتی تقویم الهی اکبر پادشاه گورکانی هندوستان را ملحوظ داشته است. آغاز سال در ۱۴ جمادی‌الاخری ۱۳۰۳ همان تحویل سال خورشیدی و آیین نوروز سلطانی ست و تقویم تطبیقی از حَمَل ۱۳۰۳ تا حمل ۱۳۰۴ را معلوم می‌دارد. باز هم به روال این‌گونه سالنامه‌ها، ایام سعد و نحس تقویم و مواضع قمر و سیارات بر اساس بروج فلکی مشخص شده و برای رعایت مناسک مذهبی موضع نصف‌النهار پایتخت در هنگام بین‌الطلوعین و فجر و دیگر اوقات نماز معین شده است. اما جای شگفتی است که در ماه محرم ذکری از ایام سوگواری تاسوعا و عاشورا ندارد و روی‌هم‌رفته ایام محرمه در تقویم شیعه را به استثنای چند روزی نادیده انگاشته است. طبعاً بر خلاف سالنامه‌های دولتی ذکری نیز از سازمان دولت ومطالبِ مرسومی از این دست ندارد. می‌توان تصور کرد که این سالنامه، که شاید در عثمانی پدید آمده بود، مشوق پیدایش سالنامه‌های وزارت انطباعات است (که شرح آن گذشت).[۷]

---

[۷] "سالنامه ۱۳۰۳ هجری قمری" نسخه دست‌نویس شماره ۵۱۲۶ ر ع، سازمان اسناد ملی و کتابخانه ملی. این نسخه که به خط شکسته نگاشته شده است، ظاهراً از

فصل چهارم: نجوم نوین، انقلاب مشروطه و پیدایش تقویم برجی

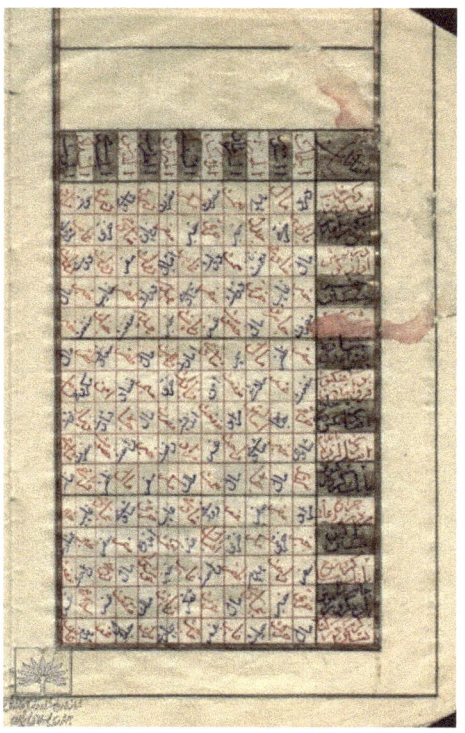

تصویر ۴/۴: یک صفحه از سالنامهٔ دست‌نویس ۱۳۰۳ قمری که "اتفاقات" پیشگویی‌شده را در ماه‌های شمسی با نام‌های بابلی- عربی می‌نمایاند. پیشگویی‌هایی از این دست اگرچه در تقویم دولتی تدریجاً خرافات تلقی شده و کم‌کم حذف شد، در سالنامه‌های غیردولتی دوام یافت (چنانکه بیاید).

عبدالحمید نامی‌ست و بر اساس تقویم‌های سنتی در ایران و عثمانی و شاید دیگر سرزمین‌های ترک‌زبان تدوین شده است و پاره‌ای از آرای عوام در سعد و نحس مرسوم در میان ملت (شیعه) و اهل سنت را آورده است. برای دستیابی به این نسخه مدیون دکتر علی میرانصاری هستم، می‌توان تصور کرد که مقصود از عبدالحمید همان سلطان عبدالحمید است و این سالنامه شاید برای او تدوین شده است.

جای تعجب نیست که در همین اوان رساله‌ای طنزآمیز در هجو سالنامه‌های سنتی و توصیه‌های روزانه آنان بر اساس تاثیر اجرام فلکی و حرکات ستارگان پیدا شود. رساله بساط نشاط مقویم به قلم آقا میرزا نظام (که شاید نام مستعاری باشد) ابتدا در بمبئی و سال‌ها بعد در تهران به اشاره مظفرالدین شاه چاپ سنگی شده است.[۸] در سراسر این "مَقویم" (بر وزن تقویم) شیوه مولف به بازی گرفتن زبان و محتوای سالنامه‌های عامیانه رایج در زمان اوست و در این راء به‌ویژه می‌کوشد که معادل‌های مضحکی برای توصیه‌های روزانه در این سالنامه‌ها را ارائه دهد.

---

[۸] تهران، چاپ دوم به همت میرزا رضاخان معتمد السلطان، بدون تاریخ، ۲۲ صفحه. از امیرحسین پورجوادی که این نسخه را در اختیار من گذاشت سپاسگزارم.

فصل چهارم: نجوم نوین، انقلاب مشروطه و پیدایش تقویم برجی

۳
نجم‌الدوله و پیدایش تقویم شمسی بُرجی

رویارویی بیشتر با دنیای غرب و نیازهای نوین در مناسبات دولتی، مالی و بازرگانی، دولت و جامعه را بیشتر خواهان گاهشماری دقیق‌تری می‌کرد که از عهده تقویم‌های رایج، اعم از قمری و یا ترکی، بر نمی‌آمد. بازسازی تقویم خورشیدی که "تقویم برجی" نام گرفت، بازتابی از این نیازهای نوین بود. همان گونه که ساعت‌های جیبی کم کم در میان متجددین رواج یافت و وقت‌شناسی نوین دوازده‌ساعته را جایگزین اوقات تقریبی پنج گاه روزانه کرد، روزشماری و محاسبه ماه‌ها و آغاز سال نیز نیاز به تقویم دقیق‌تری داشت که از عهده تقویم قمری برنمی‌آمد. و این خود نشانه‌ای از فرارسیدن روزگار نوین، و به عبارت دقیق‌تر نیازهای نوینگانی (modernity)، بود که کم‌کم در جامعه و دولت ایران پیدا شد.

تا آنجا که می‌دانیم میرزا عبدالغفار اصفهانی ملقب به نجم‌الملک (و بعداً نجم‌الدوله) نخستین کسی است که ترتیب روشنی از تقویم سال خورشیدی، چنانکه امروزه می‌شناسیم، در سالنامه تدوینی خود آورده است. زاده در اصفهان در حوالی ۱۲۵۵ قمری، وی چهره‌ای درخشان، و شاید یگانه، در تاریخ علمی ایران در دوره قاجار است که توانسته بود تلفیق متینی از دانش بومی ایرانی و دانش نوین غربی را در ساحتی تازه گِرد آورد. وی ریاضی‌دان، منجم، و جغرافی‌دان قابلی از زمره دست‌پروردگان شاهزاده مهدی‌قلی‌میرزا اعتضادالسلطنه، نخستین وزیر معارف دولت قاجار، بود که در دوران ریاست آن شاهزاده بر دارالفنون در زمره مدرسین آن مدرسه عالی منصوب شد. پیش از آن هم خود در دارالفنون علوم غربی را آموخته بود. از نخستین کارهای او و به

گاهشماری خورشیدی

دستور ناصرالدین شاه فراهم کردن نقشه تازه‌ای از شهر طهران با همکاری گروهی از شاگردانش بود. همزمان در سال ۱۲۸۶ قمری برابر با ۱۸۶۹ میلادی به امر شاه رساله مهمی نیز با عنوان *تشخیص نفوس دارالخلافه* نگاشت که نخستین سرشماری نسبتاً جامع پایتخت بود.۹ گزارش مفصل دیگری نیز به شیوه‌ای نوین در باره ایالت خوزستان فراهم آورد و هم به ترجمه نخستین کتب درسی جدید به زبان فارسی در فلسفه، جغرافیا، هندسه، مثلثات، جبر، حساب، و نجوم نوین، غالباً با بهره‌وری از متون درسی فرانسه، برای متعلمین دارالفنون دست یازید.۱۰

افزون بر این کوشش‌ها، نجم‌الدوله شاید برای نخستین بار، در سالنامه سال ۱۳۰۳ هجری قمری برابر با ۱۸۸۵–۱۸۸۶ میلادی عبارت "۱۲۶۵ هجری شمسی" را در حاشیه بالای تقویم سال ۸۰۷

---

۹ *رساله تشخیص نفوس دارالخلافه*، چاپ دوم در *سه رساله* (تهران: پژوهشگاه علوم انسانی و مطالعات فرهنگی، ۱۳۹۴).

۱۰ پژوهش‌های چندی در احوال و آثار نجم‌الدوله اخیراً به فارسی و انگلیسی نشر شده است. از جمله بنگرید به *زندگی‌نامه و خدمات علمی و فرهنگی مرحوم میرزاعبدالغفارخان نجم‌الدوله* به اهتمام امید قنبری (تهران: انجمن آثار و مفاخر فرهنگی، ۱۳۸۳ خورشیدی)؛ ایرج نیک‌سرشت و محمد سلیمانی‌تبار، "نجم‌الدوله و فیزیک،" *تاریخ علم*، ۱۸:۱ (۱۳۹۹)، ۳۲۲–۲۸۱ و
Maryam Saghafi, "Najm al-Mulk and the Evolution of the Knowledge of Geography and Astronomy in Iran, *Imago Mundi*, vol. 71 (2019) 2: 235-37.
برای فهرست کامل آثار او بنگرید به سید مصلح‌الدین مهدوی، *اعلام اصفهان*، ۴ جلد (اصفهان، ۱۳۸۶–۱۳۹۲)، جلد ۴، صفحه ۲۷۳.

جلالی آورد. از آن سال به بعد، این گاهشماری خورشیدی همراه با تقویم قمری و تقویم جلالی هر ساله در سالنامه‌های تدوینی او ـ که خوانش جدیدی بود از سالنامه‌های نجومی سنتی (چنانکه ذکرش گذشت) ـ درج شد. این تقویم ابداعی که "هجری شمسی بُرجی" نام گرفت بیش از هر چیز از آن رو اهمیت داشت که آغاز تقویم خورشیدی را بر هجرت محمدی گزارده بود و از این نظر با مبدأ تقویم‌های یزدگردی، جلالی، غازانی، و الهی که همگی مبدأ را بر روال سنتی بر پایه جلوس شاهان می‌نهادند، متفاوت بود زیرا هجرت را مبدأ قرار داده بود. نام‌گذاری ماه‌های این تقویم نیز همان بروج فلکی در تقویم کهن کلدانی ـ بابلی بود که در نزد ایرانیان (و دیگر مسلمین) کاملاً شناخته بود (و نَه نام ماه‌های زردشتی که در تقویم جلالی آمده بود).

سال ۸۰۸ شمسی جلالی
مطابق ۱۴ جمادی الاخری
سنه ۱۳۰۳ قمری هجری استخراج
الفاضل
عبدالغفار
اصفهانی

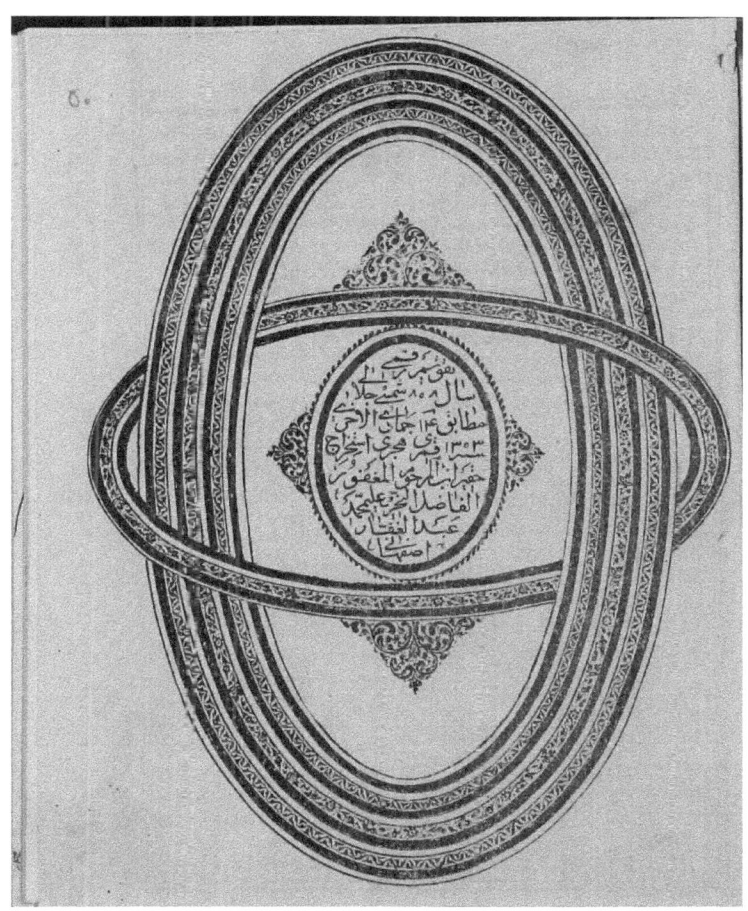

فصل چهارم: نجوم نوین، انقلاب مشروطه و پیدایش تقویم برجی

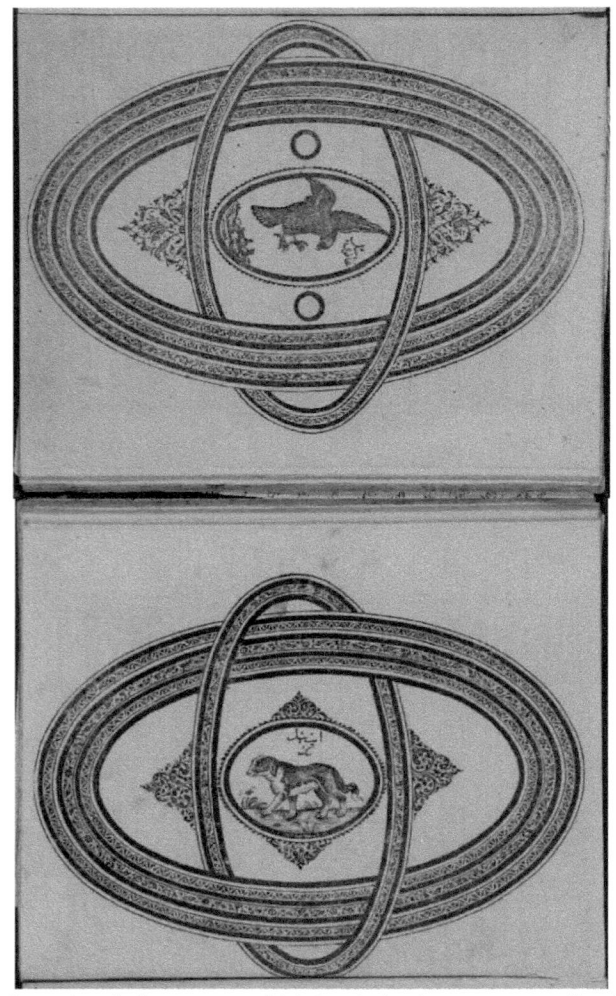

تصویر ٥/٤ـ الف و ب و ج: سه صفحه از تقویم ١٣٠٣ قمری تدوین نجم‌الدوله. صفحه عنوان سالنامه به صورت تازه‌ای طراحی شده است و سال جلالی ٨٠٨ و نام مولف، عبدالغفاراصفهانی فرزند علی‌محمد، را آورده است. در بالای صفحه دیگر سال "١٢٦٨ شمسی" آمده است و این ظاهراً نخستین ارجاع به تقویم خورشیدی است. پشت جلد "ایت ئیل" (سال سگ) را در تقویم چینی‌ـ مغولی‌ـ ترکی نمایانیده است.

گه‌شماری خورشیدی

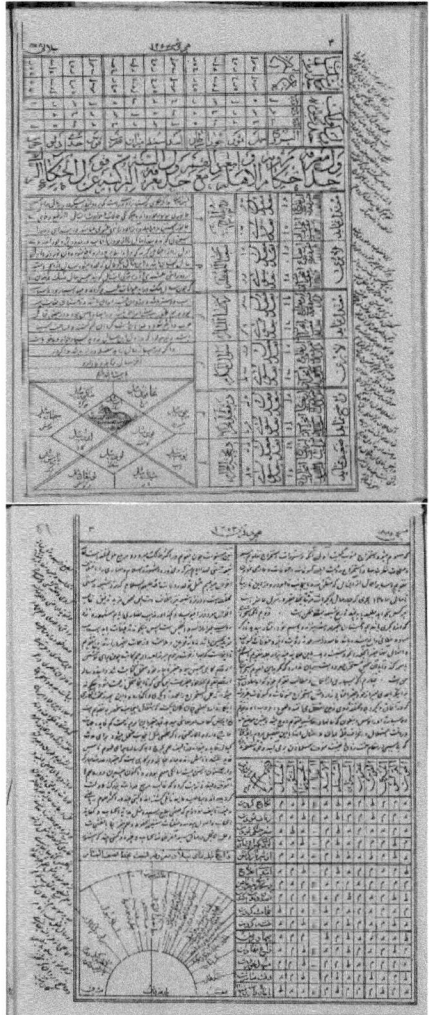

تصویر ۵/۴ د و ه: دو صفحه از سالنامهٔ ۱۳۰۳ قمری تدوین نجم‌الدوله. در بالای صفحه سه، سال ۱۳۰۳ هجری قمری در وسط و سال ۱۸۸۸ میلادی در طرف راست آمده است. در بالای صفحه چهار، سال ۱۲۶۴ هجری شمسی در وسط و سال ۸۰۸ جلالی در طرف چپ آمده است. بخشی از متن و حاشیه دو صفحه به دفاع نجم‌الدوله از اصالت محاسبات در سالنامه اختصاص داده شده است و در بخش دیگر شرحی از چگونگی تقویم ترکی-مغولی آورده است.

فصل چهارم: نجوم نوین، انقلاب مشروطه و پیدایش تقویم برجی

این پیوند میان هجرت محمدی و تقویم شمسی یا برجی شاید متأثر از تحول تقویمی در دولت همسایه عثمانی بود زیرا تا این زمان هیچ تقویم ایرانی دیگری چنین پیوندی میان گاهشماری خورشیدی و مبدأ هجری برقرار نکرده بود اما شاید بازتابی از این خواسته را در قرون پیشین می‌توان در مورخی چون حمزه اصفهانی یافت (چنان که گذشت). تقویم رایج در عثمانی بی‌تردید بر اولیای دولت قاجار شناخته بود و امکان دارد که سفر رسمی ناصرالدین شاه به عراق عرب در ۱۲۸۷ قمری برابر با ۱۸۷۰ میلادی و دوران صدارت، و سپس وزارت، میرزا حسین‌خان مشیرالدوله (که پیش از آن سال‌های دراز سفیر کبیر ایران در باب عالی، یعنی در دولت عثمانی، بود) بر این آگاهی افزود.

دولت عثمانی که خود میراث‌دار دو سنت مملکت‌داری ایرانی (به واسطه سلاجقه روم) و هم رُم شرقی یا بیزانسی (بزنطی) بود، برای رهایی از مشکلات تقویم قمری در شیوه‌های اخذ مالیات ارضی در ولایات رومیلی به تقویم جولیانی اتکا می‌کرد. ولی از همان آغاز کار گرفتار مشکلات تطبیق قمری‌ـ‌شمسی شد؛ به‌ویژه پس از آنکه در ۱۷۹۴ دامنه این تقویم را شامل همه محاسبات دولتی کرد. پس از چند بار تصحیح بالاخره در ۱۸۴۰، مقارن با آغاز سلطنت سلطان عبدالمجید اول و آغاز تنظیمات دوره اول عثمانی، اساس را اندکی دگرگون کرد. و این نخستین باری بود که این تقویم هجرت نبوی را مبدأ می‌شمرد؛ اگرچه ماه‌ها کماکان نام‌های رومی داشت. این "رومی تقویمی" (تقویم رومی) به‌رغم مشکلات تطبیقی تا سال ۱۹۱۷ دوام آورد، تا آنکه در این سال تقویم جولیانی به‌کلی منسوخ و تقویم گریگوری میلادی امروزی ملاک کار شد. اما این تبدیل کار تطبیق را بسی

پیچیده‌تر ساخت، زیرا هم اختلاف بین جولیانی و گریگوری باید لحاظ می‌شد و هم اختلاف تقویم گریگوری با مبدأ هجری قمری. به همین سبب بود که پس از چند بار تصحیح، بالاخره در ۲۶ دسامبر ۱۹۲۵ جمهوری تازه‌تاسیس ترکیه تقویم‌های هجری قمری و جولیانی را به‌کلی کنار گذاشت و تقویم گریگوری امروزی، یا آنچه می‌توان آن را "تقویم رایج" (Common Era: CE) نامید، جایگزین کرد.

بی‌تردید، نیاز به یک تقویم دقیق ایرانی برای تنظیم مناسبات جدید در دولت و جامعه اواخر دوران قاجار، نظیر دولت عثمانی، و شاید به اشاره ناصرالدین شاه، نجم‌الدوله را به این مهم راهبر شد. نجم‌الدوله به‌خوبی از دانش گاهشماری و نجوم اروپای جدید آگاه بود. اما در عین حال به پشتوانه فرهنگی ایرانی خود نیز اعتماد داشت. وی در ۱۳۲۱ هجری قمری برابر ۱۹۰۵ میلادی، که مرادف با آغاز جنبش مشروطه است، با الهام از اثر محقق مصری، میخائیل دوبانه، که کتابی با عنوان *تقویم العام لخمسة الاف عام* در قاهره به چاپ رسانیده بود، رساله‌ای با عنوان *رساله تطبیقیه* و با عنوان فرعی "*مطابقه و تحویل تاریخ هجری و مسیحی به همدیگر از ابتدای هجرت تا ۱۴۰۰ سال از ابتدای میلاد تا دو هزار سال*" ترتیب داده بود تا چنانکه خودگفته، "برای تسهیل مور مترجمین و اشخاصی که محتاج می‌شوند به تبدیل و تحویل تاریخین به همدیگر" باشد. او پاره‌ای از خطاهای دوبانه را متذکر شده و تا آنجا که می‌دانیم، این نخستین نمونه از چنین کوشش‌هایی برای تطبیق تقویم قمری به میلادی و به‌عکس در زبان فارسی است. بی‌تردید نجم‌الدوله در تدوین این رساله به فرمول تبدیل میلادی به قمری و قمری به میلادی آگاهی داشته است، اما مرجح دانسته که تنها آغاز هر ماه

فصل چهارم: نجوم نوین، انقلاب مشروطه و پیدایش تقویم برجی

قمری را به تاریخ میلادی و به‌عکس در جدول‌ها بیاورد. همین امر را می‌توان در جدول‌های تطبیقی معاصر نیز یافت. [11]

نجم‌الدوله در مقدمه مذکور داشت که پس از دقت در جدول‌های تبدیل تاریخ که در عثمانی و مصر تالیف شده، به فراهم آوردن این رساله و برطرف کردن خطاهای آن جدول‌ها پرداخته است. آنگاه پس از شرحی از پیدایش تقویم هجری قمری و نحوه محاسبه آغاز هر ماه قمری، شرحی نیز از تقویم میلادی و اختلاف بین تقویم رومی با تقویم روسی آورده است. سپس ستونی را نیز به تقویم هجری قمری و معادل سال‌های مسیحی آورده است. با این حال، اگرچه تطبیقیه را بیست سالی پس از سالنامه مذکور در بالا نگاشته، در هیچ جا ذکری از تقویم هجری شمسی نکرده است. [12]

---

[11] پس از نجم‌الدوله از زمان رسمیت تقویم خورشیدی، کتاب‌های چندی در تطبیق تقویم خورشیدی ایران به تقویم میلادی منتشر شد که تا امروز ادامه یافته است. برای برخی از این کوشش‌ها بنگرید به ایرج ملک‌پور، تقویم هجری شمسی، هجری قمری و میلادی (تهران: دانش‌نگار، ۱۳۸۸) و محمود معمارزاده و محمود خوشنویسان، تقویم تطبیقی هجری شمسی، هجری قمری و میلادی و جدول تبدیل آن‌ها به یکدیگر (تهران: پیام مولف، ۱۳۸۵).

[12] نجم‌الدوله، رساله تطبیقیه (طهران، ۱۳۲۱ قمری) ۱ـ۱۰. چاپ جدیدی از این کتاب با عنوان سه اثر از نجم‌الدوله: تشخیص نفوس دارالخلافه، رساله تطبیقیه و سفرنامه حج) به کوشش احمد کتابی (تهران: پژوهشگاه علوم انسانی و مطالعات فرهنگی، ۱۳۸۴) منتشر شده است.

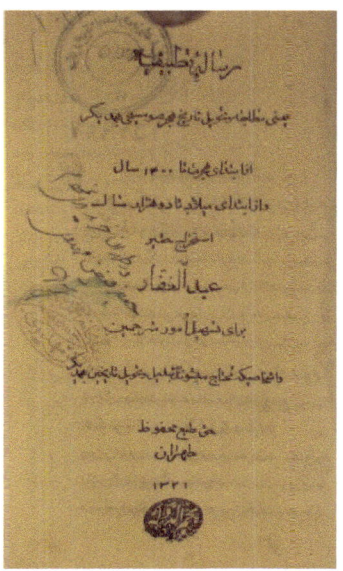

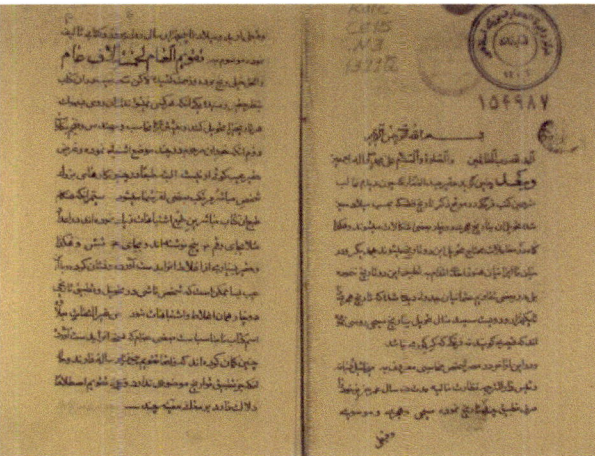

رسالهٔ تطبیقیه

یعنی مطابقه و تحویل تاریخ هجری و مسیحی به یکدیگر

از ابتدای هجرت تا ۱۴۰۰ سال

و از ابتدای میلاد تا دو هزار سال

استخراج و طبع

عبدالغفار

برای تسهیل امور شرعیه

و اشخاصی که محتاج میشوند تطبیق و تحویل تاریخین به یکدیگر

حق طبع محفوظ

طهران

۱۳۲۱

تصویر ٦/٤ الف و ب: صفحه عنوان و صفحات آغاز *رساله تطبیقیه* اثر نجم‌الدوله نگارش ۱۳۲۱ هجری قمری/۱۹۰۴ میلادی

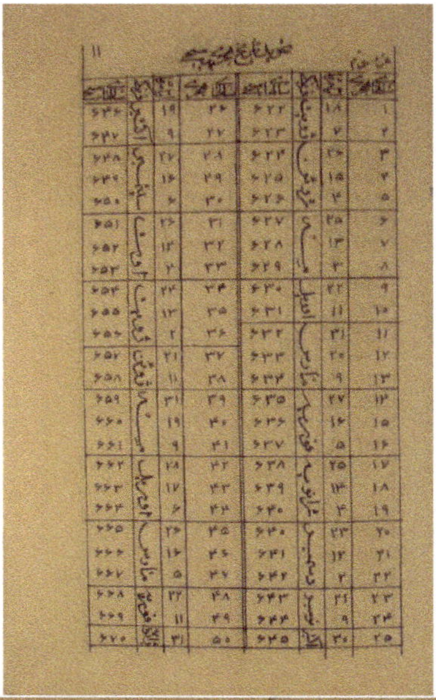

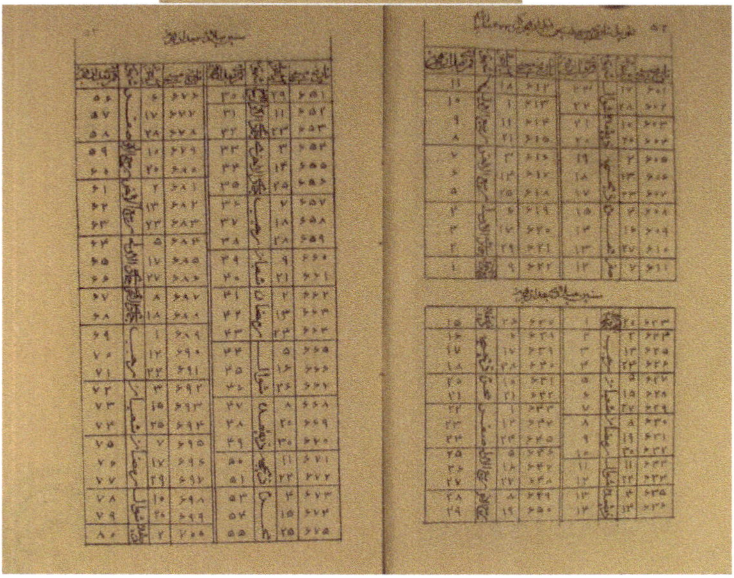

فصل چهارم: نجوم نوین، انقلاب مشروطه و پیدایش تقویم برجی

گاهشماری خورشیدی

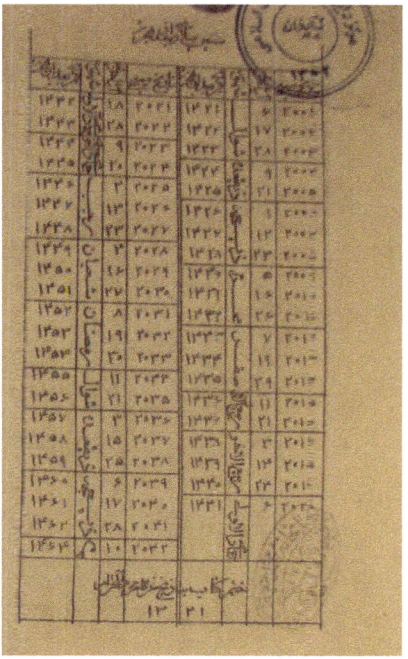

تصویر ٦/٤: ج، د و ه: سه صفحه از رساله تطبیقیه شامل جدول‌های تبدیل سال‌های هجری قمری به میلادی و میلادی به قمری در سال‌های پیش و پس از هجرت.

یک سال پیش از چاپ این رساله تطبیقیه، در سال ۱۳۱۹ قمری برابر ۱۹۰۴، نجم‌الدوله کتاب بدایة‌النجوم را "در اصول هیات و نجوم جدید مشتمل بر ۴۳ شکل" برای "مکاتب ابتدائیه" تالیف کرده بود.[13] این کتاب شرح جامعی از مباحث نجوم و هیات قدیم و جدید

---

[13] البته انتظار نجم‌الدوله از سطح دانش و قابلیت درک شاگردان "مکاتب ابتدائیه" زمان خودش در واقع برابر با سطح دانش دانشگاهی امروز بود.

فصل چهارم: نجوم نوین، انقلاب مشروطه و پیدایش تقویم برجی

داشت که در آن نجم‌الدوله نظم و دقت و بصیرت فراوان به‌خرج داده بود. از جمله به تشریح نظریه کپرنیکی در گردش زمین بر گِرد خورشید پرداخته و آن را در مقایسه با نظریه قدیم بطلمیوسی مُحق دانست. این از نخستین نگارش‌های دقیق علمی در زبان فارسی در مبحث نجوم کپرنیکی بود. اگرچه پیش از این برخی نویسندگانی نظیر میرعبداللطیف شوشتری صاحب *تحفه‌العالم*، میرزا صالح شیرازی در سفرنامه‌اش، حاجی میرزا کریم‌خان کرمانی در رساله *فی تزییف کتاب أفرنجی فی حرکات الأفلاک* و علی‌قلی میرزا اعتضادالسلطنه در *فُلک‌السعاده* آگاهی‌هایی در باره نظریه کپرنیکی در زبان فارسی عرضه کرده بودند، اما *بدایه‌النجوم* مفصلاً به این مهم پرداخته بود. این آگاهی او از دانش جدید مبتنی بر کتاب‌های نجوم به زبان فرانسه بود که نجم‌الدوله آن‌ها را از دیدگاهی انتقادی بررسی کرده و گاهی ایراداتی نیز بر آن‌ها وارد می‌دانست.

بدایة النجوم

در اصول

هیئات و نجوم جدید

مشتمل بر ۴۳ شکل

برای مکاتب ابتدائیه

تألیف

حقیر عبدالغفار

معروف به

نجم الدوله

چاپ اول

حق طبع محفوظ

فی سنه ۱۳۱۹

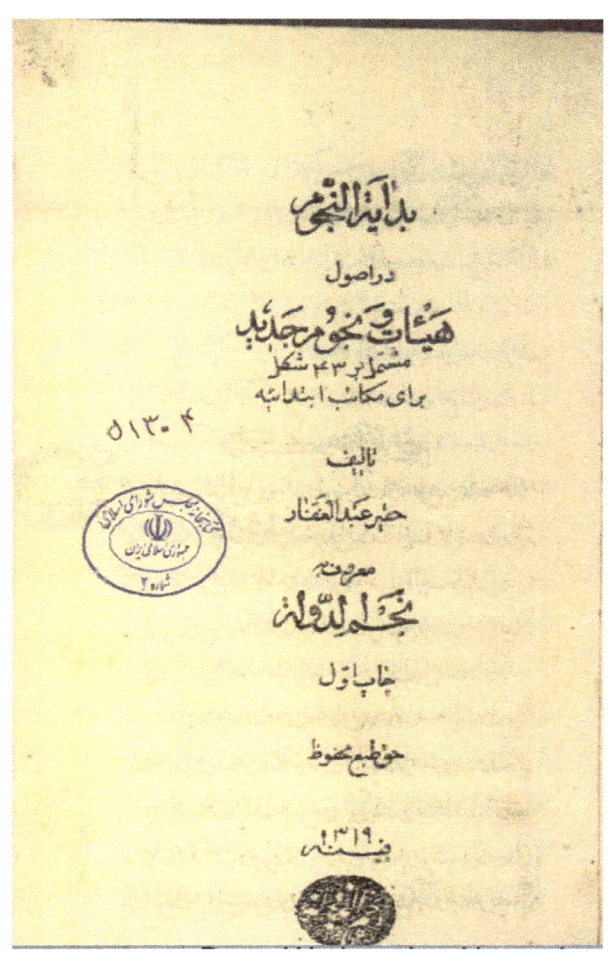

فصل چهارم: نجوم نوین، انقلاب مشروطه و پیدایش تقویم برجی

تصویر ۷/٤ الف تا د: هفت صفحه از *بدایه النجوم* تالیف عبدالغفار نجم الدوله شامل عنوان کتاب، صفحات ۱-۲ در سبب تالیف، ۸۴-۸۵ در باره گاهشماری شمسی و قمری، و پیوست های ۳۵ و ۱۰۹ در باره قرص خورشید در مقایسه با سیارات منظومه شمسی. مقایسه سال شمسی و قمری از جمله تصحیحات و اضافات فراوانی ست که مولف در متن اصلی فرانسه انجام داده است (چنان که در مقدمه گفته است). از جمله در پایان صفحه ۸۴ تفاوت بین کبیسه گیری در تقویم میلادی را با تقویم جلالی یاد آور شده و در صفحه ۸۵ ادوار ۱۹ ساله مِتُنی را توضیح داده است.

در مبحث اعتدال ربیعی و اعتدال خریفی، که در اینجا مورد نظر ماست، نجم‌الدوله پس از گوشزد ظرایفی چند در محاسبه مدار گردش انتقالی زمین، به مشکل بزرگ و دیرپای تطبیق تقویم قمری و تقویم شمسی پرداخته است. این امر شاید با تدوین تقویم برجی ابداعی او، که ابتدا در ۱۳۰۳ هجری قمری برابر با ۱۲۶۵ هجری شمسی استخرج شد، و ذکر آن در بالا گذشت، بی‌ارتباط نیست. در اینجا نجم‌الدوله شرح نسبتاً مفصلی از نظریه ادوار مِتُنی آورده است که گویا او را به معرفت به روش علمی مطابقه میان دو تقویم خورشیدی و ماه-خورشیدی یاری رسانده است. اما توالی عدد ۱۹ در ادوار مِتُنی، چنانکه گذشت، طبعاً جایگاهی قدسی برای این دانشمند نداشت. در اینجا بر خلاف اندیشه فراکیش ایرانی که سید علی‌محمد باب آن را در محاسبه برای تقویم بدیع بیانی خود به‌کار گرفته بود، نجم‌الدوله در جست‌وجوی راهی بود تا تقویم اسلامی هجری قمری ایران را با تقویم باستانی خورشیدی ایران مطابقت دهد. هر قدر که مفهوم زمان دنیوی‌تر شد، به همان ترتیب نیز گذشته شرعی تدریجاً جایگاه والای خود را به یک زمان‌آگاهی خطی (linear) متاثر از غرب داد.

فصل چهارم: نجوم نوین، انقلاب مشروطه و پیدایش تقویم برجی

۴
انقلاب مشروطه و گزینش تقویم برجی

ابداع تقویم برجی در عصر ناصری را می‌توان صرفاً یک تحول نمادین دانست که تا زمان انقلاب مشروطه دامنه نسبتاً محدودی داشت. انگیزه برای رواج این تقویم، و حتی تدوین آن، را نخست باید در کاربرد نوینی یافت که به خاطر توسعه در سازمان‌های دولت قاجار پدید آمد. در ۱۸۹۸ که گروهی از مستشاران بلژیکی نخستین بار برای تجدید سازمان گمرکات به استخدام دولت ایران درآمدند، برای اخذ تعرفه در گمرکات ظاهراً همین تقویم برجی را به‌کار گرفتند. نیازهای مالی که ناشی از افزایش هزینه‌ها بود، دولت قاجار را واداشت تا از این راه به میزان درآمد دولت بیافزاید. با این حال، بعید است که به‌کار بردن تقویم برجی از محدوده محاسبات گمرک و تنظیم دفاتر فراتر رفته باشد.[۱۴] البته چنانکه گذشت، همیشه یادگاه تاریخی متوازی‌ای در نزد ایرانیان زنده بود که حال دیگر بار در تقویم بُرجی نجم‌الدوله به نوعی همزیستی با تقویم هجری رسیده بود. اما ورای این همزیستی میان هجرت محمدی و پیشینه گاهشماری ایرانی، در عصر انقلاب مشروطه لزوم به استقرار یک تقویم رسمی دقیق مبتنی بر ماه‌های ثابت بیش از پیش برای نوسازی

---

[۱۴] سوای اشارات گذرا در اظهارات حسن تقی‌زاده (که بیاید)، شرح مبسوطی در باره این مطلب در منابع فارسی به‌دست نیامد. برای کارنامه این مامورین و ابداعاتشان بنگرید به آنت دستره، *مستخدمین بلژیکی در خدمت دولت ایران*، ترجمه منصوره اتحادیه (نظام مافی)، نشر تاریخ ایران، شماره ۲۸ (تهران، ۱۳۶۳ خورشیدی). این کتاب ترجمه‌ای از متن فرانسوی با مشخصات زیر است:

Destrée, *Les fonctionnaires belges au service de la Perse* (Leiden: Brill Publishers, 1976).

بعید نیست پژوهش در آرشیو بلژیک آگاهی‌های تازه‌ای عرضه دارد.

دولتی و وقت‌شناسی در جامعه لازم آمد. این نیازی بود که از عهده تقویم هجری قمری یا تقویم ترکی- مغولی، یا به‌کار گرفتن تقویم یزدگردی زردشتی و یا حتی تقویم جلالی برنمی‌آمد.

به همان گونه که رواج ساعت مکانیکی بر فراز "کلاه فرنگی" (و برج ساعت در دیگر شهرهای خاورمیانه) کم‌وبیش جای ساعات شرعی و ادای پنج‌گانه اذان را بر فراز گلدسته مساجد گرفت، و همان گونه که ساعات شبانه‌روز از زمان طلوع خورشید و 'به دسته مانده" یا "از دسته گذشته" (دسته یعنی نیم‌روز) و پیش از غروب و پس از غروب به ساعت‌شماری از نیمه‌شب و به دو بخش پیش‌ازظهر و بعدازظهر مبدل شد، تقویمِ بُرجی نیز در جراید یا سازمان‌های دولتیِ در حالِ گسترشِ پس از مشروطه، بر تقویم قمری و تقویم میلادی پیشی گرفت.

تفاوت تقویم برجی جدید در آغاز قرن بیستم با تقویم جلالی در آن بود که حال در گذار به جانب یک نظام مشروطه، مجلس شورای ملی، که نهادی برخاسته از یک انقلاب مردمی بود، پیشتاز استقرار یک تقویم ملی شد تا بتواند بهتر به خواست تجدد و برنامه اصلاحات پاسخ گوید. این خواست که از دل انقلاب مشروطه برآمد بود، در پاسخ به پدیده مدرن تطبیق همگانی زمان بود اما به جای آنکه تقویم گریگوری غربی را به‌کار گیرد، چنانکه در دیگر سرزمین‌های اسلامی (و غیراسلامی) چنین شد، به شیوه گاهشماری بومی ایران روی آورده بود. رسمی کردن این تقویم خورشیدی حاکی از پایداری فکر زمان‌اندیشی بود که از سویی آداب نوروز و اساطیر و ادبیات گذشته باستان را در یادگاه همگانی ایران محفوظ می‌داشت، و از سویی به حافظه شیعه ایرانی، به‌ویژه رُویه رستاخیزی آن، وفادار می‌ماند. در واقع این تقویم فرایند نهایی نزدیک به هزار سال زمان‌سنجی بود؛ یعنی از قرن چهارم

فصل چهارم: نجوم نوین، انقلاب مشروطه و پیدایش تقویم برجی

هجری (قرن دهم میلادی) که ایرانیان کوشیده بودند پیوندی بین دو وجه هویت باستانی ایران و هویت اسلامی ایران برقرار سازند.

باید دانست که سال ۱۳۲۳ هجری قمری (برابر با ۱۹۰۶ میلادی) در سالشمار تاریخ شیعه مقارن با هزارمین سال غیبت کبری مهدی صاحب‌الزمان بود. به اعتقاد شیعیان، محمدبن حسن عسکری حدوداً در سال ۳۲۳ قمری (برابر با ۹۳۵ میلادی)، یعنی شصت و سه سال پس از "غیبت صغری" (در ۲۶۰ هجری برابر با ۷۴ـ ۸۷۳ میلادی) به "غیبت کبری" رفته بود و می‌بایست تا پایان زمان نیز در آن دژ زمانی محصور بِمانَد. بدیهی‌ست که در این برهه نیز، یعنی در ۱۳۲۳ قمری، نظیر جنبش بابیه در هزاره غیبت صغری، یعنی ۱۲۶۰ قمری (برابر با ۱۸۴۴ میلادی) وقوع انقلابی مهدوی و آغاز دور تازه‌ای از زمان با وقوع انقلاب مشروطه انتظار می‌رفت.

البته ماهیت این انقلاب مهدوی متفاوت از نهضت بابی بود، اما بی‌ارتباط با آن نبود. بسیاری از مشروطه‌خواهان نسل اول از خاندان‌های بابی برخاسته بودند و هنوز اهداف بنیادین بابی را ارج می‌نهادند. اما در نزد اینان، آن رستاخیز آخرالزمانی بابی حال دیگر چهره آشنای شیعه مهدوی را نداشت، بلکه به صورت یک نهضت دنیوی متجدد چهره نموده بود. از جانب دیگر، مفهوم "انقلاب" نیز دیگر به معنای سنتی تحول جَوّی نبود، بلکه به معنای معاصر آن، یعنی جنبشی برای اصلاحات سیاسی و فکری و اجتماعی به‌کار گرفته شد. با این حال، هنوز برخی مفاهیم چون "اشراط‌الساعه" و "قیامت" و برخاستن مردگان از خاک در روز حَشر که همگی سابقه آخرالزمانی شیعی داشت، در بخشی از گفتمان انقلاب مشروطه باقی ماند.

میرزا جهانگیرخان شیرازی، سردبیر روزنامهٔ *صوراسرافیل* که سرآمد جراید عصر مشروطه بود، درخاندانی بابی درشیراز پرورش یافته بود. عنوان روزنامه او نه‌تنها آخرالزمانی بود، بلکه آیات قرآنی چندی را همراه داشت که همگی ‌‌اِنذاراتی در باره وقوع عنقریب قیامت بودند. سرلوحه روزنامه، مَلَکِ اِسرافیل را بر فراز شهر تهران نشان می‌داد که چون "نفخه"ای در صورش دمیده و فرارسیدن یوم‌القیامه را خبر می‌داد که مردگان در صبح حشرِ از قبور به‌در آمده بودند. این‌همه البته اشاره به حیات تازه و "بیداری" ایرانیان داشت که مُلهم از شعار "حریت، مساوات، اخوت" بود؛ شعاری که در درون همان سرلوحه افزوده شده بود. این شعار ریشه در قران و سنت آخرالزمانی اسلام نداشت، بلکه ملهم از عصر نوزایی (Age of Enlightenment) و انقلاب فرانسه بود.

فصل چهارم: نجوم نوین، انقلاب مشروطه و پیدایش تقویم برجی

تصویر ۸/۴: عنوان هفته‌نامه صور اسرافیل، شماره سه، ۲۸ دی ماه ۱۲۷۶ یزدگردی پارسی برابر با ۱۳ ژوئن ۱۹۰۷

تکیه بر ماهیتِ شیعه رستاخیزیِ انقلاب مشروطه را می‌توان در عنوان‌های دیگر روزنامه‌های این دوره نیز دید. روزنامه انتقادی روح‌القدس به سردبیری شیخ احمد تربتی (سلطان العلماء) و روزنامه نَجم ثاقب به سردبیری ناظم‌الإسلام کرمانی، هر دو اشاره به همان اشراط‌الساعه آخرالزمانی داشتند.

۲۰۲

تصویر ۹٫۴: عنوان هفته‌نامه *روح القدس*، شماره ۱۲، صفحه یک، ۲۵ رمضان ۱۳۲۵ هجری قمری برابر با یکم نوامبر ۱۹۰۷.

عنوان کتاب ناظم‌الاسلام ظاهراً برگرفته از کتاب معروف *نجم‌الثاقب در احوال امام غائب* از محدث معروف میرز حسین طبرسی نوری در وصف ظهور مهدی موعود و وقایع آخرالزمان است که حدود یک دهه پیش از روزنامه *نجم ثاقب* نگاشته شده بود. طرفه آنکه ناظم‌الاسلام کرمانی، که خود تمایل به بابیه داشت، در سال ۱۳۲۹

فصل چهارم: نجوم نوین، انقلاب مشروطه و پیدایش تقویم برجی

قمری برابر ۱۹۱۱ میلادی، همزمان با انقلاب مشروطه، کتابی با عنوان علائم ظهور نیز در باره مهدی موعود نگاشته و مفصلاً روایات و بشارات ظهور را چه در نزد شیعه و چه غیر از آن جمع آورده بود. اگرچه او در جامه نگارنده تاریخ بیداری ایرانیان روایتی ارزنده و ماندنی از خود به‌جای گذارده است، اما در علائم ظهور، نظیر دیگر اهل شرع عمل کرده و روایتی کاملاً سنتی و عاری از هر دیدگاه نقادانه‌ای فراهم آورده بود که بی‌شباهت به کتاب طبرسی نوری نیست. البته او پایان استبداد و حدوث انقلاب مشروطه را مقدمه‌ای بر ظهور عنقریب مهدی، یا "ظهورالحق،" در فاصله زمانی بین ۱۳۲۹ تا ۱۳۵۱ قمری می‌شِمُرَد (یعنی بین ۱۹۱۱ و ۱۹۳۲) اما دیدگاه او فاقد نواندیشی زمان مدار (و در نتیجه آگاهی از هر نوع تقویم خورشیدی) بود. در دیده ناظم‌الإسلام، ظهور مهدی شامل هیچ آگاهی ادواری نوینی نیز نبود و چون اندیشه بابی، خواهان پایان دور اسلام نبود و یا شاید شجاعت آن را نداشت که چنین تقارنی را در کتابی چاپی بروز دهد. در نتیجه باید بپذیریم که پیدایش این زمان‌آگاهی نوین در نزد نجم‌الدوله و دیگر هم‌معصران او از راه آشنایی ایشان با مفاهیم مدرن غربی امکان‌پذیر شد تا آنکه نتیجه طبیعی اندیشه رستاخیزی شیعه باشد.[15]

البته جدایی از آن آخرالزمان شیعی و پذیرش این رستاخیز دنیوی به‌تدریج پای گرفت. مثلاً همین هفته نامه صور اسرافیل در صدر هر شماره پس از ذکر تقویم قمری هم تقویم میلادی و هم تقویم

---

[15] میرزا محمد ناظم‌الاسلام کرمانی، کتاب مستطاب علائم ظهور یا رساله مبارکه شریفیه در ظهور حضرت حجه (طهران: شیخ احمد کتابفروش شیرازی، ۱۳۲۹ قمری).

گاهشماری خورشیدی

"یزدگردی پارسی" را می‌آورد و این نشانه آن بود که حتی تا سال ۱۳۲۵ قمری برابر با ۱۹۰۸ میلادی، به‌رغم آزادی‌های نسبی دوره مشروطه میرزا جهانگیرخان تنها مایل به احیای همان تقویم زرتشتی باستانی بود.

در واقع، ربع قرنی پس از ابداع "تقویم بُرجی" طول کشید تا بالاخره بنا بر لایحه‌ای که در دوره دوم مجلس شورای ملی ایران در دوم حوت یا اسفند ماه سال ۱۲۸۹ هجری شمسی (برابر با ۲۱ صفر ۱۳۲۹ هجری قمری / ۲۲ فوریه ۱۹۱۱ میلادی) مطرح شد، اجرای این تقویم برجی در قانون جدید محاسبات دولتی گنجانیده شد. قانون مذکور در ۲۱ عقرب یا آبان‌ماه همان سال ۱۲۸۹ خورشیدی به تصویب رسید، اما دامنه آن تنها محدود به محاسبات دولتی بود.

این ابتکار تنها از آن روی امکان‌پذیر شد که در پایان دوره "استبدادِ صغیر" و پیروزی ملّیون و فتح تهران (در ۱۳۲۷ قمری / ۱۹۰۹ میلادی) و به دنبال آن تشکیل دوره دوم مجلس شورای ملی، هراس از سرزنش‌ها و مخالفت‌های "مستبدین"، یا ترس از انتقاد گروه بزرگی از مجتهدان شیعه (در زیر لوای شیخ فضل‌الله نوری) و یا مخالفت‌های هواخواهان انجمن اسلامیه تبریز، بسیار کاستی گرفت. برخی از ملّیون پیروز که خواهان بنیان نوینی برای دولت و فرهنگ ایران بودند و جدایی سیاسی از دستگاه شرع را شرط بقای هویت ملی می‌دانستند، در مجلس دوم یک اکثریت متجدد عرفی (secular)، به‌ویژه در جناح نیمه‌رسمی اجتماعیون‌عامیون (یا دموکرات) تشکیل دادند. فضای سیاسی تازه و وضع قوانین جدید، حداقل در حیطه امور دولتی، استقرار تجدد عرفی را در برابر سلطه شرعی ممکن می‌ساخت.

نماینده بارزی از این جریان تازه، عبدالحسین شیبانی کاشانی وحیدالملک (متولد ۱۲۵۲ خورشیدی/ ۱۸۷۴ میلادی)، وکیل مجلس

فصل چهارم: نجوم نوین، انقلاب مشروطه و پیدایش تقویم برجی

دوم و بانی و پشتیبان مصوبه تبدیل تقویم بود. وی از خاندانی نامی و بانفوذ در کاشان برخاسته بود که از آغاز قاجاریه تنی‌چند از شاعران، مستوفیان و رجال را پرورانده بود. پدربزرگ عبدالحسین زمانی حاکم کاشان بود و پدرش از ملاکین بزرگ بود و مناصب دیوانی داشت.

او پس از تحصیلات قدیمه در موطن‌اش ابتدا به دارالفنون و سپس در ۱۸۹۰ میلادی در بمبئی در مدرسه‌ای که برای پرورش زبدگان در مستعمره هند تاسیس شده بود، با نمرات عالی و جوایز چندی فارغ‌التحصیل شد. سپس راهی انگلستان شد و در ابتدا شاید در جایگاه مترجم در زمره همراهان مظفرالدین شاه درآمد که برای بازدیدی رسمی به انگلستان آمده بود. اندکی بعد در فوریه ۱۹۰۰ توسط میرزا اسدالله تاجر کاشانی، که صاحب تجارتخانه‌ای در لندن بود، به ایرانشناس نامدار، ادوارد گرنویل براون، در دانشگاه کیمبریج معرفی شد و به همت او بین سال‌های ۱۹۰۴ تا ۱۹۰۵ در جایگاه مدرس زبان فارسی در آن دانشگاه گمارده شد. پیش از آن نیز سه تا چهار سال در یکی از کالج‌های دانشگاه لندن، و شاید در کیمبریج نیز، در پاره‌ای دروس در رشته‌های تاریخ و حقوق شرکت کرد، اما نمی‌دانیم این تحصیلات آیا صرفاً مستمع‌آزاد بود یا به دریافت درجه دانشگاهی نیز منجر شد.

بی‌تردید مهارت در زبان انگلیسی، به جای فرانسه که زبان متداول فرهنگی آن دوران بود، راه تازه‌ای در برابر عبدالحسین جوان گشود. مجاورت با براون نیز در آغاز دورانی بود که آن محقق نام‌آور با پشتکار و جدّیت همیشگی خود به‌کار پیشبرد انقلاب مشروطه اهتمام ورزیده بود و صدای رسا و موثری از این نهضت را در دنیای غرب بازتاب می‌داد. بعید نیست که آشنایی با براون و پژوهش‌های فرهنگی

گاهشماری خورشیدی

و کوشش‌های او در اعتلای مشروطه که در همان اوان آغاز شد، در عبدالحسین کاشانی موثر افتاده باشد.

تصویر ۱۰/۴: عبدالحسین وحیدالملک شیبانی در جامه ایرانی درکنار ادوارد گرنویل براون همراه با جمعی از دانشجویان و دستیاران براون، کیمبریج، حوالی ۱۹۰۵. برگرفته از عبدالحسین شیبانی وحیدالملک، *خاطرات مهاجرت*، به کوشش ایرج افشار و کاوه بیات (تهران: شیرازه، ۱۳۷۸)، افزوده‌های پایان کتاب.

فصل چهارم: نجوم نوین، انقلاب مشروطه و پیدایش تقویم برجی

تصویر ۱۱/۴: وحیدالملک، حوالی ۱۳۲۳ قمری/۱۹۰۶ میلادی، در عکاسخانه آنتوان سورگین در تهران. برگرفته از وحیدالملک، *خاطرات مهاجرت*، افزوده‌های پایان کتاب.

گاهشماری خورشیدی

WAHIDU'L-MULK (UNIQUE ONE OF THE KINGDOM).
One of the leaders of the Democrats in the Medjlis. He was a strong supporter of the Americans.

تصویر ۱۲/۴: تصویر وحیدالملک در
W. Morgan Shuster, *The Strangling of Persia,* New York, 1912, p. 249.

فصل چهارم: نجوم نوین، انقلاب مشروطه و پیدایش تقویم برجی

شاید بازگشت وحیدالملک جوان به ایران، همزمان با آغاز نهضت مشروطه، به سبب روح میهن‌دوستی او بود. در تهران چندی به عنوان مخبر روزنامه *تایمز* (London Times) شاغل بود اما صرفا معدودی از مقالاتی که به امضای خود او بود ، در دست است.۱۶ ولی هرآنچه نوشته است، بی‌تردید مخالف با دیدگاه روزنامه *تایمز* و به‌ویژه مغایر با آرای مشروطه‌ستیز دیوید فریزر (David Fraser)، آن خبرنگار مغرضی بود که از جانب این روزنامه به ایران و عثمانی فرستاده شد. شاید نیز به همین دلیل دوران خبرنگاری وحیدالملک زود به سر آمد. به حدس توان گفت که ارسال مقالات به تقویم میلادی برای روزنامه معتبر انگلیسی، عبدالحسین را بیشتر به لزوم رهایی از مشکل تطبیق تاریخ قمری به میلادی و در نتیجه، لزوم یک گاهشماری دقیق خورشیدی ایرانی آگاه ساخته بود. شاید هم این کاملاً بی‌ارتباط با نگارش و چاپ *رساله تطبیقیه* نجم‌الدوله در ۱۹۰۴ نبود.۱۷

---

۱۶ چند گزارش کوتاه مرادف با آغاز مشروطه در *The Times* از وحیدالملک به چاپ رسیده است. گزارش ۲۱ اوت ۱۹۰۶، او را مدرس زبان فارسی در دانشگاه کیمبریج معرفی می‌کند که با تحولات تازه، از جمله مقدمات انتصاب وکلای مجلس شورا، از نزدیک آشنایی دارد. بنگرید:

https://link.gale.com/apps/doc/CS34272021/TTDA?u=29002&sid=bookmark-TTDA&xid=7078a393

ایضاً بنگرید به عبدالحسین شیبانی (وحیدالملک)، *خاطرات مهاجرت از دولت موقت کرمانشاه تا کمیته ملیون برلین*، ویراستار ایرج افشار و کاوه بیات (تهران: نشر شیرازه، ۱۳۷۸). افزون بر شرحی که وحیدالملک چهار دهه پس از حوادث دوران مهاجرت و حضور در حلقه برلین نوشته است، مجموعه مکاتبات و مدارک و همچنین توضیحات ویراستاران در آگاهی به احوال وحیدالملک سودمند است.

۱۷ بازنگشتن عبدالحسین شیبانی به ایران همزمان با تشکیل مجلس اول شاید به‌خاطر آن بوده است که سن‌اش در ۱۳۲۳/ ۱۹۰۶ به سی سال نرسیده و طبق آیین‌نامه

گاهشماری خورشیدی

در دوره دوم مجلس شورای ملی، که نخستین دوره انتخابی آن مجلس بود (در دوره اول وکلا انتصابی بودند)، وحیدالملک جوان در زمره وکلای بانفوذ درآمد. انتخاب او بی‌تردید ناشی از کوشش‌های او در استقرار دوباره مشروطه در دوران استبداد صغیر بود. وحیدالملک عضو آن "کمیته موقت" بود که در ۱۳۲۸-۱۳۲۷ قمری برابر با ۱۹۰۹-۱۹۱۰ میلادی پس از عزل محمدعلی شاه، چندی سررشته امور دولت را در دست داشت. وحیدالملک از جمله اعضای محکمه انقلابی‌ای نیز بود که همراه با شیخ ابراهیم زنجانی و سید حسن تقی‌زاده حکم به اعدام شیخ فضل‌الله نوری داده بود. او نیز چون تقی‌زاده از اعضای جناح دموکرات در مجلس دوم بود. شاید هم با نظر تقی‌زاده بود که وحیدالملک طرح تقویم برجی را برای محاسبات مالی دولتی پیشنهاد کرده و به تصویب مجلس دوم رسانید.

در واقع، بیش از وحیدالملک، این ابتکار و نفوذ تقی‌زاده بود که زمینه را برای رسمیت یافتن تقویم خورشیدی فرهم آورد. تقی‌زاده از ایام جوانی به نجوم، هیات و ریاضیات علاقه‌مند بود و مادام‌العمر نیز همین دلبستگی به مطالعات گاهشماری ایرانی و غربی را محفوظ داشت. در *خاطرات طوفانی*، وی ریشه‌های این دلبستگی را در وهله اول مدیون مطالعه متون قدیمه در این رشته‌ها دانسته است:

از چهارده‌سالگی شوق زیادی به علوم عقلی پیدا کردم و ابتدا *خلاصه‌الحساب* شیخ بهایی و علم هیات فارسی (نگارش

انتخابات نمی‌توانسته به وکالت مجلس برگزیده شود. به دلیل همین حدّنصاب سنی، میرزا محمد مصدق‌السلطنه (دکتر محمد مصدق) نیز به مجلس اول راه نیافت.

ملا علی فاضل) قوشچی و *تشریح الافلاک* شیخ بهایی را درس خواندم و در آن ضمن به *شرح چَغمینی* و *اصول هندسه اقلیدس* [*به*] تحریر نصیرالدین طوسی و کتب هندسی دیگر از قبیل کتاب *الاکر* ثاوذوسیوس و کتاب *الاکر* مانالاوس و کتاب *الکُره المتحرکه* اطولوقس و *مجسطی* بطلمیوس و کتب ارشمیدس و زیج الغ‌بیگ و بسیاری کتب دیگر نجومی و حسابی و غیره مراجعه و مطالعه نموده و در آن‌ها کار کردم و از یک طرف شوقی به علم رمل و جفر و اعداد پیدا کردم [و] چندی هم در این رشته‌ها کار کردم.[۱۸]

دلبستگی تقی‌زاده جوان از حوالی سال ۱۳۱۵ قمری (برابر با ۱۸۹۸ میلادی) به علوم جدید غربی آغاز شد. او نخست از راه آثار فارسی عبدالرحیم طالبوف، یا ترجمه‌های عربی کتب علمی اروپایی چاپ قاهره و بیروت و ترجمه‌های ترکی چاپ استانبول، و سپس با مطالعه اصل متون فرانسه، در علوم تجربی آنقدر تبحر یافت که در

[۱۸] حسن تقی‌زاده، *زندگی طوفانی: خاطرات سید حسن تقی‌زاده*، به‌اهتمام ایرج افشار (تهران: انتشارات علمی، ۱۳۶۸) ۲۵. مقصود از ثاوذوسیوس همان Theodosius of Bithynia ریاضیدان و منجم قرن دوم پیش از میلاد است. مانالاوس همان Manelaus of Alexandria ریاضیدان اواخر قرن اول و آغاز قرن دوم میلادی است. این هر دو صاحب چند اثر در ریاضیات و نجوم‌اند که در عهد اسلامی از سریانی وسیله کسانی چون ثابت بن قرّه به زبان عربی درآمده بود. نظیر دیگر ترجمه‌های یونانی که تقی‌زاده ذکر کرده، به نظر می‌آید که نسخ خطی این کتب در دسترس بوده است، اما بعید نیست که متن ویراسته چاپ مصر و بیروت نیز در این زمان به تبریز راه یافته بود. مقصود از "الاکر" ظاهراً جمع مکسر قدیمی کُره است به معنی کُرات آسمانی یا سیارات.

۱۳۱۶ قمری (برابر با ۱۸۹۹ میلادی) به سمت معلم فیزیک در دارالفنون مظفری تبریز برگزیده شود. در حدود سال ۱۳۱۹ قمری (برابر با ۱۹۰۱) در آموختن زبان فرانسه آنقدر پیشرفت کرده بود که بتواند کتاب Les merveilles célestes نگارش کامیل فلاماریون، منجم مشهور فرانسوی، را با عنوان عجائب آسمانی به فارسی ترجمه کند (اگرچه هیچگاه به چاپ نرسید).[۱۹]

علاقه تقی‌زاده جوان به نجوم و هیات و علم الافلاک قدیم از یک سو و علوم ریاضی و نجوم و فیزیک جدید از سوی دیگر، پدیده‌ای مشابه و همزمان با بدایه النجوم نجم‌الدوله بود و چون او، گذار تقی‌زاده را از معارف قدیمه و نجوم بطلمیوسی به نظام کپرنیکی جدید نمایان می‌ساخت. تقی‌زاده در جای دیگری از همین شوق به نجوم در جوانی یاد کرده و افزوده است که ابتدای آشنایی او با نجوم جدید از راه مجله کوچک معرفت و همچنین ترجمه فارسی طالبوف از Petite Astronomie Descriptive از فلاماریون بوده (که از ترجمه روسی به فارسی درآمده بود) و سپس افزوده است که "رساله کوچک میرزا محمودخان مشاورالملک (که بعدها وکیل قم در مجلس شورای ملی در دوره اول شد) و بعضی نوشته‌های حاج میرزا عبدالغفار نجم‌الدوله" نیز درهای جدیدی را بروی او گشوده است.[۲۰] این گذار بی‌تردید شیوه

---

[۱۹] همان جا، ۲۶–۲۹.

[۲۰] مقالات تقی‌زاده (جلد اول: تحقیقات و نوشته‌های تاریخی)، به اهتمام ایرج افشار (تهران: ۱۳۴۹)، ۲۱۷. عنوان کتاب فلاماریون etite astronomi آمده که خطاست و در متن بالا تصحیح شد. این کتاب نخستین بار در ۱۸۸۷ در پاریس چاپ شده است.

تازه اما آشنایی برای آشتی با تجدد غربی بود که راه را برای شکفتگی یک هویت نوین در نزد روشنفکران ایرانی در دوره مشروطه باز کرد.

تصویر ۱۳/٤: سید حسن تقی‌زاده وکیل تبریز در مجلس اول، حوالی ۱۹۰۷ میلادی.

Sayyid Ḥasan ibn Taqí (Taqí-záda)
One of the Deputies for Tabríz

پرداختن به علل و شرایطی که ایران همزمان با تصویب قانون تبدیل تقویم با آن درگیر بود ما را به درک بهتری از علل این تبدیل تقویم راهنمون می شود. سال ۱۲۸۹ خورشیدی/ ۱۹۱۱ میلادی را باید یکی از طوفانی‌ترین سال‌های قرن بیستم در ایران دانست. از طرفی کوشش مجلس دوم برای پیشبرد برنامه اصلاحات همه جانبه با مقاومت شدید درون مرزی و برون مرزی مواجه شد و نهال تازه بنیاد مشروطه را دستخوش عوارض سهمگینی ساخت. از جانب دیگر درگیری‌های چند جانبه سیاسی وحزبی در داخل و خارج مجلس سبب تصادم شدید در میان مشروطه‌خواهان شد و زمینه مساعد را برای احیای قوای استبداد مجدداً زیر پرچم محمد علی شاه فراهم آورد. بالاخره در زمستان همان سال تهدید آشکار و مداخله کاملاً بی‌ماخذ دو قدرت بزرگ در امور داخلی ایران که بدان نام "اءلتیماتم" دادند، سبب تعطیل مجلس مشروطه و اشغال ولایات شمالی ایران شد که کم‌وبیش تا سال ۱۹۱۹ ادامه یافت. این واکنش پرخاش جویانه دولت روسیه تزاری، و اندکی پس از آن همراهی دولت انگلستان نیز، بیش از هر چیز ناشی از نگرانی‌های سلطه این جویانه این قدرت‌های زمانه بود که کوشش‌های مجلس در جهت حفظ منافع ایران، و اصولا استقلال رای ایرانیان را، مخالف منافع مستعمراتی خود می‌دانستند و از مخالفت با این اقدامات دریغ نمی‌ورزیدند.

مخالفت شدید با اقدام مجلس دوم برای استخدام ویلیام مورگان شوستر (William Morgan Shuster) که در فوریه ۱۹۱۱ بدون آگاهی و موافقت دو قدرت همسایه انجام شد، نمونه بسیار روشنی از این زیاده‌خواهی قدرت‌های همسایه بود. واکنش پرخاش جویانه دولت روسیه تزاری، و اندکی پس از آن دولت انگلستان، یکی

فصل چهارم: نجوم نوین، انقلاب مشروطه و پیدایش تقویم برجی

از کوشش‌های مجلس در جهت حفظ منافع ایرانیان، بود که دولتین همسایه مخالف مطامع مستعمراتی خود می‌دانستند. این رفتار پر تبختر از صدر تا ذیل، یعنی از شخص تزار و وزرای او و از مقام رئیس‌الوزرای انگلستان تا سطح وزرای مختار و کنسول‌های دولتین و دست نشاندگان آنان و دیگر ماموران فرنگی در استخدام دولت ایران و تا سطح امرا و افسران جزء و حتی افراد مادون قشون اشغالی روس، محسوس و مشهود بود.

قانون محاسبات درست در زمانی مطرح و تصویب شد که مجلس هم سوی با اصلاحات دولتی و در جهت بهبود بنیه ضعیف مالی ایران در صدد برآمد که از مشاورین فرنگی استمداد جوید. پس از آنکه دو بار با کوشش مجلس برای استخدام مستشار اروپایی از جانب دولتین همسایه مخالفت شد، بالاخره به وسیله وزیر مختار ایران در ایالات متحده، علی‌قلی‌خان نبیل‌الدوله ضرابی کاشانی، شوستر در ماه فوریه در جایگاه "خزانه‌دار کلّ" به استخدام دولت ایران درآمد. نبیل‌الدوله نیز چون وحیدالملک از خاندانی سرشناس از کاشان بود و امکان دارد که آشنایی‌ای نیز بین این دو بوده است. قانون محاسبات در ۲۲ فوریه ۱۹۱۱ درست همزمان با استخدام شوستر مطرح شد و هنگامی در نوامبر همان سال به تصویب رسید که شوستر و هیات آمریکایی همراه او سخت در کار اصلاح مالیه ایران بودند و می‌کوشیدند نظمی نوین در نظام مندرس و ناکارآمد دستگاه استیفا پدید آورند.

شوستر در کتاب خود، اختناق ایران (*Strangling of Persia*)، که در ۱۹۱۲ پس از برکناری و بازگشت به آمریکا نگاشت، هم از ورشکستگی نظام مالی ایران و هم در انتقاد از فشار و اِرعاب دولتین همسایه با دلیری و صراحت سخن گفته است. اما جز آنکه نام

گاهشماری خورشیدی

نیکی از تقی‌زاده و وحیدالملک بیاورد و تصاویری از ایشان بیفزاید، مطلب دیگری در باره تبدیل تقویم نگفته است. شاید وی در آن هنگام آنقدر مسائل حادّ در ذهن داشت که پرداختن به این یکی را برای خوانندگانش اساسی نمی‌دانست. همین‌قدر می‌توان گفت که قانون محاسبات و ماده تبدیل تقویم، بی‌توجه به لزوم مستشاران فرنگی و حضور هیات شوستر در ایران نبود.[21]

---

[21] شاید بررسی در اسناد ملی ایران، آرشیو وزارت امور خارجه ایران، مرکز اسناد و کتابخانه مجلس و همچنین British Archive و US Archive نکات تازه‌ای در باره این ضرورت گذرانیدن قانون محاسبات آشکار سازد.

فصل چهارم: نجوم نوین، انقلاب مشروطه و پیدایش تقویم برجی

تصویر ۴/۱٤:
frontenpiece W. Morgan Shuster in his *The Strangling of Persia,* New York, 1912.

البته تقی‌زاده در این مورد به نکتهٔ مهمی اشاره دارد. در مقاله‌ای که به اختصار تاریخ تقویم‌های رایج را برشمرده، متذکر شده است که:

در طی قرن کنونی (یعنی قرن بیستم) این حساب‌های زمان ... به مرور زمان تغییراتی پیدا کرده که از آنجمله استعمال سال شمسی است در دوایر گمرکات و به‌تدریج در مالیه از حدود سال ۱۳۱۸ قمری / ۱۹۰۱ میلادی به این طرف پس از تصدی بلژیکی‌ها به ادارهٔ گمرک. این سال را با دوازده ماه شمسی به اسامی بروج دوازده‌گانه معمول داشتند و به‌تدریج در دوایر دولتی و رسمی و مخصوصاً مالی و حتی مجلس شورای ملی در وضع قوانین و غیره رواج گرفت و تا سال ۱۳۰۴ شمسی هجری (مطابق با سال ۱۳۴۳ هجری قمری) که قانون جدید استعمال تاریخ و سال شمسی و ماه‌های شمسی با اسامی ایرانی از فروردین تا اسفند به ترتیب معمول حالیه که فعلاً در دوایر رسمی معمول است، جاری بود.[22]

اما تقی‌زاده این پرسش مهم را بی‌پاسخ گذاشته که اولا مامورین بلژیکی از ۱۸۹۸ مستخدم ایران بودند و دوم آنکه چگونه مامورین بلژیکی، به ریاست مسیو ژوزف نوز، از وجود چنین تقویم شمسی برجی آگاه بوده و آن را به‌کار گرفته بودند. احتمال قریب‌به‌یقین آن است که نجم‌الدوله ایشان را از وجود این تقویم، که چند سالی پیش در اواخر دوره ناصری آن را تدوین و طبع کرده بود (چنانکه گذشت)، مُطلّع ساخت. شاید

---

[22] زندگی طوفانی ۱۹۰ - ۱۸۹.

فصل چهارم: نجوم نوین، انقلاب مشروطه و پیدایش تقویم برجی

پژوهش بیشتر در مدارک و مکاتبات این دوره به روشن شدن این مهم مدد رساند.

۵

تقویم خورشیدی در قانون محاسبات عمومی

در هنگام اولین شور در مجلس دوم در باره طرح جایگزینی تقویم برجی شمسی به جای تقویم قمری نه‌تنها می‌توان آشنایی ضمنی وکلا را از رواج نسبی این تقویم در دوایر دولتی دید، بلکه نگرانی ایشان از امکان مقاومت عمومی در اجرای تقویم جدید شمسی نیز محسوس است. بنا بر مشروح مذاکرات جلسه ۸۲ مجلس دوم در روز پنج‌شنبه دهم شهر ربیع الثانی ۱۳۲۸ / ۲۱ آوریل ۱۹۱۰ تقریباً همه وکلا در این امر متفق بودند که چون تبدیل تقویم در قانون محاسبات (که قرار بود به‌زودی به مجلس ارائه شود) مندرج است، در حال حاضر لزومی برای تصویب قانون جدیدی در این باره نیست. نظر کمیسیون مبتکرات مجلس هم در مورد این طرح که از جانب وحیدالملک ارائه شده بود، این امر را تایید می‌کرد. چنانکه در آغاز مشروح مذاکرات آمده است: "راپورت کمیسیون مبتکرات در خصوص طرح آقای وحیدالملک راجع به تغییر تاریخ از قمری به شمسی قرائت شد. کمیسیون آن طرح را قابل‌توجه دانسته ولی در جریان آن فیمابین عموم، به واسطه تصادف اشکالات، اجرای فعلی آن را صلاح ندانسته [و] تصویب کرده بود که فعلا در دوایر دولتی اجرا شود."

اظهارات وکلا در صحن مجلس وجود این "اشکالات" مذکور را در راپرت کمیسیون تایید می‌کرد. در آغاز فاتح‌الملک گفت: "این

مسئله خیلی لازم است. اگر بشود خیلی خوب است ولی چون اذهان هنوز خوب مسبوق نیست اجرای آن، همینطور که کمیسیون اظهار کرده است. فیمابین عموم مشکل است. خوب است قبلاً این را در میان مردم طبع و منتشر نمایند که اذهان مسبوق شود آنوقت ممکن است که اجرا شود." صدیق حضرت نیز گفت: 'بنده عقیده‌ام این است که در بعضی ممالک دو تاریخ معمول است، مثل عثمانی، و ممکن است بدواً این تغییر را در دوائر دولتی بدهیم تا اذهان مردم مسبوق شود." در پاسخ وحیدالملک خود نیز تایید کرد که چون "کمیسیون طرح بنده را برای دوائر دولتی تصویب کرده است، ممکن است دوائر دولتی در تمام ادارات و تمام معاملات این را اجرا بدارند. منتهی برای جریان آن در عموم قدری طول دارد و بعد از یک سال یا دو سال خواهد شد. ولی برای ادارات دولتی که فعلاً ممکن است." همین نکته را با تاکید بیشتری شاهزاده اسدالله میرزا گفت: "در قانون محاسبات که به مجلس پیشنهاد می‌شود قید شده است که از سنه یکهزار و سیصد و بیست و هشت [قمری] تاریخ رسمی تاریخ شمسی جلالی خواهد بود. در این صورت دیگر محتاج به این طرح نیستیم." بر همین منوال وکیل‌التجار افزود: "در ادارات دولتی همینطور که می‌بینیم فعلاً این ترتیب معمول است منتهی رسمیت ندارد و برای عموم [نیز] وقتی که مسئله الصاق تمبر بر نوشتجات پیش آمد ممکن است در آنجا قید کرد. این است که گمان می‌کنم فعلاً این مذاکرات زیادی باشد در آن موقع خودش قهراً اجرا می‌شود." کاشف نیز افزود: "این قانون برای تجار و دولت لازم‌الاجرا است و برای اشخاص مذاکره لازم نیست."

همین جریان مذاکرات تقی‌زاده را نیز واداشت که اضافه کند: "مطلب بنده را آقای میرزا اسدالله‌خان فرمودند. این قانون اگر راجع به

ادارات دولتی است که در قانون محاسبات که به مجلس خواهد آمد قید شده است و از مجلس می‌گذرد و اگر برای عموم است بنده این را لازم نمی‌دانم برای اینکه اجرا نمی‌شود." در پایان، رئیس مجلس، صادق‌خان مستشارالدوله، اعلام کرد که "هرکس این طرح را قابل‌توجه می‌داند قیام نماید" و چون اغلب نمایندگان از جا برنخاستند، طرح رد شد.[۲۳]

هم وحیدالملک و هم تقی‌زاده در باره مشکل همگانی کردن تقویم جدید سخن گفتند و حتی در این مطلب تقی‌زاده بیشتر خواهان رعایت احتیاط بود. این امر به‌ویژه در باره تقی‌زاده جای شگفتی است، زیرا او در سراسر زندگی سیاسی و علمی‌اش مُبلّغ و مدافع تقویم خورشیدی بود. شاید در وهله اول این امر را باید ناشی از هراس او از مخالفت فقها و وابستگان ایشان با رسمی کردن تقویم جدید خورشیدی دانست که اگرچه مبدأ آن هجرت بود، اساساً ترتیب ماه و سال رایج را در تقویم شیعه دگرگون می‌ساخت. از نظر ارباب شرع، این تهدید بسیار بزرگی برای همه دستگاه شرع اسلام و تمامی مناسک و آداب شرعی وابسته به تقویم قمری جلوه کرده بود که در راس آن فرهنگ سوگواری شیعه جای داشت. اگرچه تقویم جدید برجی شمسی سرمایه‌کیش‌دارانه ارباب عمائم را کاملاً به فراموشی نمی‌سپرد، حداقل آن را کمرنگ می‌ساخت.

در واقع، رسمی کردن این تقویم خورشیدی در دیده اهل شرع ناقض آن اطمینانی بود که مشروطه‌خواهان و مجلس از آغاز کار بارها

[۲۳] صورت مشروح مذاکرات مجلس روز پنجشنبه دهم شهر ربیع‌الثانی ۱۳۲۸، *روزنامه رسمی کشور شاهنشاهی ایران* (تهران: چاپخانه مجلس، ۱۷ مهرماه ۱۳۲۵) ۲۰۰_۱۹۹.

به ایشان داده بودند. طرح عرفی کردن (secularization) مشروطه، چنانکه مشروطه‌خواهان برای آسایش خاطر فقها وعده داده بودند، صرفا می‌بایست شامل انضباط قانونی در امور دولتی می‌بود و نمی‌خواست در امور شرعی جامعه، یعنی در حیطه نفوذ علمای شرع، دخالت کند. اما اعدام شیخ فضل‌الله نوری پس از فتح تهران و تشکیل کمیته موقت، به‌رغم همه تمهیداتی که وحیدالملک و تقی‌زاده برای موجه ساختن این اعدام انقلابی فراهم آوردند، در نظر ارباب شرع زنگ‌خطر بزرگی برای به حاشیه راندن ایشان و تضعیف نظام شرعیِ گسترده‌ای بود که حداقل هزار سالی صَرف ساختن و پرداختن آن شده بود و این امر موضع ارباب شرع را به خطر می‌انداخت. در این راه چندان هم بیراه نمی‌رفتند، زیرا سیر تحول مشروطه و پسامشروطه به‌خوبی شاهد عقب‌نشینی اهل شرع و در مقابل پیشروی جریان عرفی‌سازی همه نهادهای اجتماعی و فرهنگی بود که بالاخره همزمان با جلوس رضا شاه شکل نهایی گرفت.

اما تا آنجا که به تقی‌زاده مربوط می‌شد، رعایت احتیاط در ماه‌های آینده به سبب قضیه ترور سید عبدالله بهبهانی در ژوئیه ۱۹۱۰ بود که به دست ماجراجویانی چون حیدرخان عمواغلی و همراهانش و گویا با پشتیبانی تقی‌زاده انجام گرفت. این بحران او را بیشتر به وخامت رویارویی بین شرع و عرف آگاه ساخت؛ به‌ویژه پس از آنکه تکفیر تقی‌زاده به فتوای علمای اعلام در نجف منجر به فرار او از تهران به تبریز و سپس به استانبول شد. این جریانات به‌رغم همه پایبندی او به برقراری یک جامعه قانونمند، متجدد و خِرَدبنیان (rationalized)، و همچنین دلبستگی‌های تقی‌زاده به نجوم و تقویم، او را از پافشاری در طرح تبدیل تقویم خورشیدی اندکی دور کرد. اما دوباره پس از عزیمت

به اروپا و به‌ویژه در دوران اقامت در برلین و انتشار نشریه *کاوه*، شاهد بازگشت به مسئله تبدیل تقویم هستیم (چنانکه بیاید). [٢٤]

این اوضاع پرتنش، که در عین درگیری با دولتین همسایه در قضیه شوستر پیش آمد، گویا مسئولیت نهایی کردن طرح تقویم را بیشتر به دوش وحیدالملک و نمایندگان هم‌مسلک او انداخت. شگفتا که او با وجود عضویت در کمیته موقت و انفاذ حکم اعدام فضل‌الله نوری، تا آنجا که می‌دانیم چندان در معرض سرزنش مخالفین مشروطه و تقریباً تمامی دستگاه فقها که طرفدار نوری و استبداد محمدعلی شاه بودند، قرار نگرفت. شاید یک دلیل این امر، تعلق او به خاندان بزرگ و متنفذ شیبانی بود و شاید دلایل دیگری هم در میان بود که از آن‌ها بی‌خبریم. با این حال، در ۲۱ عقرب/ آبان سال ۱۲۸۹ خورشیدی / ۱۳ نوامبر سال ۱۹۱۱، هنگامی که قانون محاسبات عمومی به تصویب رسید، وحیدالملک نقش عمده‌ای نداشت. مشروح مذاکرات جلسه ۱۷۴ مجلس حاکی از آن بود که وزیر کابینه حسن مستوفی‌الممالک نظر کمیسیون مجلس را مبنی بر به‌کار بردن نام‌های ایرانی در تقویم جدید شمسی نادیده انگاشته و همان نام‌های بروج را توصیه کرده بود.

با این حال، پیش از تصویب این ماده بحثی میان نمایندگان در باره مزیت نام ماه‌های فارسی بر نام‌های قدیم بروج فلکی درگرفت:

آقا میرزامرتضی قلیخان: در آن دفعه اول که درکمیسیون قوانین مالیه این قانون درتحت شور درآمد، خیلی مذاکره شد در اینکه

[٢٤] تقی‌زاده که متهم به تحریک حیدرخان بود از تهران به تبریز به "مرخصی" رفت و چهار ماه پس از آن نیز در پی حوادث دیگر مجبور شد به استانبول بگریزد.

ماه‌های شمسی از روی بروج باشد یا فارسی. از روی ادله که درشور اول در مجلس اقامه شد، تمام اعضاء کمیسیون عقیده‌شان این بود که باید ماه‌های فارسی باشد وحالا بنده یکی ازدلایل‌اش راعرض می‌کنم ومجلس مختار است که قبول کند یا رد نماید. اولاً تعیین بروج خیلی اشکال دارد برای اهالی برای اینکه عموم مردم ماه‌هایشان ازروی ماه‌های عربی است وماه‌های عربی هم که بواسطه اینکه کم و زیاد می‌شود و عده‌اش هم با ایام سال مطابق نیست، این همیشه اسباب اشکال خواهد شد. پس باین دلیل باید حساب‌های ما به حساب‌های عربی باشد [و] نه ماه‌های بروج برای اینکه، اگرمزاح تصور نفرمائید، استدعا می‌کنم یکی از آقایان بروج را بفرمایند که از حالا تا آخرسال که چهارماه است هرکدام عده ایام‌اش چقدر است؟ اگر بفرمایند از روی حساب (لا و لاب ولا) معلوم می‌شود، عرض می‌کنم که همان هم محل اختلاف است بجهت اینکه تحویل یک برج نیم ساعت قبل ازظهر و یکی نیم‌ساعت بعدازظهر در یک روز تفاوت می‌کند. پس ممکن است باین ترتیب بروجی را که سی روز است سی‌ویک روز در تقویم بنویسند یا بیست‌ونه روز. اما حساب فارسی حسابی است که از روی نوروز حساب می‌کنند که اولش فروردین است وهمینطور ماه به ماه هر ماهی سی روز حساب می‌کند و هر کس می‌داند که عده ایام هرمه‌ی چقدراست وهیچ محل اختلاف نیست. فقط یک پنج روزی را در آخرسال که خمسیه می‌گویند ملحق می‌نمایند و اگر باین ترتیب عمل کنیم تمام ماه‌ها سی روز خواهد بود. غیر از ماه آخر که

سی‌وپنج روز می‌شود هیچ محل اختلافی نخواهد بود. اما اگر بفرمایید که این حساب بروجی درمحاسبات دیوانی و سایر چیزها معمول است بنده عرض می‌کنم ما باید ببینیم اکثریت مملکت ما معمول‌اش چیست؟ الان تمام صفحات جنوب حسابشان به ماه‌های فارسی است وغیر از آن معمول نیست و ابدا ترتیب دیگری را نمی‌دانند حتی اینکه معاملات دیوانی هم که در یزد و کرمان می‌شود تمام از روی ماه‌های فارسی است که نتیجه عُقلا و حُکما و منجمین است. ملکشاه سلجوقی با این عظمت ومرتبت آمد حکمای بزرگی مثل خواجه نظام‌الدین [نظام‌الملک] طوسی وعمرخیام وتمام روسای منجمین را جمع کرد و بعد از تفکرات این ترتیب را قرار دادند که ازروی حساب صحیح بود. اول نوروز را فروردین ماه جلالی می‌گویند و چون اسم ملکشاه جلال‌الدین بود، این شد که به اسم او این ماه‌ها منصوب شد که ماه‌های جلالی‌اش می‌گویند. این عرایض بنده بود حالا آقایان یا رد کنند یا قبول نمایند.[۲۵]

آنچه مرتضی‌قلی‌خان بیات (نخست‌وزیر آینده در دهه ۱۳۲۰) در اینجا بیان داشت از اظهارات تقی‌زاده و وحیدالملک در جلسه فروردین ۱۳۲۸ قمری (که در بالا آمد) مدلل‌تر بود و دیدگاه تاریخی درازمدت او را آشکار می‌ساخت. سپس دو نماینده دیگر، فهیم‌الملک (بعدها خلیل فهیمی) و ارباب کیخسرو شاهرخ (نماینده زردشتیان در مجلس)، به عنوان موافق ماده چهار و در جواب بیات سخن گفتند. فهیم‌الملک

[۲۵] *روزنامه رسمی کشور شاهنشاهی ایران*، (تهران: چاپخانه مجلس، ۲۴ آذر ۱۳۲۵) ص ۵۸۶.

با اشاره به نقایص گاهشماری تقویم قمری و اینکه در سال‌های اخیر مردم با ماه‌های تقویم برجی آشنا شده‌اند، گفت "امروز می‌بینیم تمام معاملات دفتر دولتی از روی بروج است، یعنی یک چندسالی ست که این ترتیب معمول شده، مردم عادی شده‌اند و الّا در سابق همان ترتیب ماه‌های قمری بود که در آخر سال اشتباهی بزرگ می‌شد. و تقریبا ده دوازده سال است که ترتیب بروج را یاد گرفته‌اند. ... حالا اگر ما در ضمن این قانون بخواهیم این ترتیب را هم تغییر بدهیم، نمی‌گوییم شکل دیگر ممکن نیست ولی یک مدتی طول دارد که [برای] مردم ثانیاً عادی شود." ارباب کیخسرو شاهرخ نیز مانند فهیم‌الدوله بر این باور بود که مشکل کبیسه در تقویم برجی قابل‌حل است اما تغییر نام بروج ممکن است در میان مردم سبب اشتباه بین تاریخ یزدگردی و تاریخ جلالی شود. این گفته شاهرخ جی شگفتی داشت زیرا که سیزده سال پس از این در دوره پنجم مجلس او از طرفداران اصلی تبدیل ماه‌های برجی به ماه‌های ایرانی بود.

می‌توان گمان برد که موافقین طرح، شاید نیز رئیس مجلس، میرزا حسین‌خان موتمن‌الملک، با دولت حاکم صلاح‌دید کرده بودند و مایل بودند که تقویم برجی به همان صورتی که در دوایر دولتی جاری بود، باقی بماند. پس ماده چهارم بی‌هیچ تغییری با قیام وکلا به تصویب رسید و تا سال ۱۳۰۴ خورشیدی برابر با ۱۹۲۴ میلادی این تقویم برجی همچنان برقرار ماند [26] اما سکوت وحیدالملک در هنگام مذاکره در این ماده پرسش‌برانگیز است. شاید وی در غیبت تقی‌زاده و در هنگام مواجهه با مخاطرات جدی در جریان استخدام شوستر و سلسله حوادثی که ابتدا منجر به اولتیماتوم دولتین و سپس تبعید او شد، مرجح دانست

---

[26] همان جا، ۵۸۶–۵۸۷.

فصل چهارم: نجوم نوین، انقلاب مشروطه و پیدایش تقویم برجی

که در مسئله تقویم ساکت بِمانَد. بنا بر ماده چهارم این قانون محاسبات عمومی، که بالاخره به تصویب رسید، "مقیاس زمان بعد از این در محاسبات دولتی سال‌های شمسی و ماه‌های شمسی (بروج)" بود.[27]

---

[27] قانون محاسبات عمومی، مصوب ۲۱ صفر ۱۳۲۹، روزنامه رسمی کشور شاهنشاهی ایران (تهران: چاپخانه مجلس)، ماده ۳.

فصل پنجم

عصر پهلوی و رسمی شدن تقویم خورشیدی

پس از تصویب تبدیل تقویم قمری به شمسی در قانون محاسبات مصوبۀ صفر ۱۳۲۹ قمری / عقرب ۱۲۸۹ شمسی/ اکتبر ۱۹۱۱، چنین به نظر می‌رسید که به‌زودی کاربرد تقویم شمسی رواج عمومی خواهد یافت. توسعۀ دامنۀ دستگاه دولت در سال‌های پس از مشروطه، رویکرد هرچه بیشتر جامعۀ ایران به جانب تجدد، و افزایش میزان مبادلات بازرگانی و فرهنگی با جهان غرب همگی پذیرش گاهشماری خورشیدی را امری محتوم می‌نمود. رویدادهای ناشی از جنگ جهانی اول و عواقب سهمگین آن در ایران، از جمله اشغال نظامی وسیلۀ قوای روس و انگلیس، و پس از جنگ نیز دورنمای اصلاحات اداری و اقتصادی که به‌ویژه قرارداد ۱۹۱۹ وعده می‌داد، نیز در این پذیرش موثر افتاد. کاهش نفوذ ارباب شرع، که سردمداران حفظ تقویم قمری به مثابه نمادی از سیطرۀ اسلام بر فرهنگ و جامعۀ ایران بودند، از میزان مخالفت ایشان کاست، زیرا نه‌تنها آغاز سلسلۀ جدیدی به عنوان مبدأ تقویم تازۀ شمسی برگزیده نشد، بلکه هجرت نبوی مبدأ این تقویم خورشیدی قرار گرفت.

آنچه نخست نحم‌الدوله در دورۀ ناصری بر اساس تقویم جلالی ابداع کرده بود، حال پس از نیم‌قرن صورت نهایی می‌یافت. خمیرمایۀ این پذیرش عمومی همانا ملّی‌گرائی (nationalism) بود که همراه با انقلاب مشروطه رشد کرد و سپس با تجربۀ تلخ اشغال ایران تشدید شد. بی‌ثباتی کم سابقۀ دستگاه دولت که هر دم زوال کار سلسلۀ قاجار را جدی‌تر می‌ساخت، حضور قوای بیگانه که بر بی‌اعتباری دولت

می‌افزود، پیدایش نهضت جنگل در گیلان و جریانات انقلابی دیگر در آذربایجان و خراسان، و افزایش بی‌سابقه ناامنی و طغیان‌های محلی، بیش از پیش بر آمال عمومی جامعه ایران برای ظهور یک دولت توانمند افزود؛ دولتی کارآمد که بتواند امنیت، استقلال و تمامیت ارضی ایران را تامین کند و به آرزوهای انقلاب مشروطه به‌ویژه برای مرکزیت بخشیدن به دولت و انجام اصلاحات اقتصادی، نظامی، آموزشی و قضایی تحقق بخشد. کودتای حوت ۱۲۹۹ خورشیدی و روی کار آمدن دولت صدروزه سید ضیاءالدین طباطبایی که در نهایت منجر به ظهور رضاخان سردارسپه و آغاز دوره پهلوی شد، به خواست بسیاری از متجددین برای رسمی کردن تقویم خورشیدی به عنوان نمادی از مرکزیت دولتی، هویت ملّی و بازسازی ایرانِ نوین دامن زد. این گاهشماری نوین خورشیدی نَه تقویم میلادی را پذیرا می‌شد و نَه گاهشماری سنتی قمری یا تقویم ترکی را تاب می‌آورد. اما در فاصله سال‌های ۱۲۸۹ تا ۱۳۰٤ خورشیدی هنوز رسمیت یافتن تقویم جدید ایران می‌بایست دوران گذاری را طی کند.

۱
جنگ جهانی اول و حلقه برلین

در سال‌های پس از مجلس دوم، وحیدالملک بیش از پیش در زمره رهبران جناح پیشرو در حزب دموکرات درآمد. در عین حال، وی ظاهراً به دلیل مقاومت‌اش در برابر تعدیات دولت‌های همسایه، و پشتیبانی آشکارش از ماموریت شوستر پس از اولتیماتوم دولتین و استعفای شوستر و بسته شدن مجلس دوم، در آغاز ۱۹۱۲ به دستور نایب‌السلطنه ابوالقاسم‌خان ناصرالملک قراگوزلو از تهران تبعید شد و نزدیک به یک

سال‌ونیم را در انگلستان و دیگر کشورهای اروپا گذرانید. رابطه او با تندروانی چون حیدرخان و دیگر مجاهدین در جناح دموکرات او را در مظان سوءظن دولتین روسیه و بریتانیا قرار داد. صرفا پس از استعفای ناصرالملک بود که او توانست دوباره به عنوان یکی از وکلای تهران در مجلس نیم‌بند سوم انتخاب شود، اما به‌زودی در اوایل جنگ جهانی اول همراه با دیگر مهاجرین به دولت موقت دفاع ملی در غرب ایران پیوست و در نیمه ۱۹۱۶ به نمایندگی از دولت موقت از راه بغداد و استانبول به آلمان رفت. حال برای بسیاری از ملیون که به کرمانشاه آمده بودند، روشن شده بود که در برابر دو قدرت بزرگ روس و بریتانیا که نیروهای خود را در سراسر غرب ایران مستقر ساخته بودند، امکان بقایی برای دولت موقت نمانده است و چاره‌ای جز التجای هرچه بیشتر به امپراطوری آلمان و اندکی پس از آن به پراکندگی در سرزمین‌های مجاور نمانده بود.

فصل پنجم: عصر پهلوی و رسمی شدن تقویم خورشیدی

تصویر ۱/۵: جمعی از ملیون در حلقه برلین در حوالی ۱۹۱۸. ایستاده از راست: حسن تقی‌زاده، عبدالحسین شیبانی وحیدالملک، ناشناخته، محمدعلی جمالزاده. نشسته از راست: ناشناس، حسینقلی نواب، ناشناس، اتو ون هنتیگ (Otton Von Hentig)، سید رضا مساوات.

در برلین گفت‌وگوی وحیدالملک با مسئولان دولت آلمان و طرح مشکلات دولت موقت در مواجه شدن با یَنی‌ترک در عثمانی، کم‌وبیش او را چون دیگر ملیونِ حاضر در برلین در باره حسن‌نیت کامل دولت آلمان به تردید انداخت. در پایان جنگ، شکست آلمان این تردید را به یأس مبدل کرد و فکر راه‌چاره دیگری در او نیز، چون تقی‌زاده، تقویت شد. سال‌ها بعد، در اوایل دهه ۱۳۴۰ خورشیدی، که وحیدالمک خاطرات‌اش را از این ایام بر اساس یادداشت‌های روزانه آن دوران می‌نوشت، کوشش برای بازگشت به ایران و یافتن راه چاره‌ای در برابر حضور مستولی انگلستان و در برابر مشکلات داخلی به‌ویژه پس

از ۱۹۱۹ محسوس است.[۱] در این زمان لاجرم وحیدالملک و دیگر ملیون ایران وقوع انقلاب بلشویکی را گشایشی در کار فروبسته ایران دانستند که فرایند آن گرایش بیشتری به سوی یک اندیشه سوسیالیست ملی‌گرا بود. با این حال، حضور روشن یک ساحت فرهنگی ملی که بر پایه هویت تاریخی ایرانی و تداوم فرهنگی آن بنا شده بود، در نزد دیگر همفکران وحیدالملک، و از همه بیشتر در آرای تقی‌زاده و در نشریه *کاوه*، که به سردبیری تقی‌زاده انتشار می‌یافت، آشکار شد.

وحیدالملک تنها اشاره‌های گذرایی به این فرایند فرهنگی آن سال‌ها دارد. از جمله در جشن نوروزی ایرانیان در برلن در سال ۱۲۹۸ شمسی (۲۱ مارس ۱۹۱۹) نقل‌قول کوتاهی به مناسبت نوروز از "یکی از روسای ملیون" آورده که ظاهراً کسی جز تقی‌زاده نیست. ناطق از قول این شخص "شرحی راجع به لزوم اصلاح و تغییر و تثبیت تقویم ایرانی" آورد و از جمله بر این باور بود که:

> تاریخ ایران به عقیده ایشان (یعنی تقی‌زاده) قبل از تاریخ جلالی ثابت نبود. همان‌طور که ماه‌های عربی در گردش است، ماه‌های ایرانی با همان تغییرات در گردش بوده [است]. تقویم جلالی [اما] نوروز را ثابت [کرده] و در اول بهار بدون تغییر نگه‌داشته است به عقیده ناطق ماه‌های قمری به ماه‌های شمسی باید مبدل گردد. مبدأ تاریخ همان تاریخ هجرت باشد ولی ماه‌ها با شکل ثابت شمسی و تقسیمات صحیح بر قرار

[۱] عبدالحسین شیبانی (وحیدالملک)، *خاطرات مهاجرت از دولت موقت کرمانشاه تا کمیته ملیون برلین*، ویراستار ایرج افشار و کاوه بیات (تهران: نشر شیرازه، ۱۳۷۸).

شود به طوری که فصول و به‌خصوص نوروز را به‌جای خود ثابت نگه دارد.[۲]

سوای اشارات پراکنده، نظیر نقل‌قول بالا، اهمیت گاهشماری خورشیدی به عنوان نمادی از هویت فرهنگی ایران و بازسازی این پیوند ملی ابتدا در نشریه *کاوه* آشکار شد. در سال‌های بین ۱۹۱۶ و ۱۹۲۲ *کاوه* سخنگوی ملیون ایرانی مقیم برلین و همفکران ایشان در دیگر جاها در داخل و خارج از ایران بود. مقالات در باره نوروز و تقویم ایرانی گاهی مستقلاً و گاهی در ضمن مقالاتی در باره تاریخ و فرهنگ ایران بازتاب می‌یافت. بازخوانی *شاهنامه* فردوسی زمینه‌ای تازه‌ای برای درک این بقای سیاسی و فرهنگی ایران، هم برای نویسندگان و هم خوانندگان فراهم آورد. نکات تازه‌یافته در باره تاریخ ایران باستان نیز موید این هویت ملی بود. این‌همه، پیوندی روشن نیز با بحران سیاسی زمانه داشت که هم درون‌مرزیان و هم ملیون برلین‌نشین با آن دست‌به‌گریبان بودند. در این محیط پرتکاپو جای تردیدی برای لزوم رسمی کردن تقویم خورشیدی باقی نمی‌ماند. عنوان مصور نشریه دوهفته‌ای *کاوه* یادآور بزرگداشت تقویم خورشیدی بود، اما همانند *صور اسرافیل*، که ذکرش گذشت، *کاوه* نیز همچنان سال یزدگردی (و

[۲] همان جا، ۴۴ـ۶۴۳. ایرج افشار به درستی تقی‌زاده را گوینده این مطلب دانسته است اما نمی‌دانیم به چه دلیل وحیدالملک از آوردن نام او و دیگران احتراز کرده و حتی در هنگام بازنویسی این ابهام را برطرف نکرده است. شاید ملاحظات امنیتی او را واداشته اسمی از هم‌مسلکان سابق‌اش نیاورد.

نه حتی تاریخ شمسی برجی) را همراه با تاریخ هجری قمری و تاریخ گریگوری میلادی در عنوان داشت.[۳]

کاوه
۱۳۳٤
18. April 1916
نوروز جمشیدی

تصویر ۲/۵: نشریه *کاوه* و سرمقاله در باره "نوروز جمشیدی"

---

[۳] برای بررسی هویت ملی و نشریه *کاوه* از جمله بنگرید به Ali Ansari, *The Politics of Nationalism in Modern Iran* (New York: Cambridge University Press, 2012), esp. Chap. 2 (36-109). انصاری در این پژوهش به تفصیل به ملّیت ایرانی و وجوه گوناگون این "افسانه" (myth) پرداخته است. ایضاً بنگرید به مدخل *دانشنامه ایرانیکا* در باره کاوه به قلم ایرج افشار (*EIr:* "Kaveh Newspaper," by I. Afshar) و عباس میلانی "مجله کاوه و مسئله تجدد" (*ایرانشناسی*، شماره ۷ (۱۳۶۹)، ۵۱۹_۵۰۴.

آگاهی‌های تازه در باره ایران باستان گاهی از راه ترجمه نوشته‌های ایرانشناسان آلمانی و انگلیسی عرضه می‌شد. به عنوان نمونه در شماره ۵ـ۶ مقاله‌ای از ایرانشناس آلمانی ویلهلم گایگر (Wilhelm Giager) با عنوان "نوروز" آمده است. وی نخست شرحی در باره پیشینه این آیین باستانی آورده و آن را از جمله "اعیاد اموات" دانسته که سابقه طولانی در بیشتر فرهنگ‌های کهن دارد. سپس افزوده است:

> اما ایرانی‌ها از همان زمان‌های بسیار قدیم مردمان بزرگ گذشته را هم که نتیجه کوشش آن‌ها نه فقط محیط تنگ خانواده را فایده می‌رسانده، بلکه نتایج آن شامل تمام ملت می‌شده، به خاطر می‌آوردند و احترام می‌کردند، چنانکه یونانی‌ها هم دلاوران بزرگ خود را محترم می‌داشته‌اند. ... یونانی‌های قدیم عید اموات را در اول بهار می‌گرفتند در وقتی که طبیعت بیدار شده [و] تخم و شکوفه نباتات زنده می‌شوند. عقیده ایرانی‌ها هم با این عقیده توام است. در اوستا چنین می‌گوید که در اول بهار "فَرورَها" [یا فرشتگان مُوکّل] به زمین می‌آیند و دِه‌ها و خانواده‌های خود را پیدا کرده دَه روز در آنجا سیر می‌کنند و جمهور ناس در ایران در این موقع عید اخیر از جمله اعیاد شش‌گانه سالیانه خود را می‌گرفتند. و این عید آخری بوده زیرا که با این عید سال گذشته ختم و سال تازه شروع می‌شود. و ماه اول سال به مناسبت این عید و [نام] "فرور" اسم فروردین را دارد."

گاهشماری خورشیدی

نویسنده این مقاله را، که پیش از نوروز سال ۱۹۱۶ نگاشته است، چنین به پایان می‌آورد:

ایران امروز خودش را برای جشن عید قدیم مقدس خود حاضر می‌کند و ما آلم آن‌ها (مقصود آلمان‌ها ست)، که زبان و تمدن ایران را تحصیل کرده و مملکت و ملت آن را محترم می‌شماریم، خوشی و بزرگی آن را آرزو می‌کنیم. امید است که ارواح مردگان بزرگ مثل روح فریدون، رستم، بهرام گور و یزدگرد و دیگران و ارواح دلاوران بزرگ زمن قدیم درخشان ایران در این عید برخیزند. امید است که آن‌ها پَهلُوی ملت ایستاده [و] او را در این زمان سخت به طرف یک جلال تازه‌ای [از] خوشبختی و یک افتخار نوی کمک و رهبری نمایند. امید است که ارواح دلاوران این ملت برای یک زندگانی جدیدی برخیزند و بیدار شوند، مثل روح آهنگر دلیر اصفهان که اسم او پیشانی این ورقه را مزین کرده است.[۴]

لازم به توضیح نیست که در گفتار بالا مقصود نگارنده از "عید اموات" (festival of the dead) همانا رسم کهن یادبود پیشینان در هر خانواده‌ی بود، که در هنگام برگزاری سال نو می‌بایست از سوی

---

[۴] کاوه، سال نخستین، شماره ۵ـ۶ (۱۸ آوریل ۱۹۱۶)، ص. ۴ـ۵. گایگر این مقاله را از ارلانگن (Ernangen) فرستاده است. برای احوال و آثار این اوستاشناس نامی بنگرید:

EIr: "Geiger, Wilhem" (B. Schlerath).

لازم است به ذکر است که گایگر به خطا نوروز را از جمله گاهنبارهای زردشتی شمرده است.

فصل پنجم: عصر پهلوی و رسمی شدن تقویم خورشیدی

خویشاوندان ارج نهاده می‌شد. این آیین تا به امروز نیز در بسیاری سرزمین‌ها برگزار می‌شود و حتی در ایران نیز تا کمتر از یک سده پیش از این در روزهای مصادف با نوروز بسیاری را به زیارت قبور و دعا و استمداد برای رستگاری گذشتگان وامی‌داشت.[5]

مقاله گایگر به دنبال سرمقاله در شماره مذکور با عنوان "نوروز جمشیدی" آمده که در آن سردبیر، حسن تقی‌زاده، در ستایش نوروز با قلمی حزین و پرشور (و اندکی متأثر از نثر ترجمه‌ای آن دوران) آورده بود:

نوروز سال ۱۲۸۵ یزدگردی بدبختانه بر ایرانشهر قدیم و کشور زردشت در حالتی می‌گذرد که سپاه اهریمن و دیوان بدکردار در قلب آن خاک یزدانی خیمه افراشته و بجای لاله تن‌های جوانان ایرانی است که صحرای ایران را گلگون ساخته است. ولی مملکتی که با ارجاسب و افراسیاب و اسکندر و سعد وقاص و چنگیز و تیمور درآویخته و عاقبت همه آن‌ها را از میان برده و نوروز را تا امروز نگاه داشته، نباید مایوس شود و با امیدواری تمام به جاودانی بودن روح ایران با وحشیان مسکوی نیز مبارزه کند.[6]

---

[5] برای بازگشت ارواح گذشتگان از جمله بنگرید:
Eliade, *The Myth of Eternal Return*, 51–57 and
مهرداد بهار، "نوروز: زمان مقدس." چیستا، ۲ (۱۳۶۲)، ۷۶–۷۷۲. نظرات بهار وجه مشترک بسیار با الیادی دارد، اما وی در این یا دیگر مقالاتش ذکری از او نمی‌کند. شاید نیز یافته‌هایش بر پایه اساطیر شناسانی چون گایگر است.
[6] کاوه، سال نخستین، شماره ۵–۶ (۱۸ آوریل ۱۹۱۶).

گاهشماری خورشیدی

شایان توجه است که این پیام میهن‌دوستانه در باره سرنوشت شوم ایران هنگامی با نوروز و گاهشماری ایرانی پیوند یافته بود که اعضای حلقه برلین، یعنی برگزیدگان عصر مشروطه، به سبب تجاوز قدرت‌های همسایه از کشورشان رانده و به دامن آلمان پناه آورده، بودند. در دیده اینان نه‌تنها مبارزه با "وحشیان مسکو" باید ادامه می‌یافت، بلکه بازسازی و پاسداری حافظه فرهنگی، و به تبع آن زمان‌آگاهی ایرانی، نیز بخشی حیاتی از ماموریت ملی ایشان بود.

نویسنده سپس شرح موجز اما دقیقی از نابسامانی در محاسبه نوروز و سابقه تقویم در ایران، با ارجاع به *اوستا* و *شاهنامه* و دیگر منابع گاهشماری ایران، عرضه می‌کند و علل بروز مشکلات زمان‌سنجی را از دوران ساسانی تا دوران اسلامی برمی‌شمرد. وی می‌افزاید: "نوروز، این عید ملی و مذهبی، برای ایرانیان خیلی عزیز بود و این علامت عظیم ملی را با وجود مصائب متوالیه و انقلابات بزرگ نگاه‌داشتند و تمام مللی را که بر ایران استیلاء کردند به نگاهداری آن عادت دادند." آنگاه ذکری از خلفای عباسی آورده که نه‌تنها با "نیروز و مهرجان" آشنا بودند، بلکه در تصحیح موعد برگزاری آن کوشیدند و شعرای عرب در وصف این جشن چکامه‌ها سرودند. بیشتر از همه اما "آنچه به کار مقبولیت نوروز کمک کرد عنوان مذهبی اسلامی بود که ایرانیان به آن دادند و آن را یک عید مقدس شیعه شمردند."

در اثبات این مدعا، نویسنده ادعای شیعیان را که برگزیده شدن علی‌بن ابی‌طالب را مقارن نوروز می‌دانند، به‌کلی بی‌اساس نمی‌داند. نویسنده چون هم غدیر خم در سال ۱۰ هجری و هم آغاز خلافت علی‌بن ابی‌طالب در سال ۳۵ هجری با حلول نوروز در این سال‌ها برابر یا نزدیک می‌شمرد، چنین نتیجه می‌گیرد که اگرچه بعد از اسلام

فصل پنجم: عصر پهلوی و رسمی شدن تقویم خورشیدی

[دیگر] جشن‌های ملی ایرانیان ... به‌تدریج اکثر آن‌ها از میان رفت، با وجود این نوروز تا امروز بزرگترین عید ملی ایران مانده است."

در پایان نویسنده افسوس می‌خورد که،

امروز در ایران با آنکه در امورات رسمی و دولتی و تجارتی (یعنی امور غیرمذهبی) محتاج به یک حساب سال شمسی هستند، ترتیب ماه‌های ملی ایرانی را استعمال نکرده و تابع ترتیب بروج آسمانی حَمَل و ثُور، که بلژیکی‌ها آن را به‌واسطه جهلشان به عادات و آداب ملی و تاریخی ایران در دوائر دولتی معمول کردند، می‌شوند. ... امید که طبقه جوانان آینده ایران عادات و آداب ملی قدیم نیاکان خود را احیاء نموده و تقویم قدیم را با جشن سَده و مهرگان و فروردگان به نوروز ضمیمه سازند و بدین واسطه ملیت ایران را رونقی دهند و از مصائب حالیه خود مایوس نشوند زیرا که روح ایرانی بواسطه همین امید ابدی به جاودانی بودن ایران و عدم تسلط اهریمن به خاک پاک یزدانی بودکه عناصر خارجی را بالاخره از مُلک خود دفع کرد. و شاید همین امید بوده که لسان‌الغیب خواجه حافظ شیرازی را در بدترین زمان بحرانِ ملیت ایران و فرمانفرمایی آهن و خون بدین نغمه مترنم ساخت:
به صبر کوش تو ای دل که حق رها نکند
چنین عزیزنگینی بدست اهرمنی [7]

---

[7] همانجا، ص ۱–۴

گاهشماری خورشیدی

بیم و امید نویسنده برای بقای ایران در این سرمقالهٔ پرشور نه‌تنها به نگاهداشت میراث فرهنگی این سرزمین، بلکه به نماد پایدار آن، نوروز، گره خورده است که آن را باید مرکز ثقل زمان‌آگاهی ایرانی دانست. تقارن (واقعی و یا خیالی) جشن نوروز با خلافت علی‌بن ابی‌طالب نیز بر مشروعیت آن افزوده است. با این حال، رسمیت یافت تقویم خورشیدی بر اساس ماه‌های ایرانی، که خواست نویسنده است، الزاماً از نظر او به معنای اختیار هجرت محمدی به عنوان مبدأ این تقویم جدید نیست. انتقاد او از مامورین بلژیکی در گمرک ایران گویا بیشتر معطوف به اختیار اسامی ماه‌های بابلی برای تقویم شمسی ایران است تا اختیار مبدأ هجری. اما سکوت او را می‌توان ناشی از ملاحضه‌کاری کاوه برای گرامیداشت آرای اسلامی خوانندگانش نیز دانست. شاید در واقع نویسنده خواهان تداوم تقویم یزدگردی بود که پس از صلاحاتی بتواند همچنان مبدأ تقویم جدید شمسی باقی مانده و تداوم با گذشته باستانی را جلوه‌گر سازد. ذکر این تقویم در سرلوحه کاوه موید این گمان است.[8]

در مقاله دیگری در ۱۹۲۱ میلادی با عنوان "علم هیئت" نویسنده (که بی‌تردید تقی‌زاده است) شرحی در بارهٔ آرای نجوم جدید در باره منظومه شمسی آورده و آن را با عقاید جاری در فرهنگ اسلامی در باره پیدایش کیهان مقایسه کرده است. بی‌تردید انگیزه برای چنین مقایسه‌ای چیزی جز بیداری خوانندگان و نیاز به ترک آرای سنتی، و حال

---

[8] در آوریل ۱۹۱۸ (سال سوم، شماره، ۲۷، ص ۱ ـ ۲) کاوه سرمقاله‌ای به مناسبت حلول نوروز دارد و شرحی از برگزاری جشن نوروزی با همراهی انجمن ایران و آلمان به‌دست می‌دهد. از جمله چند قطعه‌ای از دیوان شرقی-غربی گوته (Goethe, *Westostlicher Diwan*) همراه با پیانو اجرا شد و عزت‌الله هدایت نیز خطابه‌ی به زبان آلمانی در باره نوروز و شاهنامه خواند.

فصل پنجم: عصر پهلوی و رسمی شدن تقویم خورشیدی

منسوخ، در باره پیدایش جهان نبود. رویارویی با نظریه‌های نجوم جدید در اینجا نیز نظیر موارد مشابه یکی از کاری‌ترین ضربه‌های تجدد یا نوینگانی (modernity) غربی بر پیکر باورهای اسلامی و به‌ویژه آرای شیعیان بود؛ راهی برای تقدس‌زدایی دینی و درآمدن به ساحت نوین دنیوی. بی‌گمان این امر با زمان‌آگاهی بر اساس یک تقویم دنیوی، نظیر تقویم خورشیدی ایران و مبتنی بر نظام عقلایی گردش سالیانه زمین بر گِرد خورشید ساخته شده بود. نویسنده در پایان مقاله غفلت اصلی در پذیرش تجدد علمی در ایران را بیشتر به سبب باورهای آن "طلاب نیمه‌فرنگی‌مآب" می‌داند که "حقایق نورانیه" علوم جدید را گذاشته و مانع بنیادی برای "تطبیق" با علم جدیدند:

شکی نیست که این گونه افسانه‌ها که به عنوان حدیث نسبت به بزرگان دین داده شده صحیح نیست و مجعول است، ولکن در این هم شکی نیست که عقیده عامه در ایران ماخذ اطلاعات علمی خود را بروی این اساس‌های مجعول گذاشته و این مطالب را حقیقت می‌پندارد. لهذا درج آن‌ها را پَهلو به پَهلوی حقایق علمیه آخرالزمان، مانند نزدیک کردن عیوب و زشتی‌هاست به نور چراغ درخشان. مردم عوام و ساده‌لوح ایران که حال غوامض علمی را هم از روی اقاویل پیرزن‌های اُمّی و یا پیرمردهای عربی‌دان، که در علم با آنان مساوی و در عقل از آن‌ها کمترند، اخذ می‌کند، آنقدرها گناه ندارد و چندان شایسته ملامت نیست [اند] بلکه بعضی طلاب نیمه‌فرنگی‌مآب یا فرنگی‌مآبان نیمه‌آخوند که حقایق نورانی علم حالیه دنیا را گذاشته و به تاویل خیالات ابوهُریره و تطبیق

آن‌ها با علم و معنی درآوردن از آن‌ها عمری صرف می‌کنند، بیشتر سزاوار نکوهش هستند. ۹

انتقاد تند تقی‌زاده در پایان مقاله شاید روی در کتاب *علائم ظهور ناظم الاسلام کرمانی* دارد (که پیش‌تر بدان پرداختیم). تقی‌زاده به‌درستی به کاستی‌های شگفت در این کتاب اشاره دارد و تعبیر عامیانه نویسنده از مفهوم رستاخیز را نشانی از شکست برخی از "نیمه‌آخوند"ها در انقلاب مشروطه می‌داند که به‌رغم گرایش به جانب دگراندیشی قادر به گُسست از سیطره علوم نَقلی اهل مدرسه نیستند و تحولات جهان را تنها از این دیدگاه مندرس می‌نگرند.

تقی‌زاده و یارانش در عین حال می‌کوشیدند نه‌تنها از راه نشریه *کاوه* بلکه از با چاپ متون قدیم اسلامی شیوه متفاوت اندیشه را در برابر ظاهر اندیشان زمان خود عرضه دارند. در آگهی نخستین انتشارات تازه‌تاسیس "مطبعه کاویانی" در برلین بازتابی از این گرایش ملی و جایگاه والای تقویم ملی محسوس است. اگرچه مطبعه کاویانی موسسه‌ای جداگانه‌ای از نشریه *کاوه* بود، اما هماهنگی فرهنگی بین این دو، و به‌ویژه با آرای تقی‌زاده، آشکار است. از زمره نخستین انتشارات یکی نیز متن عربی *تاریخ سنی الملوک و الانبیاء* حمزه صفهانی بود (که ذکر آن در فصل دوم گذشت). و این بی‌گمان حاکی از دلبستگی تقی‌زاده در این دوران با پایداری نوروز و یادمان گاهشماری ایرانی در آغاز دوران اسلامی‌ست. با اینکه وی خطاهای حمزه اصفهانی را در محاسبه حلول نوروز در ۳۵۰ سال هجری آشکار ساخته است، چاپ عربی این کتاب، که پیش از آن چند بار از آغاز قرن نوزدهم به وسیلهٔ خاورشناسان در

---

۹ همانجا، شماره ۱ (دوره جدید) ۴–۸.

اروپا و در هندوستان به چاپ رسیده بود، نشان می‌دهد که تقی‌زاده می‌خواسته خوانندگان ایرانی متجدد زمانه خودش از ابداع حمزه آگاه سازد.[۱۰]

[۱۰] (برلین: مطبعه کاویانی، ۱۳۴۰ هجری قمری/۱۹۲۱ میلادی)، ویرایش السید جواد الایرانی التبریزی بر اساس متن چاپی گوتوالد (لیپزیگ، ۱۸۴۴ میلادی). عکس نسخه‌ای که در دسترس من است متعلق به کتابخانه مجلس شورای ملی سابق (و حال اسلامی) است (با سپاس از علی میرانصاری). پیش از طبع گوتوالد، ترجمه لاتین *تاریخ سنی الملوک* در کپنهاگ در ۱۸۱۹ به ویراستاری یان لارسن رسموسن انتشار یافت. طبع دیگری نیز در کلکته در ۱۸۶۶ به ویراستاری کبیرالدین احمد به چاپ رسید. محبوبیت اثر حمزه در غرب نه‌تنها به سبب بقای یک یادگاه تاریخی درازمدت از گاهشماری ایرانی بود، بلکه این کتاب از زمره معدود نگارش‌های قرن چهارم هجری (برابر با قرن دهم میلادی) بود که دانش تطبیقی تاریخی را عرضه می‌داشت، از جمله رم باستان و یمن پیش از اسلام، و البته تاریخ ایران را، در کنار تاریخ جزیره العرب در دوران پیش از اسلام عرضه می‌داشت. و نیز از اسلام‌محوری بسیار شایع در میان نویسندگان همزمان احتراز می‌کرد. برای شرح بیشتر بنگرید به فصل اول. سید جواد ایرانی تبریزی نام ناشناخته است، شاید که نام مستعار تقی‌زاده است.

— اعلان —

نشریات مطبعهٔ کاویانی

مطبعهٔ کاویانی که در برلین از طرف یک شرکت ایرانی تأسیس شده در پی نشر کتب مفیده است یعنی علاوه بر قبول سفارشهای مشتریان و طبع اوراق و کتب برای مردم خود مطبعه نیز بمخارج خودش کتب نافعه را طبع و نشر و بمعرض فروش میگذارد و بدین وسیله باحیای ادبیات ایران همت گماشته است.

از جمله نفائس کتب که اینک مطبعهٔ کاویانی آنرا طبع نموده و عنقریب نشر میشود کتاب سفرنامهٔ ناصر خسرو علوی است که یکی از بهترین کتب قدیمهٔ فارسی است و در اواسط قرن پنجم تألیف شده است. این کتاب را مرحوم شفر مدیر مدرسهٔ السنهٔ شرقیهٔ پاریس ملتی قبل از روی چند نسخهٔ خطی که در کتابخانهای اروپا محفوظ است طبع کرده بود ولی حالا نسخههای این طبع خیلی نادر است و علاوه بر این نسخهٔ چاپ شفر مغلوط بوده و در این طبع خیلی از آن اغلاط تصحیح شده. در ذیل سفرنامه دو کتاب دیگر نیز از ناصر خسرو طبع شده که نادرتر از سفرنامه هستند و آن کتاب سعادت نامهٔ ناصر خسرو و روشنائی نامهٔ وی است.

قیمت این سه کتاب در یک مجلد دو تومان است.

کتب دیگر که در مطبعهٔ کاویانی چاپ شده و عنقریب بمعرض فروش گذاشته میشود از این قرار است:

مجموعهٔ مشتمل بر سه قطعه تیاتر منسوب بمرحوم میرزا ملکم خان	قیمت	۸ قران
کتاب تاریخ سنی ملوک الأرض و الأنبیاء تألیف حمزهٔ اصفهانی (عربی)	«	۸ قران
قرآن مجید با کشف الآیات کامل مشتمل بر تمام کلمات قرآن		......
کتاب دستور تار در علم موسیقی تألیف سرهنگ علینقی خان وزیری		......
لغت آلمانی بفارسی تألیف آقا میرزا رضا خان تربیت		......

علاوه بر اینها مطبعهٔ کاویانی یک تقویم جیبی و یک تقویم دیواری برای سنهٔ ۱۳۰۲ هجری شمسی طبع میکند و ممکن است از حالا طالبین سفارش بدهند. برای کتابفروشها که عدهٔ زیادی بخرند در قیمت تخفیف داده میشود.

مخصوصاً لازم است توضیح شود که مطبعهٔ کاویانی ربطی بروزنامهٔ کاوه منتشره در برلین و ادارهٔ کاوه ندارد و اشخاصیکه با مطبعه سر و کار دارند باید مستقیماً بمطبعه رجوع فرمایند و مکاتبات و حواله و غیره باسم «مطبعهٔ کاویانی» بعنوان ذیل مرقوم دارند:

Buchdruckerei „Kaviani“ G. m. b. H.
Berlin-Charlottenburg
Leibnizstraße 43

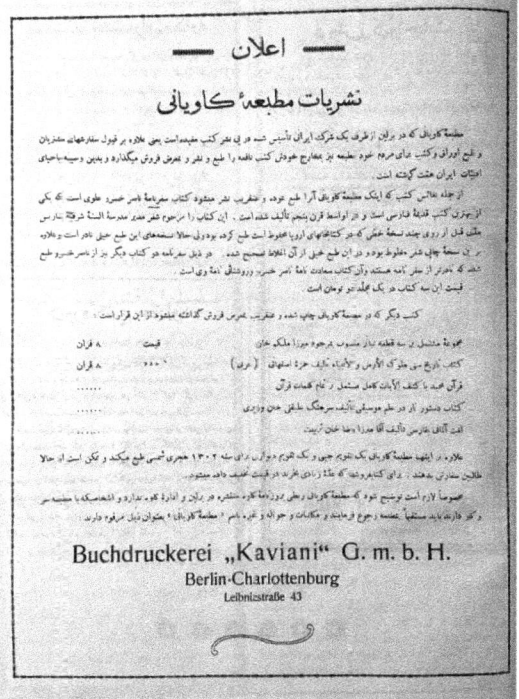

تصویر ۳/۵: اعلان نشریات مطبعه کاویانی، ضمیمه *کاوه*، ۳۰ مارس ۱۹۲۲ میلادی. *سنی ملوک الارض و الانبیا* دومین در فهرست انتشارات کاویانی است.

پیدایش حلقه برلین و ظهور مجله *کاوه* بی‌تردید جایگاه ویژه‌ای در اندیشه ملی‌گرایی در میان ایرانیان نسل مشروطه و پسامشروطه داشت و بی‌گمان در نهادینه شدن گاهشماری ایران در آغاز عصر پهلوی نیز موثر افتاد. اگرچه اختیار هجرت محمدی به عنوان مبدأ این تقویم نوین خورشیدی الزاماً مورد تایید تقی‌زاده و همراهان‌اش نبود (و این ناخشنودی را در سال‌های بعد ابراز کرده است)، گویا این تنها

فصل پنجم: عصر پهلوی و رسمی شدن تقویم خورشیدی

راه واقع‌بینانه برای رسمیت بخشیدن به جریانی بود که از زمان نجم‌الدوله آغاز شده و در مجلس دوم و تصویب تقویم محاسباتی ادامه یافته بود. در ۳۰ مارس ۱۹۲۲، یک سالی پس از کودتای ۲۹ اسفند ۱۲۹۹ آخرین شماره *کاوه* به خوانندگانش خبر "تعطیل موقتی" مجله را به خاطر "عدم کفایت عایدات" داد. اما حتی پیش از تعطیل مجله بسیاری از ایرانیان در حلقه برلین وادار به ترک این شهر بحرانی و قحطی‌زده شده بودند. اندکی بعد نیز تقی‌زاده و وحیدالملک نیز راهی ایران شدند.

۲
عصر پهلوی و رسمیت تقویم خورشیدی

کودتای سوم اسفند ۱۲۹۹ خورشیدی /۲۶ فوریه ۱۹۲۱ و ظهور رضاخان سردارسپه، مرد قدرتمند ایران، در چهار سال آینده زمینه را بیش از پیش برای پذیرش کامل گاهشماری خورشیدی هموار ساخت.

تصویر ۴/۵: رضاخان سردارسپه، حوالی ۱۳۰۵ هجری شمسی

اجلاس مجلس پنجم شاهد بازگشت دوباره تنی‌چند از حلقه برلین، و از دیگر راندگان از مرکز، به متن سیاسی این دوران گذار بود. هرچه بیشتر آمال سیاسی مشروطه به حاشیه رانده شد، راه برای پیشبرد اصلاحات نهادی، به‌ویژه برای توان بخشیدن به پیکر ناتوان دولت، گشوده‌تر شد. بیشتر دست‌پروردگان انقلاب مشروطه، از جمله تقی‌زاده و همراهانش، خواهی‌نخواهی اجرای اصلاحات دولت‌مدار را پذیرفتند. هدف‌هایی چون مرکزیت یافتن دولت، بازسازی نظام مالی، نظام آموزش ملی، ارتش یکپارچه، ارتباطات جدید، بازسازی نظام قضایی و اشاعه یک فرهنگ ملی مبتنی بر تداوم تاریخی، حتی به بهای از دست

فصل پنجم: عصر پهلوی و رسمی شدن تقویم خورشیدی

دادن آزادی‌های مدنی و آرزوهای بربادرفته عصر مشروطه، ارجحیت یافت. آنان نیز که این دادوستد را پذیرا نبودند، یا جان باختند یا با ارعاب و تهدید بر جای خود نشستند.

تصویر ۵/۵: دولت شصت‌وهشتم به ریاست رضاخان سردارسپه در زمان معرفی به مجلس پنجم، ۹ سنبله (شهریور) ۱۳۰۳ خورشیدی برابر با ۳۱ اوت ۱۹۲۴. این دولت اندکی پس از لایحه رسمی کردن تقویم هجری شمسی بر سر کار آمد و انفاذ آن را به عهده گرفت. همزمان با این دولت و سپس با انقراض سلسله قاجار و آغاز پادشاهی پهلوی و تصویب گروه بزرگی از لوایح مهم در جهت اصلاحات، تقویم خورشیدی رواج کاملی یافت.

تحقق بخشیدن به این خواست‌های نهادبن در جهت قوام دولتی زورمند بیش از پیش نیاز به معیارهای یکدست و خِرَدمدار برای سنجش زمان، مکان، مسافت، وجه رایج، و اوزان و مقادیر بود. دولت قدرتمند و متجدد پهلوی حال به زبان فارسی و حساب و کتاب آسان‌آموز، جمه و ظاهر یکدست فرنگی ماب و شهروندان دست آموختهٔ، وقت‌شناس و مطیع مافوق نیاز داشت تا چرخ اوامر و نواهی آمرانه‌اش را بگرداند. دراین راه ترویج یک زمان‌سنجی یکسان و دقیق در ردای تقویم هجری شمسی ضروری می‌نمود؛ تقویمی که نزدیک به پنجاه سال از پیدایش آن در اواخر دوران ناصری می‌گذشت و خود فصل نوینی از یک دلٔ‌مشغولی هزار ساله با مسئله زمان‌آگاهی ایرانی بود. اینکه مبدأ این تقویم، هجرت پیامبر اسلام بود نه جلوس شاهی بر تخت سلطنت، خود نشانه یک سازش نهادین، و شاید اجتناب‌ناپذیر، بین حافظه باستانی ایرانی از یک سو و اعتقادات اسلامی زسوی دیگر بود؛ دوگانگی‌ای که نه می‌توانست یاد آن گذشته دیرین را و نه آموزه‌های نهادینه‌شده مذهبی را از خاطر بزداید. این سازش تاریخی نه‌تنها در جهان اسلام بلکه شاید در جهان گاهشماری یگانه بود؛ تقویمی که وظیفه‌اش صرفاً وقت‌نگهداری نبود، بلکه آگاهانه یا ناخودآگاه، می‌خواست برای هویت تاریخی ایران مکان و مامنی درخور در بستر زمان بسازد.

اجلاس ۱۴۸ مجلس شورای ملی در ۱۱ فروردین ۱۳۰۴ خورشیدی/ ۳۱ مارس ۱۹۲۵ به ریاست میرزا حسین‌خان موتمن‌الملک به طرح پیشنهادی کمیسیون معارف مجلس در باره تبدیل نام ماه‌های تقویم برجی به نام‌های فارسی پرداخت و پس از شور مفصل در همان روز به تصویب رسید. بنا بر ماده اول "از نوروز ۱۳۰۴ تاریخ رسمی

فصل پنجم: عصر پهلوی و رسمی شدن تقویم خورشیدی

سالانه مملکت به ترتیب ذیل معمول گردید و دولت مکلف بود که در تمام دوائر دولتی اجراء نماید." بنا بر ماده دو "مبدأ تاریخ سال هجرت حضرت خاتم النبین محمد ابن عبدالله صلوات‌الله علیه از مکه معظمه بمدینه طیبه" قرار گرفت. "آغاز سال روز اول بهار و دوازده ماه سال شمسی حقیقی همان ماه‌های ایرانی بود" که پیش‌تر در تقویم جلالی آمده بود. در طی مذاکرات نسبتاً مفصلی که میان موافقین و مخالفین در گرفت جز یکی دو تن از روحانیون چون امین‌الشریعه و سلطان‌العلماء، کسی در رسمیت یافتن تقویم شمسی کشوری مخالفتی نداشت. سلطان‌العلما نیز جز اینکه از اصل با مطرح شدن این قانون مخالف است، چیزی نگفت. حتی اختیار نام‌های زردشتی ایرانی نیز مخالفت چندانی برنینگیخت و تنها یکی دو تن نام‌های بروج بابلی- عربی را مرجح می‌دانستند، اما ایشان نیز در برابر استهزای موافقین طرح که نامیدن ماه‌ها را به نام حیواناتی چون بره (حَمَل) و گاو (ثور) و شیر (اسد) و عقرب و خرچنگ (سرطان) مضحک می‌دانستند، به‌ناچار ساکت شدند. ۱۱

۲۵۰

۱۱ شور و تصویب لایحه رسمی شدن تقویم هجری شمسی مرادف بود با شصت و هفتمین دولت مشروطه (دولت سوم به ریاست رضاخان سردارسپه) که در ۸ شهریور ۱۳۰۳ خورشیدی به مجلس معرفی شد. این کابینه در ۱۹ امرداد ۱۳۰۴ ترمیم شد (دولت شصت و هشتم مشروطه و دولت چهارم به ریاست سردارسپه) و تا ۴ اردیبهشت ۱۳۰۵ خورشیدی که مرادف با تاج‌گذاری رضا شاه پهلوی و روی کار آمدن دولت شصت و نهم مشروطه به ریاست محمدعلی فروغی بود دوام یافت.

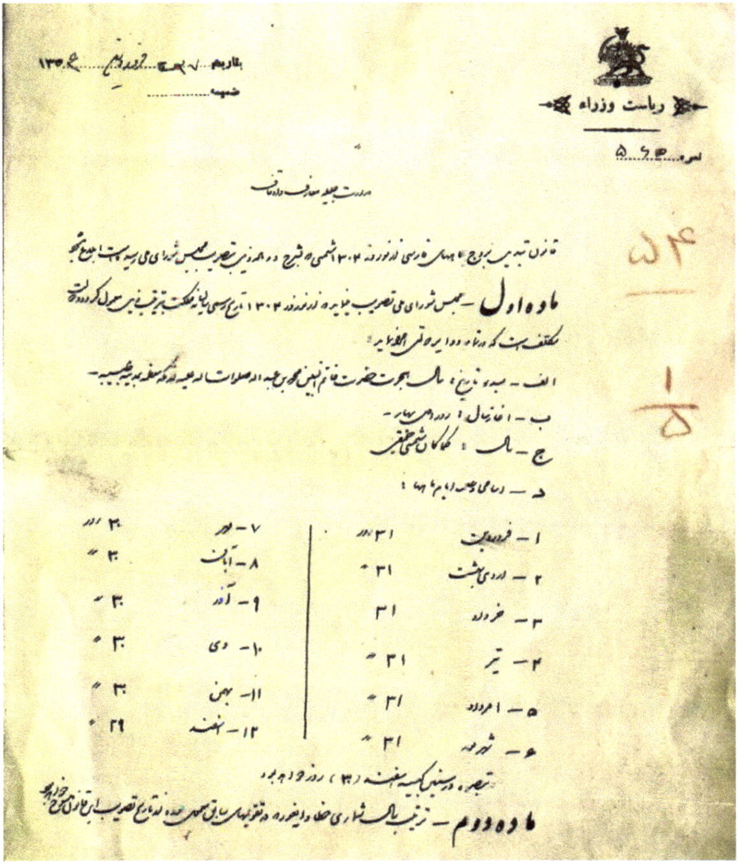
ریاست وزراء

نمره ۵۶۳

بتاریخ ۷ حمل ... فروردین ۱۳۰۴

ضمیمه ...

وزارت جلیله معارف و اوقاف

قانون تبدیل بروج به ماه‌های فارسی از فروردین ۱۳۰۴ شمسی به شرح ذیل ... مجلس شورای ملی رسیده است

ماده اول – مجلس شورای ملی تصویب می‌نماید که از فروردین ۱۳۰۴ تاریخ رسمی ... مملکت ... دولت مکلف است که ... دوایر دولتی اجرا نماید:

الف – مبدء تاریخ، سال هجرت حضرت خاتم النبیین محمد بن عبدالله صلوات الله علیه ... مدینه طیبه –

ب – اول سال: روز اول بهار –

ج – سال: کماکان شمسی حقیقی

د – اسامی و عده ایام ماه‌ها:

۱ – فروردین	۳۱ روز		۷ – مهر	۳۰ روز
۲ – اردیبهشت	۳۱ «		۸ – آبان	۳۰ «
۳ – خرداد	۳۱		۹ – آذر	۳۰ «
۴ – تیر	۳۱ «		۱۰ – دی	۳۰ «
۵ – امرداد	۳۱ «		۱۱ – بهمن	۳۰ «
۶ – شهریور	۳۱ «		۱۲ – اسفند	۲۹ «

تبصره – در سنین کبیسه اسفند (۳۰) روز خواهد بود

ماده دوم – ترتیب سال شماری خطا و ایغوره در تقویمهای سابق ... تاریخ تصویب این قانون ...

تصویر ۶/۵: صفحه نخست از قانون تبدیل بروج بنا بر تقویم هجری شمسی حقیقی با ذکر مبدأ هجری و ماه‌های ایرانی. به نقل از "تقویم ایران چگونه شمسی شد،"مرکز اسناد انقلاب اسلامی: https://irdc.ir/fa/news/8839

افزون بر این، ارباب کیخسرو شاهرخ، که علاوه بر نمایندگی زردشتیان ریاست مطبعه مجلس را نیز بر عهده داشت، حتی پیش از تصویب قانون تقویم پیشدستی کرده و جزوه‌ای از

فصل پنجم: عصر پهلوی و رسمی شدن تقویم خورشیدی

تقویم خورشیدی تازه با نام ماه‌های ایرانی را چاپ کرده و در میان وکلا پخش کرده بود.

تصویر ۷/۵: ارباب کیخسرو شاهرخ وکیل زردشتیان در مجلس پنجم شورای ملی و ریاست مطبعه مجلس در حدود سال ۱۳۰۵ خورشیدی.
https://irdc.ir/fa/news/8839/

برخی از وکلای اهل شرع، معمم یا مُکلّا، گویا از اینکه این زردشتی بانفوذ چنین ابتکاری به خرج داده بود تا کار ایرانی ساختن تقویم را به نحو دلخواه به پایان آورد، در دل ناراضی بودند. اما جو حاکم بر مجلس و فضای سیاسی ایران در آستانه جلوس

رضا شاه بر اریکه سلطنت و بالا گرفتن گرایش‌های ایران‌دوستی زردشتی جایی برای اعتراض علنی، حتی برای رهبران برجسته مشروطیت باقی نمی‌گذاشت. سایه حکومت آمرانه رضا خانی، که حال در آستانه سلطنت پهلوی بود، در سال‌های پیشین تنی‌چند از وکلای مجلس را از ارعاب و تهدید و ترور بی‌نصیب نگذارده بود.

از فحوای مذاکرات مجلس چنین برمی‌آید که به همین ملاحظه تقی‌زاده مرجح دانست دم دربسته و تا حد امکان در تایید یا تکذیب طرح مذکور خاموش بماند. اگرچه، از قرائن می‌توان گمان برد که از تصریح در این قانون که مبدأ تقویم را هجرت محمدی قرار می‌داد، نیز در دل خشنود نبود. پنج سال قلم زدن در *کاوه* موید هواداری او از یک جامعه و فرهنگ دنیوی‌مدار و جدایی عملی میان دین و دولت بود؛ موضعی که دیگر جایی برای بازگشتی نمادین به مبدایی چنین وابسته به گذشته اسلامی باقی نمی‌گذاشت. اما اظهارفضل‌های کم‌وبیش بی‌ماخذ تنی چند از وکلا در خصوص مسائل نجوم و هیات و تقویم، به‌ویژه در باره سال حقیقی و سال رسمی شمسی، دامن از دست تقی‌زاده بِبُرد و در یک صحبت نسبتاً مفصل (که تا آنجا که از متن مذاکرات برمی‌آید به دعوت موتمن‌الملک، رئیس مجلس، بود)، کوشید خطاهای دیگران را در چگونگی محاسبه روزهای ماه و سال شمسی بر اساس علم نجوم و گاهشماری متذکر شود. لحن تقی‌زاده اندکی معترض بود و گویی می‌خواست بفهماند که دیگران را نیامده است در مواردی که در حیطه تخصص اوست دخالت کنند. این امر که وی از اعضای همان کمیسیون معارفی بود که طرح را به مجلس آورده بود، بیشتر او را وادار به ادای توضیح می‌کرد:

آقایان چند ملاحظه در این موضوع فرمودند و بیشتر ملاحظات برمی‌گردد به این اصل که آقایان تصور می‌کنند مقصود این است که ماه‌ها را هم باید شمسی حقیقی قرار داد. اولاً باید گفت تمام ملل یک اساس تاریخ صحیح تا امروز در ادوار ترقی خود اخذ کرده‌اند [اما] ایران هیچ اساس تاریخ صحیح تا امروز در این ادوار اخیر نداشته. بیست سال قبل خواستند سَنه مالیه در ایران ترتیب بدهند [و] چنانچه هر ملتی که به ترتیب سال قمری معامله می‌کرد، [ایشان نیز] حس کردند که در امور مالیه باید سال شمسی داشته باشند برای اینکه اگر سال شمسی نداشته باشند، مثلاً ما که در سال بیست و چهار میلیون پول خرج می‌کنیم، اگر قمری حساب کنیم در هر سه سال باید دو میلیون بیشتر صرف کنیم زیرا در هر سه سال یک ماه زیادتر می‌شود و دو میلیون دولت زیان می‌کند. پیش از ما این را عثمانی‌ها هم ملتفت شدند [و] در نود سال پیش [در] ۱۲۵۶ [قمری برابر با ۱۸۴۰ میلادی] آن‌ها هم تاریخشان را شمسی قرار دادند ولی یک سهوی در آنوقت برای آن‌ها واقع شد [زیرا] که آن‌ها از آن روز به این طرف را شمسی کردند و از آن به پیش را قمری [باقی] گذاشتند. لهذا امسال برای آن‌ها هزار سیصد و چهل است. نود سالش را شمسی گذاشتند یعنی اسامی رومی شباط و تشرین و غیره. در ایران هم وقتی گمرک دائر شد تصور کردند که یک سال شمسی برای امور دولتی لازم است. از مردم پرسیدند که سال چندم شمسی است [؟] هیچ در دست نبود. [پس] گفتند در سال‌های منجمین یک

حمل و ثوری هست که آن‌ها می‌دانند. همان را بلژیکی‌ها گرفتند و معمول کردند. ولی آنوقت غافل از این شدند که در همان وقت که سال شمسی را اخذ می‌کنند، سال ایرانی قدیم را اخذ کنند، یعنی همان سال ملی ایران. و این را هم نباید خیال کرد که [تنها] مال پیش از اسلام است، بلکه بعد از اسلام هم تا زمان استیلای مغول جاری بوده [است]. حتی سعدی هم گفته است "اوّل اردی‌بهشت ماه جلالی' [بلبل گوینده بر منابر قضبان]، که برابر با ششصد و پنجاه و شش [قمری] است و آنوقت [سال شمسی ایرانی] در میان عامه جاری بوده و فقط از برای نگاه‌داشتن روح مذهبی در میان جامعه سال قمری را معمول [می] داشته‌اند. ولی سال شمسی به‌هر حال لازم است و کسی نمی‌تواند در این موضوع شکی داشته باشد.

نکات چندی که تقی‌زاده در بالا آورده تایید نوشته‌های پیشین اوست. اگرچه او باز هم به ابتکار ماموران بلژیکی اشاره کرده، اضافه کرده است که تقویم خورشیدی و ماه‌های زردشتی برای ایرانیان امر ناآشنایی نبوده و پس از اسلام نیز همچنان رایج بوده است. اشاره تلویحی او به تقویم جلالی از همین روست. به همین مناسبت نیز به مشکل تبدیل تقویم قمری به شمسی در عثمانی نیز اشاره‌ای دارد اما بسط نداده است. شاید نخواسته که بروز مشکل مشابهی را به واسطه دوپارگی سالشماری قمری و شمسی در ایران، که با اتخاذ تقویم جدید حادث می‌شد، پررنگ سازد. در ادامه در باره تقسیم ماه‌ها در سال شمسی چنین گفته است:

اما در مسئله ماه شمسی آقایان اشتباه می‌کنند. این یک چیز به‌کلی موهومی است. ماه شمسی برای هیچ ملتی در دنیا لازم نیست و هیچ ملتی تا به حال ماه شمسی اتخاذ نکرده. فقط چیزی که لازم است این است که سرو ته سال با هم وفق بدهد. هرکسی هم بخواهد دوازده ماه را بیست و نه روز یا بیست و هشت روز یا سی روز یا سی و یک روز یا سی و چهار روز بگیرد ممکن است، ولی آخرش سیصدو شصت وپنج روز باید پر بشود. این [یک] موضوع نجومی است که مدار زمین دور آفتاب به دوازده قوس متساوی تقسیم می‌شود. ولی زمین این قوس‌ها را در ایام متساوی طی نمی‌کند یکی را سی روز طی می‌کند یکی را سی و یک روز و برای هیچ کس در هیچ موقعی و برای هیچ عملی لازم نیست که بداند اول آن قوس [یا نصف‌النهار] یا دوم و سوم آن کی رسیده است، مگر برای حجامت و فَصد و حمام رفتن لازم باشد. و یک اشتباهی هم آقایان می‌کنند که خیال می‌کنند حمل و ثور مُرتّب است یعنی مثلاً ثور سی و یک روز و جوزا سی و دو روز است. بنده عرض می‌کنم، خیر اینطور نیست. حَمَل سی و یک روز و یازده ساعت ونیم است و ثور سی و یک روز و فلان و جوزا سی و یک روز و هیجده ساعت وفلان است. این‌ها را روی هم جمع می‌کنند آنوقت تمام ماه‌ها سیصد و شصت و پنج روز و چند ساعت و فلان [حقیقی] می‌شود.

ولی بنده نمی‌خواهم زیاد در این باب شرح بدهم، فقط می‌خواستم یک عرضی بکنم و آن این است که اینگونه مسائل را بنده تصور می‌کردم که در چند دقیقه ممکن است

تمام شود، برای اینکه یک قسمت فنی دارد و یک قسمت مباحثه، [مبنی بر] این که آیا [اگر] این اسامی را تغییر بدهیم صلاح ما هست [یا] نیست؟ آیا از اول بهار شروع کنیم یا از اول زمستان؟ آیا این الفظ فارسی شود یا فلان شود؟ ولی قسمت عملی‌اش را یک کمیسیونی در مجلس بود، او هم بمعلومات خودش اکتفا نکرد. منجمین مملکت را دعوت کردند و نشستند و اینطور اصلاح کردند. و اگر بنا بشود که در قسمت عملی‌اش مذاکره شود، باید مثل لایحه اوزان و مقادیر که می‌گوید واحد وزن گرام [gram] است و گرام یک سانتیمتر مکعب آب‌مقطر چهار درجه است، [حالا اگر] یکی از آقایان پیشنهاد کند یک سانتیمتر مکعب آب‌مقطر در شش درجه باشد، یکی دیگر بگوید آب غیرمقطر باشد، اینها ربطی به این مسئله ندارد و بنده به آقایان اطمینان می‌دهم تمام ملاحظاتی که ممکن است از خیال فرد فرد آقایان بگذرد، بنده شخصاً حاضرم بیرون جواب بدهم. [از جمله] یکی از آقایان فرمودند که این بروج مساوی است، مثلاً آفتاب در موقع معین مطابق برج بره [حمل] راه می‌رود. این هم صحیح نیست برای اینکه حالا آفتاب در برج حمل مطابق صورت حوت [در گذشته] است واصلاً جایش عوض شده است. ولی وقتی ما سیصد و شصت وپنج روز و پنج ساعت و چهل و هشت دقیقه و چهل و پنج ثانیه و نیم [در یک] سال داریم، همانطوری که آقای طهرانی گفتند، ما نمی‌توانیم عرض کنیم [شاید مقصود آن که نمی‌توانیم تصور کنیم] باید سیصد و شصت ء پنج روز را به تقسیمات متساوی قسمت کنیم، یعنی آن پنج روز زیادی را

فصل پنجم: عصر پهلوی و رسمی شدن تقویم خورشیدی

بدهیم به خورد آن دوازده ماه، [حال] به هر ترتیبی که می‌خواهد باشد. و آن پنج ساعت زیادی را در [هر] چهار سال ملاحظه کنیم. ولی ایشان اشتباه کردند که گفتند [این] کبیسه [است]. ... و اینکه آقایان گفتند چرا [این کمیسیون] شش ماه اول سال را سی و یک روز قرار داده‌اند و مقید بوده‌اند که بعضی از ماه‌های ما اولش با اول ماه نجومی مطابق شود، لازم است عرض کنم آن چیزی که بیشتر لازم است اعتدال خریفی است. اعتدال ربیعی روز اولش روز اول فروردین‌ماه می‌شود، زیرا بهار و تابستان صد و هشتاد و شش روز و یازده ساعت است. و پاییز و زمستان صد و هفتاد و نه روز و چیزی کمتر است. لهذا باید با این ترتیب اعتدال خریفی هم به اول ماه ایرانی [این تقویم جدید شمسی] بیفتد.

نقد هوشمندانه ولی اندکی استهزاآمیز تقی‌زاده هم روی به اظهارنظرهای غیرتخصصی بعضی از وکلا داشت و هم می‌کوشید کسانی از اهل شرع چون شیخ محمدعلی طهرانی و شریعتمدار دامغانی را که در جامه مباحث نجومی اکراه خود را از ماه‌های زردشتی پنهان می‌کردند، پاسخگوی باشد. ارجحیت اینان همان نام‌های بابلی_عربی بروج بود که در تقویم برجی رایج بود. افزون بر این، تقی‌زاده به‌درستی متذکر شد که نه‌تنها آغاز سال شمسی باید مقارن با ابتدای بهار در سال حقیقی نجومی باشد، بلکه آغاز پاییز نیز باید مرادف با آغاز پاییز حقیقی نجومی (یعنی اول مهرماه) باشد اما لزومی ندارد که آغاز بقیه ماه‌ها برابر با ماه‌های حقیقی نجومی باشد. اما وقتی به مسئله ماه‌ها رسید، تقی‌زاده مذکور داشت:

گاه‌شماری خورشیدی

اما این که اسم [ماه]ها را چرا عوض می‌کنند، این حمل و ثور هیچ ترتیب معینی ندارد. اگر یک وقتی می‌خواستند محرم و صفر را عوض کنند، آن وقت خوب بود می‌گفتند عوض نکنند. ولی ما حالا [نٰم] ماه‌های عربی را نمی‌گذاریم و [تنها] خرچنگ و غیره را برمی‌داریم و این اسامی هیچ منافات با چیزی ندارد. یعنی به‌جای محرم و صفر نمی‌گذاریم [بلکه] به‌جای حمل و ثور گذاشته می‌شود. در هیچ جای دنیا و در هیچ تاریخ عالم سمی [از] ماه زمینی نبوده است و هیچ ملتی برای خودش انتخاب نکرده و اسامی‌اش [یعنی اسامی ماه‌های عربی_بابلی] هم چندان فایده ندارد. لذا برمی‌گردیم به ماه‌هایی در ایران [که] تا زمان سلجوقیان معمول بوده وحالا هم در بعضی جاها معمول است. این را هم دوباره تکرار می‌کنم، اینکه گفته شده است [سال] شمسی حقیقی، برای این است که هیچ کبیسه ندارد مگر آن سالی که خودبه‌خود کبیسه تولید می‌کند. ... و اگر دوباره لازم باشد، ممکن است بنده و اعضای کمیسیون [معارف] توضیح بدهیم. ولی عرض می‌کنم که ماه شمسی حقیقی برای هیچ کس لازم نمی‌شود و [تنها] این همان سال شمسی حقیقی است. و این ماه‌ها را هم وقتی مرتب کنیم درست [در]می‌آید و یک احیای صفت ملی هم می‌شود که هیچ منافاتی با چیز دیگری ندارد [12]

---

[12] *روزنامه رسمی کشور شاهنشاهی* (تهران: چاپخانه مجلس، بی‌تاریخ [1327 خورشیدی])، صورت مذاکرات مجلس پنجم، ص 1056_ 1061. ویراستاری این گفته‌های تقی‌زاده از آن جهت لازم آمد که ضبط مذاکرات مجلس همیشه گویا نیست

اشاره تقی‌زاده به "احیای صفت ملی" در پایان سخنان‌اش، که مقصود همان نوساختن هویت ایرانی است، شاید به گونه‌ای تایید ضمنی از آن برنامه دولت پهلوی بود که می‌کوشید سابقه اسلامی را به حاشیه براند و فرهنگ نوین ایرانی را بازسازی کند. با این حال، باید توجه داشت که نه گفته‌های تقی‌زاده نه دیگر نمایندگان ابداً چون‌وچرایی در باره مبدأ هجری این تقویم نکرده و این را که چرا هجرت محمدی برگزیده شده است، مورد پرسش قرار نداده بود. این امر را البته می‌توان ناشی از احتیاط وکلای مجلس از نقد و یا انکار مبدای دانست که جایگاه آن در تاریخ قُدسی دنیای اسلام خدشه‌ناپذیر بود. بر خلاف تقویم الهی و تقویم بدیع بیانی در سده‌های گذشته که آشکارا نمایانگر پایان دور اسلام بود (که شرح آن گذشت)، حتی انگیزه ایرانی کردن گاهشماری در بستر بازسازی فرهنگی عصر پهلوی نیز یارای چنین چالشی را نداشت. ایرانی‌سازی فرهنگی در دوره پهلوی نه دین الهی گورکانیان هند و نه دور بیان را در اندیشه بابی برمی‌تافت. افزون بر این، باید دانست که سال ۱۳۰۴، چنانکه آمد، نه‌تنها سال رسمی شدن تقویم خورشیدی بعد، بلکه مقارن با آن لایحه مشهور در مجلس پنجم بود که انقراض قاجاریه و آغاز سلطنت پهلوی را به تصویب رسانید.

منطقی است اگر تصور کنیم که تقی‌زاده، که از جمله پنج تنی بود که در جلسه معروف مجلس پنجم در ۹ آبان ۱۳۰۴ / اول نوامبر ۱۹۲۵ در مخالف با تغییر سلطنت سخن رانده بود، هفت ماه پیش‌تر نیز در همین مجلس پنجم در فروردین ۱۳۰۴ متوجه این امکان بوده

و مبحثی که تقی‌زاده بدان پرداخته نیز فنی و اندکی پیچیده است و در بیان شفاهی به پیچیدگی آن افزوده شده است.

است که سردارسپه (که عنقریب رضا شاه نامیده می‌شد) ممکن است بخواهد مبدأ تقویم شمسی تازه را از زمان جلوس خود قرار دهد. شاید نیز رضاخان عطف‌به‌ماسبق می‌کرد و سال ۱۲۹۹ شمسی را که ابتدای سده جدید خورشیدی و سال کودتایی بود که او را به قدرت رسانید، به خاطر سرراست بودن به مثابه مبدأ تقویم خورشیدی تازه قرار می‌داد. مدرکی در تایید این فرض در دست نداریم، اما می‌دانیم که اندکی پس از تصویب تقویم خورشیدی ایران، در آغاز پیدایش جمهوری ترکیه در سال ۱۹۲۶، مصطفی کمال‌پاشا آتاترک نیز پس از منسوخ کردن تقویم رومی (که ذکرش گذشت) بی‌درنگ تقویم گریگوری میلادی را به‌عنوان تقویم رسمی آن کشور برگزید. شاید تقی‌زاده و دیگر ملیون حاضر در مجلس خواهان هیچ‌یک از این دو امکان، یعنی جلوس رضا شاه به مثابه مبدأ تقویم شمسی و یا امکان انتخاب تقویم گریگوری میلادی نبودند. در نتیجه، پایبندی به هجرت محمدی به عنوان مبدأ تقویم امکان عاقلانه‌تری به نظر می‌آمد؛ اگرچه شاید کاملاً مطلوب آنان نبود.

بدین ترتیب، تصویب لایحه استقرار تقویم شمسی هجری در فروردین ۱۳۰۴ خورشیدی را باید نقطه پایانی برای یک تحول چهل‌ساله دانست که با تقویم برجی نجم‌الدوله آغاز شد؛ تحولی در جهت بازیابی گاهشماری ایرانی به مثابه عنصری از هویت ایرانی که درازمدت نظیر احیای تاریخ‌نگاری ملی ایران ریشه در یادگاه تاریخی ایران داشت. اگرچه بازسلخته بود، بنیانی کهن داشت و فرایند یک باستانی‌گرایی ساختگی نبود. به اضافه، این بازسازی تقویم خورشیدی درست در زمان خطیری در مجلس شورای ملی شکل نهایی گرفت که این نهاد قانون‌گذاری در دوره گذاری پسامشروطه هنوز ماهیتی

فصل پنجم: عصر پهلوی و رسمی شدن تقویم خورشیدی

مردم‌سالارانه داشت، اما در عین حال به جانب پذیرش یک برنامه اصلاحی قدم برداشت که به زودی به استقرار سلطنت پهلوی منجر شد.

در سال‌های پیش از سلطنت رضا شاه، یعنی در سال‌هایی که او و پیروانش عنوان "سردار سپه" و نام "پهلوی" را به‌شدت در جامعه انتشار می‌دادند، انتقاد از آن رویه در میان اهل بصیرت، به‌ویژه وابستگانِ به سلطنتِ در حال نزعِ قاجار، کمیاب نبود. در ماه حَمَل ۱۳۰۳ شمسی قهرمان میرزا سالور، عین‌السلطنه، سردارسپه را شدیداً به سبب جاه‌طلبی و تبلیغات خودبزرگ‌نمایانه‌اش سرزنش می‌کند: "هر چه امروز هست یا "سپه" است یا "پهلوی" ... این آدم در ظرف چهار سال نصف طهران و ایران را پهلوی و رضا و سپه اسم گذاشته است." وی حتی انتخاب نام ماه‌های تقویم جلالی را به‌جای "ماه‌های شمسی برجی" نیز تلویحا از همین قسم تبلیغات می‌داند. در ۱۸ فروردین ۱۳۰۵ شمسی (برابر با ۷ آوریل ۱۹۲۴) می‌افزاید: "مجلس به جای ماه‌های شمسی برجی ماه‌های جلالی را تصویب کرد که رسماً در دوایر دولت استعمال شود... مقصود ارباب کیخسرو به عمل آمد و الا تغییر ماه برای مملکت چه منافعی دارد؟ باز کسبه و عوام ما همان ماه‌های قمری را استعمال می‌کنند. محاسبات و کشت و زرع رعایا هم از روی بروج است.۱۳

اما این دیدگاه انتقادیِ عین‌السلطنه، نظیر بسیاری دیگر از برگزیدگان قاجار و یا بسیاری از مشروطه‌خواهان آن دوران، مانع از پذیرفته شدن گاهشماری خورشیدی با نام ماه‌های جلالی نشد. شگفت

---

۱۳ *روزنامه خاطرات عین السلطنه*، جلد ۹، به کوشش مسعود سالور و ایرج افشار (تهران: انتشارات اساطیر، ۱۳۷۴)ص۵۷ـ ۷۲۵۶. از هوشنگ شهابی برای یادآوری این مدخل در روزنامه خاطرات عین‌السلطنه سپاسگزارم.

آنکه عین‌السطنه خود نیز به سابقه کهن ماه‌های جلالی معترف است. در پایان همین مدخل او نام ماه‌های ایرانی را که از کودکی از *نصاب الصبیان* ابونصرفراهی، شاعر و مورخ قرن هفتم هجری (سیزدهم میلادی)، در خاطر داشته می‌افزاید:

ز فروردین چو بگذشتی مه اردی‌بهشت آید
بمان خورداد و تیر آن گه که مردادت همی آید
پس از شهریور و مهر او ابان و آذر و دی دان
که بر بهمن جز اسفندارمذ ماهی نیافزاید.[۱۴]

[۱۴] همانجا

فصل ششم

از تقویم شاهنشاهی تا نوروزستیزی‌های امروز

به دنبال تصویب لایحه تقویم رسمی خورشیدی، نیم‌قرنی ایران شاهد پذیرش این تقویم در همه سطوح بود که در مشکل‌ترین شرایط سیاسی زمانه نیز دوام آورد. تا آنجا که می‌دانیم، سوای محافظه‌کارترین مراجع قم که همچنان در حفظ تقویم قمری پافشاری می‌کردند، دیگران، از فرنگی‌مآب‌ترین روشنفکران تا تندروئترین امرای ملی‌گر در ارتش پهلوی یا زردشتی‌گرایان در دستگاه فرهنگی آن دوران و یا منتقدین چپ، آن را یکسره پذیرا شدند. موفقیت این طرح فرهنگی ر که درآغاز قرن چهاردهم خورشیدی صورت بست، بیش از هر چیز باید مدیون رشد نهادهای دولتی و ملی دانست که نیاز به زمان‌سنجی دقیق و منظم داشت. پیدایش و توسعه آموزش همگانی، وظایف وزارت‌خانه‌های دولتی، ارتش یکپارچه، ارتباطات ء روابط خارجی و البته رشد شهرنشینی بدون این چنین تقویمی مشکل و شاید ناممکن بود. افزون بر این تقویم هجری شمسی پدیده‌ای آمرانه یا وارداتی از فرنگ نبود، بلکه از سویی بر اساس حافظه دیرپای نوروزی و سالشماری خورشیدی پای گرفته بود و از سویی ناظر بر حافظه اسلامی این سرزمین بود. بَ اقلیم بومی این سرزمین عجین بود و ایرانیان هزار سالی در تطبیق این دو وجه ایرانی و اسلامی آن کوشیده بودند. شاید بتوان گفت که کمتر پدیده‌ای در فرهنگ ایران، حتی پیدایش و تطور زبان فارسی یا بازسازی تاریخ ملی و یا بقای

فرهنگ سیاسی بومی ایران، که هر سه ریشه در گذشته درازمدت ایران داشتند، مانند این زمان‌آگاهی ایرانی رسوخ عام و پایدار نداشتند.

۱
رویای بازگشت به شکوه باستان

با این حال، پس از نیم‌قرن جایگزینی تقویم هجری خورشیدی، چالش تازه‌ای فرارسید که ریشه در باستان‌گرایی عصر پهلوی داشت؛ انگیزه‌ای که از جانبی حاکی از خواست محمد رضا شاه برای بزرگ‌نمایی نهاد سلطنت در عصر او داشت و از جانبی دیگر، نشانهٔ کرنش‌های بی‌چون‌وچرای دولتمردان پایان دوران پهلوی در برابر خواست‌های شاهانه بود. این چالش تازه چیزی جز تقویم شاهنشاهی نبود که زمزمه آن در سال ۱۳۵۵ شمسی به اوج رسید؛ تقویمی که نه ریشه در یادگاه جمعی مردم ایران داشت و نه اساس روشن تاریخی‌ای بر آن متصور بود. عاقبت کار نیز این تقویم شاهنشاهی بود که مانند پاره‌ای از ابداعات متاخر محمد رضا شاه، گریبانگیر دولت پهلوی شد و در زمره نخستین انتقادهای رایج در آستانه انقلاب ۱۳۵۷ درآمد.

تا آنجا که شواهد رهنمون ماست، سابقه اولیه این تقویم ابداعی به همان مذاکرات دوره پنجم مجلس شورای ملی بازمی‌گردد. ابوالحسن حائری‌زاده، نماینده جنجالی یزد، در انتقاد از نام ماه‌های ایران در تقویم خورشیدی گفته بود:

یکی از منجمین طهران، آقا سید جلال‌الدین طهرانی، دوازده ماه برای خودش پیدا کرده و روزهای او را هم معلوم کرده. بنده دیدم اسامی آن با فصول مناسبتش بیشتر است تا این اسامی

که حضرت‌والا (محمدولی میرزا فرمانفرما) پیدا کردند، مثلاً برج حَمَل را اسمش راگذاشته چمن‌آرا و مناسبتش هم بیشتر است تا فروردین که آقای ارباب کیخسرو ترجمه کرده‌اند "به‌هم‌مانندی روانان" که مساوات ارواح باشد. این ترجمه فروردین است. از حیث مناسبت با این برج که برج حمل باشد من چمن‌آرا را که آقا سید جلال‌الدین اختیار کرده بهتر می‌دانم. همچنین اردیبهشت که از طرف آقای ارباب کیخسرو ترجمه شد به "نظم کامل و تقدس بهترین." این تقویمی است که قبل از اینکه این قانون از مجلس بگذرد داده‌اند در مطبعه چاپ گردد.[1]

سید جلال طهرانی، که در آن هنگام جوانی بیش نبود، مانند تقی‌زاده پاره‌ای تحصیلات مدرسه‌ای در نجوم و تقویم داشت و از سال ۱۳۰۳ شمسی سالنامه‌ای با عنوان *گاهنامه* منتشر کرده بود. بنا بر سالنامه ۱۳۰۶ خورشیدی، وی جلوس کورش در ۵۰۰ پیش از میلاد را مبدأ این تقویم قرار داد، که ظاهراً از ابداعات خود او بود. نام‌های ناآشنای ماه‌های شمسی را نیز ظاهراً از *زیج اشرفی* تالیف محمدسنجر کمالی در قرن نهم قمری برگرفته بود.[2] اینکه او در ۱۳۰۶ شمسی چگونه به فکر

---

[1] *روزنامه رسمی کشور شاهنشاهی* (تهران: چاپخانه مجلس، بی‌تاریخ [۱۳۲۷ خورشیدی])، صورت مذاکرات مجلس پنجم، ص ۱۰۵۶ـ ۱۰۶۱ (ص ۱۰۵۶).

[2] "گاهشماری در ایران،" *تاریخ تقویم در ایران و کشورهای اسلامی*، مرکز تقویم، دانشگاه تهران، ص ۱۲. این پژوهش در مرکز تقویم شاید جامع‌ترین در زبان فارسی است: (https://calendar.ut.ac.ir/Fa/CalHistory/CalHistory4-3-2.asp) و بسیاری نکات تازه دارد. ظاهراً نام ماه‌ها ابداعی جلال‌الدین طهرانی از نسخه دست‌نویس *زیج اشرفی* از محمدبن ابی‌عبدالله سنجر کمالی است (نسخه خطی

کورش و پادشاهی هخامنشی افتاده بود، به احتمالی متاثر از انتشار آثاری چون *ایران باستانی* تالیف محمد علی فروغی ذکاءالملک بود که در بازنگاری مکرر این اثر، که مقارن با همین سال‌ها، بر پیدایش پادشاهی هخامنشی و تداوم تاریخی ایران تاکید داشت.[۳]

کتابخانه ملي پاریس، ش ۱٤۸۸، میکروفیلم کتابخانه مرکزی دانشگاه تهران، ش ۱۳۲۸). طهرانی در ۱۳۱۳ شمسی در شمار محصلین اعزامی در دوره رضا شاه در دانشگاه بروکسل درجه دکترا در نجوم گرفت و پس از چندی به ایران بازگشت. او گویا اولین ایرانی است که تحصیلات عالی در نجوم جدید داشته؛ اگرچه تحصیلات قدیمه نیز پیش از رفتن به فرنگ داشته است. رفتار منفعلانه او در دوره انقلاب ۱۳۵۷ بیرون از این مقال است.

[۳] بنگرید به:

Farzin Vejdani, *Making History in Iran: Education, Nationalism and Print Culture* (Stanford (CA): Stanford University Press, 2014) especially chapters 1 and 3; Afshin Marashi, *Nationalizing Iran: Culture, Power and the State, 1870-1940* (Seattle: University of Washington Press, 2008) esp. chaps. 2 and 4; Ali M. Ansari, *The Politics of Nationalism in Modern Iran* (Cambridge (UK): Cambrdige University Press, 2012) esp. chaps. 1 and 2, and Abbas Amanat, "Legend, Legitimacy and Making of a National Narrative in *Historiography of Qajar Iran* (1785- 1925)" in *History of Persian Literature,* General Ed. E. Yarshater, Vol. X: *Persian Historiography,* ed. C. Melville, (I. B. Tauris, London and New York, 2012), chap. 7, pp. 292-366.

ایضاً بنگرید به عباس امانت، *تاریخ‌نگاری، تاریخی‌اندیشی و دسیسه‌پنداری در تاریخ ایران معاصر* (*تورنتو: نشر آسمانا*، در دست چاپ).

با این حال، بعید است که محمدرضا شاه یا کسانی از اطرافیان او از این سالنامه آگاهی داشته‌اند، یا در پس تصمیم برای تغییر تقویم، سابقه تاریخی یا گفت‌وگوی درازمدتی در جریان بوده است. حداکثر آنکه در زمان جشن‌های شاهنشاهی در سال ۱۳۵۰ خورشیدی به پیشنهاد تنی چند ایران‌شناس، از جمله ایشان گویا نورمن گریشمن (Norman Grieshman)، باستان‌شناس نامی اوکراینی-فرانسوی، فکر تقویم شاهنشاهی مطرح شد، اما بنا بر ملاحظات چندی، از جمله آنچه عدم آمادگی جامعه خوانده شد، به آینده موکول شد. البته حتی پیش از جشن‌های ۲۵۰۰ ساله کسانی خواهان تقویم شاهنشاهی بودند، اما این امر قبول عامی نداشت

محمدجواد بهروزی، نویسنده شیرازی، بود که مقارن با جشن‌های ۲۵۰۰ ساله سالنامه‌ای وقایع‌نگارانه از آغاز تاریخ ایران تا ۱۳۵۰ تنظیم کرد. وی افزون بر سه تقویم هجری خورشیدی، هجری قمری و میلادی، تقویم شاهنشاهی را نیز در برابر هر رویدادی آورده بود. این تقویم از سال تاج‌گذاری کورش در ۵۳۹ قبل از میلاد آغاز می‌شد.[4]

---

[4] محمد جواد بهروزی، تقویم تاریخی، فرهنگی، هنری ۲۵۰۰ سال شاهنشاهی (شیراز: کانون تربیت، ۱۳۵۰)، ح-ط. پس از او نیز فروغ حکمت در کتابی با عنوان مبدأ تاریخ ایران می‌باید تغییر پذیرد به همین امر پرداخته بود.

فصل ششم: از تقویم شاهنشاهی تا نوروزستیزی‌های امروز

تصویر ۱/۶: محمدجواد بهروزی، *تقویم تاریخی- فرهنگی- هنری دو هزار و پانصد سال شاهنشاهی ایران*. این کتاب که در ۱۳۵۰ خورشیدی در شیراز وسیله کانون تربیت انتشار یافته است، از نخستین کوشش‌ها برای قرار دادن مبدأ تقویم شاهنشاهی بر اساس فتح بابل وسیله کورش در ۵۳۹ قبل از میلاد برابر با ۱۱۶۰ قبل از هجرت است.

در واقع، تقویم شاهنشاهی را باید آخرین پرده در متن برنامه‌ای وسیع برای بزرگ‌نمایی سلطنت پهلوی دانست که با مراسم "نیایش" در بزرگ داشت بیست و پنجمین سال سلطنت محمدرضا شاه و اعطای

عنوان *آریامهر* به او در ۱۳۴۴ و به دنبال آن برگزاری جشن تاج‌گذاری در ۱۳۴۶ آغاز شد و با جشن‌های ۲۵۰۰ شاهنشاهی ایران، که "سال کورش کبیر" نامیده شد، به اوج رسید. در سال‌های بعد نیز از دیگر کوشش‌های دولت برای مشارکت مردمی در این برنامه می‌توان از پیدایش حزب رستاخیز در ۱۳۵۴، مراسم "سپاس شهنشاها" در ۱۳۵۵ (برای ستایش از "ملی شدن صنعت نفت" برای سومین بار) و بالاخره جشن‌های پنجاهمین سال سلطنت پهلوی در همان سال ۱۳۵۵ نام برد. این عارضه "جشن‌زدگی" بیش از هر چیز ریشه در شخص شاه داشت و شاید آن را بتوان کوششی ناخودآگاه برای پوشانیدن ناایمنی‌های ژرف در شخصیت او دانست. افزون بر این، مشاورین فرهنگی او برگزاری چنین مراسمی را تبلیغاتی آسان برای باشکوه جلوه دادن نهاد سلطنت و تضمین بقای آن می‌دانستند. مقارن بودن این دهه را از جانبی با افزایش فعالیت‌های چریکی و انتقادات مذهبیون مبارز و از جانب دیگر کوشش شاه برای زورآزمایی در صحنه بین‌المللی، نباید صرفاً امری تصادفی شمرد.

در پیدایش تقویم شاهنشاهی چنانکه گذشت. بیش از هر چیز کوشش‌های دربار و دولت در دوره جشن‌های ۲۵۰۰ ساله برای یافتن تداوم تاریخی ایران و پیوند با ایران باستان موثر بود. منطق حاکم آن بود که اگر سیر تاریخی سلطنت پهلوی را می‌بایست تا آغاز نهاد شاهی در دوران هخامنشی به عقب برد، به همین منوال می‌بایست گاهشماری را از همان آغاز ۲۵۰۰ ساله پیش محاسبه کرد. متوق این تکیه بر افتخارات باستانی و تبدیل تقویم در این برهه خاص ظاهراً شجاع‌الدین شفا، معاون دربار و یکی از رایزنان فرهنگی محمدرضا شاه بود؛ شخصیتی پرآب‌ورنگ که بنیاد کارش را بر تبلیغ و تکریم شاهنشاهی نهاده بود.

فصل ششم: از تقویم شاهنشاهی تا نوروزستیزی‌های امروز

شفا از جمله سه تنی بود که در ۱۳۵۴ موظف شدند تا مبدایی درخور برای تقویم شاهنشاهی ارائه دهند. وی پیش از این نیز در آغاز کار جشن‌های ۲۵۰۰ از جمله مدیران مسئول بود، اما به دلایل چندی از کار جشن‌ها کنار گذاشته شد. با این حال، شاه کار خطیر تاسیس کتابخانه پهلوی را همچنان به عهده او واگذارد. بعید نیست که شفا، که نفوذ اندکی در درون دستگاه پهلوی داشت، طرح تقویم شاهنشاهی را برای پیشبرد جایگاه خود به شاه عرضه کرده باشد. دو تن دیگر که از آنان نظرخواهی شده بود، یکی هادی هدایتی، وزیر مشاور و معاون اجرایی نخست‌وزیر، بود که دستی در مطالعات تاریخی داشت و کتاب شایسته *تاریخ زندیه* را در ۱۳۳۴ نگاشته بود، و دیگری خسرو بهروز که ریاست بخش انفورماتیک در سازمان برنامه و بودجه را عهده‌دار بود. گویا بهروز بدین سبب برگزیده شده بود که مبدأ تقویم تازه می‌بایست به نحو مطلوب مقارن با رویدادهای معاصر باشد. شاید پژوهش‌های گاهشمارانه پدرش ذبیح بهروز نیز دخلی در این انتخاب داشت.

ذبیح بهروز در کتاب *تقویم و تاریخ در ایران* که در ۱۳۳۱ خورشیدی چاپ شده است به این نکته اشاره دارد که تقویم قدیم "ملکان" ماخذی برای تقویمی بوده است که در عصر سلطان ملکشاه به نام تقویم جلالی شناخته شده است. بهروز می‌افزاید که این با نام "ملکشاه" که همان "شاهنشاه" است بی‌ارتباط نبوده. از این گفته ذبیح بهروز شاید بتوان چنین استنتاج کرد که شاید تاریخ جلالی یا ملکشاهی از هزوارش باستانی "ملکان ملک" ریشه گرفته که واژه‌ای آرامی بوده و در کتیبه‌های هخامنشی به جای واژه پارسی "شاهنشاه" قرار می‌گرفته است. اگر این فرض را ممکن بدانیم، شاید بتوان گفت که اتخاذ نام

گاهشماری خورشیدی

"شاهنشاهی" در تقویم شاهنشاهی ملهم از همین سابقه بوده که از راهی که بر ما روشن نیست، شدید توسط یکی از باستان‌شناسان و یا شاید از ذبیح بهروز از راه پسرش، خسرو بهروز، به شجاع‌الدین شفا رسیده است. [۵]

به دوست دیرین مهربان عزت هدایت

ایران کوده شمارهٔ ۱۵

تقویم و تاریخ در ایران

از رصد زردشت تا رصد خیام

زمان مهر و مانی

ذ. بهروز

انجمن ایرانویج

تصویر ۲٫۶: صفحه عنوان کتاب *تقویم و تاریخ در ایران* نوشته ذبیح بهروز. سلسله‌کتاب‌های "ایران کوده" که در دهه‌های ۱۳۲۰ و آغاز دهه ۱۳۳۰ خورشیدی به همت انجمن ایرانویج و دبیری م. مغدم (مُقَدّم) منتشر می‌شد، بیشتر در باره فرهنگ ایران باستان و میراث آن در دوران اسلامی بود.

۵ ذبیح بهروز، *تقویم و تاریخ در ایران*، شماره ۱۵ در سلسله انتشارات ایران کوده (تهران، انجمن ایرانویج، ۱۳۳۱ خورشیدی)، ۵۹ـ۶۴.

پیشنهاد هدایتی که سال تاجگذاری کورش را در ۵۵۹ قبل از میلاد مبدأ قرار می‌داد بر دو پیشنهاد دیگر رجحان یافت، زیرا اولاً سال جلوس را به رسم تقویم‌های سنتی ایران مبدأ می‌گرفت (چون یزدگردی و جلالی) و دوم آنکه سالگرد ۲۵۰۰ ساله جلوس کورش با جلوس شاه در ۱۳۲۰ خورشیدی مقارن بود. این مقارنه از دیدگاه شاه و دولت پهلوی موید مشروعیت تاریخی سلطنت پهلوی و ماموریت خودانگیخته شاه برای برای بازگرداندن "عظمت شاهنشاهی ایران" و وصول به "دروازه‌های تمدن بزرگ" بود؛ همان که او در سال ۱۳۵۰ در برابر آرامگاه کورش بدان وعده داده بود.[٦]

در ۲۵ اسفند ۱۳۵۴ خورشیدی مجلسین شورای ملی و سنا در یك اجلاس مشترك تصویب کردند که مبدأ تاریخ ایران از هجری شمسی به شاهنشاهی تغییر یابد و مردم و سازمان‌های دولتی موظف شدند تا تاریخ جدید را به جای تاریخ هجری خورشیدی که بر اساس هجرت نبوی بود، به‌کار برند. سال تاجگذاری کوروش در ۵۵۹ قبل از

[٦] برای پژوهش جامعی در باره تقویم شاهنشاهی بنگرید به مریم مدنی جاوید (و محمود سادات بیدگلی)، "تغییر مبدأ تقویم شمسی از هجری به شاهنشاهی در دوره محمدرضا شاه،" *پژوهشنامه تاریخ اجتماعی و اقتصادی* (پژوهشگاه علوم انسانی و مطالعات فرهنگی) سال هشتم، شماره اول (۱۳۹۸) ص ۱۹۵ ـ ۲۱۷ و منابع مذکور درآن. همچنین مقاله مهم سارا شریعتی و زهره سروش‌فر، "بررسی سیاست زمانی حاکم بر تقویم ایران در سال‌های پس از انقلاب اسلامی" *مطالعات و تحقیقات اجتماعی در ایران*، دوره ۶، شماره ۱ (۱۳۹۶)، ۶۷ ـ ۸۹. هر دو مقاله، به‌رغم پاره‌ای تفاوت‌ها، در شناخت تحول تقویم در ایران در دوران حاضر شایان توجه‌اند.

میلاد نیز مبدأ سال شاهنشاهی قرار گرفت. به همین مناسبت، اول فروردین ۱۳۵۵ هجری خورشیدی، که برابر با آغاز سال ۲۵۳۵ شاهنشاهی بود، آغاز سال رسمی ایران در تقویم شاهنشاهی اعلام شد.

اندکی پیش از رسمی شدن تقویم جدید در ۱۳۵۵، دست‌اندرکاران دولت و دربار دریافتند که زمان آغاز تقویم جدید درست مرادف با جشن‌های پنجاهمین سال سلطنت پهلوی است که در همان سال ۱۳۵۵ شاهد برگزاری "بزرگداشت"های متعدد بود. لذا رسمی کردن تقویم شاهنشاهی در همان سالی که پنجاهمین سال آغاز سلطنت پهلوی بر اساس تقویم هجری شمسی جشن گرفته می‌شد، خوشایند نمی‌نمود. پس مصلحت دانسته شد که تقویم جدید از نوروز ۲۵۳۶ برابر با ۱۳۵۶ به اجرا درآید (اگرچه در عمل گویا عطف به ماسبق شده و سال ۲۵۳۵ در بسیاری موارد، از جمله در سال انتشار کتاب‌ها منظور شد). در عین حال، نشست‌های چندی نیز با حضور تنی چند از اهل فن، از جمله محمد باستانی پاریزی مورخ، دکتر احمد اشرف جامعه‌شناس، و شاهرخ مسکوب، که دستی در تحلیل شاهنامه داشت، برگزار شد. اما این نشست‌ها، و دیگر کنکاش‌های دولتیان و غیردولتیان، گویی توان چون‌وچرا در برابر منویات ملوکانه برای استقرار تقویم جدید را نداشت.

بعید است تصور کنیم که در شرایطی آزاد ابداع چنین تقویمی بخت بهتری از تقویم جلال‌الدین طهرانی می‌داشت. با این حال، لازم بود که مسئولین دست‌اندرکار دلایل معقولی برای این تبدیل تقویم فراهم آورند که مهم‌ترین آن مشکل چندتقویمی بود. البته جای تردید نیست که تقویم هجری شمسی رایج با مشکل گاهشماری‌ای مواجه بود که خود ناشی از تحول تاریخی غامضی بود که ایران در طول زمانی دراز

تجربه کرده بود. حداقل چهار تقویم در گاهشماری معاصر ایران برای ثبت و مراجعه به گذشته لازم بود (و هنوز نیز هست): اول، تقویم هجری شمسی از ۱۲۹۹ (برابر با ۱۹۲۱ میلادی) تا زمان حاضر؛ دوم، تقویم هجری قمری از آغاز هجرت محمدی (برابر با ۶۲۲ میلادی) تا ۱۳۳۹ هجری قمری (برابر با ۱۲۹۹ هجری شمسی و ۱۹۲۱ میلادی)؛ سوم، تقویم میلادی برای دوران پیش از اسلام که خود دو بخش بود: سالشماری میلادی از ۶۲۲ به عقب تا سال اول میلادی و نیز سالشماری پیش از میلاد از سال اول پیش از میلاد تا آغاز پیدایش تمدن‌های عصر حجر و پیش از آن.[۷]

پدیده چندتقویمی و گاهشماری چندزمانی (polychronism) امر ناشناخته‌ای در بیشتر فرهنگ‌های قدیمی آسیائی، از مصر تا چین و از هندوستان و یمن تا بین‌النهرین نبود؛ پدیده‌ای که در طول قرن‌ها، بیرون از تجربه یکسان‌سازی دنیای غرب، دوام یافته بودند. گاهشماری‌های کهن چون تقویم یهودی، هندو، زردشتی، بودایی نیز که مبادی به برگزاری سالیانه آیین‌های مذهبی بودند بر این پیچیدگی چند تقویمی می‌افزوند. با این حال، در قرن بیستم پذیرش تقویم گریگوری میلادی در سراسر سرزمین‌هایی که زمانی یا زیر سلطه استعمار غربی بودند، یا به مناسبت ملاحظات بین‌المللی تقویم میلادی را برای سهولت ارتباطات پذیرفتند، مانند چین، ژاپن، تایلند

[۷] به علاوه در پژوهش‌های تاریخی هنوز تقویم ترکی ـ ایغوری با دور دوازده‌ساله که از زمان صفویه تا پایان عصر قاجار به‌ویژه در محاسبات مالی به‌کار می‌رفت، و تقویم‌های محلی، دینی و تاریخی چون تقویم یزدگردی هنوز در پاره‌ای موارد مداومت داشتند و محل استناد بودند.

(سیام) و دیگر کشورهای آسیا و بیشتر سرزمین‌های قاره آفریقا، این یکدست شدن به روال غرب دوران جدید را پذیرفتند. همانطور که در فصل اول گذشت، تنها اتیوپی (حبشه)، نپال، برمه، ایران (و تا ظهور طالبان، افغانستان) معدود کشورهایی بودند که تقویم باستانی خود را نگاه‌داشته، یا از نو بازساختند. در همه کشورهایی که این تقویم میلادی پذیرفته شد، گاهشماری غامض چندتقویمی قدیم، حداقل در نظر، به یک زمان‌سنجی دو پاره میلادی و پیش از میلاد خلاصه شد و تقویم‌های پیشین یا کاملاً فراموش شد، یا صرفاً در تقویم میلادی معادل جشن‌های ملی و اعیاد مذهبی منظور شد.

آنچه امروزه Common Era نامیده می‌شود (که شاید بتوان آن را به "دور عام" برگرداند) همان تقویم میلادی است که در واقع برای بی‌طرف شناختن سالشماری بین المللی رواج یافته است. این "دور عام" که غالباً با حروف اختصاری CE نشان داده می‌شود و به جای AD (Anna Domini) یا "عصرخداوند ما") اکنون در بسیاری موارد، از جمله در پژوهش‌های تاریخی، به‌کار گرفته می‌شود. سابقه این تقویم به اوایل قرن هفدهم میلادی می‌رسد، اما در قرن بیستم با توسعه اندیشه عرفی (secular) پذیرش وسیع‌تری یافته است. این تعبیه اگرچه پذیرش تقویمی را که در اصل مسیحی است، برای غیرمسیحیان ممکن‌تر می‌ساخت، در ایران مفهومی بیگانه باقی ماند. مزیت تقویم شاهنشاهی صرف‌نظر از بار سیاسی ـ تبلیغاتی که بر دوش می‌کشید، این بود که بالقوه این مشکل چندتقویمی را برای ایرانیان سهل‌تر می‌ساخت، زیرا ارجاع به همه دوران‌ها، اعم از خورشیدی، قمری و پیش از اسلام

فصل ششم: از تقویم شاهنشاهی تا نوروزستیزی‌های امروز

را که بر اساس تقویم میلادی بود (و هنوز نیز هست) در زیر یک سالشماری همسان درمی‌آورد.⁸

اما این امر بیشتر گریبانگیر مورخین، باستانشناسان و دیگر کسانی می‌شد که دست‌اندرکار تاریخ و فرهنگ گذشته بودند. نه‌تنها کتب درسی تاریخی نیز می‌بایست با این معضل درگیر شوند، بلکه خوانندگان تاریخ و دانش‌های وابسته نیز می‌بایست به این تنوع سالشماری آشنا باشند. اما جامعه و فرهنگ ایران در قرن بیستم با گذشت زمان بیش از پیش علاقه به ژرف‌نگری تاریخی، و به‌ویژه امکان تنوع در اندیشه تاریخی را از دست داد. سیطره یک فرهنگ کلیشه‌ای و آسان‌انگار ملی‌گرایانه که دولت مقتدر پهلوی از راه آموزش، تبلیغات و رسانه فراهم آورده بود ــ و آن نیز توشه فقیرانه‌ای بیش نبودــ و نظارت بر موسسات آموزش عالی و خوانش تاریخی آمرانه کمتر جایی برای گفت‌وگو و تحلیل مبتنی بر واقعیات تاریخی باقی می‌گذاشت.

پس از عصر پهلوی نیز در زیر سایه جمهوری اسلامی کار اندیشیدن و گفتمان تحلیلی تاریخی از مراکز دانشگاهی و موسسات پژوهشی به فضای پُرتَنش شبه‌مورخین ناآموخته و تندروان ایدئولوژی‌زده، و از همه بیشتر به ساحت وسیع و بازار گرم

---

۸. امروزه در ایران سالشماری در پژوهش‌های تاریخی بر اساس تقویم خورشیدی نه‌تنها برای حوادث تاریخی در دوره اسلامی (پیش از برقراری تقویم رسمی خورشیدی در ۱۳۰۴ خورشیدی) به جای تقویم هجری قمری رواج یافته است، بلکه گاهی به جای تقویم میلادی نیز در تاریخ پیش از اسلام و حتی پیش از میلاد نیز استفاده می‌شود. البته چون اکثر غیرمتخصصین به‌سختی تصوری از تقویم قمری دارند، این امر منطقی به نظر می‌آید، اما بی‌تردید سرگردانی‌های بزرگ در تطبیق با سالشماری قمری، چنانکه در منابع تاریخی آمده، پدید می‌آورد.

دسیسه‌انگاران و توطئه‌پردازان تاریخی نقل‌مکان کرده است. در چنین فضایی کوشش برای تاریخی‌اندیشی، و در نتیجه مواجهه با مشکل چندتقویمی، شرایطی پرداختن به معضل چند تقویمی به امری ثانوی مبدل شد. روایت تاریخی آسان‌پرداز ساخته دست قدرت، فارغ از تفصیل غامض و پُر از اما و اگر مورخین حرفه‌ای، روایتی را عرضه می‌داشت که شکوه گذشته باستانی را پُررنگ کرده و به پیچیدگی‌ها و زیروبالای به‌اصطلاح "دوران زوال" کاری نداشت. به همان میزان نیز در گرماگرم "مبارزه سیاسی" برای براندازی آنچه "رژیم تبه‌کار" پادشاهی نام گرفت. جایی برای اندیشه در باره دقایق تاریخی باقی نمی گذاشت. توجیه مارکسیستی پروده در مکتب استالینی یا مائویی و پس از آن نیز "اسلام مبارز"، میلی برای شناخت ژرف‌تر از تاریخ نداشت؛ البته سوای آنچه سیطره نظام "فئودالی" بر "خلق‌های ستمدیده" نام گرفته بود.[9]

پس تبدیل تقویم هجری شمسی به شاهنشاهی تنها به‌کار شکوهمندی و رنگ و جلایِ بیشتر زدن به گذشته باستانی می‌آمد و

---

[9] برای تئوری توطئه از جمله بنگرید به:
Houchang Chehabi, "The Paranoid Style in Iranian Historiography," in *Iran in the 20th Century: Historiography and Political Culture* ed. Touraj Atabaki (London: I B Touris, 2009), 155-176 and *EIr*: "Conspiracy Theory," (Ahmad Ashraf)
و همچنین عباس امانت، تاریخ‌نگاری، تاریخی‌اندیشی و دسیسه‌پنداری در ایران معاصر. (در دست چاپ)؛ "دسیسه‌پنداری در ایران؛ گفتگریی با عباس امانت" دسیسه‌پنداری، دفترهای آسو، شماره ۱۹، به کوشش هامون نیشابوری (لس‌انجلس، ۱۴۰۴) ۱۵۲-۱۱۹. و
EIr: "Historiography (20th century) by Abbas Amanat, and cited sources.

می‌بایست آن شکوه غالباً تخیلی و اجمالی از گذشته دور را به جاه قدرت شاهنشاهیِ پهلوی پیوند زند. در این فضا چون‌وچرا در صواب و خطای تغییر تقویم ارجحیتی نداشت. چند تنی از روشنفکران که یکی دو بار به رایزی دعوت شدند، صرفا آگاهی اجمالی از این مشکل داشتند. نظر چند تنی که می‌گفتند شاید برگزیدن تاریخ میلادی به روال دیگر کشورها به جای هجری شمسی (و به‌طور ضمنی به جای تقویم شاهنشاهی) منطقی‌ست، فقط در صورتی ممکن شناخته شد که مکمل تقویم شاهنشاهی برای امور بین‌المللی باشد. به همین منوال نیز کوشش فراوان بر این گمارده شد که همراه با کمرنگ کردن و نهایتاً محو تقویم هجری شمسی، تقویم هجری قمری به مثابه تقویم اسلامی ایران اعتلا یابد.

با این حال، طرح توجیهی به قلم هادی هدایتی در اواخر اسفند ۱۳۵۴ که از دفتر نخست‌وزیری پس از نشست‌های متعدد مسئولان عالی دولت پهلوی و با تصویب شاه در جهت آماده کردن اذهان مردم ایران فراهم آمده بود، چهره واقع‌بینانه‌تری را از دورنمای تبدیل به تقویم شاهنشاهی عرضه می‌داشت. از جمله بند سوم از این طرح اذعان داشت که "سال هجری شمسی در افکار عمومی جنبه مذهبی ندارد اما حذف این تقویم افکار عمومی را به مبدأ آن یعنی هجرت رسول متوجه می‌کند لذا جنبه مذهبی خواهد یافت." بند چهارم می‌افزود که "هر ایرانی تاریخ تولد و همه حوادث زندگی خود را اعم از سال ازدواج و گذرانیدن مدارج تحصیل و غیره را به سال هجری شمسی مشخص می‌کند، لذا با این تقویم پیوند عاطفی قوی دارد" و بند پنجم نیز تاکید می‌کرد "هر ایرانی حوادث ۵۰ سال اخیر را با تقویم هجری شمسی می‌شناسد، مثلاً کودتای ۱۲۹۹، شهریور [هزار و سیصد] بیست، آغاز انقلاب [سفید]." افزون بر این طرح توجیهی اذعان داشت که مردم به جز مُحرم

و دیگر ایام عزاداری شیعه "از سال هجری قمری بی‌خبر هستند." بند هفتم می‌افزود که؛

به‌استثنای خواص و گروهی معدود، مردم ایران نمی‌دانند که تقویم هجری شمسی تقویمی است که با شاهنشاهی پهلوی آغاز شده است. لذا در صورتی که بی‌احتیاط و بدون مطالعات قبلی مبدأ آغاز تقویم ۱۳۰۴ شمسی را در افکار عمومی مطرح کنیم، افکار عمومی به حذف تقویمی توجه خواهند کرد که معیار زمان‌سنجی شاهنشاهی پهلوی در ۵۰ سال گذشته بوده است."

بند نهم نیز می‌پذیرفت "مردم می‌دانند که آغاز سال شمسی یعنی نوروز روز مذهبی نیست و روز ملی و شاهنشاهی است، اما لحظات تحویل سال برای ملت ایران جنبه تقدس دارد." بندهای بعد نیز تاکید داشت که جز برای "روحانیون و عده معدودی از متعصبان مذهبی که سال هجری قمری را به‌کار می‌برند [و] سال هجری شمسی به‌هیچ‌وجه برای [آنان] از نظر سنجش حوادث مذهبی معتبر نیست،" تقویم هجری قمری از حافظه مردم ایران زدوده شده است. [۱۰]

[۱۰] "طرح توجیهی تغییر تقویم شمسی به تقویم شاهنشاهی" (بی‌تاریخ)، پیوست به نامه نخست‌وزیری به امضای هادی هدایتی (اسفند ۱۳۵۴). این طرح همراه با ۱۳ سند دیگر مربوط به تقویم شاهنشاهی، درسایت موسسه مطالعات تاریخ معاصر ایران است:

http://www.iichs.ir/Picture-3317/%D8%AA%D8%BA%DB%8C%DB%8C%D8%B1-%D8%AA%D9%82%D9%88%DB%8C%D9%85-

فصل ششم: از تقویم شاهنشاهی تا نوروزستیزی‌های امروز

هدایتی هشدار می‌داد که برای وصول به هدف، یعنی تبدیل تقویم، لازم است "توجه دقیق به چگونگی رابطه افکار عمومی ملت ایران با سال‌های هجری قمری و شمسی و ماه‌ها و روزهای این سال‌ها" بشود و "موقع و مقام سال [یعنی تقویم] هجری قمری در افکار عمومی برجسته شود." در عین حال توصیه می‌کرد که تبدیل تقویم با تأنی صورت گیرد تا چنین به نظر نیاید که "حذف تاریخ هجری شمسی، که ایجاد آن از ابتکارهای شاهنشاهی پهلوی است، در سال بزرگداشت پنجاهمین سال این شاهنشاهی" پیش آمده است. باید استدلال کرد که "رضاشاه کبیر لزوم داشتن یک تقویم علمی و ملی را دریافت و اینک تقویم شاهنشاهی شکل تکامل‌یافته نیت و اراده بنیادگزار ایران نو است." در پایان نیز هدایتی افزوده بود، چنانکه گویی بعداً به ذهنش خطور کرده، "قابل توجه است که ناپختگی در اجرای این طرح می‌تواند به دسیسه‌بازان بین‌المللی که در خدمت قدرت‌ها هستند امکان سوءاستفاده بدهد." [11]

شگفتا که به‌رغم همه این ملاحظات که هدایتی مطرح کرده بود و همه کنکاش‌ها در میان بالاترین مسئولان دولت و هشدارهای دیگران، باز هم دولت پهلوی نتوانست به عمق واکنش‌های منفی، محتوم و آنی که در برابر داشت، پی بَرَد. روشن نیست که مقصود هدایتی از دسیسه‌بازان بین‌المللی کیست؛ شاید او حزب توده درتبعید یا کنفدراسیون دانشجویان در غرب، یا روح‌الله خمینی در تبعید را در نظر

%D9%87%D8%AC%D8%B1%DB%8C-
%D8%B4%D9%85%D8%B3%DB%8C-%D8%A8%D9%87-
%.

[11] همانجا.

داشت. با این حال، اگر هم ملاحظه‌ای در کار بود، محمدرضا شاه گویی چنان از بادهٔ قدرت سرمست بود که به این هشدارها وقعی نمی‌نهاد. اگر هم فرضاً چشم بصیرت‌اش اندکی گشوده می‌توانست بود، اصولاً کسی از زیردستان را یارای آن نبود که مخاطرات پیش رو را به "خاکپای همایونی" گوشزد کند. گویی که نقش روزگار چنان قرار گرفته بود که نهاد تقویم، که سابقه‌ای چنین پیچیده در تاریخِ ایران داشت، و دستکاری همایونی با این نهاد، آتش زیر خاکسترِ اعتراضِ مردمی را به لهیب همه‌سوز انقلابی بدل کند که هفده ماه پس از رسمیت تقویم شاهنشاهی در نخستین عقب‌نشینی‌های دولت پهلوی ملغی اعلام داشت. طُرفه آنکه جعفر شریف‌امامی، رَجُل همیشه‌حاضر در صحنه، که خود در مذاکرات تغییر تقویم حضور داشت و ریاست جلسه مشترک مجلسین را عهده‌دار بود که طرح تبدیل تقویم شاهنشاهی را تصویب کرد، حال در مقام نخست‌وزیر دولتِ "اتحاد ملی" او روی استیصال الغای تقویم شاهنشاهی را از جمله نخستین اقداماتش قرار داد. در پنجم شهریور ۱۳۵۷ الغای تقویم شاهنشاهی نخستین مادهٔ اولین بخشنامه دولت او بود.

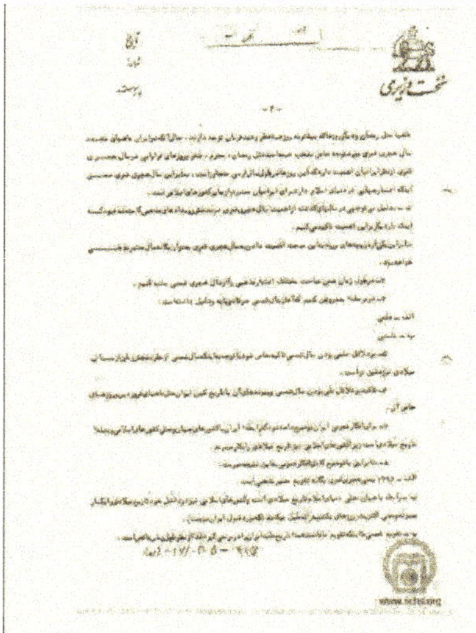

فصل ششم: از تقویم شاهنشاهی تا نوروزستیزی‌های امروز

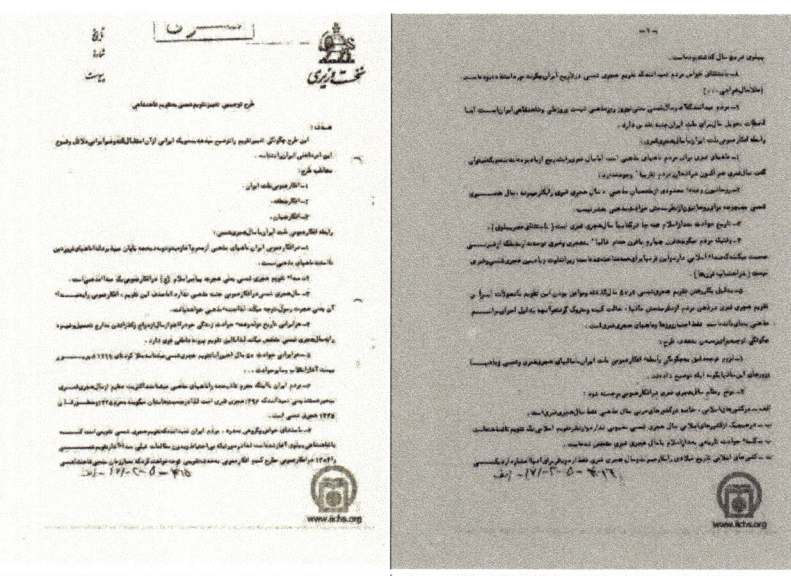

تصاویر ۳/۶، ۴/۶ و ۵/۶: در این "طرح توجیهی تغییر تقویم شمسی به تقویم شاهنشاهی" که ظاهراً در ۱۳۵۵ تدوین شده، کوشیده شده است که به‌تفصیل اولاً دلایل استقرار تقویم هجری شمسی در حافظه مردم ایران بیان شود و سپس راهکردهای پیشنهادی برای تبدیل به تقویم شاهنشاهی به شیوه‌ای به انجام آید که هم از نظر ملی و هم منطقه‌ای و جهانی با تنش و مقاومت مواجه نشود. از جمله، پیشنهاد شده است که در فقدان تقویم هجری شمسی، به‌کار گرفتن تقویم هجری قمری برای مراسم مذهبی تشویق و تایید شود و در عین حال، در مکاتبات و ارتباطات منطقه‌ای و بین‌المللی تقویم میلادی ملاک باشد. این طرح را شاید هادی هدایتی در پایان یک سلسله مکاتبات بین مقام‌های دولت پهلوی تهیه کرده است.

۲۸۴

تردید نیست که مقام‌های مسئول، و به‌ویژه شریف‌امامی که غالباً به لحاظ سابقه خانوادگی رابط بین دولت و مراجع شیعه بود، مدتی پیش از تصویب و انفاذ تقویم شاهنشاهی از مخالفت روحانیون با تغییر تقویم به‌خوبی آگاه بودند. در نامه‌ای به شریف‌امامی به تاریخ ۲۵ اسفند ۱۳۵۴. آیت‌الله محمدرضا گلپایگانی، یکی از مرجع بنام قم، به صراحت از تغییر تقویم هجری شمسی به تقویم شاهنشاهی، به‌ویژه به سبب تغییر مبدأ تقویم از هجرت محمدی به جلوس کورش، انتقاد کرده بود و تلویحاً پیامدهای وخیم چنین تغییری را متذکر شده بود. نامه گلپایگانی در عین حال مؤید این نکته نیز بود که به چه ملاحظه‌ای از زمان نجم‌الدوله در ۱۳۰۳ هجری قمری تا مجلس پنجم در ۱۳۰۵ خورشیدی، همواره هجرت به عنوان مبدأ تقویم خورشیدی ایران پابرجا مانده بود (چنانکه در فصل پنجم بدان پرداختیم).

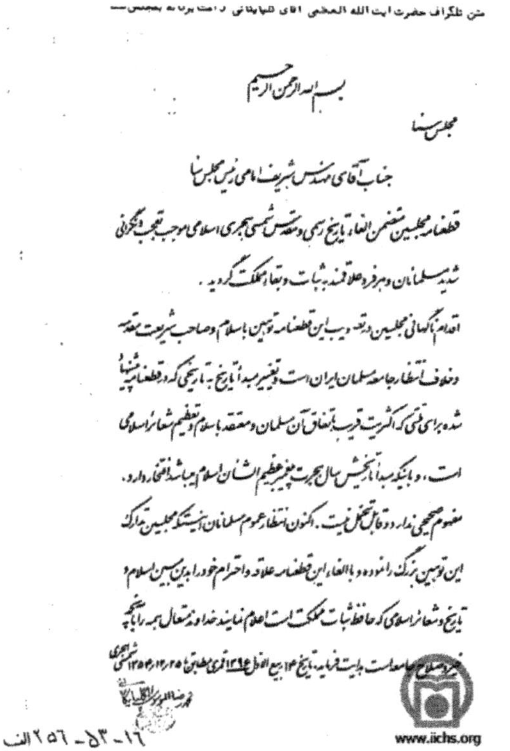

متن تلگراف حضرت آیت الله العظمی آقای گلپایگانی دامت برکاته بمجلس سنا

بسم الله الرحمن الرحیم

مجلس سنا

جناب آقای مهندس شریف امامی رئیس مجلس سنا

قطعنامه مجلسین متضمن الغاء تاریخ رسمی و مقدس شمسی هجری اسلامی موجب تعجب و نگرانی
شدید مسلمانان و هر فرد علاقمند به ثبات و بقاء مملکت گردید.
اقدام ناگهانی مجلسین در تصویب این قطعنامه توهین باسلام و صاحب شریعت مقدسه
و خلاف انتظار جامعه مسلمان ایران است و تغییر مبدأ تاریخ به تاریخی که در قطعنامه پیشنهاد
شده برای ملتی که اکثریت قریب باتفاق آن مسلمان و معتقد باسلام و تعظیم شعائر اسلامی
است، و باینکه مبدأ تاریخش سال هجرت پیغمبر عظیم الشأن اسلام میباشد افتخار دارد،
مفهوم صحیحی ندارد و قابل تحمل نیست. اکنون انتظار عموم مسلمانان اینستکه مجلسین تدارک
این توهین بزرگ را نموده و با الغاء این قطعنامه علاقه و احترام خود را بدین مبین اسلام و
تاریخ و شعائر اسلامی که حافظ ثبات مملکت است اعلام نمایند خداوند متعال همه را بآنچه
خیر و صلاح جامعه است هدایت فرماید. تاریخ ۱۴ ربیع الاول ۱۳۹۶ قمری مطابق با ۲۵/۱۲/۱۳۵۴ شمسی هجری

محمدرضا الموسوی الگلپایگانی

۱۶-۵۳-۲۵۶ الف

تصویر ۶/۶: نامه آیت‌الله محمدرضا گلپایگانی، از مراجع تقلید قم، به جعفر شریف‌امامی، رئیس مجلس سنا، مورخ ۲۵ اسفند ۱۳۵۴، در اعتراض به قطعنامه تبدیل تقویم رسمی هجری شمسی به تقویم شاهنشاهی. لحن تند این نامه که قریب دو سال و اندی پیش از انقلاب ۱۳۵۷ نگاشته شده، حاکی از خشم او و مقلدین اوست.

تبدیل تقویم هجری شمسی به شاهنشاهی را شاید بتوان یکی از بزرگترین خطاهای زندگی سیاسی محمدرضا پهلوی نامید؛ دولتی قدرتمند که می‌خواست به وفاق میان دو عنصر ملی و مذهبی در تقویم

ایران که پیدایش آن هزار سال به درازا انجامیده بود، پایان دهد. بازگرداندن گاهشماری به مبدأ سلطنتی امر تازه‌ای نبود. از تاریخ جلالی تا غازان‌خانی تا تقویم الهی دوره اکبر گورکانی، چنانکه آمد، مبدأ تقویم همواره به شیوه گاهشماری پیش از اسلام (که تقویم یزدگردی آخرین مورد آن بود) از جلوس شاهان آغاز می‌شد. و همین نیز دلیل اصلی بر بی‌دوامی این اصلاحات تقویمی بود. آنچه بر شاه و دولتمردان پهلوی پوشیده مانده بود، این نکته بود که انتخاب جلوس بر اریکه سلطنت برای مبدأ تقویم، حتی اگر پادشاهی چون کورش هخامنشی باشد و حتی اگر پادشاه قدرتمندی چون محمدرضا شاه بخواهد آن را تنفیذ کند، در دوران نوین بسیار مشکل و شاید ناممکن است. حضور ایدئولوژی‌های اسلامی و چپ و صداهای مخالف در فضای عمومی، به‌رغم خفقان سیاسی، از امکان تحقق چنین رویای جاه‌طلبانه‌ای بسی می‌کاست. این جامعه‌ای بود که کم‌وبیش از نیمه دهه ۱۳۵۰ به روایت انقلاب سفید "شاه و مردم" به دیده تردید می‌نگریست و وصول به "دروازه‌های تمدن بزرگ" را خیالات واهی شاهی مستبد و بیگانه از واقعیت‌های می‌شمرد. طبعاً این جامعه تقویم شاهنشاهی را نیز شگردی خودسرانه از جانب شاه و زیردستانش برای دستکاری در فرهنگ و زندگی و راه‌ورسم مردمان می‌دانست.

۲

نوروزستیزی و مراسم اختراعی پس از انقلاب اسلامی

سال‌های پس از انقلاب ۱۳۵۷ و گشت به سوی یک نظام مستولی اسلامی پرسش جدّی در راه دوام تقویم هجری شمسی فراهم نیاورد.

بر خلاف آنچه در انقلاب فرانسه یا انقلاب بلشویکی روسیه در جهت دگرگون ساختن زمان‌سنجی متعارف مسیحی رخ داد، اعم از اینکه ابداع یک تقویم انقلابی در جمهوری فرانسه باشد یا دگرگون کردن تقویم جولیانی در اتحاد شوروی، در جمهوری اسلامی ایران گسست از تقویم شاهنشاهی و بازگشت به تقویم هجری خورشیدی، خود نشانه آغاز جدیدی به حساب می‌آمد. با این حال، برخی عناصر اصلی در هویت گاهشمارانه ایران، و به‌ویژه جشن نوروز و مراسم همراه با این آیین باستان، در معرض حملات کین‌توزانه اهل شرع واقع شد. اما این کوشش‌های آشکار و نهان برای محو یادگار نوروزی، و آنچه با این جشن ملی پیوند یافته بود، حتی پس از گذشت چهار دهه نتوانست خدشه جدی بریادگاه همگانی ایرانیان وارد آورد و بزرگداشت نوروز را از خاطرها بزداید. برعکس، هر قدر که بر شدت این حملات افزوده شد، بی‌اعتباری مبلغان آن بیشتر هویدا شد. با این حال، نباید خطر توسعه این ایرانی‌ستیزی حکومت‌مدار را در درازمدت حداقل در بخش خرافه‌زده جامعه دوپاره ایران نادیده انگاشت. عزم سردمداران جمهوری اسلامی برای اشاعه ایام عزاداری شیعه و حتی احیا یا ابداع مراسم و شعائر تازه، بی‌تردید بخشی از جامعه منزوی‌شده و مرعوب امروز ایران را به جانب خود جلب کرده است و می‌کند. اما در جمع، دامنه نفوذ این شعائر نوپا بسی ناچیزتر از حافظه ملی ایرانیان و کوشش ایشان در جهت بقای باورها و ارزش‌های ملی بود. با این حال، کوشش در ناچیزشماری میراث ایرانی، به‌ویژه در میان اهل شرع، همچنان مداومت دارد.

از جمله سردمداران بنام این نوروزستیزی یکی نیز محمد محسن طهرانی، فقیه طرفدار ولایت فقیه و از دشمنان سرسخت هویت ایرانی است که سوای گفتارهای منبری و ویدیویی‌اش، کتابی نیز با عنوان

نوروز در جاهلیت و اسلام: تحقیقی پیرامون نوروز و آداب آن در قبل و بعد از اسلام در ۳۲۶ صفحه مرتکب شده است.[12] این کتاب نه‌تنها آیینه روشنی از انکار هویت ایرانی و کینه مولف از ایرانیانی است که این خاطره جمعی را در طی قرن‌ها زنده نگاه داشته‌اند، بلکه بازتابی از واهمه او و از به حاشیه رانده شدن اعتقادات شیعی و کسادی بازار او و مریدان و همکاران اوست. خواننده در فصل‌های کتاب، به‌خوبی پایبندی طهرانی را به احادیث و روایات صدر اسلام و ئمه شیعه، حتی سخیف‌ترین و جعلی‌ترین آن‌ها، مشاهده می‌کند. یک قالب پذیرفته‌شده تتبعی با ذکر منابع در پانویس‌ها و سازمان شبه‌منطقی پژوهش او، که متفاوت با روال درهم‌ریخته به‌اصطلاح "آخوندی" است، ظاهر مزیّنی به این کتاب بخشیده است.

اما در پس این ظاهر فریبنده، مشکل اساسی کتاب بیش از هر چیز ناشی از تضادی بارز در بنیان فکری مولف است. وی در سراسر کتاب خود آیین نوروزی، ء حتی سابقه اساطیری آن ر (مثلاً در داستان جمشید در *شاهنامه*)، با نوعی خِرَدنمایی اثباتی کاذب (psoudo-positivist)، که ارمغان شبه‌تجدد بسیاری از ملایان امروز است، یکسره "دروغین" و عقلاً باورنکردنی و از نظر "تاریخی" باطل می‌داند. اما از سوی دیگر به‌هیچ‌وجه حاضر نیست همین معیار به‌اصطلاح خِرَدورزانه خود را به اقیانوسی از احادیث و روایات ساختگی بسط دهد که ساخته

---

[12] نشر مکتب وحی، بدون تاریخ، بدون محل. نشانی اینترنتی:
https://taaghche.com/book/18349/%D9%86%D9%88%D8%B1%D9%88%D8%B2-%D8%AF%D8%B1-%D8%AC%D8%A7%D9%87%D9%84%DB%8C%D8%AA-%D9%88-%D8%A7%D8%B3%D9%84%D8%A7%D9%85

فصل ششم: از تقویم شاهنشاهی تا نوروزستیزی‌های امروز

و پرداخته هزار و سیصد سال دروغ‌پردازی رُوات و محدثین هم‌مسلک اوست؛ احادیث و روایات و اخباری که صحت بسیاری از آن‌ها حتی با معیارهای اهل حدیث نیز مردود است. نه می‌توان منشا تاریخی این احادیث را یافت (که غالباً در تخیّل اهل مدرسه از عدم به وجود آمده‌اند) و نه صحت اِسناد سلسله‌های غالباً موهوم آن رُوات را به "اثبات" رسانید؛ سلسله‌هایی که تنها با سریش تزویر به هم چسبانیده شده‌اند. اما هنوز نیز در زمانه ما می‌توان این داستان‌های بی‌ماخذ را، که حتی جذابیت قصه‌های عوامانه را ندارند، با میخ‌طویله اعتقاد به گردن مقلدان استوار ساخت.[13]

با این حال، محمدمحسن طهرانی در یک زمینه توانسته خدمتی شایان به عرصه امکان آورد و آن، ابطال همه روایاتی است که در طی قرون کوشیده‌اند آیین نوروزی را به ضرب روایات و اخباری همان اندازه مشکوک، مشروعیت اسلامی ببخشند. از شیخ محمدبن حسن طوسی، محدث مشهور قرن پنجم هجری، و ابن فحد حِلّی در قرن نهم گرفته تا محمدباقر مجلسی سابق‌الذکر، شیخ محمدحسن نجفی (مشهور به صاحب جواهر)، فقیه بنام قرن سیزدهم هجری، تا شیخ عباس قمی در قرن چهاردهم، از تیغ انتقاد طهرانی برکنار نمانده‌اند. مولف اینان را یا

---

[13] البته اگر این علّامه‌های جامع‌الاطراف پشت به کتابخانه‌هایی بنشینند که گوش‌تاگوش و طبقه روی طبقه به کتب زرین‌عنوان مزین باشد، چنانکه این روزها این نوع کتابخانه‌نمایی وارداتی از شیخ‌های سَلَفی در سعودی و الازهر در قاهره به حوزه علمیه قم و نجف نیز سرایت کرده است، ارشاد این مراجع عالیقدر به‌ویژه از راه یوتیوب به نحو نافذتری به چشم و گوش مقلدانشان خواهد رسید. اینکه همه فناوری یوتیوب ساخته و پرداخته "شیطان بزرگ" است، منافاتی با "ارشاد مومنین" ندارد. پرداختن به این فرصت‌طلبی‌های اهل شرع نیاز به مقال جداگانه‌ای دارد.

به‌واسطه پذیرفتن احادیث ضعیف و جعلی در باره تقدس نوروز، مثلاً مرادف بودن آن با عید غدیر خم، نکوهش کرده یا خطا در محاسبه نوروز (که مشکلی رایج پیش از برقراری تقویم جلالی بود) شایان مذمت دانسته است. به‌هرحال ایشان را کلاً به دلیل ابرازنظر مساعد یا حتی مدارا در باره آیینی که به زعم او یادگار دوران "جاهلیت" و "آیین مجوس" است، خطاکار دانسته است. او نیز چون محمد غزالی، که شرح او پیش از این آمد، یا بن‌تیمیه و دیگر فقهای ایران‌ستیز، مایل است که آیین نوروزی را به دامن نسیان و نیستی سوق دهد.

این دیدگاه "زاهدانه" در باره نوروز، که بی‌شباهت به تنگ‌نظری‌های "پاک دینان" (Puritans) قرن هفدهم اروپا و آمریکا نیست، بیش از هر چیز زاییده هراس ژرف مولف و نظیر او از عوارض تجدد در قرون اخیر است. پایداری در نگاهداشت یادگارهای پیشااسلامی که هویت ایرانی را در دوران جدید قوام بخشیده، بیشتر به دلواپسی این رباب شرع افزوده است. این هراس که ذاتیِ فرهنگ شریعتمدار است، اساس‌اش بر نهی و طرد "مُنکرات" است. اگر وجه قدیمی این هراس در قالب نجاسات و مبطلات و دیگر مَنهیات عریض و طویل در فروع فقه جای داشت، اکنون نجس و طاهر بیش از پیش به آیین‌های "عصر جاهلیت" مانند نوروز یا آرا و افعال دگراندیشان یا "بیگانگان" اطلاق می‌شود که در دایره تنگ این شریعتمداری جایی ندارند.

نوروزستیزی نویسنده گویا پیوندی با کودکی او نیز دارد. خصومت پدر با برپایی نوروز در خانه و نهی او از پوشیدن جامه نو، چنانکه خود گفته است، او را در دبستان در برابر دیگر شاگردان شرمگین می‌ساخته. شاید به همین سبب نیز به جای مواجهه با نهی پدر، که

فصل ششم: از تقویم شاهنشاهی تا نوروزستیزی‌های امروز

جایگاه خدایگانی در ذهن پسر دارد، مولف از دلبستگی دیگران به نوروز در "اعجاب" است. پدر، محمدحسین حسینی طهرانی، که نویسنده همواره از او به نام "علامه طهرانی" یاد می‌کند، در موارد متعدد فرزندش را از برگزاری نوروز بازداشته و از جمله در یکی از کتب‌اش در باره عید غدیر خم آورده است که "این عید باید جای عید متعارف نوروز را بگیرد که از سنت‌های جاهلی ایرانیان است و مردم باید از سنن جاهلیت و آداب پیش از اسلام دست بردارند و جمیع شئون خود را در آداب و فرهنگ و روابط اجتماعی و شخصی بر اساس امضا و رضایت شارع مقدس قرار دهند." ۱٤

درکوچک‌شماری و ستیز با نوروز، نویسنده همان آرزوی پدر را فراراه خویش دارد. در به‌اصطلاح گزارشی که از ریشه‌های آیین نوروزی به‌دست می‌دهد، از جمله می‌افزاید: "ورود این عادات و پذیرش نوروز به عنوان روز شادی و مسرت از ناحیه ایران و توسط بعضی از زمامداران و حکّام بنی‌امیه و به‌واسطه تسلط آل برامکه بر زمام امور مسلمین در دوران بنی‌عباس بوده است، و مسلمین در این قضیه بدون توجه به محتوای پوچ و توهمی آن و بدون دقت در کیفیت برگزاری رسوم و انطباق آن با موازین عقلی و شرعی، بدان پرداخته و آن را در میان خود جاری و ساری ساختند."۱۵ به دنبال این تفسیر تاریخی، نویسنده پس از آنکه صفحات فراوانی را به افاضات اخلاقی پرداخته، درصدد برآمده که نه‌تنها نوروز را به مثابه آیینی باستانی مردود شمارد، بلکه اصولاً حلول نوروز را در ابتدای بهار امری بی‌ارزش دانسته و به

---

۱٤ *امام‌شناسی*، جلد ۹: ۲۰۹ مذکور در *نوروز در جاهلیت و اسلام*، ۴۷.

۱۵ *نوروز در جاهلیت و اسلام*، ۶۵.

قول خودش آن را مخالف با عقل و شرع دانسته و آن را آیین بیهوده ستایش طبیعت و گُل و سبزه بداند. سپس نقل‌قولی از *نهج البلاغه* منسوب به علی‌ابن ابی‌طالب آورده است که به روشنی موید حفظ سنت‌های پیشین مردمان سرزمین‌های زیر سلطه اسلامی و کاملاً ناقض پرگویی‌های کینه‌توزانه خود اوست:

> ای مالک! آیین و مرام صالحی را که پیشینیان این اُمت بدان عمل می‌نموده‌اند و موجب ائتلاف و محبت بین آنان می‌گردید و صلاح رعیت بر آن استوار بود، نقض منما و گسسته مساز. و از برقراری مرام و آیینی که به یکی از این فرهنگ‌ها و سنت‌ها آسیب می‌رساند بپرهیز که در این صورت مزد و پاداش مخصوص کسانی است که این فرهنگ‌ها را بپا داشتند و ننگ و وبال آن از آن تو خواهد بود که باعث گسیختگی و نقض آن‌ها شدی.

واکنش مولف در مقابل این روح آشکار رواداری، همچنان انکار و طرد آیین باستانی است:

> حال باید دید که در این سنت که عید قرار دادن روز اول سال، که تحویل شمس به برج حَمَل می‌باشد، چه مقصد و غرض عقلایی و فطری و شرعی وجود دارد که شارع مقدس حکم به انعقاد و تشکیل آن داده باشد. ما هرچه به حکم و ضمیر خود مراجعه کردیم هیچ توجیهی برای احیاء این سنت نیافتیم زیرا در مراجعه به عقل و فطرت، مسائل جانبی و قیود اجتماعی و

فصل ششم: از تقویم شاهنشاهی تا نوروزستیزی‌های امروز

تاریخی و جغرافیایی باید به کناری نهاده شوند و بدون ملاحظه آن‌ها به اصل و اساس یک سنت توجه و تامل نمود.۱۶

البته در نزد طهرانی دامنه آنچه او فرهنگ می‌نامد، از مرز بهره‌وری فرصت‌جویانه فراتر نمی‌رود، زیرا به گفته خودش "متون روایی و احادیث معصومین شیعه" بخشی اساسی از "فرهنگ" مشروع ایران است اما آیین‌های باستانی چون نوروز چون با ترازوی نامیزان "عقل و فطرت" او سنجیده شده از زمره "خرافه" و باورهای "جاهلیت" شمرده شده است. البته میزان ژرف‌بینی و معیار خردمندی نویسنده وسیع‌تر از آن است که در این فصل بتوان به همه ابعاد آن پرداخت، اما روشن است که او، و بی‌تردید بسیاری از همفکران و مقلدانش، از اینکه سنتی ایرانی قرن‌ها مستقل از طاعات و عبادات شرعی پایدار مانده است، بسی نگران و نالان است و بی‌پرده می‌کوشد که تیغ خودکامگی شرعی را بر پیکر این وجه بارز هویت ایرانی فرود آورد. یکصد صفحه در فصل سوم کتاب مصروف به همین وظیفه شرعی شده است.

نویسنده پس از مذمت فراوان از آیین نوروز و نکوهش مردمان برای حفظ آن، در فصل پایانی بار دیگر بزرگداشت سوگواری‌ها و اعیاد شیعه را، چون پانزدهم ماه شعبان که سالروز موهوم تولد امام غایب موهوم است، به جای برگزاری نوروز تجویز می‌کند. "هر حادثه و روشی

---

۱۶ همان جا، ۹۲-۹۳. اصل عربی نقل‌قول در کتاب آمده است. شایان توجه است که طهرانی واژه سنة را در نهج‌البلاغه (و دیگر جاها) در زبان فارسی به فرهنگ ترجمه کرده است که نمونه‌ای از رسوخ یک مفهوم جدید انسان‌شناسانه (anthropologica) در زبان مجتهدی بسیار محافظه‌کار در زمانه ماست.

که به نحوی بتواند قومیت و ملّیت را در قبال محوریت و مرکزیت توحید و یکرنگی و برابری و وحدت اقوام و ملل به وجود بیاورد و مطرح سازد، از نظر ادیان الهی و خصوصاً دین اسلام مطرود و مذموم می‌باشد و شریعت الهی با آن معارضه و مقابله خواهد نمود." آنگاه از این هم فراتر رفته و در جهاد با مظاهر فرهنگی ایران، فردوسی را نیز از آماج حملات خود بی‌نصیب نگذاشته است:

فردوسی با سرودن این *شاهنامه* چه تاجی بر سر ما ایرانیان زده است؟ سی سال از عمر خود را صرف سرودن خوشگذرانی‌های رستم و زال و افراسیاب و سودابه و غیره و جنگ‌ها و لشگرکشی‌ها و خون‌ریزی‌ها و عیاشی‌های پادشهان و زر و زورمداران کرد، برای چه و به چه منظور و دستاوردی؟ بسی رنج بردم در این سال سی/ عجم زنده کردم بدین پارسی سرودن این اشعر چه دردی از دردهای این ملک و ملت دوا نمود و چه تاثیری در ارتقای فرهنگ و اخلاق این مردم به جای گذارد؟ و شما چند نفر سراغ دارید که این *شاهنامه* را از اول تا به آخر خوانده باشد [باشند]؟ یا اگر خوانده باشد، به فرهنگ و معنویت و انسانیت او کمک کرد، باشد؟ حال این کتاب را در مقابل کتاب وحی الهی بگذاریم و ببینیم که آیا شمّه‌ای از آن تخیلات و اوهام و قومیت‌گرایی و نژادپرستی در آن یافت می‌شود؟ [17]

---

[17] همان جا، ۲۲۸.

گویا هزار سال پیش تهمت رافضی بودن بر پیکر شاعر طوس کافی نبود که حال این مجتهد شیعه نیز می‌بایست ریشی جنبانیده و ناسزایی به جانب او روانه سازد. صرف‌نظر از دیگر یاوه‌ها، شیوه و برهان نویسنده به‌خوبی نماینده کوته‌نظری‌های رایج در میان همکاران و مقلدان اوست. روشن است که این "عقل" پوسیده که تنها لعابی از یک تجددنمایی قشری خورده، هرگز بویی از جایگاه اساطیر و افسانه در تکوین و بقای زبان فارسی، در زنده نگاه‌داشتن یادگاه همگانی، در بیان نمادین فرهنگ سیاسی و بالاخره در شکل‌گیری هویت ملّی ایران نبرده است. در اینجا نیز نظیر هذیان‌های دیگر در باره آیین نوروزی، او به نمایندگی از "ما ایرانیان" به دنبال "فائده" می‌گردد و آنقدر در این خشک‌اندیشی پای می‌فشارد که اساطیر *شاهنامه* را "دروغ‌های شاخدار" می‌نامد و صفحات چندی را به این جهاد مضحک می‌گذراند. جای تردید نیست که او "فائده" را در پراکندن همان روایات و اخبار ساختگی‌ای می‌داند که عمری را صرف آموختن آن‌ها کرده است.

۳

تقویم شیعه و مناسک ابداعی

در زمانه ما ستیز با نوروز و با بقای یادهای باستانی ایران و اصولاً ستیز با شادی و سرخوشی منحصر به طهرانی نیست. نه‌تنها روح‌الله خمینی، مرتضی مطهری و علی خامنه‌ای قائل به محدودیت‌های فراوانی در برگزاری مراسم نوروزی بوده و هستند و همواره کوشیده‌اند تا "موازین اسلامی" را در این آیین دخیل بدانند، بلکه در دهه‌های اخیر گسترش دامنه نوروزستیزی را می‌توان در مخالفت علنی ملایان قدرتمندی چون

ناصر مکارم شیرازی و احمد خاتمی دید. به علاوه نمونه‌های گوناگونی از ماتم‌ستایی را می‌توان در شمار روزافزون روزهای سوگواری در تقویم رسمی ایران، در افزایش و بالش بی‌سابقه لشگری از مدّاحان و قاریان و روضه‌خوانان و مصیبت‌گویان، در حمایت آشکار و نهان مسئولان و نهادهای دولتی از شهادت پروری و پرورانیدن تقدس قلابی رهبران حکومت در پوسترها و نقاشی‌های عظیم دیواری در هر کوی و بازار، در راهپیمایی اربعین، دهه فاطمیه و نظایر آن، و در صرف هزینه‌های عظیم در تحقق این هدف‌ها یافت. از جمله در بررسی کوتاهی در انتقاد از گسترش دامنه یادبودهای شیعی به‌اصطلاح انقلابی، محسن کدیور، محقق فرهیخته آیین شیعه، در یادداشتی با عنوان "نگاهی به مناسبت‌های تقویم رسمی ایران" یادآور شده است:

گرامیداشت این مناسبت‌ها هیچ دلیل مذهبی ندارد و بزرگ کردن این موارد پیش‌پاافتاده برخاسته از تفکری عقب‌افتاده و ظاهربین [و] به‌دور از مبانی معتبر مذهبی است. در کشوری که بیش از ده هزار امامزاده دارد و بعد از انقلاب [اسلامی] سالانه سیصد امامزاده به امامزاده‌های آن افزوده شده!، تعجبی ندارد که یکی از اقلام مهم [در] مناسبت‌های تقویم رسمی آن تولد و وفات امامزادگان باشد، علاوه بر تولد و وفات ائمه، آن هم به چند روایت ولو ضیعف.

نویسنده سپس هفده مورد را برشمرده است که اخیراً بر تولد و وفات چهارده معصوم به تقویم رسمی کشوری افزوده شده است. از جمله "سالروز ازدواج حضرت علی (ع) و حضرت فاطمه زهرا (س)" و روز

"بزرگداشت حضرت صالح بن موسی کاظم." سپس هفده مناسبت انقلابی دیگر چون "سالروز افتتاح حساب ۱۰۰ امام،" "سالروز تاسیس سازمان تبلیغات اسلامی،" "سالروز تسخیر لانه جاسوسی آمریکا به دست دانشجویان پیرو خط امام" و "سالروز عملیات مرصاد" را برشمرده است. وی همچنین پنج نمونه در میان بسیاری مناسبت‌های ویژه را یادآور شده که از جمله آن‌ها "روز سربازان گمنام امام زمان" است که، چنانکه کدیور گفته، چیزی جز "روز بزرگداشت مامورین مخفی وزارت اطلاعات (یا مامورین دستگاه امنیت سپاه پاسداران)" نیست. "روز بصیرت و میثاق امت با ولایت" نیز چیزی جز "روز بزرگداشت راهپیمایی حکومتی در محکومیت جنبش سبز" نیست. و این همه البته سوای روزهای متعددی‌ست که شورای فرهنگ عمومی کشور به یادبود اعدام یا کشته‌شدن بسیاری از تروریست‌های سازمان فداییان اسلام اختصاص داده است.[۱۸]

کوشش‌های جمهوری اسلامی و عوامل وابسته یا نیمه‌وابسته در درون حکومت برای گسترش ایام کاملاً ساختگیِ سوگواری و گاهی اعیاد ساختگی یا یادبود شهدای متاخر همچنان تا به امروز مداومت یافته است. شاید بتوان گفت که پی بردن عناصر محافظه‌کاری از قماش طهرانی به نبودِ امکان بازگرداندن تقویم هجری قمری و در مقابل مشاهده پایبندی اکثریت قاطع جامعه ایران از هر طبقه و قومیت و زادگاه

---

[۱۸] برای یادداشت کدیور بنگرید: https://kadivar.com/15642/. برخی از مخالفت‌های اهل شرع با آیین‌های ایرانی در این دو سایت آمده است:
https://iranglobal.info/node/22259 و
https://www.peykeiran.com/Content.aspx?ID=225189 .

گاهشماری خورشیدی

به آیین نوروزی و دیگر مناسبت‌های ملی در تقویم خورشیدی ایران، بسیاری از ملایان طرفدار رژیم و دیگر وابستگان مذهبی و گروه‌های تبلیغاتی ذینفع را بر آن داشته است که در این "جنگ فرهنگی" (cultural war) به راه‌های دیگری برای چیرگی بر هویت گاهشماری ایرانی متوسل شوند. بیش از هر چیز ما امروزه شاهد کوشش‌های پُردامنه‌ای هستیم تا از درون، تقویم رسمی خورشیدی را بیش از پیش آغشته به مناسبت‌های به‌ظاهر شیعی کنند که یکسره ساخته و پرداخته ایادی نظام و از جمله جعلیات روشن و عمدی است. اخیراً گزارشی انتشار یافته که ابعاد تازه‌ای از این موج تبلیغاتی و جنگ فرهنگیِ جمهوری اسلامی را آشکار می‌سازد.

چنانکه فرنوش امیرشاهی اخیراً در این باره نوشته است، تا "اواسط دهه هشتاد (۱۳۸۰) کمتر کسی اسم پیاده‌رَوی اربعین به‌گوشش خورده بود، اما حالا با حمایت همه‌جانبه حکومت، چنان در ایران جا افتاده که به یکی از اصلی‌ترین مناسک رسمی بدل شده ست." وی سپس می‌افزاید که به‌ویژه در سه دهه گذشته مناسک و مراسم زیادی به تقویم مذهبی ایران اضافه شده است، "تا آنجا که تقریباً روزی بدون مناسبت پیدا نمی‌شود و هیچ زمانی نیست که یکی از شبکه‌های رادیووتلویزیونی برنامه مذهبی پخش نکند." افزون بر این، برخی سوگواری‌های شیعی در تقویم ایران "از یک روز خاص به یک دهه تبدیل شده‌اند. مناسبت‌هایی همچون دهه کرامت، دهه امامت، دهه فاطمیه، دهه برائت و دهه صادقیه." از جمله دیگر "پیاده‌روی‌ها"ی اختراعی، یکی نیز "جاماندگان اربعین" است که ظاهراً شامل کسانی‌ست که از معرکه‌گیری راهپیمایی کذایی عقب افتاده‌اند. اما مهم‌تر، برگزاری آیین "آغاز امامت امام زمان" است که در سال ۱۳۹۵ با رای نمایندگان مجلس شورای

فصل ششم: از تقویم شاهنشاهی تا نوروزستیزی‌های امروز

اسلامی به تعطیلات رسمی مذهبی افزوده شده است. همچنین است "راهپیمایی غدیر" که نظیر راهپیمایی اربعین در سال‌های گذشته با صرف بودجه‌های کلان دولتی برگزار می‌شود. به نوشته خبرگزاری ایرنا، در سال ۱۴۰۱ در تهران مراسمی به نام "مهمونی ۱۰ کیلومتری غدیر" برگزار شد که در آن "بیشتر از ۳۵۰ موکب از هئیت‌های مذهبی و گروه‌های جهادی، ۴۰ مجموعه شهرِ بازی، ۱۱۰ هزار اسباب‌بازی و ۱۵۰ گروه سرود" شرکت داشتند و "بیش از دو میلیون غذا و میان‌وعده برای پذیرایی از مهمانان" تدارک دیده شده بود.[۱۹]

از جمله دیگر مناسک اختراعی می‌توان از "وفات حضرت ام‌البنین" و "ورود حضرت معصومه به شهر قم"، یا مراسم "شیرخوارگان حسینی" و "دهه مُحسنیه" نام برد که اگرچه برخی از آنان ظاهراً مستقل از حکومت برگزار می‌شوند، بی‌تردید به نحو مستقیم یا غیرمستقیم از منابع وسیع مالی و معنوی جمهوری اسلامی برخوردارند. "دهه مُحسنیه" شامل گریه و نوحه و سینه‌زنی و بر سرکوبیدن عزاداران برای مرگ مُحسن، نوزاد مُرده به‌دنیاآمده فاطمه زهرا است که او را بنا به روایات بسیار مشکوک شیعه، در ماجرای مزرعه فَدَک از دست داد. نظیر دهه فاطمیه، دهه محسنیه نیز در ذمّ خلیفه دوم، عُمَر بن خطّاب، است و مضمونی سُنّی‌ستیز دارد و نمونه‌ای از این نوع مراسم است که در آغاز از جانب گروه‌های مداحی و سینه‌زنی با نام کلّی "هیئتی‌ها" راه‌اندازی

---

[۱۹] "مُهر حکومت بر دین؛ چرا آیت‌الله خامنه‌ای در حال شکل دادن به آیین‌های جدید مذهبی است؟" امیرشاهی در این مقاله از آرای دو محقق تحولات مذهبی، یاسر میردامادی و محسن حسام مظاهری، بهره برده است. بنگرید:
بی‌بی‌سی فارسی، 9/24/22, 4:26 PM،
https://www.bbc.com/persian/articles/c03m8063rq4o

شده و سپس این گروه‌های فشار با حمایت مراجع قم‌نشین و نجف‌نشین جمهوری اسلامی را وادار به پذیرش رسمی این ماتم‌های مهمل و سست‌پایه کرده‌اند.[20]

افزایش نجومی تعداد امامزاده‌های دروغین و دیگر "بقاع متبرکه" ساختگی در فضای مسموم مذهبی ایران کار را بدانجا رسانیده است که حتی پاره‌ای از نظران وابسته به حکومت نیز از شیادی این سوگ‌پردازان حرفه‌ای ابراز انزجار می‌کنند. رقم ناچیز امامزاده‌های تاریخی پراکنده در سراسر ایران، که حتی اصالت آن‌ها نیز محل پرسش است و خود نیز به احتمالی حاصل جعلیات سده‌های پیشین‌اند، حال بنا بر آمار سازمان اوقاف جمهوری اسلامی به رقم باور‌نکردنی هفت هزار و هشتصد رسیده است.[21] این کوشش‌ها برای انباشتن تقویم کشوری با مناسبت‌های ساختگی البته معطوف به طرح وسیع‌تری از جانب مسئولان وابسته به جمهوری اسلامی است که تقویت و گسترش یک بدنه اجتماعی ـ فرهنگی "خودی" را برای حفظ و بقای نظام در برابر گسترش روزافزون جریانات معترض و ناراضی در جامعه ایران لازم می‌داند.

در این راستا، حکومت در دهه‌های اخیر کوشیده است راه‌های نوینی برای گسترش یک شبکه تبلیغاتی تدارک ببیند تا بر پایه یک برنامه زمان‌بندی‌شده و تقویم‌مدار، قشر گسترده‌ای از بسیجی‌ها و دیگر

---

[20] همان جا

[21] شاید هیچ‌یک از اصحاب مکتب لوی اشتروس و حتی مردم‌شناسان پسامدرن در بخش‌های شیک انسان‌شناسی در دانشگاه‌های فرنگ نمی‌توانند این افزایش تصاعدی را به حساب خودجوشی و مردم ـ ساختگی این "اماکن مقدسه" بگذارند و نقشه کاملاً عمدی و حساب‌شده مسئولان جمهوری اسلامی را در اشاعه چنین فرهنگی نادیده انگارند.

خودی‌ها را در سراسر سال به سوی "هیئت‌های عزاداران" جلب کند. امروزه در ایران قریب ۸۰ هزار مداح صاحب گواهی و بیش از ۹۰ هزار هئیت مذهبی ثبت‌شده فعال‌اند؛ رقمی بسیار بزرگ که ناشی از افزایش حمایت دولتی از هیئت‌ها (غالباً در تکیه‌ها) و در ازای کاهش روندوآیند مومنین به مساجد و انجام فرائض مذهبی به‌دست آمده است. گسترش شبکه هیئت‌های عزاداری و بازار گرم مداحان دلیلی آشکار برای گسترش عَرضه مناسبت‌های جدید مذهبی در تقویم ایران در برابر تقاضای این بازار است. این بازوی نسبتاً جدید نظام، کاربردهای تازه‌ای دارد که از جمله بزرگداشت ولایت و غُلو در شخصیت رهبر، سرکوب معترضان و منتقدان حکومت و کوشش در رقابت با تفنن و تفریح نامذهبی در درون مرز، یا با رسانه‌های برون‌مرزی است.[۲۲]

تکیه بر این آخرین جنبه، یعنی افزودن یک ساحت سرگرم‌کننده نه‌تنها در بازسازی، تنظیم و اجرای موسیقی مداحی، محسوس است، بلکه تا اندازه‌ای سبب پیدایش مناسبت‌های دیگری سوای ماتم‌سرایی و عزاداری سنتی شده است. برپایی راهپیمایی عید غدیر که ذکر آن گذشت، ظاهراً بدان واسطه تعبیه شده تا جایگزین آیین نوروزی شود. اینکه در گذشته نیز محدثین و فقهای شیعه واقعه غدیر را مرادف با نوروز می‌دانستند، صرف‌نظر از صحت یا عدم صحت تاریخی چنین انتسابی، شاید زمینه‌ای برای ابداع راهپیمایی عید غدیر در رقابت با نوروز و مراسمی نظیر اهدای اسباب‌بازی به کودکان، فراوانی شیرینی و غذای رایگان و اندک شادمانی و آسایش جمعی در روزگار نکبت و گرسنگی حاکم بر ایران امروز است. افزون بر این، این نوحه‌خوانی‌های

---

۲۲ امیرشاهی، "مهر حکومت."

جدید به سبک موسیقی پاپ و رَپ، کوششی برای ساختن یک فضای موازی سرگرم‌کننده است که می‌کوشد به مناسبت‌های ابداعی در تقویم جمهوری اسلامی، جوانان بسیجی و دیگر "خودی"ها را در زیر پرچم نظام درآورد.

اما اینکه ابداعات تقویمی و سرگرمی‌های مداحانه تا چه اندازه می‌تواند این بخش از نسل جوان ایران را در زیر عبای ارباب قدرت نگاه دارد و مانع از گُسستِ نسلی و جدایی از بدنه نظام شود، جای تردید است. جنبش مردمی و بسیار گسترده "زن، زندگی، آزادی" که از مهرماه سال ۱۴۰۱ در اعتراض به حجاب اجباری پای گرفت، در صف نخست، زنان و مردان جوان و نوجوانی را جای داد که نه‌تنها نظام جمهوری اسلامی و رهبری آن را، بلکه شیادی‌ها و ترفندهای تبلیغاتی آن را به چالش کشیدند. این نهضت سراسری که خواست‌های بنیانی و بی‌پرده دارد، نشان روشنی از گسست نسلی‌ست که از این نمایش‌های ریاکارانه و عوام‌فریبانه به‌جان آمده است. بی‌تردید، بخشی از این معترضان خیابانی و دانشگاهی همان زنان و مردان جوانی هستند که پدران و مادرنشان از روی اجبار در برابر سیطره نظام راه مماشات پیموده‌اند و چه‌بسا که پدربزرگان و مادربزرگان آنان از روی اختیار در زمره هواداران انقلاب ۱۳۵۷ بوده‌اند، یا به آینده آن مید می‌داشته‌اند. این گسست نسلی و اعتراض بی‌پرده به پایه‌های سیاسی، فرهنگی و تبلیغاتی نظام حاکم قدمی بلند در راه بازپس گرفتن یادگارهای فرهنگ ایرانی است که بیش از هزار سال است آیین‌های بنیانی چون نوروز را زنده نگاه داشته‌ند.

شکست جمهوری اسلامی در مبارزه با آیین‌های ایرانی به‌ویژه در ماه‌های پس از جنبشِ "زن، زندگی، آزادی"، مسئولان را وادار ساخته

فصل ششم: از تقویم شاهنشاهی تا نوروزستیزی‌های امروز

که از ناچاری به ترفندهای تازه‌ای روی آورند؛ از جمله، یکی نیز کوشش در بازنامیدن جشن‌های یلدا و چهارشنبه‌سوری است. براساس مصوبه‌ای که در تاریخ ۱۸ مهر ۱۴۰۲ به تصویب شورای عالی انقلاب فرهنگی رسیده است، از سال ۱۴۰۳ در تقویم رسمی ایران، شب یلدا با عنوان "روز ترویج فرهنگ میهمانی و پیوند با خویشان" و چهارشنبه‌سوری با عنوان "روز تکریم همسایگان" نام‌گذاری شده‌اند. این تحریف‌های مهوع نشانه دیگری از ستیز درازمدتی‌ست که در چهار دهه به‌عبث دنبال شده است. حال که مسئولان جمهوری اسلامی به عجز خود در الغای جشن‌های ایرانی پی برده‌اند، از روی درماندگی برآن شده‌اند تا نام‌های بی‌خردانه و خُنَک تازه‌ای اختراع کنند. گفته‌های محمد اسماعیلی، وزیر ارشاد دولت رئیسی، با ریاکاری مضحکی آذین پذیرفته تا این مراتب درماندگی را پنهان سازد. وی در جمع خبرنگاران رسانه‌های ایران در مورد خبر اضافه شدن روزهایی در تقویم ایران توضیحاتی داده و گفته است، "عملا این روزها در تقویم نبودند و ما با این عناوین با هدف فرهنگ‌سازی بین خانواده‌ها این کار را انجام دادیم." این وزیر بی‌تدبیر حتی پس از شکست‌های محرز و انکارناپذیر که رژیم حاکم در بیراهه مهندسی اجتماعی خورده است، باز هم افتخار می‌کند که می‌خواهد "فرهنگ‌سازی" کند. جای تردید است که آیا او و دیگر همدستانش اصولا مفهوم جنایتی به نام فرهنگ‌سازی را می‌فهمند؛ مفهومی که از اتحاد شوروی و دیگر دولت‌های آمرانه به ارث برده شده است. گفته‌های اسماعیلی البته در تضاد روشن با مصوبات دبیرخانه شورای فرهنگ عمومی ایران، یکی دیگر از نهادهای اختراعی در اقیانوس بیکرانه بورکراسی جمهوری اسلامی است، که پیش از او در اعلامیه‌ای حذف شب یلدا و چهارشنبه‌سوری را از تقویم تکذیب کرده

بود: "شب یلدا از تقویم حذف نشده و عنوان روز ترویج فرهنگ میهمانی و پیوند با خویشان همزمان با ۳۰ آذر در کنار عنوان شب یلدا در تقویم اضافه شده است."²³

شگفت آنکه این همه تذویر معطوف به هیچ هدفی جز کینه و ستیز با آیین‌های ایرانی نیست؛ ستیزی که گویی طراحی شده تا بیش از پیش نفرت بیشتر مردم ایران را از جمهوری اسلامی برانگیزاند. تقارن جشن یدا در سال جاری، یعنی ۱۴۰۲، با دهه فاطمیه (که پیش از این ذکرش گذشت)، مسئولان رژیم را به واکنش‌هایی واداشته که بیش از پیش به این نفرت عمومی می‌افزاید. هنگامی که مردم سرگرم شب یلدا هستند (که به‌خاطر نزدیکی به کریسمس ابعاد تازه‌ای نیز یافته است)، مسئولان جمهوری اسلامی بسیجیان و نوحه‌خوانان را واداشته‌اند که در حسینیه‌ها عزاداری کنند، سینه بزنند و گریه‌های تصنعی کنند.²⁴ البته می‌توان گفت این هم نوعی دموکراسی است که هر کس آنچه می‌خواهد می‌کند، اما واقع آن است که این عزاداری‌های ساختگی، بدون دستور و پشتیبانی مسئولان هیچگاه امکان‌پذیر نیست و این هم کوشش عبث دیگری برای مخدوش ساختن یادگاه همگانی ایرانیان است.

---

²³ شهرزاد همتی. شرق، "از شب یلدا تا چهارشنبه‌سوری" (۲۳ آبان ۱۴۰۲):
https://www.sharghdaily.com/%D8%A8%D8%AE%D8%B4-%D8%B1%D9%88%D8%B2%D9%86%D8%A7%D9%85%D9%87-100/905351-%D8%A7%D8%B2-%DA%86%D9%87%D8%A7%D8%B1%D8%B4%D9%86%D8%A8%D9%87-%D8%B3%D9%88%D8%B1%DB%8C-%D8%AA%D8%A7-%D8%B4%D8%A8-%DB%8C%D9%84%D8%AF%D8%A7

²⁴ "شصت دقیقه،" بی‌بی‌سی فارسی، ۲۰ دسامبر ۲۰۲۳.

گاهشماری خورشیدی

پایان سخن

اهمیت لایحه رسمی کردن تقویم ۱۳۰۴ هجری شمسی در آن بود که پس ازقریب به دوونیم هزاره، یعنی از ۴۸۷ پیش از میلاد در آغاز پادشاهی خشایارشای هخامنشی که نخستین کوشش ایرانیان برای تدوین یک تقویم اصلاح‌شده خورشیدی بود، تا زمان پیدایش تقویم شمسی بُرجی نحم‌الدوله و به‌کار گرفتن آن در ۱۲۹۹ خورشیدی در حوزه امور مالی، هیچ‌گاه سه عنصر بارز در یک تقویم ایرانی را گِرد هم نیاورده بود. مشخصه تقویم شمسی مالی مصوب مجلس دوم و رسمی شدن‌اش با نام تقویم رسمی کشوری در ۱۳۰۴، نخست آن بود که سال خورشیدی ۳۶۵ روزه (و اندی) در آغاز بهار و جشن نوروزی را آغاز گاهشماری کشوری قرار داد. مرادف بودن نوروز با حلول اعتدال بهاری، آن را همواره به نمادی برجسته در اسطوره "کیهان‌زایی" (cosmogony) ایرانی درآورده بود. نو شدن "روز" نه‌تنها به معنای نو شدن سال بود. بلکه نشانی از تازه شدن جهان یا همان فرشکرد در اندیشه فرجام‌اندیش ایرانی داشت. دوم آنکه ماه‌ها را به نحوی قرار داده بود که در سال‌های کبیسه با افزودن روزی به ماه پایانی سال (حوت و سپس اسفند) مانع از بروز سرگردانی‌های سنتی در زمان دقیق جشن نوروز در گاهشماری‌های شایع در قدیم می‌شد. سوم آنکه مبدأ تقویم را بر خلاف تقویم ساسانی (یزدگردی)، جلالی، خانی و الهی (و یا تقویم‌های پیش از آن) از سال جلوس هر پادشاهی دوباره آغاز نمی‌کرد، بلکه مبدأ را هجرت محمدی، که آغاز تقویم هجری قمری بود، قرار داد.

پایان سخن

بدین ترتیب، تقویم جدید خورشیدی ایران می‌کوشید هم یادگاه تاریخی ایرانی را، که حال جنبه هویت ملی یافته بود، محفوظ دارد و هم مبدأ تقویم هجری را که در یادگاه تاریخی ایرانیان برقرار بود به آن پیوند زَنَد. در واقع، این ابتکاری برای ساختن یک تقویم قمری-شمسی نوین بود که حال پس از گذشت بیش از هزار سال از سده‌های آغاز اسلام و سپس نوزایی ایرانی در قرون چهارم و پنجم هجری (که شاهد نخستین کوشش‌ها برای این مقارنه گاهشماری ایرانی با گاهشماری قمری اسلامی بود) به مرحله نهایی رسید. این تبدیل تقویم اما در زمانی ویژه صورت پذیرفت. از جانبی، پس از فتح تهران به دست مشروطه‌خواهان و شکست مستبدین و تشکیل مجلس دوم در ۱۲۸۷ خورشیدی در یک دوره نسبتاً دموکراتیک زمینه را برای ابداع و رسمیت این تقویم ملی فراهم آورد. نظام نوپای مشروطه رها از سیطره سلطنت قاجار، توانست مدت کوتاهی مبدأ تقویم را مستقل از جلوس شاهانه قرار دهد. اما از جانبی دیگر، در همین سال‌ها دولت و مردم ایران بیش از هر زمان خویش را در معرض تجاوز نظامی، خشونت و ارعاب قوای مهاجم روسیه تزاری یافتند و شاهد تعدیات انتقامجویانه و تحریکات، تحمیلات و مداخلات سیاسی، دیپلماتیک و مالی بی‌سابقه از سوی هر دو دولت روسیه و انگلستان بودند؛ سال‌هایی که آمال ملیون ایران روح تازه‌ای یافت، اما در عین حال، بیش از پیش تحقیر شد و بیش از هر دوره‌ای در صد سال گذشته دستخوش مخاطرات بود. افزون بر این، بزرگداشت نوروز در آستانه گذار ایران به سوی سکولاریزم نشانه‌ای از پیدایش نوعی تقدّس دنیوی یا ناسوتی بود که در تجربه تحویل سال قدیم را نو می کرد و زمانی تازه باز می ساخت.

گاهشماری خورشیدی

این شرایط خطیر بی‌تردید در پیدایش و تثبیت یک تقویم ملی خورشیدی موثر افتاد که از سویی یادآور بقای حافظه باستانی ایران بود و از سویی نشانه‌ای از عقلایی کردن گاهشماری ایران برای حصول به اصلاحات مالی و اقتصادی بود. افزون بر این، تقویم جدید خورشیدی حافظه اسلامی ایران را نیز ملحوظ می‌داشت، بدون آنکه در بند شریعت اسلامی گرفتار آید. به همین منوال این تقویم ایرانی قربانی باستان‌گرایی‌های تصنعی نشده و یا سیطره تقویم گریگوری میلادی را نپذیرفته بود. این چنین تحولی اگرچه به نظر نمادین و شاید در زمان تصویب آن کم اهمیت جلوه می‌کرد، اما تاثیری درازمدت در زمان‌آگاهی ایرانیان برجای گذاشت. در آن زمان این امری لازم و خردمندانه می‌نمود که خواست ملی و سابقه تاریخی برآمده از یک انقلاب مردمی را بازتاب می‌داد؛ فرصتی استثنائی که تنها در مجلس دوم چهره نمود. این واقعیت اجتماعی_مذهبی در واقع نشانه بلوغی فکری بود که در برهه ویژه‌ای در دوران مشروطه صورت بست؛ دورانی که هم سلطه دولت آمرانه تخفیف یافته بود و هم از نفوذ دستگاه شرع کاسته شده بود.

این تحول صرفاً یک موفقیت در تثبیت گاهشماری نبود، بلکه در درازمدت در نضج ملیت فرهنگی موثر افتاد. البته نباید نقصان‌های ناشی از لزوم به‌کار گرفتن چهار گاهشماری را (به‌ویژه در پژوهش‌های تاریخی) نادیده گرفت: تقویم پیش از میلاد و تقویم میلادی برای دوران پیش از اسلام. تقویم هجری قمری برای دوران اسلامی، و تقویم خورشیدی برای قرن بیستم و پس از آن. با این حال، ایران هیچ گاهشماری دیگری را نپذیرفت. نه نظیر دیگر دولت‌های ناغربی در قرن بیستم به تقویم میلادی روی آورد و نه تقویم شاهنشاهی را پذیرفت که می‌کوشید نقیصه چندزمانی را در گاهشماری برطرف کند و نه بازگشت

پایان سخن

به تقویم قمری را در سال‌های پس از انقلاب ۱۳۵۷ به‌هیچ‌وجه پذیرا شد. بی‌تردید نوزایی ایرانی قرن چهارم و پنجم هجری، که بزرگداشت نوروز و پیدایش تقویم جلالی از فرایندهای آشکار آن بود، در تثبیت و تداوم این هویت گاهشمارانهٔ ایرانی در سده‌های بعدی و تا زمان ما موثر افتاد.

پایداری تقویم خورشیدی در واقع نشانه روشنی از کوشش ایرانیان برای یافتن مکملی برای تقویم ناکارآمد هجری قمری بود که کارکرد آن اساساً به خاطر نگاهداشت سوگواری‌ها و اعیاد مذهبی بود. ایرانیان نیز نظیر دیگر کشورهای مسلمان این گاهشماری قمری را چون یک واقعیت تاریخی پذیرفتند. حتی پس از دوره ایلخانی تقویم چینی-مغولی نیز به این ملغمه گاهشمارانه اضافه شد. با این حال، سرزمین‌های پارسی‌سان هیچ‌گاه از کوشش برای ابداع تقویم‌های نوین بازنایستادند. تقویم‌های جلالی و خانی که به روال عصر ساسانی جلوس شاهان را مبدأ قرار می‌دادند، همواره مشکل وابستگی به ظهور و سقوط قدرت سیاسی را، غالباً پس از چند نسل، آشکار می‌ساخت. حتی تقویم جلالی، که شاید دقیق‌ترین تقویم ابداعی در تاریخ پیشامدرن در جهان است و تا به امروز نیز جایگاه خود را محفوظ داشته است، از این نقصان بری نبود. دو تقویم ابداعی دیگر، یعنی تقویم الهی عصر اکبر و تقویم بدیع بیانی ابداعی باب، بر این اندیشه ادواری بنیان گرفتند که اصولاً دور اسلام به پایان آمده است و گاهشماری نوین فرایندی از آغاز دور جدید است.

فراتر از صرف کارکرد، این کوشش‌ها را ـ چه از نوع تصحیحی آن چون تقویم جلالی و چه از نوع تجدیدی چون تقویم الهی و یا تقویم بیانی ـ را باید نشانه‌هایی از حضور نوعی تجددِ "درون‌خاسته" دانست

که حلول نوروز را در فضای تقدسی ناسوتی گرامی می‌داشت. این تقویم‌ها، که پیشتاز پیدایش تقویم خورشیدی امروزی‌اند، کوشش‌های پیشین را به ضرورت‌های جدید در جامعه معاصر پیوند می‌زدند. در این زمینه به‌ویژه جایگاه عبدالغفار نجم‌الدوله و ابداع تقویم بُرجی در اواخر قرن سیزدهم هجری شایان توجه است. موقع میانی او که از جانبی از درون سنت نجومی و تقویمی ایرانی ـ اسلامی برخاسته بود و از جانبی با آگاهی ژرف از دانش جدید نجوم غربی شکل گرفته بود، این ابداع تازه در تقویم خورشیدی را امکان‌پذیر ساخت.

بقای صد ساله تقویم خورشیدی امروزی را نه‌تنها باید مدیون دقت و صحت آن و یا انتخاب مبدأ هجری آن دانست، بلکه بی‌تردید پیوند آن با یادگاه تاریخی ایران، و به‌ویژه با آیین نوروزی، تضمینی برای بقای این هویت تقویمی بود. نوروز را نباید صرفا جشنی مردمی دانست که فصل مشترکی میان جامعه و دولت است، بلکه آن را باید نقطه‌عطفی در زمان‌آگاهی ایرانی دانست که هم با گردش فصول طبیعی و هم با سابقه اساطیری ایران پیوند دارد. این هر دو در پیدایش آن تقدس ناسوتی موثر افتاده است؛ پدیده یگانه‌ای که در طول هزار و سیصد سال ایرانیان جای آن را در تداوم هویت فرهنگی خود محفوظ داشته‌اند.

به عبارت دیگر راز پایداری نوروز در طول چنین بازه درازی را باید به سبب همین تجربه مشترکی دانست که در لحظه ویژه‌ای که در یادگاه همگانی ایرانی جای دارد، یعنی زمان "تحویل سال،" نو شدن زمان را تجربه می‌کند. این تجربه را می‌توان آن لحظه بازیافت "شهودی" زمان در آغاز هر سال در برابر زمان گاهشمارانه "حصولی" در بقیه سال دانست. لحظه تحویل نوروزی دَم یگانه‌ایست که نو شدن مردمان را با نو شدن طبیعت در آغاز بهار، یعنی گردش سالیانه زمین بر گِرد

پایان سخن

خورشید، و نهادهای اجتماعی و فرهنگی متکی بر آن، به ویژه کشت‌وکار و بازبینی نظام مالی و اداری کشوری، پیوند داده است. در طول هزاره‌ها این آئین نوروزی و آن نظم کیهانی که گاهشماری خورشیدی را بر پایه نوروز بنیان نهاده است، نه تنها نمونه شگرفی از دادوستد تاریخی با دیگر فرهنگ‌ها از دوران باستان تا دوران جدید است، بلکه پشتوانه یگانه‌ای برای پایداری هویت ایرانی نیز بوده است.

پیوست یکم

سال نو و بازسازی زمان ناسوتی

پدیده بزرگداشت سال نو وجه مشترک بسیاری فرهنگ‌های جهان است. تمدن‌های باستانی، ادیان ابراهیمی و یا ادیان هند و ایرانی هر یک در زمان و به شیوه ویژه خود آغاز سال را بزرگ می‌داشتند. در دوران جدید نیز این امر توجه قوم‌نگاران و انسان‌شناسانی را که در باره فرهنگ‌های بومی آفریقا، اقیانوسیه و مزو آمریکا تحقیق می‌کردند برانگیخت. در همین دوران، یعنی کم و بیش از نیمه قرن هجدهم به بعد، توجه بسیاری زردشتی‌شناسان و یا متخصصان متون سانسکریت و پژوهندگان اساطیر مصر باستان و یونان باستان نیز به سوی همین پدیده سال نو و به تبع آن گاهشماری جلب شد. بزرگداشت سال نو، یعنی عیدها و دیگر مناسکی که در آغاز هر سال رایج بود، صرف‌نظر از این که به کدام از این سنت‌های دیرین تعلق داشت، در نزد برخی جامعه‌شناسان و فیلسوفان مذهب‌شناس، حاکی از یک سلسله نمادها و نشانه‌های رمزی بود که گشایش‌شان ما را به سرشت اجتماعی آدمیان و یا لطیفه‌های اسرارآمیز یک ساحت قُدسی درذات آدمی رهنمون می‌گردد.

پرداختن به این مطلب توجه ما را به جانب دامنه گسترده فلسفه زمان و زمان‌آگاهی معطوف می‌دارد. پرداختن مفصل به این مطلب خارج از مبحث ماست اما تا آنجا که به موضوع گاهشماری و به‌ویژه به معنای نمادین تحویل سال و بزرگداشت سال نو، از جمله جشن نوروز،

پیوست یکم: سال نو و بازسازی زمان ناسوتی

مربوط می‌شود، ناگزیر به ذکر مقدمه‌ای هستیم تا زمینه‌ای معنوی برای مباحث فصل‌های پیش رو فراهم آید.

در حوزه اندیشه فلسفی و حِکَمی ایرانی، از قرون چهارم و پنجم هجری (دهم و یازدهم میلادی) فلاسفه متقدم چون فارابی و ابن‌سینا به تَبَع فلاسفه یونان بیشتر زمان را امری کمّی و متوالی می‌شمردند. با این حال از همان آغاز در مقوله زمان یک سَبقه فرادنیوی، یعنی فراتر از محاسبه روزمره زمان، نیز آشکار بود که از یک طرف متاثر از آرا و اعتقادات دوران ساسانی و پساساسانی و از طرف دیگر متاثر از فرهنگ پیشااسلامیِ جزیره‌العرب و همچنین از رواج فلسفه نوافلاطونی در دوران عهد عتیق متاخر (late antiquity) در دنیای ایرانی بود. امتزاج این جریان‌های چهارگانه در دوره‌ای طولانی در اندیشه ایران اسلامی معرفت به عالم هستی را منوط به شناخت دو ساحت ظاهر و باطن می‌دانست. و به تَبَع آن علم حصول را وسیله شناخت ساحت ظاهر، یعنی زمان روزمره می‌شمرد، و علم حضور را برای درک ساحت باطن یعنی عالمی ورای زمان کمّی و هر روزینه دانست.

این اندیشه دو ساحتی، یکی زمان حصولی یا زمان محسوس و معقول و قابل اندازه‌گیری و دیگری زمان حضور یا شهود که ماورای عقل و ادراک روزمره شمرده شده و از راه کشف و مراقبه حاصل می‌شد، از همان قرون اولیه اسلامی، یعنی از حوالی قرن چهارم هجری (قرن دهم میلادی) به‌ویژه در دنیای ایرانی محبوبیت یافت و در طول بیش از هفت سده، یعنی تا قرن سیزدهم هجری (قرن نوزدهم میلادی) جریانی تقریبا بلامنازع در نزد اهل تصوف و حکمای اسلامی باقی ماند. از مکتب اشراقِ شهاب‌الدین سهروردی (شیخ اشراق) در قرن پنجم هجری (دوازدهم میلادی) تا فیلسوف متاله، صدرالدین شیرازی (ملا

صدرا)، در قرن دوازدهم هجری (قرن هفدهم میلادی) این دوساحتی در زمان امری پذیرفته بود. بازتاب همین ساحت حضور در نزد بیشتر شعرای فارسی زبان، از سنئی غزنوی تا مولوی، حافظ و جامی و پس از او نیز تا پایان عصر قاجار این معرفت شهودی را برای وصول به آنچه "حقیقت" می‌نامید لازم دانسته و دنیای محسوس و روزمره را که بر اساس عقل و احساس و درک واقعیات بود امری ثانوی و گاهی باطل می‌شمرد. تنها با رواج اندیشه اثباتی غربی در دوران مشروطه و پس از آن است که تلقّی جدید از زمان واقع و ملموس دامنه معرفت را دگرگون کرده و زمان را امری خطّی (linar) و نه دورانی و تنها در راستای گذشته، حال و آینده تعبیر کرد. این نگرش معطوف به پیشرفت این‌جهانی با آن معرفت شهودی، که در جستجوی لحظه دیدار حقیقی و فارغ از زمان محسوس بود، منافات داشت.

افزون بر این، مفهوم زمان نه‌تنها در دو بُعد حصول و حضور متفاوت بود بلکه آمیخته به دوگانگی دیگری نیز بود. از دیرگاه مفهوم فَلَک و روزگار در اندیشه ایرانی با مفهوم دهر، که ریشه عرب پیشااسلامی دارد، پیوند یافته بود. این اندیشه دهری، یا روزگارزده، زمان را امری چرخشی یا دورانی می‌دانست که ماورای زمانِ سنجش‌پذیر و مبتنی بر گاهشماری بود. دَهر که واژه‌ای با ریشه عبری- عربی ست در نزد شعرای پیش از اسلام (که با تعصبی برتری‌جویانه از آغاز کار شعرای عصر "جاهلیت" نام‌گرفته‌اند) به معنی تاخت بی‌وقفه اسبی در میدانی مدور بود. این چرخش بی‌پایان اسب تیزرِیِ زمان حیطه‌ای متمایز از زمان محسوس و سنجش‌پذیر داشت؛ چرخشی بی‌پایان که غالباً جبری تاریک، پیشبینی‌ناپذیر و رهایی‌ناپذیر بر سرنوشت آدمی را وعده می‌داد. آدمی فارغ از افعال و اعمالش در این جهان، عاقبت‌اش از

پیش رقم خورده بود. شگفتا که این اعتقاد دهری که فلک غدار و سپهر تیزرو، یعنی همان قضا و قدر محتوم، را که باعث شوربختی آدمی می‌دانست غالباً در نوعی همزیستی با درک از الوهیت و آموزه مذهبیِ عمل نیک برای وصول به رستگاری اخروی بود. گویی منافات در اعتقاد به جبر زمان و سرنوشت محتوم دهری در برابر اعتقاد به مشیت الهی و خلود ابدی در ازای اعمال نیکِ دنیوی چندان محسوس نبود. حتی آیات قرآنی و احادیث نبوی در طرد یا قبول دهر تردید داشتند؛ امری که شاید ناشی از دوام آرای عصر پیشااسلامی بود.

در فرهنگ ایران شاید این دوپارگی در زمان به‌ویژه در مورد آنچه در دوره پساساسانی مکتب زُروانیه نامیده شد، صادق بود. اندیشه زُروان (یا همان زمان) که به وجودِ زمان نامنتاهی یا زروان بیکرانه (در پهلوی "زروانِ آکرانه") قائل بود، نیکی و بدی، متجلی در دو مظهر اهورامزدا و اهریمن، را دو فرزند زروان می‌دانست. این زمان بیکران که قدیم بود و برتر از خیر و شرِّ حادث در زمان، شاید واکنشی به اصل توحید و اعتقاد به خداوند قدیم و قادر در اسلام بود. اگرچه ماهیت و سیطره فرهنگ زروانی جای بحث فراوان دارد، اما بی‌گمان دوام آن را در اندیشه دهری و فلک‌انگار ایرانی نباید نادیده گرفت. از این دیدگاه شاید بتوان گفت که زروانیه، تا جایی که شناخته شده، حاکی از پیدایش مفهوم کلی‌تری از زمان بود که، ماورای اعتقاد به دو پارگی جهان به خیر و شرّ، ساحت نامتناهی از زمان را متصور بود. این شاید پاسخی به چالش یکتاپرستی اسلامی و گریز از شریعت سخت‌گیر زردشتی بود که گرویدن ایرانیان را به دامن اسلام تشویق می‌کرد.

گاهشماری خورشیدی

این نگرش پیشامدرن اگرچه مقوله‌ای مجزا از مبحث گاهشماری‌ست، اما بی‌ارتباط با آن نیز نیست. انسان دین‌مدار، اعم از زردشتی، مسیحی و یا مسلمان، زمان محسوس را امری متناهی و چرخشی (cyclical) می‌دانست که آغازش با ظهورات نبوی بود و پایانش رستاخیزی آخرالزمانی که ثواب و عذاب اُخروی را نوید می‌داد. در این اندیشه بهترین ایام زمان نبوی بود که در واقع زمانی ماضی در پشت سر انسان امروز بود، و سیری به سوی تدنی و زوال را می‌نمود که نهایتاً به رستاخیزی آخرالزمانی می‌رسید. از جانب دیگر گاهشماری جنبه‌ای اجتماعی_اقتصادی نیز داشت که همواره از جنب دولت حاکم تدوین و اعمال می‌شد. آغاز آن با جلوس فرمانروایان و پایان آن مرگ یا سقوط آنان بود. تقویم‌های ایران باستانی همانند تقویم در امپراطوری رم یا امپراطوری چین بر همین منوال تدوین و تنفیذ می‌شدند. اما در قرون وسطی چه در اروپای مسیحی و چه در دنیای اسلام از قرن دوم، مبدأ تقویم منشاء دیگری یافت. تقویم مسیحی صرف‌نظر از تفاوت‌های عمده در تنظیم، مثلا در تقویم دولت‌های کاتولیک و دولت‌های ارتدکس، همگی تولد مسیح را، که همان "تولد ربّ مـ" باشد (Anno Domini)، به عنوان مبدأ تقویم مسیحی پذیرفتند (اگرچه این تاریخی کم‌وبیش قراردادی بود). در دنیای اسلامی نیز هجرت محمدی در سال ۶۲۲ میلادی به نام تقویم هجری و بر اساس گاهشماری قمری مبدأ تقویم شمرده شد، که آن هم تقویمی قراردادی بود. با این حال تقویم‌های ایران در دوران اسلامی یک خصیصه بارز را همچنان ملحوظ می‌داشت و آن بقای گاهشماری خورشیدی یا شمسی بود که علیرغم سیطره تقویم قمری اسلامی به دلایل اقتصادی و دولتی همچنان مداومت یافت.

پیوست یکم: سال نو و بازسازی زمان ناسوتی

تا دوران جدید، یعنی تا اوایل قرن بیستم، این چندوجهی دانستن زمان کماکان بر جای باقی ماند و تنها در دوران انقلاب مشروطه و پسامشروطه بود که مفهوم نوین زمان خطی سبقت گرفت. حتی تحول مهمی در گاهشماری چون پیدایش تقویم جلالی در قرن دوازدهم میلادی، در بند رفع دوگانگی زمان حضوری و حصولی نبود و مبدأ تقویم را جلوس سلطان جلال‌الدین ملکشاه سلجوقی قرار داد. انسان پیشامدرن زمان محسوس و سنجش‌پذیر را مغایر با زمان شهودی نمی‌دانست، بلکه اندیشه دهری و فلک غدار را در سرنوشت آدمی اگر نه برتر که حداقل برابر با اعتقادات مذهبی و آغاز و انجام مذهبی می‌شمرد. در نتیجه پایبندی به عقل حصولی، که مبتنی بر استدلال و تجربه عقلی در برابر تجربه شهودی بود، غالبا ناقص و ناچیز شمرده می‌شد. حجم عظیمی از ارجاعات در شعر و ادب فارسی در مذمت عقل حصولی نماینده‌ای از این اندیشه خردستیز بود که بر دنیای ایرانی مستولی بود.

از سوی دیگر در این دیدگاه فراتقویمی، یعنی در زمان شهودی، اندیشه ایرانی به زمان چرخشی و شاید بتوان گفت به زمان قهقرایی پایبند بود. یعنی به ساحتی ورای زمان محسوس که در لحظاتی ویژه انسان را به جهانی راهبر می‌گشت که در سیر در آن زمان کمّی و سنجش‌پذیر جایی نداشت. آدمی خود را در چرخه‌ای می‌دید که جاودانه انسان و جهان را در لحظه آغاز قدسی به هستی می‌آورد و در پایان کار آدمی را به قهقرا و مرگ می‌کشاند. این فرا رفتن از پایان زمان (یا آخرالزمان) و آغاز دور دیگر در فرهنگ‌های مختلف به وجوه نمادین گوناگون عرضه می‌شد اما همگی مرگ زمان پیشین و احیای دوباره وجود را در زمان تازه می‌نمایاند. این دیدگاه فراتقویمی البته به معنای

انکار زمان روزمره نبود و فرهنگ زمان‌سنجی ایران نیز مانند بیشتر سرزمین‌ها زمان محسوس را اندازه می‌گرفت تا امور جاری و متعارف را تنظیم کند. اما در لحظاتی ویژه آدمی نیازی اجتماعی ـ فرهنگی به بازسازی زمان و از کهنه به نو شدن داشت که او را در یافتن جایگاه‌اش در جهان هستی مدد می‌رساند. بزرگداشت سالیانه نوروز در پایان سال خورشیدی و هنگام تحویل سال شاید بارزترین نماد این تازه شدن کیهانی زمان بود که از سویی زمان کهنه را به انجام می‌آورد و از سویی زمانی نو را نوید می‌داد.

زمان شهودی و زمان علمی در غرب

با پیشرفت علم نوین و گرایش به سوی زمان تجربی در دنیای غرب در قرون هجدهم تا بیستم و سست شدن نسبی پایه‌های اعتقاد مذهبی بالطبع پرسش‌های تازه‌ای در جهان غرب در باره امر قدسی مطرح شد، یعنی در باره اموری چون تقدس متون مذهبی و صحت مطالب آنان، اعتقادات مذهبی چون الوهیت و نبوت و روز رستاخیز، شعایر مذهبی چون ادعیه و نماز و روزه، تبرک اماکن مقدسه چون زیارتگاه‌ها و مزار ائمه و اولیاء و قدیسین، وقوع معجزات و کرامات، و یا مشروعیت مقاماتی نظیر کلیسای مسیحی یا مصادر شرعی. این همه بحران‌هایی را در جامعه اروپای غربی پدید آورد که نه‌تنها در صدد دفاع از نهادها و شعایر و مقامات مذهبی در برابر چالش‌های فکر سکولار بود، بلکه کوشید که ماهیت امر دینی، یعنی صِرف پدیده قدسی یا جهان متبرک را بهتر بشناسد، صرف‌نظر از این که به کدام مذهب و سنت مذهبی تعلق دارند. به عبارت دیگر کوشش برخی از ارباب فلسفه مذهبی بر این امر قرار گرفت که فصل مشترکی در میان این سنت‌های مذهبی به‌ویژه برای

پیوست یکم: سال نو و بازسازی زمان ناسوتی

وصول به ساحت قدسی و یا انفکاک از آن بیابند. از نیمه قرن نوزدهم و با وقوع انقلاب‌های اجتماعی، توسعه دامنه انقلاب علمی و صنعتی و بالاخره آزادی بیشتر برای نقد و تحلیل علمی و تجربی و انتشار آنان فارغ از دشمنی‌ها و تعصبات ارباب قدرت، چنین پژوهش‌ها و شناسایی‌هایی را وسعت و اعتبار بخشید. پرداختن به ماهیت زمان یکی از اساسی‌ترین جنبه‌های این سلسله نقد‌های علمی از امور مذهبی بود.

از پیشروان این مبحث در جهان غرب یکی نیز هانری برگسن (Henri Bergsen) فیلسوف و عارف فرانسوی در پایان قرن نوزدهم و آغاز قرن بیستم بود که نخست به تمایز میان زمان روزمره و زمان شهودی پرداخت؛ مبحثی که در حکمت عرفانی ایران از دیرباز با عنوان زمان یا علم حصولی در برابر زمان یا علم حضوری شناخته بود. وی در نخستین کتاب‌اش با عنوان زمان و آزادی اراده (Time and Free Will) که در سال ۱۸۸۹ به چاپ رسید، زمان تقویمی را امری حادث و قراردادی عقلانی و منبعث از نیازهای اجتماعی می‌شمرد اما زمان شهودی یا علم حضور را لازمه ذات آدمی می‌دانست. این ساحتی بود که به‌ویژه در گفتمان صوفیه در آن دیواره‌های میان گذشته و حال و آینده شکسته شده بود؛ ساحتی ژرف اما لحظه‌ای که در آن آدمی می‌توانست با جهان قدسی رویاروی و همراه شود. ورای اعتقادات مذهبی در این نظریه می‌توان نخستین کوشش‌های نوین را برای درک پدیده زمان دید. برگسن هر آنقدر که زمان قابل اندازه‌گیری یا گاهشماری را امری ناچیز می‌شمرد، برای زمان شهودی اعتبار و اصالت قائل بود و آن را سرچشمه معنوی زندگانی انسان می‌دانست.

تقریبا همزمان با برگسن، امیل دورکهایم (Émil Durkhiem)، یکی از بنیان‌گزاران جامعه‌شناسی نوین، نیز پدیده

گاهشماری خورشیدی

ساحت قدسی را از جمله امور ذاتی هرجامعه بشری می‌دانست. تنظیم زمان، یعنی گاهشماری، از دیدگاه او نه امری فردی بلکه یک ساختار اجتماعی بود و تقسیم زمان به ساعت و روز و هفته و ماه و سال بر پایه قراردادهایی بود که در فرهنگ و تاریخ هر جامعه ریشه داشت. در این تقسیم زمان، بیشتر اوقات زندگی روزمره انسان، به زمان این‌جهانی، یا به اعتبار حکمت اسلامی به زمان ناسوتی (profane) تعلق داشت. اما لحظاتی از زمان در هر گاهشماری‌ای، اعم از تمدن‌های باستانی (نظیر مصر یا بابل یا ایران) یا در جامعه‌های بومی همزمان با نویسنده، تمایزهای ویژه‌ای داشتند که آن برهه‌ها را بیرون از زمان روزمره یا ناسوتی قرار می‌داد. دورکهایم این لحظات ویژه را ایام قدسی یا لاهوتی (sacred) می‌نامد. به اعتقاد او همه جامعه‌های بشری این ایام ویژه را از دیگر روزهای تقویم متمایز می‌ساختند و با برگزاری مناسک و مراسمی بزرگ می‌داشتند. کاربرد اجتماعی این مراسم و بقای آن، نظیر نوروز در فرهنگ ایران، ازآن روی بود که تفکیکی بین زمان پیشین، غالبا سال کهنه، و زمان در پیش رو قائل می‌شد و این نو کردن زمان را دورکهایم لازمه دوام جامعه می‌دانست. این تازه شدن یا بازساختن زمان در گردشی دورانی (cyclical time)، برخلاف زمان خطی (linar time) که مفهومی مدرن است، درگذشته نه‌تنها زندگی فرد را با جامعه هماهنگ می‌کرد، بلکه مانع از سکون و قهقرای اجتماعی نیز بود و بقای پایه‌های معنوی جامعه را تضمین می‌کرد.[1]

---

[1] برای بسط بیشتر بنگرید:

É. Durkhiem, *Les formes élémentaires de la vie religieuse* (Paris: Félix Alcan, 1912), English trans. Karen E. Fields (New York: The Free Press, 1995), chap. 7 (419–448).

پیوست یکم: سال نو و بازسازی زمان ناسوتی

همین اندیشه در سال‌های نیمه قرن بیستم با بسط بیشتری در آرای میرچا الیادی (Mirca Eliade) فیلسوف نامدار مذهب و به‌ویژه در کتاب مشهورش، *اسطوره بازگشت جاودانه*، دنبال شد. اما وی تا اندازه‌ای بر خلاف دورکهایم زمان لاهوتی یا متبرک را صرفاً یک پدیده اجتماعی نمی‌شناخت بلکه گویی آن را بیشتر امری ذاتی در سرشت آدمی می‌دانست. او در فصل دوم این کتاب، با عنوان "بازسازی زمان" (regeneration of time)، به روش تطبیقی به اهمیت نمادین بسیاری از این مراسم و مناسک و جشن‌ها پرداخته و در همگی وجوه مشترکی را در لزوم بزرگداشت نو شدن زمان، به‌ویژه نو شدن سال، می‌یافت. دامنه وسیع این مناسک از مصر و بابل باستان آغاز شده و بسیاری از رسوم جامعه‌های بومی آمریکا و آفریقا و اقیانوسیه و یا اعیاد ادیان منتظمی نظیر یهود و مسیحیت و تا اندازه‌ای آیین زردشتی را در بر می‌گرفت. الیادی حتی بیش از دورکهایم بر این امر تاکید داشت که بزرگداشت این زمان قُدسی بیش از آن که صِرفا جشنی برای شادمانی و خجستگی وقوع زمان تازه، مثلا آغاز سال باشد، کاربردی اساسی در قرار دادن آدمی در سیر زمان بود. این زمان دورانی، که برخلاف زمان نامتناهی در دوران جدید، متناهی و تجدیدپذیر بود با برگزاری اعیاد و آیین‌ها مرزهای زمان متبرک را از زمان هرروزه جدا می‌ساخت تا بدین ترتیب با مرگ زمان کهنه و نو شدن فصل یا سال آدمی بتواند جایگاه خویش را در برابر پرسش‌های بنیادی چون زادن و زیستن و مرگ بازیابد. وقوع هرساله این جشن‌ها، یا عزاداری‌ها، به آدمی اجازه می‌داد که خویش را از خطاها و گناهانی که درونش را می‌آزرد رها سازد و یا با

تکریم و تعظیم سالیانه به آباء و اجدادش ایشان را رضی سازد تا از ساحت زندگان به دنیای مردگان بازگردند.

باید توجه داشت که در دنیای پیشا مدرن مفاهیمی چون عقوبت محتوم از گناهانی که اخلاقیات بر شانه آدمیان می‌نهاد، مثلا از راه حفظ شرایع و رسوم مذهبی، و یا پیوند محسوس میان رفتگان و ماندگان و آیندگان به مراتب سیطره‌ای پایدارتر و ژرف‌تر در زندگی آدمیان داشت که این خود با پادافره یا پاداش آخرالزمانی پیوند عمیقی داشت. پرداختن مقایسه‌ای میان فرهنگ‌های مختلف و یافتن وجوه تشابه متعدد در زمانی که توسعه دامنه قوم‌نگاری و انسان‌شناسی جهان تازه‌ای از دانش اجتماعی را در برابر آدمی گشوده بود، متفکری نظیر الیادی را به یافتن یگانگی در میان جامعه‌ها و فرهنگ‌های باستانی و بومی و از آن طریق یافتن اخلاقیات و معنویات همسان در ذات آدمی رهنمون می‌شد.

شاید بتوان گفت که این درگیری با زمان از برگسن تا دورکهایم تا الیادی حتی بی‌ارتباط با گشایشی در شناخت زمانی نزدیک به نامتناهی نبود که با پیشرفت نجوم و فیزیک نجومی، به‌ویژه در نظریه نسبیت آلبرت اینشتین، پیدا شده بود. این نظریه بنیادی که ابتدا در سلسله مقالاتی در سال‌های ۱۹۰۵ تا ۱۹۱۵ نشر شد، تقریبا همزمان با نظریه برگسن و دورکهایم درباره زمان ناسوتی و لاهوتی بود. حتی شاید بتوان رویکرد تازه‌ای به زمان فلسفی را مثلا در آرای فلاسفه وجودی از ادموند هوسرل تا مارتین هایدگر به‌ویژه در کتاب مشهور و معماگونه هایدگر، زمان و هستی (Sein und Zeit)، نیز یافت که نخست در ۱۹۲۷ به چاپ رسید. شاید همین درگیری با زمان بود که الیادی را نیز به نگارش اسطوره بازگشت جاودانه (Le Mythe l'éternel retour:

پیوست یکم: سال نو و بازسازی زمان ناسوتی

(archétypes et repetition) در ۱۹۵۴ رهنمون شد. اگرچه نباید در باره چنین همزمانی‌ای اصرار ورزید، اما شاید بتوان از گفتمانی در باره زمان سخن گفت که با کاستی یافتن سیطره جزم‌های مذهبی در فضای پایان قرن نوزدهم و آغاز قرن بیستم راه را برای اندیشه انتقادی در مباحث علمی و تحقیقی در باره ماهیت زمان به‌ویژه در اروپا گشود.

افزون بر این، رشد بارز علوم تجربی، به‌ویژه فیزیک و فیزیک نجومی، دامنه جهان هستی را بسی گسترده‌تر ساخت و پرسش‌های نوی را در باره زمان و ارتباط با مکان و ماده در برابر اهل اندیشه قرار داد که پاسخ به آن با منطق کلامی و اسطوره خلقت توراتی ابداً همخوانی نداشت. داروین و کتاب انقلابی او در ۱۸۵۹ با عنوان *بنیان انواع* (The Origin of Species) در باره تکامل موجودات زنده بر پایه تکامل طبیعی به روش مشاهده تجربی، سرچشمه‌ای برای بطلان افکار عهد عتیق توراتی در باره آفرینش بود. مشاهدات و تعبیرات او در باره زمین‌شناسی، چینه‌های رسوبی و یافت فسیل‌هایی از جانوران دریایی منقرض‌شده که حال در زیر میلیون‌ها سال چینه‌های رسوبی در کوهستان‌ها پیدا شده بودند، نظریه تطور و تکامل و پیدایش موجودات زنده را میلیون‌ها سال پیش به عقب برد. حال در پایان قرن نوزدهم و دهه‌های آغاز قرن بیستم چالش‌های نوینی در جامه فیزیک و نجوم در باره قدمت زمان نیز عرضه شده بود. همین چالش‌ها بود که برخی نظیر برگسن و حتی دورکهایم و اندکی پس از آن هایدگر را بر آن داشت تا به مسئله ماهیت زمان بیاندیشند و وجه تفارقی بین زمان کمّی و کیفی، یا همان ماهیّت زمان از دیدگاه علمی و تجربی در برابر دیدگاه شهودی و عرفانی بیابند.

از جانبی دیگر دوران تاریک جنگ جهانی اول در نزد بسیاری نویسندگان، شاعران و فیلسوفان اروپا که ناظر کشتارهای عظیم در میدان‌های نبرد، سلاح‌های کلان‌کشتار و شیوع یک فرهنگ سفاکی روشمند بودند، به افکار آخرالزمانی (apocalyptic)، البته به صورت نمادین، عمومیت داد. نوبسندگانی چون مارسل پروست (Marcel Proust) که در سال‌های ۱۹۱۳ تا ۱۹۲۷ مجموعه هفت کتاب پیوسته با عنوان عام À la recherche du temps perdu (در جستجوی زمان ازدست‌رفته) را نگاشت که کوششی در یافتن همان زمان گم‌شده بود که دنیای نو، و به‌ویژه سال‌های جنگ اول، از او، و به تعبیری از انسان زمانه او دریغ داشته بود؛ جوانی خوش‌خیال در آغاز سیر در زمان که در پایان کار به جامه کامل مردی رنج‌دیده درآمده بود. منظومه‌های ویلیام ییتس (William Yaets) شاعر ایرلندی، رمان مشهور یولیسس (Ulyses) اثر جیمز جویس (James Joyce) و منظومه The Waste Land (برهوت) اثر مشهور تی.اس. الیوت (T.S. Eliot) هر سه به شکلی حاکی از روح تاریک آخرالزمانی (یا همان صحرای محشر) در جنگ اول بودند.

یکی از بارزترین شواهد در باره درگیری با ماهیت زمان را می‌توان در مناظره مشهور میان برگسن و اینشتین در ۱۹۲۲ در پاریس یافت که در ضمن آن برگسن روایتی از اصالت زمان شهودی را عرضه داشت که به تمایزی کمّی میان گذشته و حال و آینده قائل نبود. در مقابل اینشتین بر ماهیّت کمّی زمان و اندازه‌گیری علمی آن به عنوان تنها راه شناخت نسبیت زمان پای می‌فشرد. در این میان برتراند راسل (Bertrand Russell)، فیلسوف، ریاضی‌دان و منطقی مشهور انگلیسی، در طی بیش از سی سال به نقد آرای برگسن برخاست. در

پیوست یکم: سال نو و بازسازی زمان ناسوتی

۱۹۲۵ در واکنش به مناظره برگسن و اینشتین، راسل در دفاع از اینشتین آرای برگسن را فاقد انسجام علمی دانست. راسل بر این نظر بود که آنچه که برگسن عقل شهودی می‌نامد جمله عواطف و احساساتی مبهم است که او به خطا آنان را از مقوله عقلانیات خوانده و شهود را شیوه‌ای عقلائی برای شناخت "زمان حقیقی" دانسته است. به علاوه او را متهم می‌سازد که در تمایز زمان کمّی (objective) با زمان نفسانی (subjective) دچار اشتباه شده است و بدین لحاظ فضای فیزیکی اندیشه نسبیت اینشتین را در نمی‌یابد. اگرچه راسل او را در شناخت احوال روان آدمی مصیب می‌دانست، اما آرای او را کلاً طغیانی رمانتیک در برابر صلابت عقل می‌شمرد.

اگرچه این نظریه اینشتین بود که راه را برای تحولی انقلابی در مفهوم زمان، و به تَبَعَ آن در اندیشه علمی، در قرن بیستم هموار ساخت، اما افکار برگسن، دورکهایم، و هایدگر نیز،که هر یک به شیوه‌ای بر اصالت زمان لاهوتی تأکید داشتند، همچنان راه خود را ادامه دادند. و بر این اساس بود که در دهه‌های بعدی الیادی بزرگداشت مراسم نو شدن زمان را رمزی پایدار برای شناخت ساحت حضور در جامعه‌های انسانی دانست. البته الیادی خود نیز از جانب مورخین و پژوهندگان مذاهب مورد انتقاد فراوان بود و هنوز نیز هست. از جمله آنکه او نماد بازسازی زمان را امری تام و شامل در باره همه فرهنگ‌ها می‌داند در حالی که بسیاری از جامعه‌های بشری بوده و هستند که یا اصولا فاقد این تحول نمادین در مفهوم زمان‌اند و یا عوارض این بازسازی زمان به گونه‌ای که الیادی می‌گوید همواره لاهوتی نیست.

اما اگر این تعمیم در معنی نماد نوسازی زمان شامل حال همه گاهشماری‌ها و مفهوم زمان در همه فرهنگ‌ها نباشد و یا الزاماً دو وجه قدسی و روزمره در باره همه فرهنگ‌ها صدق نکند، به نحو شگفتی در باره گاهشماری در ایران و به‌ویژه در باره جشن نوروز مصداق دارد. می‌توان این اهمیت نمادین نوروز و به‌ویژه بازسازی زمان ادواری را از مهم‌ترین دلایل پایداری نوروز دانست. الیادی خود در چند مورد در اسطوره *بازگشت جاودانه* به نوروز اشاراتی دارد، اما چنانکه باید به ویژگی‌های نوروز نپرداخته است. این شاید بدان سبب است که او تاکیدش را بر جشن اکیدو (akidu) قرار داده بود که آغاز سال قمری-شمسی بابل باستانی بود و جشن نوروز به احتمال قوی پس از تسخیر کوروش، همراه با تقویم بابلی اساس گاهشماری در آغاز عصر هخامنشی شد.

از سوی دیگر هم توجه به نجوم نوین در پایان قرن چهاردهم هجری، یعنی عصر ناصری، و هم رواج تقویم برجی خورشیدی و پس از آن رسمیت یافتن تقویم خورشیدی در دوران مشروطه و پسامشروطه تقریبا مرادف با تحولاتی بود که در اروپا در تمایز میان زمان قدسی و زمان روزمره پدید آمد. تبدیل تقویم هجری قمری که ریشه در امری قدسی در فرهنگ اسلامی ایران داشت، بالاخره در این دوره به تقویم خورشیدی ایرانی (که ریشه در گذشته‌ای طولانی اما نیمه‌رسمی داشت) انجامید.

گویی این روح زمانه بود که هم در فرهنگ روپای دوران نوین و هم در ایران هر یک به نوعی مخصوص‌به‌خود سیطره فکر مذهبی قدیم و همراه با آن، زمان مذهبی را کنار زد و مفهوم تازه‌ای از زمان روزمره و کاربردی عرضه داشت. با این حال آن سحت لاهوتی نه در

پیوست یکم: سال نو و بازسازی زمان ناسوتی

ایران کاملا کنار رفت و نادیده انگاشته شد و نه شاید در فرهنگ غرب. اگرچه دنیای غرب کم‌وبیش به جزمیات و یا حتی اعتقادات مذاهب سامان‌یافته (organized religions) به‌ویژه در مفهوم و شناخت زمان پشت کرد، اما ساحت قدسی را چنانکه الیادی می‌گوید به‌یکباره از دست نداد (و شاید نمی‌توانست از دست دهد). به عبارتی آنچه در دوران معاصر پیدا شد، لاهوتی ناسوتی‌شده بود، تقدسی بود در جهان روزمره که به تعبیر فرویدی از ضمیر ناخودآگاه آدمیان و یا به تعبیر دورکهایمی از ساحت وجدان جمعی جامعه بروز می‌کرد. گاه صور تازه‌ای می‌یافت، مثلا در ساختن و پرداختن به ساحتی مرموز در داستان‌ها یا فیلم‌های تخیلی نظیر آن لوحه مرموز (monolith) در فیلم ۲۰۰۱: *اودیسه فضایی* (2001: The Space Odessy) که ستنلی کوبریک در ۱۹۶۸ آن را با همکاری آرتور سی کلارک، علمی-تخیلی‌نویس انگلیسی ساخت. در سلسله فیلم‌های جنگ ستارگان (*The Star War*)، که جرج لوکاس آن را با الهام از آثار جوزف کمپیل (Jeoseph Cambell) انسان‌شناس آمریکایی ساخت، این فضای مرموز میان کهکشانی، یعنی ساحتی ورای بُعد زمان و مکان، مقر نیرو (the Force) بود. اینجا ساحت قدسی همان ناف وجود تصور شده بود که در آن، دو بُعد زمان و مکان با هم درآمیخته بودند. نکته جالب آنکه این زمان فیزیکی یا کمّی بود که حال منشاء تخیلی برای ساختن تقدسی نوین شده بود.

بقای این برحه‌هایی از زمان بود که مفاهیم "قدسی" کهن، نظیر جشن نوروز، را پیوسته یادآور می‌شد. این چرخه‌های ادواری از نوسازی زمان، یا به قول الیادی بازسازی زمان، اعم از آنکه تازه شدن زمان را جشن می‌گرفت، چون نوروز، کریسمس، دوالی در سنت هندو، یا از جنس جشن‌های فصلی بود (و یا یادآور لحظه‌هایی جان‌گداز از تاریخ

مذهبی بود، مثلا عاشورا در یادگاه شیعه) همگی راهی به سوی شناخت تازه‌ای از خواست انسانی برای پدید آوردن ساحتی قدسی بودند که علی‌رغم افول مذاهب رسمی و سازمان‌یافته همچنان در جامعه پایدار می‌ماندند.

پیوست دوم

دوام سالنامه‌نگاری از دوران پهلوی تا امروز

پایداری سالنامه‌نگاری سنتی را می‌توان نشانه‌ای از مقاومت در برابر عمر کوتاه تقویم شاهنشاهی دانست، سنتی که در طول قرن‌ها کمتر دستخوش تحولی بنیانی شده بود. این سالنامه‌ها اگرچه تا اندازه‌ای نمایانگر منویات صاحبان قدرت سیاسی بود، به آیین‌ها و جشن‌های کشوری، سوگواری‌ها و شعائر شیعه یا باورهای عامیانه شیعه نیز بازتاب می‌داد. با این حال، یکسره در سیطره هیچ‌یک از این سه نبود و همین امر نیز بقای آن را ممکن می‌ساخت. سالنامه‌هایی که پس از تاسیس پادشاهی پهلوی انتشار یافت، تقویم خورشیدی مصوبه مجلس را کاملاً رعایت می‌کرد، اما همچنان نظیر تقویم‌های تدوینی نجم‌الدوله تقویم قمری را نیز برای نگاهداشت شعائر و ایام محرمه شیعی ارائه می‌کرد. این سالنامه‌ها در عین حال نمادی از ملی‌گرایی امیدبخشی بود که در آغاز دوران پهلوی جلوه یافت. محتویاتشان تصویری از پیشرفت‌های آموزشی و نهادهای نوین کشوری را به‌دست می‌داد که برای خوانندگان طلیعه‌ای از آغاز عصری تازه بود، اما کاملاً مجزا از آن سنت‌های دیرینه نیز نبودند.

تقویم معارف سال ۱۳۰۶ خورشیدی، که تدوین علی‌اصغرخان حکمت، شخصیت برجسته فرهنگیِ اوایل دوران پهلوی بود، فصل مشترکی میان گاهشماری سنتی و تجدد عرضه می‌داشت. در این سالنامه نه‌تنها جدول‌های هفتگی تطابق سه تقویم خورشیدی، قمری و میلادی

پیوست دوم: دوام سالنامه‌نگاری از دوران پهلوی تا امروز

نمایانده شده بود، بلکه معلومات عمومی، اندرزها و جملات قصار نیز عرضه شده بود.¹

اما تنها سه سال بعد سالنامه رسمی مملکتی پارس که در ۱۳۰۹ خورشیدی / ۱۹۳۰ میلادی / ۱۳۴۸-۴۹ قمری به اهتمام محمدعلی امیرجاهد در سی هزار نسخه طبع شده و قیمت آن در تمام ایران پنج قران بود، بر خلاف تقویم معارف اصولا جدول‌های گاهشماری را حذف کرده بود. امیر جاهد که سراینده بسیاری تصنیف‌های مشهور در آغاز عصر پهلوی است، در واقع یک کتاب سال (yearbook) ساخته بود که اطلاعات مفید و موجزی به سیاق سالنامه‌های اعتمادالسلطنه عرضه می‌داشت. پس از شرح مختصری از تاریخ ایران از دوران باستان تا عصر پهلوی، این سالنامه سپس وقایع مهم سال گذشته، تشکیلات وزارتخانه‌ها، موسسات مهم دولتی، انتصابات در دستگاه‌های اداری و بسیاری دیگر آگاهی‌های مفید عرضه می‌داشت.² در مقابل، تقویم بغلی پارس سال ۱۳۱۵ خورشیدی به استخراج شیخ حبیب‌الله ذوالفنون نیز نه‌تنها زمان تحویل سال را به افق تهران و شهرستان‌ها عرضه می‌داشت، بلکه هر روزه ظهر واقعی را بر

---

۱ تهران، مطبعه مجلس، ۱۳۰۶.

۲ امیر جاهد، سالنامه رسمی مملکتی (پارس) ۱۳۰۹ - ۱۹۳۰ - ۱۳۴۸،۹ (تهران، ۱۳۰۹). از هوشنگ شهابی که این سالنامه را در اختیارم گذاشت سپاسگزارم. مطالب این سالنامه برای پژوهش در باره تاریخ اجتماعی و توسعه تشکیلات دولتی در سال‌های آغاز دوران پهلوی بسیار مفید است.

گاهشماری خورشیدی

اساس نصف‌النهار ایران معین می‌کرد. نیم‌مصرع شعر نیز در زیر هر صفحه حامل پیامی اندرزگونه بود.[3]

---

[3] از هوشنگ شهابی که این سالنامه را در اختیارم گذاشت سپسگزارم. این نسخه متعلق به پدر ایشان دکتر عیسی شهابی بوده که در ایام سفر فرنگ آن را همراه برده بودند.

بیان ما

تقویم رسمی پارس

فروردین ـ شوال

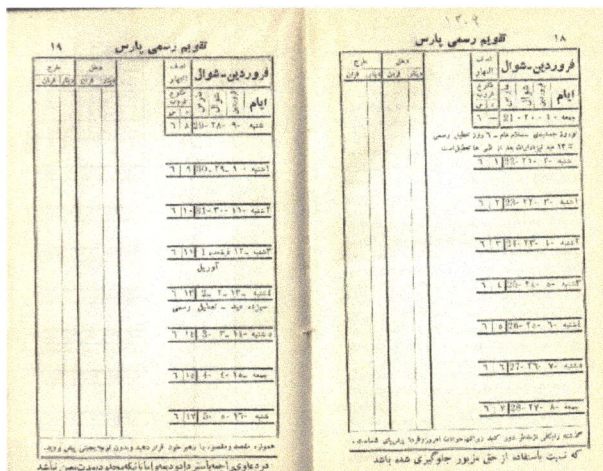

تصویر پیوست ۱/۱ تا ۳/۱: "سالنامه رسمی مملکتی پارس" تالیف امیر جاهد، ۱۹۳۰ —۱۳۰۹ نشانه تحول در سالنامه‌های آغاز دوره پهلوی است. تقویم روزانه هر سه تقویم خورشیدی، قمری و میلادی را همراه با ساعات طلوع و غروب نشان داده ولی ذکر ایام عیدوعزای اسلامی را به‌اختصار برگزار کرده است. ستون‌های دخل‌وخرج در سمت چپ نیز حاکی از روح انضباط در آغاز دوران پهلوی است.

سوای این تقویم‌های متجدد، تقویم‌های سنتی دیگری، نظیر سالنامه‌های کتابفروشی اقبال و اسلامیه، نیز همچنان دوام آوردند.[4] این سالنامه‌های شیوه قدیم اساساً برای رفع نیاز طبقات متدین و مُبادی به اصول و مناسک شرعی تدوین شده بود. اما مقایسه مختصری بین این سالنامه‌ها به‌خوبی می‌نمایاند که اینان نیز به‌رغم ظاهر سنتی، کم‌وبیش تحولات جدید گاهشمارانه را بازتاب داده‌اند و شاید از نقطه‌نظر تقویم‌شناسی حتی بر سالنامه‌های متجدد برتری داشتند (و برخی تا امروز نیز انتشار می‌یابند).

تقویم نجومی ۱۳۵۳ خورشیدی که چهار سال پیش از انقلاب اسلامی توسط حبیب‌الله نجومی فرزند "مرحوم منجم‌باشی شیرازی" استخراج شده و از انتشارات کتابفروشی اسلامیه است، هنوز چاپ سنگی بود. صفحه نخست "به نام نامی امام عصر عجل‌الله فرجه" آغاز می‌شد و سال مذکور را "مصادف با شصت و ششمین سال از آغاز مشروطیت ایران و سال ۳۳ از جوس و هفتمین سال از تاجگذاری شاهنشاه آریامهر و دوازدهمین سال از انقلاب شاه و ملت" می‌شمرد. پس از شرحی در باره اعتدال هوا، آنگاه زایچه سال را معین کرده و به دنبال آن یک‌سلسله توصیه‌ها، از جمله: "استفاده بیشتر زنان از زینت‌آلات" و "امید به افزایش درآمد عمومی و وسایل کار و کوشش"، "افزایش اعتبار مالی و معنوی کشور در تمام دنیا"، "ترقی بیش از حد انتظار وضع بازرگانی و مبادلاتی"، "رسوا شدن پاره‌ای بدکاران و برملا

---

[4] برای تاریخچه این دو ناشر بنگرید: ایرج افشار، کتابفروشی در ایران

پیوست دوم: دوام سالنامه‌نگاری از دوران پهلوی تا امروز

شدن نقشه عده‌ای از تبهکاران، تشکیل مجامع روحانی طبق اصول صحیح و توجه بیشتری به امور دینی و مذهبی،" و "توجه بیشتر بانوان به فراهم کردن وسایل تحصیل دانش برای همنوعان خود و ترغیب آنان به پرهیز از تظاهر و توفیق بیشتری در این امر" ابراز می‌داشت.

زایچه تقویم مذکور سال ۱۳۵۳ را با سال ترکی ـ مغولی آن نیز مطابقت داده و حوادث نجومی را محاسبه کرده بود. آنگاه جدولی از بروج فلکی آن سال آورده بود. مدخلی نیز در باره سال "بارس ئیل" یا سال پلنگ داشت. از جمله پیش‌بینی‌های سالنمای مذکور در سال پلنگ یکی نیز آن بود که "هر فرزندی که در ثلث اول این سال بوجود آید خوبرو، دلیر، زیرک و بلندهمت شود." اما متولدین چهار ماهه دوم مردمی پایبند به عقاید مذهبی می‌گردند و به دامداری علاقه نشان می‌دهند." فرزندانی که "در ثلث سوم متولد شوند خیلی حساس و زودرنج به بار آیند و به تناسب محیط زندگی خودخواه و جاه‌طلب [می]شوند." ظاهراً متولدین دهه چهارم سال "بارس ئیل" در این سیر قهقرایی چنان جایگاهشان نازل بوده است که مدون سالنمای ذکری از آنان نکرده است.

پس از ذکر خسوف‌های جزئی و کلی و کسوف واقعه در آن سال، آنگاه تدوین‌کننده این سالنمای جدولی از "ساعات" مناسب در ماه‌های سال برجی آورده است (و بدین ترتیب از ذکر روزانه این توصیه‌ها در صفحات بعدی کمی کاسته است.) مثلاً اگر قمر در برج اسد (امرداد) باشد "نیک است عقد و عروسی و شروع به ساختمان یا خرید منزل مسکونی و اقدام به جراحی و شروع به معالجات و مسافرت هوایی." اما اگر قمر در برج عقرب (آبان) باشد "نیک است خرید باغ و زمین و حفر چاه و قنات و بطورکلی امور مربوط به کشاورزی و شروع

گاهشماری خورشیدی

خدمت سربازی و جراحی و مداوای چشم." احتراز از ذکر اَعمال بَدیُمن به روال سالنامه‌های پیشین شاید حاکی از متجدد شدن این سالنمای است که نخواسته خوانندگان را با پرداختن به امور "غیرحسنه،" که شاید خرافی به نظر می‌آمده، بازدارد. سپس با جدولی امکان یا عدم امکان رویت هلال ماه نو را در آغاز هر ماه قمری در عرض شمالی و جنوبی تعیین می‌کرد.

از این پس تا پایان سالنمای، دوازده جدول تقویم ماهیانه عرضه شده بود که هر ماهه موارد چندی را معین می‌داشت: الف) موضع کواکب (شمس، زحل، مشتری، مریخ، زهره، عطارد، یا معادل فارسی آنها)؛ ب) ایام هفته؛ ج) ایام ماه بر اساس هشت تقویم: ۱) هجری قمری، ۲) خورشیدی، ۳) میلادی، ۴) شمسی برجی، ۵) رومی و روسی، ۶) فرس قدیم (یا یزدگردی)، ۷) ترکی (مغولی، چینی) و ۸) جلالی. ازآن‌پس بخشی به نام د) توقیعات (یا گزارش‌ها) مبنی بر روزهای نام‌گذاری‌شده یا حوادث نجومی بود؛ ه) مواضع قمر؛ و) تعیین اوقات ظهر حقیقی؛ و ز) اوقات اذان صبح، طلوع خورشید، غروب خورشید و غروب ماه را معین می‌کرد. این اوقات بر اساس چهار نصف‌النهار: ۱) تهران، ۲) شیراز ـ کرمان، ۳) تبریز ـ مشهد ـ رشت، و ۴) اصفهان ـ کربلا تنظیم شده بود. در بالای صفحه‌ها نیز سال در تقویم‌های میلادی: ۱۹۷۴، خورشیدی: ۱۳۵۳، جلالی: ۸۹۶، اسکندری: ۲۲۸۵، هلالی (همان قمری): ۱۳۹۴، فرسی (یا همان یزدگردی): ۱۳۴۳ آمده بود.⁵ در پایان سالنمای نیز توضیحی در باره

۳۳۷

---

⁵ مبدأ تقویم اسکندری از جلوس اسکندر مقدونی در ۳۳۶ قبل از میلاد است. ذبیح بهروز نیز ذکری از آن دارد (*تقویم و تاریخ در ایران*، ۷۶ـ۷۷). از آنجا که تقویم نجومی بر اساس تقویم قمری محاسبه کرده ‌است، سال ۱۳۹۴ قمری را معادل با سال

پیوست دوم: دوام سالنامه‌نگاری از دوران پهلوی تا امروز

"اختلاف ظهر حقیقی با ظهر وسطی" (یعنی ظهر رسمی به افق تهران) آمده بود. در واقع، نشان دادن این اختلاف یکی از دلایل اصلی دوام این تقویم‌های نجومی بود. "ظهر وسطی"، مولف سالنمای افزوده بود، "عبارت از ظهری است که همه‌روزه ساعت ۱۲ می‌باشد و رادیو اعلام می‌نماید ولی ظهر حقیقی موقعی است که شمس به خط نصف‌النهار می‌رسد و شرعاً می‌توان نماز ظهر را به‌جا آورد و این ظهر با ظهر وسطی در فصول مختلف چند دقیقه اختلاف پیدا می‌کند." علاوه بر آنکه این اختلاف در همه روزهای سال در جدول برای شهرهای مختلف معین شده بود، هنگام ظهر شرعی بنا بر ساعت محلی در ۹۵ شهر در ایران و جهان (از جمله اسلامبول، کامپالا، بحرین، بمبئی، بیروت، پاریس، زنگبار، شارجه، دمشق، لندن، مکه، مسکو و نیویورک) نیز آمده بود.[6]

در صفحه پشت تقویم نجومی، کتابفروشی اسلامیه فهرستی از ۴۶ عنوان انتشاریافته وسیله این موسسه به‌دست داده که اکثراً کتب مذهبی و به‌ویژه عنوان‌های آشنای شیعی بودند. به علاوه، فهرستی از بیش از یکصد کتابفروشی و مراکز پخش تقویم و دیگر انتشارات کتابفروشی اسلامیه در شهرستان‌های ایران و در سایر کشورهای همسایه به‌دست داده بود که حاکی از وسعت شبکه توزیع این کتابفروشی، و در واقع دامنه بزرگ فروش تقویم نجومی در کنار کتاب‌های اسلامی و سنتی بود.

۲۲۸۵ اسکندری دانسته است، در حالی که بنا بر تقویم خورشیدی سال ۱۳۵۳ برابر با ۱۹۷۴ میلادی مقارن با سال ۲۳۱۰ اسکندری است. از پویا گودرزی که در یافتن این سالنما و دیگر سالنامه‌های سنتی مرا مدد رسانید، سپاسگزارم.
[6] صفحات ۳۰-۳۱.

گاهشماری خورشیدی

بر همین منوال سالنمای فارسی قوی ئیل سنه ۱۳۷۰ خورشیدی برابر با ۱۴۱۱ ـ ۱۴۱۲ قمری نماینده‌ای از تحولات دهه ۱۳۶۰ و ۱۳۷۰ در آغاز انقلاب اسلامی عرضه می‌داشت. مُدونِ این سالنمای، حاج میرزا اسمعیل مصباح که خود چنانکه مذکور داشته "نواده نجم‌الممالک سابق طهران" بود، زیر نظر پدرش "جناب آقای مصباح‌زاده" به استخراج تقویم این سال پرداخته بود. روی جلد، پدر از اینکه حال پسرش به استخراج تقویم پرداخته اظهار رضایت کرده و افزوده بود که امیدوار است پسرش "بتواند این میراث نیاکان را دنبال نموده و حفظ نماید." به علاوه، خریداران را بر حذر داشته بود که "هر نسخه که بمهر دستی ذات‌الاضلاع نجم‌الممالک نرسیده باشد قلب است." [۷] این سالنمای که به صورت چاپ سنگی نشر شده بود (اگرچه ممکن است با تکنولوژی جدیدتری انجام شده باشد)، بیش از تقویم نجومی پیشین تمایلات اسلامی داشت. در آغاز پس از آنکه سال ۱۳۷۰ شمسی (و نه نوروز) را در تحت توجهات "حضرت امام زمان" دانسته، سال سیزدهم "انقلاب عظیم جمهوری اسلامی ایران" را که معادل با سال نهم "از قِرانِ اصغر علِویین در برج ثور" می‌دانست که "آثار مهم آن ظاهر شده و می‌شود." سپس افزوده بود که،

این قِران فرخ‌مل دلالت دارند بر آبرو و عظمت جمهوری اسلامی ایران در میان کشورهای جهان و علاقه و توجه ملت‌ها

---

[۷] تهران: چاپ و انتشارات اقبال، ۱۳۷۰ خورشیدی. حاج مصباح نجم‌الممالک، پدر مستخرج حالیه، نباید با نجم‌الملک (یا نجم‌الدوله) که در فصول پیشین ذکرش گذشت، اشتباه شود.

پیوست دوم: دوام سالنامه‌نگاری از دوران پهلوی تا امروز

به برنامه‌های آن و ارسال رُسل و امیدواری مستضعفان جهان و... آبروی ایران در پهنه سیاست‌های خارجی ... و کثرت اجتماعات در برائت از مشرکین و یاد و خاطره شهدای مکّه و بیزاری از رژیم‌های سرسپرده آمریکایی .. و قدرت و نظارت ایران بر منطقه و ضعف حال بعضی حکومت‌های وابسته ... و بهره‌برداری بهتر از منابع زیرزمینی و بهبودی اوضاع اقتصادی و کثرت نگرانی دشمنان اسلام و توطئه‌های پنهانی و مکر آنان و ا... تعالی یعلم.[8]

ابراز این آرزوها در طرفداری از جمهوری اسلامی و اشاره به مخالفین آن سپس با اطلاعات نجومی و جدول هنگام دقیق تحویل سال در شهرهای ایران، جدول معرفت رویت اَهِلّه (گردش ماه) و لزوم خواندن سوره‌های مختلف قرآنی ادامه یافته بود. مثلاً در محرم‌الحرام باید در سوره المدثر و جواهر و آیینه و روی فرزندان نگریست، در رمضان‌المبارک در سوره الشوریٰ و آیینه و زر و سیم نظر نمود و در ذیقعده‌الحرام در سوره‌الملک و جواهر و آب روان نظر نمود. سپس جدولی از سالشمار وقایع قبل از هجرت و پس از هجرت داده و شرحی از تقویم ترکی-مغولی آورده بود و هم جدولی در معرفت طالع سال و ساعات تحویل که در آن وقوع تحویل را به زیج‌های متعدد به افق تهران، لندن و دیگر شهرهای ایران و جهان و ایضاً زایچه سال را آورده بود. ازآن‌پس حدیثی از امام جعفر صادق در باره نوروز را به فارسی و عربی

---

[8] سالنمای فارسی (تهران: اقبال، ۱۳۷۳ خورشیدی)، ۲-۳.

آورده بود که در طی آن جعفر صادق به مُعلی‌بن خنیس سفارش کرده بود:

چون نوروز شود غسل کن و پاکیزه‌ترین جامه‌های خود را بپوش و به بهترین بوهای خوش خود را خوشبو گردان و در آن روز روزه بدار. پس چون از نماز پیشین و پسین فارغ شوی، چهار رکعت نماز بگذار، یعنی هر دو رکعت به یک سلام و در رکعت اول بعد از حمد ده مرتبه "قل اعوذ بربّ‌الفلق و قل اعوذ بربّ‌الناس" و بعد از نماز به سجده شکر برو و این دعا بخوان: "اللهم صل علی محمد و آل محمد الاوصیاءالمرضیین... حتی لا اتکلف ما لا احتاج الیه یا ذاالجلال و الاکرم".[9]

سفارش‌های مذکور در حدیث منسوب به جعفر صادق و وظایف محول‌شده به مومنان یادآور دغدغه‌ای‌ست که مسلمانان، و از جمله شیعیان، در مواجهه با آیین ایرانی نوروز داشته و هنوز نیز دارند (چنانکه بیاید). این حدیث شاید جعلی حکایت از تمایز این روز دارد، اما می‌کوشد با روزه گرفتن و ادای رکعت‌های متعدد نماز و خواندن ادعیه پی‌درپی به عربی در بزرگداشت اسلام و محمد رسول‌الله به این روز گونه‌ای تقدس موهوم اسلامی بخشد و چنان جلوه‌گر سازد که گویی این یکی از اعیاد مذهبی شیعه است. این شیعه‌سازی ضمنی نوروز چنانکه گذشت (بر خلاف متشرعین سنّی، چون غزالی که نوروز را کاملاً مردود می‌شمرد)، حداقل از دوره صفویه حاکی از الزام اهل شرع در پذیرش این آیین ایرانی بود، و در واقع به معنی پذیرش هویت ایرانی مومنان بود.

---

[9] همان جا، ۶.

ارباب شرع شیعه، حتی در اوج قدرت تشیع در نیمه دوم قرن یازدهم هجری/ قرن هفدهم میلادی، دریافته بودند که مردود شمردن این جشن ایرانی و آیین‌های وابسته به آن نه از عهده آنان ساخته است و نه مآلاً به نفع آنان است. هر اندازه که خاندان‌های فقهای عرب‌تبار بیشتر ایرانی شدند، اغلب به همان مقیاس نیز از تعصبات ایران‌ستیزانه ایشان نیز کاسته شد.

حتی در سالنامه‌های اسلامی سال‌های اخیر نیز بر خلاف سیاست‌های نوروزستیزانه جمهوری اسلامی (چنانکه بیاید) می‌توان این تلفیق ایرانی- شیعی را با تاکید تدریجی بیشتر بر هویت ایرانی دید. تقویم نجومی سال ۱۴۰۰ خورشیدی از انتشارات [کتابفروشی] اسلامیه عبارت "نوروز باستانی" را با قلم جلی سرخ روی جلد آورده است. مصطفی گلپایگانی که از او با عنوان "ارشد نجوم" [به جای واژه منجم که ظاهراً کهنه می‌نموده است] یاد شده همکارِ استاد منصور نجومی ابن مرحوم منجم‌باشی شیرازی" است. این دو در همان مقدمه سیر تلفیقی شدن تدریجی تقویم نجومی را می‌نمایاند. اگرچه به روال سابق، سالنامه "به نام نامی امام عصر عجل‌الله فرجه" آغاز شده است، تحویل شمس به افق تهران بنا بر رصد "شورای مرکز تقویم موسسه ژئوفیزیک دانشگاه تهران" معین شده است. سال ۱۴۰۰ بار دیگر برابر با هفت تقویم برآورد شده، اما شگفتا که نه در تقویم نجومی ۱۴۰۰ و نه ۱۴۰۱ هیچ ذکری از گذشت اولین سده خورشیدی بنا بر تقویم رسمی کشوری نشده است.[۱۰]

[۱۰] تقویم مذکور حتی متذکر شده که محاسبه نجومی بر اساس نرم‌افزار Stellerium 0.15.0 و جدول‌های رویت هلال ماه با نرم‌افزار Accurate Times 5.1 به‌دست

گاهشماری خورشیدی

جدول‌های تقویم نجومی در سال ۱۴۰۰ و سال‌های پس از آن نیز شاهد دگرگونی‌های چندانی در مقایسه با سال‌های پیشین، که شرح آن گذشت، نیست، جز آنکه روزهای نام‌گذاری‌شده تقریباً در همه ۳۶۵ روز سال مشهود است. از شش فروردین، زادروز زردشت، گرفته تا ۱۰ تیرماه که روز صنعت و معدن و در عین حال روز بزرگداشت صائب تبریزی و همینصور آزادسازی شهر مهران (در جنگ ایران و عراق) است تا پنج امرداد، روز بزرگداشت زکریا رازی که روز داروساز بوده (و در عین حال روز کُشتی نیز هست و در آن روز "پیوند زناشویی خوب است") تا ۲۲ مهر، که مقارنه زهره و قلب‌العقرب است و روز ملی پاراالمپیک. ۲۳ آبان روز جهانی نابینایان (عصای سفید) است که مقارن است با شهادت امام حسن عسکری (در ۲۶۰ هجری قمری) و آغاز امامت ولی عصر.

این نام‌گذاری‌ها در تقویم رسمی بیش از هر چیز نشانه ملغمه اسلامی، فرهنگی و در عین حال ایدئولوژیک در جمهوری اسلامی است، یعنی نماینده بارزی از کوشش جمهوری اسلامی برای استیلا بر گاهشماری خورشیدی و به تبع آن، کوشش در دگرسازی هویتی ایرانیان به یک هویت 'اسلامی' است. بخشی از این بزرگداشت‌ها از رویدادهای متروک اما دوباره زنده‌شده تقویم شیعی فراهم آمده و بخشی دیگر رویدادهای "شهیدپرورانه" جمهوری اسلامی است که به برکت قربانیان

آمده است. با این حال، باید انتشارات اسلامیه و کارشناس نجومی آن را ستود که حتی‌المقدور کوشیده تا راه اعتدال بپیماید و یکسره تسلیم روزشمار فرمایشی جمهوری اسلامی نشود.

پیوست دوم: دوام سالنامه‌نگاری از دوران پهلوی تا امروز

جنگ عراق و ایران نه‌تنها خیابان‌ها، کوچه‌ها، میدان‌ها و بناهای دولتی و مذهبی، مدارس و دیگر جاها را در سراسر ایران در هر شهر و روستا فراگرفته، بلکه طغیان آن سیلاب، روزهای تقویم رسمی را نیز سیراب کرده است.

در واقع، تقویم رسمی ایران که دائماً از سوی نهادهای دولتی با نام‌گذاری‌های بسیار، و گاهی چند بزرگداشت ناهمگون در یک روز، انباشته شده است، به کارزاری از هویت پیکاری (identity war) بدل شده که در آن یادگارهای ملی و عرفی، به‌ویژه جشن‌های ایرانی، مدام در معرض هجوم بی‌امان لشگری از قدیسان گمنام شیعی‌اند؛ از جمله فقهای ناشناخته قرون دوردست یا آیت‌الله‌های کشته‌شده به‌دست چریک‌ها، که "شهیدان محراب" نام گرفته‌اند. این ولع بی‌امان را برای انباشتن تقویم به نشانه‌های اسلامی می‌توان نه‌تنها نشانه عناد عمیق دستاربرسران قم (و لشگری از مقلدان و چماق‌به‌دستان "ارزشی" ایشان) با جلوه‌های هویت ایرانی دانست، بلکه نشانی از حقارت فرهنگی و دلواپسی اینان برای باختن قافیه و باختن کارزار و در پی آن، شکست در برنامه مهندسی اجتماعی (social engenieering) در چهار دهه گذشته شناخت.

بسم الله الرحمن الرحیم

به مبارکی و میمنت و خوشی و مسرت، تحویل شمس به برج حمل و رسیدن خورشید به نقطه اعتدال بهاری، به افق تهران، توسط شورای مرکز تقویم موسسه ژئوفیزیک دانشگاه تهران ساعت ۰۰:۵۴:۲۸ روز سه‌شنبه ۱ فروردین ۱۴۰۲، برابر ۲۸ شعبان‌المعظم ۱۴۴۴ هجری قمری برابر با ۲۱ مارس ۲۰۲۳ میلادی اعلام شده است از آنجا که ساعت تحویل قبل از رسیدن خورشید به نصف‌النهار است، لذا همان روز، یعنی سه‌شنبه اول فروردین ماه سال ۱۴۰۲ عید نوروز است. سال ۱۴۰۲ مقارن است با ۱۴۴۴ سال قمری از هجرت پیامبر اکرم (ص) و ۱۱۸۹ سال از ولادت حضرت صاحب‌الزمان (عج) و سال چهل و پنجم از انقلاب شکوهمند جمهوری اسلامی ایران و ۱۱۸ سال از آغاز مشروطیت و اول فروردین ۹۴۵ جلالی ملکشاهی و ۲۳۳۴ اسکندری رومی و سوم خمسه مسترقه ۱۳۸۹ فرسی یزدگردی، ۲۰۲۳ سال از میلاد به روایت کلیسایی و ۱۹۹۰ سال از عروج حضرت عیسی مسیح و ۵۷۸۳ سال از آغاز تاریخ یهود

مسائل ۱۴۰۲

بنا به استخراج شورای تقویم موسسه ژئوفیزیک دانشگاه تهران، لحظه تحویل سال، ساعت نیمه شب (۰۰) و ۵۴ دقیقه و ۲۸ ثانیه می‌باشد. گفته می‌شود این زمان بر اساس حرکت حقیقی خورشید و گذر حقیقی آن از نقطه‌ی اعتدال بهاری محاسبه شده است و نه سال متوسط اعتدالی که عبارت است از ۳۶۵ روز و ۵ ساعت و ۴۸ دقیقه و ۴۶ ثانیه که مبنای تقویم ایرانی بوده است.

طالع در هنگام تحویل سال، درجه‌ی بیست‌وسوم از برج قوس است. خورشید در ابتدای برج حمل در خانه‌ی پنجم قرار گرفته است و تمامی سیارات در یک سمت دایرةالبروج جمع شده‌اند. در این سال مشتری از حوت به حمل رسیده است و در خانه‌ی شمس قرار گرفته، زحل نیز بالاخره از دلو به حوت آمده و در درجه‌ی اول حوت است. به جز خورشید هیچ یک از سیارات در خانه‌ی شرف نیست. مریخ و قارب و ... همگی در جوزا هستند. والله اعلم بحقایق الامور. سال ۱۴۰۲ کبیسه نیست.

(۲)

مختصری درباره‌ی این تقویم

۱) این تقویم، منطبق با تقویم رسمی کشور است که هرساله توسط شورای تقویم محاسبه و توسط دبیرخانه شورای فرهنگ عمومی کشور منتشر می‌شود.
۲) محاسبات نجومی این تقویم، عمدتاً با نرم‌افزار Stellarium 0.15.0 که یک نرم‌افزار متن باز است، انجام شده است.
۳) جدول مربوط به رویت هلال ماه، با نرم‌افزار Accurate Times 5.1 نوشته‌ی دکتر محمد عوده، محاسبه شده است.
۴) متاسفانه در سال‌های اخیر، بعضی منجمان آماتور، بدون اطلاع از مبانی اولیه تقویم، دست به استخراج تقویم‌های نجومی زده‌اند. یکی از مهم‌ترین معضلات ایشان در مطالع سیارات و موقعیت ماه و خورشید است. عمدتاً ایشان متوجه تفاوت بین صورت و بروج نیستند و به همین خاطر محاسباتشان بر مبنای صورت‌های فلکی است و نه بروج. اما همان‌گونه که نصیرالدین طوسی در رساله‌ی معینیه به صراحت اشاره کرده است، در احکام مراد بروج هستند و نه صورت. محاسبات مربوط به موقعیت ماه، موقعیت سیارات و خورشید در این تقویم بر مبنای بروج انجام شده است.

ادامه در صفحه ۵

سال ۱۴۰۲
سال خرگوش

سال ۱۴۰۲، چهارمین سال از دوره‌ی اثنی عشری است و آن را به ترکی «توشقان‌ئیل»، یعنی سال خرگوش می‌نامند. حکما و منجمین ترکستان حوادث سال را با طبع خرگوش یکی دانسته و چنین بیان می‌کنند: چون سال خرگوش درآید، محصولات فلاحت و کشاورزی بسیار خوب و مرغوب شود و نرخ اسعار متزلزل باشد و گاهی به واسطه‌ی عدم اعتبار امور عقلیه و رعایت جوانب سفلی و محکم قوانین فکریه، بی‌ثباتی و تزلزل در اعمال توسعه پیش آید.
متولدین چهار ماه اول سال در امر تحصیل موفق و در انجام کارها عجول باشند. متولدین ثلث دوم سال مال‌اندیش و علاقه به زراندوزی و ثروت دارند و متولدین چهار ماه پایانی سال دارای هوش وافر می‌باشند و به مقامات مهم علمی می‌رسند.
ابونصر فراهی، به جهت راحت‌تر به حافظه سپردن، اسامی سال‌های ختا و ایغور را به شعر درآورده است:

موش و بقر و پلنگ و خرگوش شمار
زان چار چو بگذری نهنگ آید و مار
آنگاه به اسب و گوسفند است حساب
حمدونه و مرغ و سگ و خوک آخرکار

(۳)

(۴) مشخصات هلال ماه نو در لحظه غروب آفتاب به افق تهران در سال ۱۴۰۲ (۴۵-۱۴۴۴ هجری قمری)

هلال ماه	تاریخ شمسی	سن هلال (ساعت و دقیقه)	مکث هلال در افق تهران (دقیقه)	ارتفاع قمر (درجه)	سمت قمر (درجه)	قدر ماه (میزان روشنایی)	جدایی زاویه‌ای (درجه)	کیفیت رؤیت	روز اول ماه نو
رمضان المبارک	۱/۰۲	۲۱:۳۴	۵۳	۰۹:۳۳	۲۶۷	-۳/۶	۱۱:۱۱	در شرایط رصدی مناسب رؤیت می‌شود	سه‌شنبه ۱/۲
شوال المکرم	۱/۳۱	۱۰:۵۹	۳۴	۰۴:۰۲	۲۸۳	-۴/۵	۰۴:۵۳	رؤیت نمی‌شود	شنبه ۲/۲
ذیقعده الحرام	۲/۳۰	۳۲:۴۳	۶۳	۱۰:۵۸	۲۹۳	۵/۲	۱۱:۱۷	به راحتی رؤیت می‌شود	یکشنبه ۲/۳۱
ذیحجه الحرام	۳/۲۸	۱۱:۱۶	۳۶	۰۵:۲۰	۳۰۰	-۴/۶	۰۶:۰۰	رؤیت نمی‌شود	سه‌شنبه ۳/۳۰
محرم الحرام	۴/۲۷	۳۱:۱۷	۵۱	۰۸:۴۹	۲۹۲	-۵/۰	۱۰:۰۸	در شرایط رصدی مناسب رؤیت می‌شود	چهارشنبه ۴/۲
صفر المظفر	۵/۲۵	۰۵:۴۵	۲۳	۰۳:۳۵	۲۸۷	-۴/۴	۰۴:۱۲	رؤیت نمی‌شود	سه‌شنبه ۵/۲۷
ربیع الاول	۶/۲۴	۱۳:۰۲	۲۰	۰۳:۳۳	۲۷۰	-۴/۵	۰۵:۴۲	رؤیت نمی‌شود	یکشنبه ۶/۲۶
ربیع الثانی	۷/۲۳	۲۰:۰۴	۱۸	۰۴:۰۲	۲۵۱	۴/۹	۰۹:۱۰	رؤیت نمی‌شود	سه‌شنبه ۷/۲۵
جمادی الاول	۸/۲۳	۲۸:۰۱	۲۹	۰۳:۱۵	۲۳۴	۵/۴	۱۴:۱۷	رؤیت نمی‌شود	چهارشنبه ۸/۲۴
جمادی الثانی	۹/۲۲	۱۴:۵۰	۸	۰۰:۵۶	۲۲۳	-۴/۸	۰۸:۳۳	رؤیت نمی‌شود	جمعه ۹/۲۴
رجب المرجب	۱۰/۲۲	۲۵:۴۳	۵۸	۰۸:۴۰	۲۳۲	-۵/۵	۱۴:۵۰	در شرایط رصدی مناسب رؤیت می‌شود	شنبه ۱۰/۲۳
شعبان المعظم	۱۱/۲۱	۱۵:۱۱	۳۵	۰۵:۳۸	۲۴۵	-۴/۹	۰۸:۵۷	رؤیت نمی‌شود	یکشنبه ۱۱/۲۲
رمضان المبارک	۱۲/۲۰	۰۵:۳۷	۹	۰۱:۴۰	۲۶۳	-۴/۳	۰۳:۱۱	رؤیت نمی‌شود	سه‌شنبه ۱۲/۲۲

گرفتگی‌های ماه و خورشید در سال ۱۴۰۲ خورشیدی

خورشیدگرفتگی‌ها:

۱- خورشیدگرفتگی حلقوی- کلی: پنجشنبه ۳۱ فروردین. این خورشیدگرفتگی در اندونزی، مناطقی از غرب استرالیا و گینه نو به صورت ترکیبی یعنی در برخی مکان‌ها به صورت کلی و در مناطقی به صورت حلقوی دیده می‌شود. در جنوب شرق آسیا، شرق هند، استرالیا، فیلیپین و نیوزیلند به صورت جزئی دیده می‌شود. این گرفتگی در ایران غیر قابل رویت است.
۲- خورشیدگرفتگی حلقوی: شنبه ۲۲ مهر، در غرب گرینلند، مناطق زیادی از آمریکای شمالی و جنوبی دیده می‌شود. این گرفتگی در ایران غیر قابل رویت است.

ماه‌گرفتگی‌ها:

۱- ماه گرفتگی نیم‌سایه‌ای: ۱۶ اردیبهشت، در بخش‌های وسیعی از آفریقا، آسیا و اقیانوسیه، ماه به زیر نیم‌سایه‌ی زمین می‌رود. این گرفت در تمام پهنه‌ی ایران اتفاق می‌افتد، اما چشم غیر مسلح امکان تشخیص آن را ندارد.
۲- ماه گرفتگی جزئی: شنبه ۶ آبان و یکشنبه ۷ آبان
این گرفت در آفریقا، اروپا، آسیا، بخش‌هایی از اقیانوسیه و قسمتی از آمریکا دیده می‌شود. در ایران این گرفت با مشخصات زیر قابل رویت است: آغاز گرفتگی: شنبه ۲۳:۰۵؛ حداکثر گرفتگی: شنبه ۲۳:۴۶؛ پایان گرفتگی: یکشنبه ۰۰:۲۴؛ حداکثر گرفت: ۱۲درصد قرص ماه

هجری شمسی ۱۴۰۲ (۶) هجری قمری ۱۴۴۴ میلادی ۲۰۲۳

برای هر چیزی زکاتی است و زکات بدن‌ها روزه است. پیامبر اکرم (ص)

افطاری دادن قویم را در روزه‌داری، فضیلتش بیشتر از روزه داشتن است. امام رضا (ع)

موضع شمس و سیارات در روز اول ماه قمری	شمس	زحل	مشتری	مریخ	زهره	عطارد
	حمل ۰۲:۱۴	حوت ۰۱:۴۷	حمل ۱۷:۰۰	جوزا ۲۳:۵۳	ثور ۰۷:۳۹	حمل ۰۷:۵۹

رمضان المبارک — هلال این ماه در شب چهارشنبه ۲ فروردین به سختی رویت میشود

ایام هفته	فروردین	رمضان المبارک	مارس/آوریل میلادی	[illegible]	[illegible]	موضع ماه در بروج	رخدادهای نجومی		تهران، شیراز، اصفهان، تبریز، کرمان، مشهد
[illegible]	[illegible]	[illegible]	[illegible]	[illegible]	[illegible]	[illegible]	[illegible]	عید نوروز (تعطیل) روز جهانی هواشناسی	[illegible]
[illegible]	[illegible]	[illegible]	[illegible]	[illegible]	[illegible]		[illegible]	عید نوروز (تعطیل)	[illegible]
[illegible]	۵	۳	۲۵	۲	۵	ثور	مقارنه ماه و پروین ۰۲:۱۱	شرف قمر و کلیه امور خوب است	[illegible]
[illegible]	۶	۴	۲۶	۳	۶	جوزا	زادروز زرتشت	آغاز سال نو در تقویم سعدی و خوارزمی	[illegible]
[illegible]	۷	۵	۲۷	۴	۷		[illegible]	[illegible] بریدن و پوشیدن	[illegible]
[illegible]	۸	۶	۲۸	۵	۸	سرطان	قران ماه و مریخ ۱۷:۳۴	[illegible] کارهای کشاورزی	[illegible]
[illegible]	۹	۷	۲۹	۶	۹		تربیع اول ۰۷:۰۴	[illegible]بر سانی خوب است	[illegible]
[illegible]	۱۰	۸	۳۰	۷	۱۰		جشن آبانگاه	مقارنه ماه و راس پیکر یسین ۱۴:۵۳	[illegible]
[illegible]	[illegible]	[illegible]	[illegible]	[illegible]	[illegible]	[illegible]	[illegible]	شروع کارهای [illegible] نیک است	[illegible]
[illegible]	[illegible]	[illegible]	[illegible]	[illegible]	[illegible]		[illegible]	روز جمهوری اسلامی ایران (تعطیل) [illegible]	[illegible]
[illegible]	[illegible]	[illegible]	[illegible]	[illegible]	[illegible]	[illegible]	[illegible]	روز طبیعت سیزده بدر (تعطیل)	[illegible]
[illegible]	۱۴	۱۲	۲	۱۱	۱۴	سنبله	مسافرت نیک است	خرید باغ و زمین زراعی	[illegible]
[illegible]	۱۵	۱۳	۳	۱۲	۱۵		روز [illegible] آتشکده	[illegible] نو بریدن و پوشیدن	[illegible]
[illegible]	۱۶	۱۴	۴	۱۳	۱۶	میزان	ابتدای معالجه نیک است	و مسافرت‌های طولانی خوب است	[illegible]
[illegible]	۱۷	۱۵	۵	۱۴	۱۷		بدر ماه ۰۹:۰۴	ولادت امام حسن مجتبی (ع) و روز اکرام و تکریم خیرین، جشن سروشگان	[illegible]

اعتدال بارندگی و اعتدال هوا می‌رود

(۴۱)

چون اکثر مردم مقیم شهرستان‌ها، ساعت خود را از روی وقتی که همه روزه رادیو تهران اعلام می‌کند تنظیم می‌نمایند و از آنجایی که رسیدن آفتاب به خط نصف‌النهار در اولین نقطه شرقی ایران با رسیدن آفتاب به خط نصف‌النهار آخرین نقطه غربی در حدود یک ساعت و ربع اختلاف دارد لذا، برای اشخاصی که مقیّد به دانستن وقت صحیح محلی می‌باشند، جدولی به شرح زیر تنظیم گردیده که در آن ساعت محلی اکثر شهرهای ایران و همچنین ساعت محلی شیخ نشین‌های خلیج فارس و پاره‌ای از شهرهای مهم ممالک خارج را در موقعی که تهران ساعت ۱۲ ظهر میباشد نشان می‌دهد.

شهرها	ساعت محلی: دقیقه	ساعت محلی: ساعت	شهرها	ساعت محلی: دقیقه	ساعت محلی: ساعت	شهرها	ساعت محلی: دقیقه	ساعت محلی: ساعت	شهرها	ساعت محلی: دقیقه	ساعت محلی: ساعت
آبادان و دزفول	۴۶	۱۱	خرمشهر	۴۶	۱۱	کرمان	۴۲	۱۳	بیروت	۳۸	۹
آباده	-۵	۱۲	خوانسار	۵۶	۱۱	کرمانشاه (باختران)	۴۲	۱۱	پاریس	۴۳	۸
اردبیل	۴۷	۱۱	خوی	۳۴	۱۱	گرگان	۱۲	۱۲	دارالسلام (تانزانیا)	۳۳	۹
آستارا	۴۹	۱۱	دامغان	۱۱	۱۲	گلپایگان	۵۵	۱۱	دمشق	۵۹	۱۰
اطهیانات و داراب	۱۰	۳	رامهرمز	۵۴	۱۱	لار	۱۱	۱۲	رم	۲۴	۹
اصفهان	۰۴	۲	رشت	۵۳	۱۱	لاهیجان	۵۴	۱۱	زنگبار و ممباسا	۱۰	۱۱
امل	۰۹	۲	ارومیه	۳۴	۱۱	مراغه	۴۰	۱۱	شارجه	۱۶	۱۲
اهر و سنندج	۴۴	۱	زابل	۴۳	۱۲	ملایر	۵۰	۱۱	عدن	۳۲	۱۱
اهواز و بروجرد	۴۹	۱	زاهدان	۲۸	۱۲	مشهد	۳۲	۱۳	عمان	۲۸	۱۳
بابل	۰۶	۲	ساری	-۸	۱۲	نائین	۰۶	۱۲	قاهره	۳۹	۱۰
بجنورد	۲۳	۲	سبزوار	۲۷	۱۲	نهاوند	۴۸	۱۱	کابل	۱۱	۱۳
برازجان	۵۹	[illegible]	سمنان	-۹	۱۲	نی ریز	۱۱	۱۲	کراچی	۰۴	۱۳
بوشهر	۵۸	[illegible]	شاهرود	۱۶	۱۲	نیشابور	۳۰	۱۲	کربلا	۴۰	۱۱
بهبهان	۵۷	[illegible]	قائم شهر	۰۷	۱۲	همدان	۴۸	۱۱	کنیا	۰	۱۱
بهشهر	۰۹	۳	شوشتر	۵۰	۱۱	یزد	۱۳	۱۴	کویت	۴۶	۱۱
بندرانزلی	۵۲	۳	قمشه	۰۳	۱۲	ادیس‌ابابا (اتیوپی)	۰۹	۱۰	لندن	۳۴	۸
تبریز	۴۰	۱	شیراز	-۵	۱۲	ابوظبی	۱۳	۱۴	ماداگاسکار	۴۴	۱۱
تربت حیدریه	۳۱	۱	بندرعباس	۱۹	۱۲	استامبول	۱۱	۱۱	مادرید	۱۹	۸
جزیره ابوموسی	۱۴	۱	فسا	۰۹	۱۲	اوگاندا (کامپالا)	۱۱	۱۱	مسکو	۰۴	۱۱
جزیره تنب	۱۳	۳	فیروزآباد	-۵	۱۲	بحرین	۵۶	۱۱	مکه	۳۰	۱
جزیره خارک	۵۶	۳	قزوین	۵۴	۱۱	برن و بولن	۰۲	۹	مگادیشو (سومالی)	۳۶	۱۱
جزیره قشم	۱۹	۱۴	قم	۵۹	۱۱	بروکسل	۵۱	۸	نیویورک	۳۸	[illegible]
جهرم	-۸	۱۴	کازرون	۰۱	۲	بغداد	۳۲	۱۱	هرات	۴۲	۲
خرم‌آباد	۴۷	۱۰	کاشان	-	۲	بمبئی	۲۵	۱۳	واشنگتن	۳۶	۳
اسلام آباد	۲۶	۱۳	دهلی	۴۲	۳	پکن	۳۰	۱۶	توکیو	۵۴	۲

پیوست دوم: دوام سالنامه‌نگاری از دوران پهلوی تا امروز

تصویر پیوست ۱/۲ تا ۷/۲: تقویم نجومی ۱۴۰۲ هجری شمسی، تهران: انتشارات اسلامیه، ۱۴۰۲ خورشیدی. صفحات فوق (چنانکه در متن آمده است) معرّف جنبه‌های چندی از این سالنماهای سنتی است که به مرور زمان متحول شده اند. این سالنما به‌خوبی نماینده چندگانگی هویت زمان‌سنج در ایران معاصر است (با سپاس از پویا گودرزی و از کتابفروشی اسلامیه که نسخه‌هایی از سالنمای چاپ این انتشارات را با گشاده‌دستی برای من فراهم آوردند.)

کتاب‌شناسی

فارسی و عربی

آخوندزاده، میرزا فتحعلی. *تمثیلات: شش نمایشنامه و یک داستان*. ترجمه محمدجعفر قراچه‌داغی، تهران: خوارزمی، ۱۳۹۹.

آوی، حسین بن محمد. *ترجمه محاسن اصفهان*. ویراسته عباس اقبال آشتیانی. تهران: ضمیمه مجله یادگار، ۱۳۲۸.

ابن تیمیه. *اقتضاء صراط المستقیم لمخالفة أصحاب الجحیم*. ویراسته ناصر بن عبدالکریم العقل. ریاض، ۱۴۱۹ق.

اذکائی، پرویز. *نوروز: تاریخچه و مرجع شناسی*. تهران: مرکز مردم شناسی، وزارت فرهنگ و هنر، ۱۳۵۳.

اصفهانی، حمزه. *تاریخ سنی ملوک الارض و انبیاء*. چاپ سربی، برلین: مطبعه کاویانی، [۱۳۴۰ق].

اصفهانی، حمزه. *تاریخ پیامبران و شاهان*. ترجمه جعفر شعار. تهران، بنیاد فرهنگ ایران، ۱۳۴۶.

اعتماد السلطنه، محمد حسن خان. *خیرات حسان (زندگینامه زنان مشهور)*. به تصحیح ابوالقاسم رادفر، رباب صادقی اسکویی، تهران، ۱۳۹۴.

اعتماد السلطنه، محمدحسن خان. *چهل سال تاریخ ایران در دوره پادشاهی ناصرالدین شاه*. ۳ جلد، به کوشش ایرج افشار، تهران، ۱۳۸۰.

امانت، عباس. "۳. تاج کیانی و عزم قاجاریه به احیای اقتدار نظام پادشاهی." در عهد قاجار و سودای فرنگ. ترجمه کاظم فیروزمند، لندن، نشر مهری، ۱۴۰۲، ۱۰۹ ـ ۱۳۰.

امانت، عباس. تاریخ نگاری، تاریخی اندیشی و دسیسه پنداری در تاریخ ایران معاصر (در دست چاپ).

امانت، عباس. "گاهشماری خورشیدی و تکوین هویت ایرانی." ژورنال آزادی اندیشه ۱۲ (پائیز ۱۴۰۱): ۱ ـ ۲۲. https://doi.org/10.53895/ftj1201

امیرشاهی، فرنوش. "مهر حکومت بر دین؛ چرا آیت‌الله خامنه‌ای در حال شکل دادن به آیین‌های جدید مذهبی است؟" بی‌بی‌سی فارسی، ۲۷ شهریور ۱۴۰۱. https://www.bbc.com/persian/articles/c03m8063rq4o

امین، هیرش محمد، نوروز ودلالته في الشعر العربي القديم والحديث، ۲۰۱۷، https://shorturl.at/Tu0m4

بداونی، عبدالقادر. منتخب التواریخ. تصحیح مولوی احمد علی صاحب. با مقدمه و اضافات توفیق سبحانی. ۳ جلد. تهران: انجمن آثار و مفاخر فرهنگی، ۱۳۸۰.

بهروز، ذبیح. تقویم و تاریخ در ایران. تهران: انجمن ایرانویج، ۱۳۳۱.

بهروزی، محمد جواد. تقویم تاریخی، فرهنگی، هنری ۲۵۰۰ سال شاهنشاهی. شیراز: کانون تربیت، ۱۳۵۰.

بیرونی، ابوریحان. آثار الباقیه عن القرون الخالیه. ترجمه اکبر داناشرشت، تهران، ۱۳۲۱.

بیرونی، ابوریحان. *التفهیم لاوائل صناعة التنجیم*. با تجدیدنظر و تعلیقات و مقدمه جلال‌الدین همائی. تهران، ۱۳۵۳.
تقی زاده، حسن. *مقالات*. جلد اول: تحقیقات و نوشته‌های تاریخی. به اهتمام ایرج افشار. تهران، ۱۳۴۹.
تقی زاده، حسن. *زندگی طوفانی: خاطرات سید حسن تقی زاده*. به اهتمام ایرج افشار. تهران، انتشارات علمی، ۱۳۶۸.
جاهد، امیر. *سالنامه رسمی مملکتی (پارس) ۱۳۰۹ ـ ۱۹۳۰ ـ ۱۳۴۸، ۹*. تهران، ۱۳۴۸.
چلبی، مصطفی حاجی خلیفه، *ترجمه تقویم التواریخ*. مترجم ناشناس، به تصحیح میر هاشم محدث، تهران: نشر احیا، ۱۳۷۶.
حسینی طهرانی، سید محمدمحسن. *نوروز در جاهلیت و اسلام: تحقیقی پیرامون نوروز و آداب آن در قبل و بعد از اسلام*. قم، انتشارات مکتب وحی، بی تا.
خطیب تبریزی، محمد بن عبدالله. ترجمه و شرح «مشکوة المصابیح»، ۴ جلد، ترجمه فیض محمد بلوچ، غزنی: انتشارات خواجه عبدالله نصاری، ۱۳۹۵.
خیام نیشابوری. *نوروزنامه*. به کوشش مجتبی مینوی. تهران: کتابخانه کاوه، ۱۳۱۲.
دستره، آنت. *مستخدمین بلژیکی در خدمت دولت ایران*. ترجمه منصوره اتحادیه (نظام مافی). نشر تاریخ ایران، شماره ۲۸. تهران: ۱۳۶۳.
دنبلی. عبدالرزاق. *ماثر سلطانیه*. چاپ سربی. تبریز، ۱۲۴۱ ق.
سالنمای فارسی، تهران، اقبال، ۱۳۷۳.

سلیمانی تبار، محمد. "نجم الدوله و فیزیک." *تاریخ علم* ۱۸:۱ (۱۳۹۹): ۳۲۲–۲۸۱.

سنجر کمالی، محمدبن ابی عبدالله. "زیج اشرفی." نسخه خطی کتابخانه ملی پاریس، ش. ۱۴۸۸، میکروفیلم کتابخانه مرکزی دانشگاه تهران، ش. ۱۳۲۸.

شریعتی، سارا، و زهره سروش فر. "بررسی سیاست زمانی حاکم بر تقویم ایران در سال های پس از انقلاب اسلامی." *مطالعات و تحقیقات اجتماعی در ایران* ۶، شماره ۱ (۱۳۹۶): ۶۷–۸۹.

شیبانی (وحید الملک)، عبدالحسین. *خاطرات مهاجرت از دولت موقت کرمانشاه تا کمیته ملیون برلن*. ویراسته ایرج افشار و کاوه بیات. تهران: نشر شیرازه، ۱۳۷۸.

عبداللهی، رضا. *تحقیقی در زمینه گاهشماری هجری و مسیحی*. تهران: امیر کبیر، ۱۳۶۵.

عطا، محمد عبدالقادر. *السنن الکبری (بیهقی)*، ۱۱ جلد. بیروت: دارالکتب علمیه، ۱۴۲۴ق.

عین السلطنه، قهرمان میرزا سالور، *روزنامه خاطرات*، به کوشش مسعود سالور و ایرج افشار (تهران: انتشارات اساطیر، ۱۳۷۴)

غزالی طوسی، ابوحامد امام محمد، *کیمیای سعادت*، ۲ جلد، به کوشش حسین خدیوجم، تهران، انتشارات علمی و فرهنگی، ۱۳۸۰.

فاتحی نژاد، عنایت‌الله. "حمزه اصفهانی." *دائره المعارف بزرگ اسلامی*، https://shorturl.at/A1d6i

فراهی، ابونصر. *نصاب الصبیان*. تصحیح حسن انوری. تهران: مرکز نشر دانشگاهی، ۱۳۷۲.

فردوسی، ابوالقاسم. *شاهنامه*، به کوشش جلال خالقی مطلق، با مقدمه احسان یارتاطر، نیویورک، ۱۳۶۶.

قاسمی، فرید. *سرگذشت مطبوعات ایران: روزگار ناصرالدین شاه و محمد شاه*. تهران: سازمان چاپ و انتشارات، ۱۳۸۰.

"قانون محاسبات عمومی مصوب ۲۱ صفر ۱۳۲۹." *روزنامه رسمی کشور شاهنشاهی ایران*، تهران: چاپخانه مجلس، ماده ۳.
https://rc.majlis.ir/fa/law/show/90127

قنبری، امید. *زندگی نامه و خدمات علمی و فرهنگی مرحوم میرزا عبدالغفار خان نجم الدوله*. تهران: انجمن آثار و مفاخر فرهنگی، ۱۳۸۳.

کاوه. سال نخستین، شماره ۵-۶ (۱۸ آوریل ۱۹۱۶).

کسروی، احمد. *تاریخ مشروطه ایران*. تهران: ۱۳۱۹.

لسان‌الملک سپهر، محمدتقی. *ناسخ التواریخ: تاریخ قاجاریه*. ۳ جلد، به اهتمام جمشید کیانفر. تهران: اساطیر، ۱۳۷۷.

مجلسی. محمد باقر. *زاد المعاد و مفتاح الجنان*. بیروت: موسسه الاعلی المطبوعات، ۲۰۱۳.

مجلسی. محمدباقر. *حلیه المتقین*. تصحیح محمدباقر ملکیان. تهران: انتشارات أسوه، ۱۴۰۱.

مدنی جوید، مریم، و محمود سادات بیدگلی. "تغییر مبداء تقویم شمسی از هجری به شاهنشاهی در دوره محمد رضا شاه." *پژوهشنامه تاریخ اجتماعی و اقتصادی (پژوهشگاه علوم*

انسانی و مطالعات فرهنگی) ۸، شماره اول (۱۳۹۸): ۱۹۵–۲۱۷.

"مشروح مذاکرات مجلس دوم. ۱۰ ربیع الثانی ۱۳۲۸." روزنامه رسمی کشور شاهنشاهی ایران. تهران: چاپخانه مجلس، ۱۷ مهرماه ۱۳۲۵، ۲۰۰، ۱۹۹–.

"مشروح مذاکرات مجلس پنجم." روزنامه رسمی کشور شاهنشاهی ایران. تهران: چاپخانه مجلس، بی‌تاریخ [۱۳۲۷]، ۱۰۵۶–۱۰۶۱.

معمار زاده، محمود، و محمود خوشنویسان. تقویم تطبیقی هجری شمسی، هجری قمری و میلادی و جدول تبدیل آنها به یکدیگر. تهران، پیام مولف، ۱۳۸۵.

ملک پور، ایرج. تقویم هجری شمسی، هجری قمری و میلادی. تهران، دانش نگار، ۱۳۸۸.

ملک زاده، مهدی. تاریخ انقلاب مشروطیت ایران. تهران، ۱۳۲۵.

مهدوی، سید مصلح الدین. اعلام اصفهان. ۴ جلد. اصفهان، ۱۳۸۶–۱۳۹۲.

میرابوالقاسمی، رقیه. "حمزه اصفهانی." دانشنامه جهان اسلام، ج. ۱۴، تهران، ۱۳۹۳.

ناظم الاسلام کرمانی، محمد. کتاب مستطاب علائم ظهور یا رساله مبارکه شریفیه در ظهور حضرت حجه. تهران: شیخ احمد کتابفروش شیرازی، ۱۳۲۹.

نجم الدوله، عبدالغفار. بدایه النجوم. چاپ سنگی. تهران، ۱۳۱۹ ق.

نجم الدوله، عبدالغفار. رساله تطبیقیه. چاپ سنگی، تهران، ۱۳۲۱ ق.

نجم‌الدوله، عبدالغفار. *سه اثر از نجم الدوله*. به کوشش احمد کتابی، تهران: پژوهشگاه علوم انسانی و مطالعات فرهنگی، ۱۳۸۴.

هدایت، رضاقلی. *روضه الصفای ناصری*. ۳ جلد، تهران: خیام، ۱۳۳۳.

همتی، شهرزاد. "از شب یلدا تا چهارشنبه سوری." شرق (۲۳ آبان ۱۴۰۲)، https://shorturl.at/7bC2k.

زبان های اروپائی

Abdullayi, Reza. "Calendar, ii. In the Islamic Period." In *Encyclopedia Iranica Online*, https://iranicaonline.org/articles/calendars#pt2

Afshar, Iraj. "Kavā Newspaper." In *Encyclopaedia Iranica Online*, https://iranicaonline.org/articles/kava

Ali, Athar. "Ilahi Era." *Encyclopaedia of Islam 2 online*, https://doi.org/10.1163/1573-3912_islam_SIM_8692

Amanat, Abbas. *Iran: A Modern History*. New Haven: Yale University Press, 2017.

Amanat, Abbas. *Resurrection and Renewal: The Making of the Babi Movement 1844-1850*. Ithaca: Cornell University Press, 1989.

Amanat, Abbas. *Apocalyptic Islam and Iranian Shi'ism*. I B Tauris: London and New York, 2009.

Amanat, Abbas. *Circa 1800: Europe's Expansion and Eclipse of the Persianate* (forthcoming).

Amanat, Abbas and Magnus Bernhardssen, eds. *Imagining the End: Visions of Apocalypse from*

Amanat, Abbas. *Ancient Near East to Modern America*. I B Tauris: London and New York, 2002.

Amanat, Abbas. "Nuqtavi Messianic Agnostics of Iran and the Shaping of the Doctrine of 'Universal Conciliation' (Sulh-i Kull) in Mughal India." In *Norm, Transgression and Identity in Islam: Diversity of Approaches and Interpretations (Norme, Transgression et Identité en Islam: Diversité d'Approches et d'Interprétations)*, edited by O. Mir-Kasimov, 367–92. Leiden and Boston: Brill Publishers, 2014.

Amanat, Abbas. "Legend, Legitimacy and Making of a National Narrative in the Historiography of Qajar Iran (1785-1925)." In *History of Persian Literature, Vol. X: Persian Historiography*, edited by C. Melville, chap. 7, 292–366. London and New York: I. B. Tauris, 2012.

Amanat, Abbas. "Iranian Identity Boundaries: An Introduction." In *Iran Facing Others: Identity Boundaries in Historical Perspective*, edited by Abbas Amanat and Farzin Vejdani, 1–36. New York: Palgrave Macmillan, 2011.

Amanat, Abbas. "Remembering the Persianate," in *The Persianate World: Rethinking a Shared Sphere*, edited by Abbas Amanat and Assef Ashraf, 15-62, Leiden and Boston: Brill Publishers.

Amanat, Abbas. "The Kayanid Crown and Qajar Reclaiming of Royal Authority." *Iranian Studies, special issue on Qajar Art and Society*, edited by Layla S. Diba, vol. 34, nos. 1-4 (2001): 17–31.

Amanat, Abbas. "Historiography ix. Pahlavi Period (1)." In *Encyclopaedia Iranica Online*, https://www.iranicaonline.org/articles/historiography-ix-1

Amanat, Abbas. "Constitutional Revolution: i. Intellectual Background." In *Encyclopedia Iranica Online*, https://iranicaonline.org/articles/constitutional-revolution-I

Amanat, Abbas. "Islam in Iran: v. Messianic Islam in Iran." In *Encyclopaedia Iranica Online*, https://www.iranicaonline.org/articles/islam-in-iran-v-messianic-islam-in-iran

Ansari, Ali M. *The Politics of Nationalism in Modern Iran*. Cambridge, UK: Cambridge University Press, 2012.

Arjomand, Said. "The Consolidation of Theology: Absence of the Imam and Transition from Chiliasm to Theology." *The Journal of Religion* 76 (1996): 548-71.

Ashraf, Ahmad. "Conspiracy Theories." In *Encyclopaedia Iranica Online*, https://www.iranicaonline.org/articles/conspiracy-theories

Bakhash, Shaul. *Iran: Monarchy, Bureaucracy, and Reform Under the Qajars: 1858–1896*. London: Ithaca Press, 1978.

Bickerman, E. J. "The 'Zoroastrian' Calendar." *Archív orientalní* 35 (1967): 197-207.

Borroni, Massimiliano, and Simone Cristoforetti. "An Index of Nayrūz Occurrences in Abbasid Literary Sources." Accessed February 16, 2025. https://www.academia.edu/25989383/An_Index_

of_Nayr%C5%ABz_Occurences_in_Abbasid_Literary_Sources?email_work_card=thumbnail.

Boyce, Mary. "Nowruz: i. In the Pre-Islamic Period." In *Encyclopedia Iranica Online*, https://www.iranicaonline.org/articles/nowruz-i

Boyce, Mary. "Iranian Festivals." In *The Cambridge History of Iran*, edited by Ehsan Yarshater, vol. 3/2, 792–815. Cambridge: Cambridge University Press, 1983.

Boyce, Mary, and Frantz Grenet. *A History of Zoroastrianism: Under the Achaemenians*. Leiden: Brill, 1982.

Bowering, Gerhard. "The Concept of Time in Islam." *Proceedings of the American Philosophical Society* 141, no. 1 (1997): 55–66.

Browne, E. G. "Account of a Rare Manuscript of the History of Isfahan." *Journal of the Royal Asiatic Society* 33 (1901): 661–704.

Calmeyer, Peter. "Textual Sources for the Interpretation of Achaemenian Palace Decorations." *Iran*, vol. 18 (1980): 55–63.

Canby, Sheila, ed. *The Shahnama of Shah Tahmasp: The Persian Book of Kings*. New York: Metropolitan Museum of Art, 2014.

Chardin, Jean. *Voyages en Perse, et autres lieux de l'Orient*. 3 vols. Amsterdam: Jean Louis de Lorme, 1711.

Chehabi, Houchang. "The Paranoid Style in Iranian Historiography." In *Iran in the 20th Century: Historiography and Political Culture*, edited by Touraj Atabaki, 155–176. London: I.B. Tauris, 2009.

Clagett, Marshall. *Ancient Egyptian Science: A Source Book, vol. 2: Calendars, Clocks, and Astronomy*. Philadelphia: American Philosophical Society, 1995.

Cohn, Norman. *In Pursuit of the Millennium*. Oxford: Oxford University Press, 1970.

Corbin, Henry *Cyclical Time and Ismaili Gnosis* (London: Rutledge, 2013)

Cristoforetti, Simone. "Nowruz: iii. In Iranian Calendar." In *Encyclopedia Iranica Online*, https://www.iranicaonline.org/articles/nowruz-iii

De Blois, Francois. "The Persian Calendar." *Iran* 34 (1996): 39–54.

De Jong, Albert. "Zurvanism." In *Encyclopedia Iranica Online*, https://www.iranicaonline.org/articles/zurvanism

Destrée, A. *Les Fonctionnaires Belges au Service de la Perse*. Leiden: Brill Publishers, 1976.

Diba, Layla, and Maryam Ekhtiar. *Royal Persian Paintings: The Qajar Epoch, 1785-1925*. New York: I.B. Tauris and Brooklyn Museum of Art, 1998.

Drouville, Gaspard. *Voyage en Perse pendant les années 1812 et 1813*. 2 vols. St. Petersburg, 1819–21.

El Daly, Okasha. *Egyptology: The Missing Millennium: Ancient Egypt in Medieval Arabic Writings*. London: UCL Press, 2005.

Eliade, Mircea *The Myth of the Eternal Return: Cosmus and History* (Princeton: Princeton University Press, 2018).

Eliade, Mircea. *The Sacred and the Profane: The Nature of Religion*. Translated by Willard R. Trask. New York: Harcourt Brace, 1959.

Eskandari-Qajar, M. "The Message of the Negarestan Mural of Fath Ali Shah and His Sons: Snapshot of Court Protocol or Determinant of Dynastic Succession." *Qajar Studies* 8 (2008): 17–41.

Fraser, J.T., et al., eds. *The Study of Time: Proceedings of the First Conference of the International Society for the Study of Time*. Oberwolfach, W. Germany, 1972.

Gibb, Hamilton A. R. "Ta'rikh (Arabic and Persian Historiography)." In *Studies on the Civilization of Islam*. Vol. 21, 115-137, Routledge, 1962.

Goldhill, Simon. *The Christian Invention of Time: Temporality and the Literature of Late Antiquity*. Cambridge: Cambridge University Press, 2022.

Hannah, Robert. *Greek and Roman Calendars: Construction of Time in the Classical World*. London and New York: Bloomsbury, 2005.

Hassard, John, et al. *The Sociology of Time*. Houndmills: The Macmillan Press, 1990.

Ibn Qutayba. *The Excellence of the Arabs*. Translated by Sarah Bowen Savant and Peter Webb. Foreword by Jack Weatherford. New York: NYU Press, 2019.

Imanpour, Mohammad. "The Function of Persepolis: Was Norooz Celebrated at Persepolis during the Achaemenid Period?" *Proceedings of the 5th Conference of the Societies Iranologica Europea*, vol. 1, edited by A. Paniano and A. Parias. Milan:

Institute Italiano per Africa e-Oriente, University of Bologna, 2006.

Jones Brydges, Harford. *The Dynasty of the Kajars*. London, 1833.

Kholdi, Asef. "The Iranian Time Reckoning and the Periodization of Iranian History into the 'Pre-Islamic' and 'Islamic' Periods." *Journal of Persianate Studies* 6 (2013): 235-246.

MacEoin, Denis. *Rituals in Babism and Baha'ism*. London and New York: British Academy Press, 1994.

Marashi, Afshin. *Nationalizing Iran: Culture, Power, and the State, 1870–1940*. Seattle: University of Washington Press, 2008.

Modarresi, Hossein. *Crisis and Consolidation in the Formative Period of Shi'ite Islam*. Princeton: Darwin Press, 1993.

Mottahedeh, Roy P. "The Shu'ubiyah Controversy and the Social History of Early Islamic Iran." *International Journal of Middle East Studies* 7 (1976): 161–82.

Nasr, Seyyed Hossein, *An Introduction to Islamic Cosmological Doctrines* (Albany: SUNY Press, 1993).

Niechcial, Pauline. "Calendar as an Identity Marker of the Zoroastrian Community in Iran." *Iran and the Caucasus* 23, no. 1 (2019): 35–49.

Panaino, Antonio. "Pre-Islamic Calendars." In *Encyclopedia Iranica Online*, https://iranicaonline.org/articles/calendars#pt1

Parker, Richard Anthony, and Waldo H. Dubberstein. *Babylonian Chronology 626 BC–AD 75*. Providence, RI: Brown University Press, 1956.

Rasmussen, Jens Lassen. *Historia Praecipuorum Arabum Regnorum Rerumque Ab Iis Gestarum Ante Islamismum: E Codicibus Manuscriptis Arabicis*. Copenhagen: J.F. Schultz, 1817.

Rosenthal, Franz. *The History of al-Tabari, vol. 1: General Introduction and from the Creation to the Flood*. Albany: SUNY Press, 1989.

Rosenthal, Franz. "Hamza al-Isfahani." In *Encyclopedia of Islam*, edited by P. Bearman et al. Leiden: Brill, 2007.

Saghafi, Maryam. "Najm al-Mulk and the Evolution of the Knowledge of Geography and Astronomy in Iran." *Imago Mundi* 71 (2019): 235–37.

Schlerath, Bernfried. "Geiger, Wilhelm." In *Encyclopaedia Iranica Online*, https://www.iranicaonline.org/articles/geiger-wilhelm

Shahbazi, Sahpur. "Nowruz: ii. In the Islamic Period." In *Encyclopedia Iranica Online*, https://www.iranicaonline.org/articles/nowruz-ii

Sheikholeslami, A. R. *The Structure of Central Authority in Qajar Iran, 1871–1896*. Atlanta: Scholars Press, 1997.

Sheikholeslami, A. R. "The Sale of Offices in Qajar Iran, 1858–1896." *Iranian Studies* 4 (1971): 104–18.

Shuster, W. Morgan. *The Strangling of Persia*. New York, 1912.

Taqizadeh, S. H. "Various Eras and Calendars Used in the Countries of Islam." *Bulletin of the School of Oriental Studies* (1939): 107–32.

Vejdani, Farzin. *Making History in Iran: Education, Nationalism, and Print Culture*. Stanford, CA: Stanford University Press, 2014.

Zaehner, Robert Charles. *Zurvan, A Zoroastrian Dilemma*. Oxford: Clarendon Press, 1955.

Whitrow, G. J. "Reflections on the History of the Concept of Time." In *The Study of Time*, edited by J.T. Fraser et al., 1-11, Springer, Berlin, Heidelberg, 1972.

نمایه

آ

آثارالباقیه عن القرون الخالیه، ۷۸، ۷۹، ۸۳

بیرونی، ابوریحان؛ گاهشماری و نوروز؛ تطبیق تقویم‌ها، ۷۰، ۷۵ـ۸۰، ۸۲ـ۸۴، ۹۲، ۹۶، ۱۲۷

آخرالزمان، اندیشه

در اسلام و ایران، ۲۷، ۱۴۴، ۲۰۴، ۲۴۲

هزاره‌گرایی و انتظار منجی، ۱۴۴، ۱۵۰، ۱۵۹، ۲۰۳

در مسیحیت و سال ۱۲۶۰، ۱۴۸، ۱۴۹، ۱۵۷، ۲۰۰

آذربایجان، ۱۷، ۲۰، ۱۵۰، ۲۳۰

آیین الهی (دین الهی)، ۱۲۲، ۱۳۰

اکبرشاه، تقویم الهی، ۱۱۰-۱۲۰، ۱۲۲ـ۱۲۸، ۱۳۱، ۱۴۷، ۱۴۸، ۱۵۵، ۱۵۷، ۱۷۹، ۲۶۰، ۲۸۷

ا

ابن‌تیمیه، ۱۰۴ـ۱۰۶

ابن‌سینا، ۸۰، ۸۶، ۹۲

ابن‌قتیبه، ۱۰۲ـ۱۰۳

احکام شرعی و نوروز

حدیث منسوب به جعفر صادق دربارهٔ نوروز، ۳۴۰ـ۳۴۱

مجلسی و شیعه‌سازی نوروز، ۱۱۴ـ۱۱۵، ۲۹۰

اشتروس، کلود لوی، ۳۰۱

اصفهان، ۸۴ـ۸۶، ۹۴، ۱۰۶، ۱۱۶، ۱۳۹، ۱۸۱، ۱۸۲، ۲۳۷، ۳۳۷

افشار، ایرج، ۲۴، ۳۶، ۱۷۵، ۲۰۷، ۲۱۰، ۲۱۲، ۲۳۳، ۲۳۴، ۲۳۵، ۲۶۲، ۳۳۵،

امیرشاهی، فرنوش، ۲۹۹، ۳۰۰، ۳۰۲

امین، هیرش، ۹۸

انصاری، علی، ۲۳۵

ب

باب، علی‌محمد، ٥٣، ١١٠، ١٤٨ـ١٤٨، ١٦١، ١٩٧، ٣١٠
تقویم بدیع، ١١٠، ١٤٣، ١٤٧، ١٤٨ـ١٤٨، ١٦١، ١٩٧، ٢٦٠، ٣١٠
بیان فارسی، ١٥٠، ١٥٤، ١٥٥، ١٦١
بابل باستان، ٣١، ٣٣، ٣٤، ٣٥، ٦٨، ١٥٩، ٢٧٠، ٣٢١، ٣٢٢، ٣٢٧
باستان‌گرایی دورهٔ پهلوی، ٢٦٦
تقویم شاهنشاهی، ٢٦٥، ٢٦٦، ٢٦٩ـ٢٧٥، ٢٧٧، ٢٨٠ـ٢٨٨، ٣٠٩، ٣٣١
باستانی پاریزی، محمد، ٢٧٥
بدائونی، عبدالقادر، ١٢٣، ١٢٥، ١٢٧، ١٢٨، ١٣٠
برغانی، ملا صالح، ١٣٦
برگسن، آنری، ٣٢٠، ٣٢٣ـ٣٢٦
بلژیکی‌ها (ژوزف نوز و دیگران)، ٢١٩
بویس، مری، ٣٩
بهروز، ذبیح، ٢٧٢، ٢٧٣، ٣٧
بهروزی، محمدجواد، ٢٦٩، ٢٧٠
بیرونی، ابوریحان، ٧٠، ٧٥، ٧٨، ٨٠ـ٨٢، ٨٤، ٩٢، ٩٦
بیهقی، ابوالفضل، ٨٦

پ

پتنه، ٢٤

ت

تاجیکان، ١٧
تخت‌جمشید، ٣٦ـ٣٨، ٥٧، ٦١، ٦٢، ١٧٣
تربتی، شیخ احمد (سلطان‌العلماء)، ٢٠٢
ترکش‌دوز، یوسف، ١٢٠، ١٢١
تقویم الهی، ١١٠، ١٢٢ـ١٢٤، ١٢٦، ١٢٨، ١٣١، ١٤٧، ١٤٨، ١٥٥، ١٥٧، ١٧٩، ٢٦٠، ٢٨٧، ٣١٠

تقویم بدیع (بابی/بهائی)، ۱۱۰، ۱۴۳، ۱۵۲، ۱۵۳، ۱۵۵–۱۵۷، ۱۶۰، ۱۹۷، ۲۶۰، ۳۱۰
تقویم برجی، ۱۶۳، ۱۶۴، ۱۸۱، ۱۹۷–۱۹۹، ۲۰۵، ۲۱۱، ۲۲۰، ۲۲۷، ۲۴۹، ۲۵۸، ۲۶۱، ۳۱۱، ۳۲۷
تقویم ترکی-مغولی، ۱۱۰، ۱۱۲، ۱۸۷، ۱۸۸، ۱۹۹، ۳۳۶، ۳۳۷، ۳۴۰
تقویم جلالی، ۱۲، ۱۵، ۳۳، ۶۵، ۶۹، ۸۳، ۸۶، ۸۷، ۹۰، ۹۵، ۱۰۰، ۱۰۶، ۱۰۷، ۱۱۱، ۱۲۱، ۱۲۲، ۱۲۶، ۱۶۶، ۱۶۷، ۱۷۵، ۱۷۸، ۱۸۴، ۱۹۷، ۱۹۹، ۲۲۹، ۲۳۳، ۲۵۰، ۲۵۵، ۲۶۲، ۲۷۲، ۲۹۱، ۳۱۰، ۳۱۸
تقویم شاهنشاهی، ۲۶۵، ۲۶۶، ۲۶۹–۲۷۵، ۲۷۷، ۲۸۰–۲۸۸، ۳۰۹، ۳۳۱
تقویم قمری، ۱۷، ۲۷، ۳۱، ۵۵، ۶۹، ۷۵، ۸۳، ۹۳، ۱۱۶، ۱۳۳، ۱۵۷–۱۵۹، ۱۶۵، ۱۶۷، ۱۶۸، ۱۷۹، ۱۸۱، ۱۸۴، ۱۸۸، ۱۹۰، ۱۹۷، ۱۹۹، ۲۰۴، ۲۲۰، ۲۲۲، ۲۲۷، ۲۲۹، ۲۵۵، ۲۶۵، ۲۷۸، ۳۰۸، ۳۱۰، ۳۱۷، ۳۳۱، ۳۳۷
تقویم نجومی اسلامیه، ۳۳۵، ۳۳۷، ۳۳۹–۳۴۲، ۳۴۳، ۳۴۸
تقویم‌های سنتی بازار، ۱۸۰، ۲۷۴، ۳۳۵
تقویم هجری شمسی، ۱۰، ۳۳، ۷۲، ۸۹، ۱۹۰، ۲۴۸–۲۵۱، ۲۶۵، ۲۷۵، ۲۷۶، ۲۷۹–۲۸۱، ۲۸۴–۲۸۷
تقویم یزدگردی، ۴۷، ۶۳، ۶۹، ۷۵، ۸۷، ۹۲، ۱۶۶، ۱۷۵، ۱۹۹، ۲۴۱، ۲۷۶، ۲۸۷
تهران، ۱۰، ۱۳، ۱۸، ۲۳، ۲۴، ۳۹، ۷۱، ۷۶، ۸۰، ۸۵، ۸۸، ۸۹، ۹۵، ۹۹، ۱۱۵، ۱۲۱، ۱۲۴، ۱۴۹، ۱۵۴، ۱۶۵، ۱۶۶، ۱۶۸، ۱۷۰، ۱۷۳، ۱۷۵، ۱۷۸، ۱۸۰، ۱۸۲، ۱۹۰، ۱۹۸، ۲۰۱، ۲۰۵، ۲۰۷، ۲۰۸، ۲۱۰، ۲۱۲، ۲۱۳، ۲۲۲–۲۲۴، ۲۲۶، ۲۲۸، ۲۳۰، ۲۳۱، ۲۳۳، ۲۵۹، ۲۶۲، ۲۶۷، ۲۶۸، ۲۷۳، ۳۰۰، ۳۰۸، ۳۳۲، ۳۳۷–۳۴۰، ۳۴۲، ۳۴۸

ث/ج/چ
جعفر صادق، امام، ۳۴۰، ۳۴۱
جامی، عبدالرحمن، ۳۱۵
جاحظ، ۸۶
جنگ ایران و عراق، ۳۴۳

جمال‌زاده، محمدعلی، ۲۳۲
چهارشنبه‌سوری، ۲۸، ۳۰۴، ۳۰۵

ح/خ
حاجی‌فیروز، ۲۹
حافظ، ۴۱، ۵۴، ۱۰۹، ۱۱۸، ۱۱۹، ۱۲۹، ۲۴۰، ۳۱۵،
حائری‌زاده، ابوالحسن، ۲۶۶
حمزه اصفهانی، ۷۰، ۷۱، ۷۵، ۷۶، ۹۶، ۱۵۹، ۱۸۸، ۲۴۳
حسینی تهرانی، محمدحسین، ۲۹۲
حسینی تهرانی، محمدمحسن، ۲۹۰
خازنی، ابوالفتح منصور، ۹۲-۹۴
خازنی، آرش، ۱۳، ۱۳۲
خراسان، ۵۴، ۶۴، ۷۱، ۹۰، ۹۱، ۲۳۰

د/ذ/ر
داراشکوه، ۱۳۰، ۱۳۱
دربار قاجار، ۱۶۹، ۱۷۱، ۱۷۳
دکنی، ابوالفیض، ۱۲۰
دنبلی، عبدالرزاق (مفتون)، ۱۷۱
دورکهایم، امیل، ۳۲۰-۳۲۴، ۳۲۶
ذوالفنون، شیخ حبیب‌الله، ۳۳۲
رضا شاه پهلوی، ۲۵۰
روضه‌الشهدا، ۱۳۶

ز
زردشت، آیین
گاهنبارها، ۶۵

جشن نوروز و مهرگان، ٥٧، ٦٤، ٨١، ٩٧، ١٠٢
بحث زروانیه و زمان بیکران، ٣١٦
زروانیه، ٣١٦
زروانِ آکرانه، ٣١٦
اهورامزدا و اهریمن، ٣٥، ٣١٦
اندیشه دهری و زمان قهقرایی، ٣١٨
زرین‌گیس، ٨٠

س

سالنامه‌ها و تقویم‌های چاپی
سالنامه‌های اعتمادالسلطنه، ٣٣٢
سالنامهٔ رسمی مملکتی پارس، ٣٣٢، ٣٣٤
تقویم معارف، ٣٣١، ٣٣٢
سالنامه‌های اقبال و اسلامیه، ٣٣٥
سالنامه‌های وزارت انطباعات، ١٧٨، ١٨٠
ساری، ١٦٦
سعدی، ٤١، ٥٤، ٢٥٥
سده، ١٥، ٢٨، ٢٩، ٣٨، ٤٧، ٥٣، ٥٤، ٦٩، ٧٠، ٩١، ٩٨، ٩٩، ١٠٠، ١٠٢، ١١٨، ٢٣٨، ٢٤٠، ٢٦١، ٣١٤، ٣٤٢
سروش‌فر، زهره، ٢٧٤
سنی ملوک و الانبیاء، ١٥٩
سیدجلال‌الدین تهرانی، ٢٦٧

ش

شاردن، ژان، ١١٦
شب یلدا، ٣٠٤، ٣٠٥
شریف‌امامی، جعفر، ٢٨٣، ٢٨٥، ٢٨٦
شفا، شجاع‌الدین، ٢٧١
شعوبیه، ٤٨، ٦٩، ١٠٣، ١٠٤، ١٠٦

شیراز، ۶۰، ۱۱۸، ۱۳۹، ۱۴۸، ۲۶۹، ۲۷۰، ۳۳۷
شیعهٔ اثنی‌عشری، ۱۰۵

ص / ض / ط / ظ
صفویه، ۵۳، ۱۰۹ـ۱۱۴، ۱۱۶، ۱۱۹، ۱۳۳، ۱۳۷، ۱۳۸، ۱۴۶، ۲۷۶، ۳۴۱
صنیع‌الدوله، محمدحسن، ۱۶۷، ۱۷۴
طبرسی نوری، میرزا حسین، ۲۰۳، ۲۰۴

ع
عاشورا، ۸۳، ۱۷۹، ۳۲۹
عربستان، ۱۶
علّامی، ابوالفضل، ۱۲۰، ۱۲۵، ۱۲۸
علائم ظهور، ۲۰۴، ۲۴۳

غ / ف
غزالی، محمد، ۹۸ـ۱۰۰، ۱۰۴، ۲۹۱، ۳۴۱
فروغی، محمدعلی، ۲۵۰، ۲۶۸
فلاماریون، کامیل، ۲۱۳
فضل‌الله، رشیدالدین، ۸۵، ۱۰۵
فیوره، یواخیم، ۱۴۸، ۱۴۹
فلسفهٔ زمان در ایران
فارابی، ابن‌سینا، سهروردی، ملاصدرا، ۳۱۴
زمان حصولی و حضوری. ۲۵، ۲۹، ۳۱۸، ۳۲۰
تأثیر نوافلاطونی و ساسانی، ۳۱۴
فروردگان، ۲۴۰

ق
قابوس بن وشمگیر، ۷۵، ۸۰
قاجاریه، ۱۳۳، ۱۳۴، ۱۳۸، ۱۳۹، ۱۶۵، ۱۶۶، ۱۷۱، ۲۰۶، ۲۶۰

قرامطه، ١٤٦
قزوینی، محمد، ٧٣، ٨٥

ک

کاوه (مجله)، ٧٣، ٢٢٤، ٢٣٣–٢٣٥، ٢٣٨، ٢٤١، ٢٤٣، ٢٤٥، ٢٤٦، ٢٥٣،
کبیسه، ٣٣، ٤٦، ٦٢، ٦٤، ٧٩، ٩٠، ٩٢، ٩٣، ١٠٦، ١٩٧، ٢٢٧، ٢٥٨، ٢٥٩،
٣٠٧
کدیور، محسن، ٢٩٧، ٢٩٨
کمالی، محمد سنجر، ٢٦٧
کریستوفرِتّی، سیمونه، ٣٩
کسروی، احمد، ١٨
کوروش، ٣٢٧

گ

گاهنبارها، ٦٥
گایگر، ویلهلم، ٢٣٦–٢٣٨
گلپایگانی، محمدرضا (آیت‌الله)، ٢٨٥، ٢٨٦، ٣٤٢
گوته، یوهان ولفگانگ، ٢٤١

ل / م

مجلسی، محمدباقر، ١١٤، ١١٥، ٢٩٠
محمدرضا شاه پهلوی، ٢٦٩–٢٧١، ٢٧٤، ٢٨٣
محمدعلی‌شاه قاجار، ١٧٠، ٢١١، ٢٢٤
مظفرالدین‌شاه، ١٨٠، ٢٠٦
مسکوب، شاهرخ، ٢٧٥
محرق‌القلوب، ١٣٦
مخزن‌البکاء، ١٣٦
مشروطه، انقلاب، ١٩، ١٦٣، ١٦٤، ١٩٨، ٢٠٠–٢٠٢، ٢٠٤، ٢٠٦، ٢٢٩، ٢٣٠،
٢٤٣، ٢٤٧، ٣١٨

قانون محاسبات، ٢١٦، ٢١٧، ٢٢٠، ٢٢٢-٢٢٤، ٢٢٨-٢٢٩
زمینهٔ رسمی شدن تقویم هجری شمسی، ٢٥٠
مصباح نجم‌الممالک، حاج میرزا اسماعیل، ٣٣٩
مطهری، مرتضی، ٢٩٦
موسوی، علی، ١٣، ٣٨
مینوی، مجتبی، ٨٨، ٨٩

ن
ناسیونالیسم
نجم‌الدوله (میرزا عبدالغفار اصفهانی نجم الملک)، ١٧٨، ١٨١، ١٨٢، ١٨٤، ١٨٦-١٩١، ١٩٣، ١٩٤، ١٩٧، ١٩٨، ٢٠٤، ٢١٠، ٢١٣، ٢١٩، ٢٢٩، ٢٤٦، ٢٦١، ٢٨٥، ٣٠٧، ٣١١، ٣٣١، ٣٣٩
نجم‌الثاقب، ٢٠٣
نراقی، ملا احمد، ١٣٦
ناصرالدین‌شاه، ٦٧، ١٣٨، ١٤٠، ١٤١، ١٦٣، ١٦٥، ١٧٥، ١٧٨-١٧٩، ١٨٢، ١٨٨، ١٨٩
نوروز، ١١، ١٢، ١٥، ١٦، ٢٨، ٢٩، ٣٣-٣٩، ٤٦، ٤٨-٤٩، ٥٥-٥٨، ٦٠، ٦٢، ٦٤، ٧٠، ٧٢، ٧٥، ٨١، ٨٣-٩٠، ٩٤-١٠٥، ١٠٩-١١٠، ١١٤-١١٩، ١٢٣، ١٣١، ١٣٩-١٤١، ١٥٢، ١٥٥، ١٥٩، ١٦٠، ١٦٣، ١٦٥-١٦٨، ١٧٠، ١٧١، ١٧٣، ١٧٩، ١٩٩، ٢٢٥، ٢٢٦، ٢٣٣-٢٤١، ٢٤٣، ٢٤٩، ٢٧٥، ٢٨١، ٢٨٨، ٢٨٩، ٢٩١، ٢٩٢، ٢٩٤، ٢٩٦، ٣٠٢، ٣٠٣، ٣٠٧، ٣٠٨، ٣١٠-٣١١، ٣١٣، ٣١٩، ٣٢١، ٣٢٧، ٣٢٩، ٣٣٩-٣٤٢
آداب و رسوم نوروزی، ١٠٠
خانه‌تکانی، ٢٨
سفرهٔ هفت‌سین، ٢٩، ١١٧
حاجی‌فیروز، ٢٩
میرنوروزی، ٢٩، ٨٦، ١١٧-١٢٠
نوروز سلطانی، ٣٨، ٦٦-٦٧، ١٤٠، ١٦٥، ١٦٧-١٦٨، ١٧١،

١٧٩

نوروز و زمان تقدسی ناسوتی، ۲۹، ۳۰۸، ۳۱۱، ۳۱۳
نوروز در شعر و ادب فارسی، ٤٠، ٩٦، ٣١٨
نوروز در جاهلیت و اسلام، ۲۸۹، ۲۹۲
نوروز سلطانی، ۳۸، ٦٦_٦٧، ١٤٠، ١٦٥، ١٦٧_١٦٨، ١٧١، ١٧٩
نوروزنامه، ۸٦_۹۰، ۹٦، ١١٦
نجومی، منصور، ٣٤٢

ه / و / ی

هزاره‌گرایی و رستاخیز
در شیعه (مهدویت)، ۱۱۲
در نقطویان، ۱۱۹، ۱۲۰، ۱۲۲، ۱۲۸، ١٤٩
در مسیحیت (یواخیم فیوره و سال ۱۲۶۰)، ۱۴۸، ۱۴۹
هوسرل، ادموند، ۳۲۳
هایدگر، مارتین، ۳۲۳، ۳۲٤، ۳۲٦
هیئت‌ها و مداحان، ١٤٣، ٢٩٧، ٣٠٢
وحیدالملک شیبانی، عبدالحسین، ۲۰۵، ۲۰۷_۲۱۱، ۲۱٦، ۲۱۷، ۲۲۰_۲۲٤، ۲۲٦، ۲۲۷، ۲۳۰، ۲۳۲_۲۳٤، ۲٤٦
وقت‌ها و نمازهای پنج‌گانه، ١٤٢، ١٩٩

انتشارات آسمانا (تورنتو) منتشر کرده است:

پژوهش‌های علمی و دانشگاهی

- *Music on the Borderland: Remembering and Chronicling the 1979 Revolution's Shadow on Iranian Music*, by K. Emami, 2024.
- *Whispers of Oasis: Likoo's Poetic Mirage*, by M. Ganjavi, A. Fatemi and M. Alimouradi, 2024.
- *نمایش در سفر*، دومان ریاضی، ۲۰۲۵.
- *زبان، انسان و جامعه: ادبیات و زبان‌های اقلیت در ایران*؛ ویرایش امیر کلان؛ مهدی گنجوی، آنیسا جعفری و لاله جوانشیر، ۲۰۲۴.
- *تنگلوشای هزار خیال؛ جستارهایی در ادب و فرهنگ*، رضا فرخفال، ۲۰۲۴.
- *دلالت‌های تحلیل طبقاتی در سرمایه‌داری امپریالیستی*، محمد حاجی‌نیا و شهرزاد مجاب، ۲۰۲۴.
- *شبِ سیاه و مرغان خاکسترنشین؛ شعر نیما در دهۀ دوم: ۱۳۲۱ ـ ۱۳۱۱*، ۲۰۲۴.
- *حافظ و بازگویی*، تالیف رضا فرخفال، ۲۰۲۴.
- *زنان کُرد در بطن تضاد تاریخی فمینیسم و ناسیونالیسم*، تالیف شهرزاد مجاب، ۲۰۲۳.
- *شورش دهقانان مکریان ۱۳۳۲ ـ ۱۳۳۱ : اسناد کنسولگری، مکاتبات دیپلماتیک و گزارش روزنامه‌ها*، پژوهش امیر حسن‌پور، ۲۰۲۲.

تصحیح انتقادی

- *فن گفتن و نوشتن*، تالیف میرزا آقاخان کرمانی (به کوشش م. رضایی تازیک)، ۲۰۲۵.
- *ریحان بوستان‌افروز*، تالیف میرزا آقاخان کرمانی (به کوشش م. رضایی تازیک)، ۲۰۲۵.
- *تکوین و تشریع*، تالیف میرزا آقاخان کرمانی (به کوشش م. رضایی تازیک)، ۲۰۲۵.
- *تاریخ شانژمان‌های ایران*، تالیف میرزا آقاخان کرمانی (به کوشش م. رضایی تازیک)، ۲۰۲۴.
- *رستم در قرن بیست‌ودوم* (تصحیح انتقادی و مصور)، تالیف عبدالحسین صنعتی‌زاده (ویرایش م. گنجوی و م. منصوری)، ۲۰۱۷.

زندگی‌نامه

- *رنگ و راز*، ایرن مونیک صالحی، ۲۰۲۵.

شعر

- *Prism of Wounded Light*, poems by Amin Haddadi, translated by Dariush Shahinrad, 2025.
- *Shape of Extinction,* poems by Bijan Jalali, translated by Adeeba Shahid Talukder and Aria Fani, 2025.

- *زیر گنبد دوار*، شعر از عباس امانت، ۲۰۲۵.
- *شهرآشوب*، شعر از امیر حکیمی، ۲۰۲۵.
- *خمار صدشبه*، شعر از منصور نوربخش، ۲۰۲۵.
- *دفتر الحان*، شعر از امیر حکیمی، ۲۰۲٤.
- *با سایه‌هایم مرا آفریده‌ام*، شعر از هادی ابراهیمی رودبارکی، ۲۰۲٤.
- *شهروندان شهریور*، غزل از سعید رضادوست، ۲۰۲٤.
- *آینه را بشکن*، شعر از نانائو ساکاکی، ترجمه مهدی گنجوی، ۲۰۲٤.
- *عجایب یاد*، شعر از امیر حکیمی، ۲۰۲۳.
- *کهکشان خاطره‌ای از غروب خورشید ندارد*، شعر از مهدی گنجوی، ۲۰۲۳.
- *غریبه‌هایی که در من زندگی می‌کنند*، شعر از مهدی گنجوی، ۲۰۲۱.
- *تبعیدی راکی*، شعر از علی فتح‌اللهی، ۲۰۱۸.

داستان

- *Destined to Lead?*, a novel by Hushand Dowlatabadi, translated by Hadi Dowlatabadi, 2025.
- *An Iranian Odyssey*, a novel by Rana Soleimani, translated by Fereidon Rashidi, 2025.
- *Family Secret Momories,* a novel by Mohammad Qassemzadeh, translated by Mahshad Abdoli, 2025.
- *Stories from Tehran,* short stories by Fereshteh Molavi, 2025.
- *فرار از مجتمع دخترانه*، رمان از محبوبه موسوی، ۲۰۲۵.
- *از شمال غرب*، مجموعه داستان از امیرحسین بختیاری، ۲۰۲۵.
- *۵٦ درجه*، رمان از حسین نوش‌آذر، ۲۰۲۵.
- *بالشت پرِ شوهر*، رمان از فاطمه زارعی، ۲۰۲۵.

- مستیم و خرابیم و کسی شاهد ما نیست، رمان از مهدی گنجوی، ۲۰۲۵.
- اسباب شر، رمان از جواد علوی، ۲۰۲۵.
- جلوی خانه ما یکی مرده بود، مجموعه داستان از اکبر فلاح‌زاده، ۲۰۲۴
- زینت، رمان از وحید ضرابی‌نسب، ۲۰۲۴
- فیل‌ها به جلگه رسیدند، رمان از کاوه اویسی، ۲۰۲۴
- مقامات متن، رمان از مرضیه ستوده، ۲۰۲۴
- انتظار خواب از یک آدم نامعقول، مجموعه داستان از مهدی گنجوی، ۲۰۲۰

نمایش‌نامه

- بغلم کن، لعنتی، بغلم کن، نمایش‌نامه از علی فومنی، ۲۰۲۵.
- درنای سیبری، نمایش‌نامه از علی فومنی، ۲۰۲۴.
- یوسف، یوزف، جوزپه، نمایش‌نامه از علی فومنی، ۲۰۲۵.

برای ارتباط با نشر آسمانا:

Asemanabooks.ca

Iranian Solar Calendar and Endurance of Nowruz in Persian Time Culture

by

Abbas Amanat

Asemana Books
2025

--------------Asemana Books------------